W0061912

100mo Foto: tt

Thomas Troßmann

Motorradreisen
zwischen Urlaub und Expedition

Impressum

Thomas Troßmann
Motorradreisen zwischen Urlaub und Expedition

erschienen im
REISE KNOW-HOW Verlag Peter Rump GmbH
Osnabrücker Str. 79
33649 Bielefeld

© Reise Know-How Verlag Erika Därr (1. bis 4. Auflage)
© Peter Rump, 5., komplett überarbeitete und erweiterte Auflage **2001**

Alle Rechte vorbehalten.

Gestaltung
Umschlag: M. Schömann, P. Rump (Layout);
    Günter Pawlak (Realisierung)
Inhalt: Günter Pawlak (Layout);
    Kordula Röckenhaus (Realisierung)
Fotos: der Autor, wenn nicht anders angegeben
Bildbearbeitung: Thomas Becker

Druck und Bindung
    Fuldaer Verlagsagentur

ISBN 3-89416-734-3
PRINTED IN GERMANY

Dieses Buch ist erhältlich in jeder Buchhandlung
der BRD, Österreichs, der Niederlande und der Schweiz.
Bitte informieren Sie Ihren Buchhändler
über folgende Bezugsadressen:
BRD
    Prolit GmbH, Postfach 9,
    35461 Fernwald (Annerod)
    sowie alle Barsortimente
Schweiz
    AVA-buch 2000
    Postfach 27, CH-8910 Affoltern
Österreich
    Mohr Morawa Buchvertrieb GmbH
    Sulzengasse 2, A-1230 Wien
Niederlande
    Nilsson & Lamm BV,
    Postbus 195, NL-1380 AD Weesp

Wer im Buchhandel trotzdem kein Glück hat,
bekommt unsere Bücher auch direkt bei:
Rump Direktversand Heidekampstraße 18,
D-49809 Lingen (Ems) oder über
unseren **Büchershop im Internet:**
www.reise-know-how.de

*Wir freuen uns über Kritik, Kommentare
und Verbesserungsvorschläge.*

*Alle Informationen in diesem Buch sind vom
Autor mit größter Sorgfalt gesammelt
und vom Lektorat des Verlages gewissenhaft
bearbeitet und überprüft worden.*

*Da inhaltliche und sachliche Fehler nicht aus-
geschlossen werden können, erklärt der Verlag,
dass alle Angaben im Sinne der Produkthaftung
ohne Garantie erfolgen und dass Verlag
wie Autor keinerlei Verantwortung und
Haftung für inhaltliche und sachliche Fehler
übernehmen.*

*Die Nennung von Firmen und ihren Produkten und
ihre Reihenfolge sind als Beispiel ohne Wertung
gegenüber anderen anzusehen.*

Thomas Troßmann

Motorradreisen
zwischen
Urlaub und Expedition

REISE KNOW-HOW im Internet

Aktuelle Reisetipps und Neuigkeiten
Ergänzungen nach Redaktionsschluss
Büchershop und Sonderangebote
Weiterführende Links zu über 100 Ländern

http://www.reise-know-how.de/

Der
REISE KNOW-HOW Verlag
Peter Rump GmbH
ist Mitglied der Verlagsgruppe
REISE KNOW-HOW

Januar 2001

Liebe Leserinnen, liebe Leser,

Herzlich willkommen zur 5. Auflage von „Motorradreisen zwischen Urlaub und Expedition". Zum fünften Mal in 15 Jahren habe ich die Thematik Enduro-Reisen so gründlich und ausführlich wie irgendmöglich zu einem Ratgeber-Handbuch verarbeitet. Wieder ist all das behandelt, was Ihnen bei Planung, Vorbereitung und Durchführung Ihrer Motorradreise in die Sahara oder zu einem anderen, ähnliche Anforderungen stellenden Reiseziel nützen kann. Neben meinen persönlichen Erfahrungen aus inzwischen kaum mehr zu zählenden Sahara-Reisen und bislang fünf Rallyes ist auch wieder die in ihrem Umfang und ihrer Aktualität sehr aussagekräftige „Statistik des Enduroreisens" meines Unternehmens *Wüstenfahrter Reise GmbH* mit eingeflossen: Die Erfahrungen mit Hunderten von Enduros aller existierenden Typen auf rund zwei Millionen von Sahara Offroad-Kilometern!

Der Schwerpunkt der fünften Auflage dieses Buches liegt wie bei den beiden ersten Ausgaben wieder auf dem Thema Motorrad-Wüstenfahrt. Dennoch ist das Buch auch für andere „Enduro-Reisen" nützlich, denn wenn es mit der Sahara klappt, dann auch mit allen anderen etwas ausgefalleneren Motorradzielen der Erde.

Ergänzt wird der Haupt- und Reiseteil auf vielfachen Wunsch erstmals durch den Ratgeber „Teilnahme an einer Rallye", denn immer mehr enduro-reise-erfahrene Motorradfahrer möchten auch einmal auf diese Art des Wüstenfahrens erleben. Ein ausführliches Kapitel über die für viele zweitschönste Art, per Motorrad abseits geteerter Wege zu reisen – das Endurowandern – schließt das Buch ab: Was wo, wie und wann in den Alpen heute noch geht, sagt dieser Ratgeber.

Und damit Ihnen beim Lesen des umfangreichen und ausführlichen praktischen Teils dieses Buches immer wieder eine Verschnaufpause bleibt – und Zeit zum Träumen und Planen der eigenen Reise –, finden Sie am Ende fast jeden Hauptkapitels eine oder zwei Reportagen. Diese enthalten in erzählender Form geballte Informationen über das jeweilige Thema und stellen anschaulich dar, wie die Theorie in der Praxis aussieht.

Viel Spaß beim Lesen und noch mehr Nutzeffekt bei der eigenen Reise wünscht Ihnen mit „Motorradreisen zwischen Urlaub und Expedition"

Ihr

Inhalt

Sahara per Motorrad: Vorbereitung

Was bringt einen eigentlich ganz normalen Menschen dazu, mit dem Motorrad durch die Sahara zu reisen? Für den „Abenteurer" ist es das Reisen in „exotischer" Umgebung. Für den „Zivilisationmüden" ist es die Annäherung an die eigenen Grenzbereiche, das Gefordertwerden auf eine Art, die sich zu Hause auch mit „Extremsportarten" nicht mehr erleben lässt. Für den „Outdoor-Freak" ist es die Faszination des naturverbundenen Reisens, die Mischung aus Konfrontation und zugleich Harmonie mit der Natur. Und für den Enduro-Fan ist es das in dieser Form nirgendwo anders realisierbare Langstrecken-Geländefahren, das wohl sportliche, im Gegensatz zu einer Rallye aber von Leistungsdruck freie Offroad-Fahrvergnügen, das die Bewältigung „wüster" Verkehrswege bringen kann.

Für die meisten dürfte es wohl eine Mischung aus all diesem sein, die die „Faszination Sahara" ausmacht.

Rückblick

1975 war es, als mich der Afrika-Bazillus infizierte – in Form der besonders hartnäckigen Spezies „Motorradreisen". Damals kurvte ich auf einer *Honda 350 Four* in Marokko herum und schnupperte zum ersten Mal Sahara-Luft. Kaum wieder daheim, begann in meinem Kopf der Plan einer großen Afrikareise Gestalt anzunehmen.

Dank besagter Marokkotour und dreier Türkeifahrten war ich kein Greenhorn mehr; dennoch wurde mir schon beim ersten eingehenden Studium der Afrika-Standardkarte, damals noch *Michelin 153* genannt (heute 953), ein wenig mulmig: Der erforderliche Aufwand für eine solche Motorradreise schien jedes bekannte Maß zu sprengen. Vor allem die Sahara-Durchquerung warf scheinbar unlösbare Probleme auf: 1.000 Kilometer Reichweite waren damals für die Bewältigung der von In Salah bis Agadez noch ungeteerten „Hoggar-Transsahara-Route" erforderlich, sogar 1.500 Kilometer für die Parallel-Route durch die Tanezrouft-Wüste.

Die wenigen erhältlichen Informationen waren widersprüchlich oder unergiebig, einseitig oder selbstverherrlichend, schlicht und einfach zusammenphantasiert oder auch aus der Perspektive eines Autofahrers geschildert. Ohnehin schienen noch nicht viele Motorradfahrer die Sahara durchquert zu haben. Die wenigen, die es gab, hatten auch denn auch alle nur denkbaren Fehler gemacht und

zählten nicht selten die daraus resultierenden Probleme zum „Charakter" einer Motorrad-Wüstenfahrt.

So begingen auch wir gravierende Fehler bei Vorbereitung und Ausrüstung, die uns in den über vier Wochen unserer Sahara-Durchquerung immer wieder zu schaffen machten: Unsere Motorräder waren grundsätzlich ungeeignet und unsere Beladung geradezu monströs, denn wir hatten pro Motorrad sage und schreibe vier große Kanister mit Benzin und Wasser aufgeladen! Bei der Wahl der Bereifung waren wir einem fatalen Irrtum aufgesessen, hatten VW-Bus-Verhältnisse aufs Motorrad übertragen und glatte Straßenreifen aufgezogen – in der irrigen Annahme, die Maschinen würden damit nicht so leicht einsanden.

Das Gegenteil war der Fall, zudem wurden unsere überladenen Maschinen zu im Sand nahezu unkontrollierbaren Eisenhaufen. Erst als wir in der Oasenstadt Tamanrasset auf Anraten eines Franzosen namens *Thierry Sabine* (der dort gerade die erste Ausgabe einer Rallye von Paris nach Dakar vorbereitete) unsere – eigentlich für schwarzafrikanische Urwaldpisten mitgeführten – Trial-Reifen montierten, ging es im Sand um Welten besser voran. Leider war vom Profil der butterweichen Grobstoller schon nach 200 Kilometern Hoggar-Rundfahrt nicht mehr viel übrig. Auch für den Rest unserer chaotischen Saharadurchquerung – die ganze Geschichte ist in meinem Buch „Wüstenfahrer" (Verlag Frederking & Thaler) beschrieben – blieben zahlreiche Stürze, Defekte an

Maschinen, Gepäck, Ausrüstung und leider auch Fahrern unser täglich Brot.

Tiefpunkt der Desaster-Wüstentour war dann ein Unfall meines Reisepartners *Richard Trinkl,* heute Inhaber des Reiseausrüstungs-Großhandels *Relags.* 300 km vor dem Erreichen der Teerstraße in Agadez passierte es irgendwo im Nirgendwo. Mit gebrochenem Bein und „Handschaltung" fuhr er die gesamte restliche Strecke auf holprigsandiger Sahel-Piste unter unsäglichen Schmerzen bis ins Krankenhaus der nigerischen Oasenstadt am Südrand der Sahara.

Entgegen allen Erwartungen blieb uns dank genügend Zeit und eines sehr guten afrikanischen Arztes ein vorzeitiger Reiseabbruch erspart: Nach einer mehrwöchigen Genesungspause in Agadez reisten wir noch fünf Monate lang durch zehn westafrikanische Staaten.

Als ich im April 1979 nach dem Verkauf meines Motorrades von dem Schiff, das mich nach Marseille bringen sollte, auf den Hafen von Dakar zurückblickte, hätte ich auch dem besten Wahrsager der Welt nicht abgenommen, dass ich gerade in die Wüste noch so oft fahren, dass ich sie viele Afrikareisen später für den mit Abstand schönsten und faszinierendsten Teil des Schwarzen Kontinents halten würde.

Anforderungen und Risiken

Spätestens dann, wenn aus der Wanderung auf dem Grat der persönlichen Leistungsfähigkeit ein Unfall oder eine schwere Gefahrensituation entsteht, wird man sich fragen, ob der „Spaß" das wert war.

Grundsätzlich ist er das wohl nicht, auch wenn man zu denen gehört, die Glück im Unglück hatten. Daheim, im Nachhinein, wird zwar so manches, was einen während der Reise zweifeln und auch verzweifeln ließ, zum gern erzählten „Abenteuer" – aber eben nur für diejenigen, die wieder lebend oder gesund nach Hause kommen.

Leider ist es eine traurige Tatsache, dass auf Saharapisten unverhältnismäßig viele Motorradfahrer sich verletzen oder gar sterben. Dass ich dies erwähne, soll niemand als Panikmache in die falsche Kehle kriegen. Ich bin selbst ein Mensch, der bereitwillig Risiken eingeht, sofern sie einigermaßen kalkulierbar sind. Ich möchte einfach nur empfehlen, vor und während des Trips ruhig öfter in den persönlichen „Spiegel" zu schauen, zu überlegen, was man sich bei realistischer Einschätzung der Dinge zutrauen kann. Das gilt nicht nur für die erste Sahara-Tour, sondern besonders für die zweite, ja auch noch für die dritte: Die Überschätzung der eigenen Möglichkeiten verleitet immer wieder Motorradfahrer zu Fahrstil und -tempo, die den unzähligen Tücken des Saharageländes schlicht noch nicht angemessen sind!

Neben zurückhaltender Risikobereitschaft ist Know-How der entscheidende Faktor für das Gelingen einer Saharareise per Motorrad. Wenn Sie dieses Buch gelesen haben, ist Ihnen keine Problematik einer solchen Reise mehr unbekannt, sollte Ihnen keiner der grundsätzlichen Fehler unterlaufen, die eine Wüstentour in eine wüste Tortur verwandeln können: Falsche und zu schwere Beladung, unzureichende Ausrüstung und Reserven, untaugliche Bereifung, schlechte technische Vorbereitung, mangelnde Fahr- und Orientierungstechnik, nicht zuletzt eine Verschlimmerung der daraus resultierenden Folgen durch nicht praxisgerechte Fahrbekleidung.

Das natürlich für jede extreme Reiseart und -region nötige Quäntchen Glück wird sich dann automatisch dazugesellen.

Reisepartner

Alleine

In der Regel plant und unternimmt man eine Saharatour per Motorrad mit einem oder mehreren Reisepartnern. Nicht nur aus Freundschaft, sondern weil es für eine „Abenteuerreise" mit Unwägbarkeiten der verschiedensten Art beruhigend und sicherer ist. Die Geländeetappen einer Saharafahrt sollte man als Motorradreisender ohnehin nicht auf sich allein gestellt in Angriff nehmen (siehe auch Kapitel „Notfallsituationen").

Da die Planungs- und Vorbereitungszeit meist einige Monate in Anspruch nimmt, kann es durchaus passieren, dass ein(e) potenzielle(r) Wüstenfahrer(in) plötzlich kurz vor Abfahrt alleine dasteht, weil sein(e) Partner(in) die Tour nicht mehr in Angriff nehmen kann oder will. Das mag zunächst die ganze Reise in Frage stellen, ist aber kein Grund, nicht trotzdem zu starten: Fährt man nicht gerade zu Zeiten oder in Gegenden mit sehr geringem Touristenaufkommen – z. B. im Sommer oder in Krisengebiete –, stehen die Chancen gut, unterwegs Reisepartner kennen zu lernen.

Eine solche Fahrgemeinschaft hat sogar durchaus Vorteile: Man kennt sich noch nicht, und es bestehen daher keine hohen Erwartungen aneinander. Funktioniert das gemeinsame Reisen unter solch ungezwungenen Bedingungen, fährt man unter Umständen besser zusammen als manche Reisegemeinschaft aus „guten Freunden". Diese lernen sich oft erst unter den extremen Bedingungen einer Saharareise wirklich kennen, was nicht selten zu größeren Meinungsverschiedenheiten über Reiseroute, -stil und -tempo und darüber sogar zur Trennung führt. In der Tat bedenken gerade Partner, die sich gut kennen, nicht immer, dass mit den Schwierigkeiten einer Wüstenfahrt auch die **Anforderungen an das Sozialverhalten** steigen.

„Wüstenfahrer"-Lagerplatz in den Dünen über dem libyschen Ghabron-See

Der **Hauptvorteil des Alleinreisens:** Man ist viel mehr als in der Gruppe auf Kontakt zu anderen Menschen angewiesen und bekommt ihn auch, weil man sich zwangsläufig mehr darum bemüht: Die intensivsten und schönsten Erlebnisse mit den Bewohnern der Sahara bleiben dem „Solisten" vorbehalten. Der Hauptnachteil: Entsprechend „Murphy's Gesetz" ist man meistens gerade dann besonderen Schwierigkeiten ausgesetzt, wenn man alleine unterwegs ist.

Mit Beifahrer(in)

Dass „Tandem-Wüstenfahrten" gut möglich sind, haben schon viele bewiesen. In der Tat ist das Offroad-Fahren zu zweit nicht so schwer, wie es auf den ersten Blick scheint: Ein(e) Beifahrer(in), der (die) sich auf Gelände-schwierigkeiten und entsprechenden Fahrstil einstellt, nicht übermäßig ängstlich und körperlich belastbar ist, bringt nämlich höchstens halb so viel fahrerische Belastung wie zusätzliches Gewicht auf die Maschine. In nicht wenigen Pisten- und Geländeformen (z. B. verspurter Tiefsand) kann ein routinierter Fahrer hohes Fahrzeuggewicht sogar durchaus vorteilhaft einsetzen. Kippt die Fuhre doch mal um, ist zudem gleich jemand da, der sie wieder aufstellen hilft. In besonders schwierigen Passagen kann der (die) Beifahrer(in) natürlich immer vorher absteigen, woraufhin der Fahrer die entsprechende Stelle – physisch und psychisch stark entlastet – in der Regel problemloser meistert als die nur „solo" Mitreisenden. Nicht zuletzt existieren von interessanten Fahrsituationen Fotos – aufgenommen vom „Hinterbänkler".

Sahara per Motorrad – Vorbereitung

Als mehr oder weniger gestresster Fahrer vergisst man ja gerade, wenn es spannend wird, das Fotografieren nur zu gerne. Dass bei Zweierpartien bezüglich Gepäck und Ausrüstung mit jedem Gramm gegeizt werden muss, versteht sich natürlich von selbst. Schließlich gilt es, die doppelte Menge Trinkwasser am Motorrad unterzubringen! Bei den meisten Enduros, die in ihrem Platzangebot für Saharareisen zu zweit überhaupt in Frage kommen, ist der Einbau stärkerer Federelemente und zusätzlicher Rahmenheckabstützungen empfehlenswert.

Nachfolgend einige Tipps „von Sozia zu Sozia", geschrieben von Susanne Sura, eine der ersten Frauen, die mehrere, zum Teil ausgesprochen extreme Saharareisen als Beifahrerin mitgemacht hat – und sich daran auch, als sie schon längst selbst Enduro fuhr, immer wieder gerne zurückerinnerte:

„Obwohl es bei allen meinen Motorradreisen als Sozia einige Situationen gab, bei denen ich mir schwor: Das nächste Mal mit der eigenen Maschine!!, war ich mindestens genauso oft heilfroh, nur hintendrauf zu sitzen. Vor allem bei den extremeren unserer Afrikareisen ist mir nämlich klar geworden, dass ich als Selbstfahrerin einfach in Kraft und Kondition nicht hätte mithalten können.

Was nicht heißt, dass ich, hinter dem Fahrer sitzend, gemütlich vor mich hinträumen konnte. Als Beifahrerin bei Reisen über Pisten und Gelände erwartet dich nämlich einiges: Ich bin auch keine Sportskanone, aber eine gewisse Portion körperlicher Belastbarkeit ist

schon nötig. Als Basis für den Anfang sozusagen, denn nach kurzer Geländefahrzeit stellen sich durchtrainierte Oberschenkel-, Bauch- und Armmuskeln ganz von selbst ein (ein durchaus angenehmer Nebeneffekt).

Unangenehmer sind da schon die nach einem harten Geländetag verspannten Hals- und Nackenmuskeln, Kopfdröhnen vom Fahrtwind und Motorengeräusch, im Extremfall sogar völlige Erschöpfung.

Auch, was die Konzentration angeht, wirst du im Gelände nicht weniger gefordert als der Fahrer. Balanceakte auf dem schlingernden Motorrad in Sandpassagen, genau getimtes fahrersynchrones Aufstehen vor großen Löchern oder schweißtreibendes Anschieben, wenn die Fuhre doch mal bis zur Achse im Sand steckt. Das geht zwar manchmal an die Substanz, macht aber auch großen Spaß. Hat man mit vereinten Kräften eine extrem schwierige Strecke ohne Sturz geschafft, ist das für dich als Sozia genauso ein Erfolgserlebnis wie für deinen Fahrer.

Klar muss dir auch sein, dass du dir bis auf ein Minimum Hygieneartikel und Kosmetika buchstäblich abschminken kannst. Auch mehr als die allernötigsten Klamotten sind bei einer Saharareise zu zweit aus Platz- und Gewichtsgründen nicht zu verantworten. Unter solchen Bedingungen mal völlig unabhängig von Duschzwängen und modischen Gags zu sein, sich mit ungewechselten Kleidungsstücken und körpereigener Duftnote nach einer Woche Nullwäsche noch wohlzufühlen, bereitete mir allerdings oft eine besondere Genugtuung.

Eine „wüste" Sozia sollte sich übrigens schon zu Hause mit Reiseliteratur, Karten, Streckenbeschreibungen und dem Thema Orientierung auseinandersetzen. Bei unseren Unternehmungen bewährte sich die Aufgabenteilung nach dem Motto „Sozia denkt, Fahrer lenkt" bestens. Während der „Pilot" meist beide Hände voll zu tun hat, Maschine samt zwei Personen und Gepäck heil durchs Gelände (oder auch chaotischen Stadtverkehr) zu bringen, passt Sozia auf, dass die Richtung eingehalten und keine Abzweigung übersehen wird, ebenso, dass kein hinterherfahrender Mitreisender verloren geht." (Siehe auch die Reportage „Sandsturm und Sylvester" in diesem Buch).

Zu mehreren

Organisierte Saharareisen

Nicht nur die Zahl der Motorrad-Wüstenfahrer überhaupt hat seit Ende der 80er Jahre stark zugenommen, sondern auch der Kreis derjenigen Enduroreisenden, die es vorziehen, die Sahara in einer Gruppe und mit Autobegleitung kennen zu lernen – unbelastet von Gepäck, Wasser- und Benzinreserven, geführt und beraten von wüstenerfahrenen Begleitern. Der Grund für diesen Verzicht auf völlige Individualität liegt neben **gestiegenen Ansprüchen an das fahrerische Erlebnis** einer Enduroreise vor allem in dem Wunsch, Sahararegionen kennen zu lernen, die allein zu befahren dem Anfänger gar nicht und auch dem wüstenerfahrenen Enduristen nur möglich sind, wenn er bereit ist, größere Risiken einzugehen.

Wer sich einem Veranstalter von Saharareisen anvertrauen will, sollte bei der Auswahl unbedingt bedenken, dass dieser seiner hohen Verantwortung nur dann gerecht werden kann, wenn er über außergewöhnlich große **Erfahrung und Landeskenntnis,** vor allem auch über beste Verbindungen zu Behörden und Institutionen vor Ort verfügt. Wie man den Anzeigenseiten der Fachpresse entnehmen kann, sprießen Jahr für Jahr neue Motorradreise-„Veranstalter" hervor – leider meist nicht aus dem Boden der Saharakenntnis und -begeisterung, sondern aus dem der Unbedarftheit oder Geschäftemacherei.

Seit 1985 führe ich selbst organisierte Saharareisen durch und konnte einige Male beobachten, wie Leute, die im Vorjahr noch selbst Teilnehmer einer unserer Reisen waren, plötzlich in der Fachpresse unter „XY-TOURS" firmierten. Nicht selten waren es gerade die Personen, denen ich von ihrer persönlichen und fachlichen Eignung alles andere zugetraut und empfohlen hätte als eine mit so großer Verantwortung beladene Tätigkeit. Nach ein bis zwei Jahren des Erfahrungsammelns – in der Regel auf Kosten der wenigen, von niedrigen Einführungspreisen angelockten Kunden – verschwinden solche Veranstalter in der Regel wieder: Mit einer „Hand voll" Erfahrung, dem „Abkupfern" eines Reisekatalogs, dem Kauf eines ausrangierten Militär-Lkw und eines Satelliten-Navigationsgerätes ist es nun mal nicht getan!

Seit einigen Jahren hat der Gesetzgeber dem Wildwuchs so genannter

Reiseveranstalter einen Riegel vorgeschoben. Nur wer **„Reisepreis-Sicherungsscheine"** in Höhe der zu zahlenden Beträge an seine Kunden ausgibt – in ihnen ist übrigens auch eine kostenlose Reiserücktrittskostenversicherung enthalten – darf Reisen veranstalten. Verstöße werden mit hohen Geldstrafen geahndet. Um diese Sicherungsscheine, die bei Stellung der Anzahlungsrechnung (max. 10%) und bei Stellung der Hauptrechnung (frühestens 30 Tage vor Reisebeginn) ausgegeben werden müssen, im Rahmen einer so genannten Insolvenzversicherung vom Deutschen Reisepreis-Sicherungsverein zu bekommen, muss sich der Veranstalter einer peniblen Bonitäts- und damit Firmen-Rentabilitäts-Prüfung unterziehen. Schon daran scheitert es bei den meisten Hobby-Reiseveranstaltern. Freilich finden sie nicht selten Mittel und Tricks, um die Absichten des Gesetzgebers zu umgehen: Pro forma fungiert dann halt ein „befreundetes" Flug-Reisebüro als Veranstalter.

Woran man oft zu spät denkt

Wer bei einem neuen und unbekannten Reiseveranstalter mitfahren möchte, sollte sich nicht nur von Dumping-Preisen locken lassen – es sei denn, er legt keinen Wert auf ein lohnendes Reiseerlebnis –, sondern dem Veranstalter vor Buchung gezielt folgende Fragen stellen:

● Wie ist die Mindestteilnehmerzahl und der aktuelle Buchungsstand?

● Wann ist der spätestmögliche Zeitpunkt, an dem die Tour wegen Teil-

nehmermangels abgesagt werden kann? (Sechs Wochen sind üblich.)

● Wie groß sind die Gruppen? (Mehr als 12 Teilnehmer pro Tourguide sind auf Offroad-Strecken wegen der höheren Wahrscheinlichkeit von ungewollten Stopps problematisch!).

● Kann jeder fahren wie er will, oder hat er sich an den Tourguide und dessen Vorgaben zu halten? (Anmerkung: Im ersteren Fall ist mit häufigen Störungen und Ausfällen durch Unfall und Irrfahrten zu rechnen.)

● Wie ist das Durchschnittstempo auf Offroad-Strecken, der Fahrrhythmus und die Tages-Etappen-Länge? (Anmerkung: Mehr als durchschnittlich 80 bis 90 km/h, mehr als 50 km am Stück, mehr als 200 Offroad-Kilometer am Tag bedeutet, dass man eher an einer Rallye als an einer Reise teilnimmt – mit entsprechend hoher Unfallgefahr!

● Wie ist der Veranstalter mit medizinischem Personal und Ausrüstung ausgestattet, wenn ein schwerer Unfall passiert? (Anmerkung: Ein medizinisch geschultes Mitglied sollte im Reiseleiter-Team oder wenigstens in der Gruppe vorhanden sein. Die Erste Hilfe-Ausrüstung sollte für die Versorgung von Brüchen ausreichend sein.)

● Was passiert mit einem irreparabel defekten Motorrad? Ist der Rücktransport – zumindest zum Firmensitz des Veranstalters – inklusive?

● Welche Nebenkosten tauchen im Ablauf der Reise auf? (Anmerkung: In einem auf den ersten Blick höher erscheinenden Reisepreis sind u. U. so viel mehr Leistungen enthalten – z. B. Benzin, Motorradtransport, Vollverpflegung, Hotel-Übernachtungen usw. – dass die Reise im Endeffekt günstiger ist als ein Billig-Angebot, bei dem man dann aber z. B. nach drei Wochen Wüsten-Camping sein Hotel selbst bezahlen, dem Veranstalter jedes Getränk abkaufen und seinen Motorradtransport zum Fährhafen selbst organisieren muss.

Fahrstil in der Gruppe

Das Motorradfahren in einer Gruppe von beispielsweise zehn Fahrern erfordert einen anderen Fahrstil und Rhythmus als das Motorradfahren alleine oder zu zweit. Wer nicht gewöhnt ist, in einer größeren Gruppe zu reisen, muss sich erst einmal bewusst machen, dass zur Vermeidung gefährlicher Situationen und Unfälle eine wesentlich umsichtigere und rücksichtsvollere, vor allem aber gleichmäßigere und routiniertere Fahrweise erforderlich ist. Folgendes sollte unbedingt und immer beachtet werden:

Auf der Straße

● **Gemeinsame Fahrt:** Wenn, so weit das Auge reicht, kein Hintermann mehr zu sehen ist, stellt sich die Frage: Zurückfahren oder nicht? Er könnte ja eine Panne oder andere Probleme haben. Nichts kann auf einer Gruppenfahrt nerviger sein, als wegen Pinkel-, Foto-, Rauchpausen oder anderer harmloser Unterbrechungen mehrmals am Tag etliche Kilometer zurückfahren zu müssen. Laufende **Rückspiegelüberwachung** – für jeden Großstadt-Biker selbstverständlich – verhindert derartige Verwirrungen: Hält der

Hintermann an – warum auch immer –, bekommt der Vordermann das mit, bevor dieser außer Sichtweite ist, ebenso dessen Vordermann usw.

● **Abstand:** Nicht zu dicht hintereinander und wenn, dann versetzt fahren. Reaktions- und Bremszeiten jedes Einzelnen summieren sich u. U. zu einem Auffahrunfall am Ende der Gruppe.

● **Anhalten:** Vor Beginn jedes Anhaltemanövers im Rückspiegel den **Abstand überprüfen,** blinken und dann bremsen. Keine unnötigen abrupten Bremsmanöver! Nach Möglichkeit einen Anhalteort wählen, der der ganzen Gruppe Platz bietet, nicht in unübersichtlichen Kurven oder Einmündungen. Nicht auf der Straße und nebeneinander anhalten, sondern daneben und hintereinander. Alle Maschinen auf derselben Straßenseite parken.

● **Überholen:** Warten, bis der Vorausfahrende sein Überholmanöver beendet hat. Nach dem Überholen rechts fahren und dem Hintermann Platz zum Einscheren lassen. Auf afrikanischen Straßen – entsprechend landesüblicher Gepflogenheit – andere Verkehrsteilnehmer vor dem Überholen kurz **anhupen.** Nicht blind auf eventuelle Signale (z. B. rechts blinken für „Überholen möglich") vorausfahrender Einheimischer vertrauen.

Im Gelände

● Das **Anfängerrisiko:** Auf den ersten Geländeetappen ist die Gefahr eines Sturzes am größten: Die Euphorie des „Jetzt geht's los", das von keinem Gepäck beschwerte, mit griffigen „Grob-

stollern" bereifte Motorrad und das manchem – wegen des noch fehlenden Blicks für die zahlreichen „Fallen" der Wüste – harmlos erscheinende Saharagelände verführen zu Leichtsinn und Selbstüberschätzung, den Hauptursachen für Stürze.

●**Abstand:** Sahara offroad ist ausreichender Sicherheitsabstand noch wichtiger als onroad. Erstens sollte jede(r) Fahrer(in) der Gruppe Zeit haben, ohne drängelnde Verfolger im Nacken auf das Gelände zu reagieren. Zweitens ist bei starker **Staubentwicklung** – Windstille oder Wind von vorne – großer Abstand (bis mehrere hundert Meter!) erforderlich: Schlechte Sicht kann auf Wüstenstrecken verhängnisvoll sein, denn die tückischsten Gräben, Felsen, Kanten usw. verstecken sich nicht selten in der Staubfahne des Vorausfahrenden!

Routenplanung

Reisezeit und Klima

Temperaturen

Mit Ausnahme der Hochgebirgsregionen des Ahaggar (Hoggar) in Algerien und des Tibesti im Tschad herrschen in fast allen Teilen der Sahara vom späten Frühjahr bis zum frühen Herbst – also etwa **Mitte Mai bis Ende September** – so hohe Temperaturen, dass Motorradreisen nicht zu empfehlen sind – insbesondere solche abseits regelmäßig befahrener und gut versorgter Hauptrouten. Die Temperaturen steigen zu diesen Jahreszeiten auf über 40° C, im Sommer sogar auf **mehr als 50° C** im Schatten an. Erst ab dem spätem Nachmittag ist der Sonnenstand niedrig genug, um die Hitze auf erträgliche Werte sinken zu lassen. Im Laufe der Nacht kühlt es dann – je nach Höhenlage, Landschaftsrelief und Bodenmaterial unterschiedlich schnell – noch einmal um rund 20° C ab. Von Ende Mai bis Ende September bedeutet das trotzdem bis weit nach Mitternacht zu große Hitze für angenehmen Schlaf. Grundsätzlich ist große Hitze in der Sahara jedoch leichter zu ertragen als in anderen warmen Klimazonen. Die **niedrige Luftfeuchtigkeit** in der Wüste macht es möglich: Bei nur etwa 10 bis 25 % relativer Luftfeuchtigkeit im Gegensatz zu 60 bis 90 % in Mitteleuropa belasten 40 Saharagrade den Kreislauf weniger als 30° C in einer europäischen Großstadt. Vor allem für **Trips abseits der Hauptrouten** (siehe auch Kapitel „Reserven, Gepäck Beladung und Bekleidung, Trinkwasser") und für besonders **hitzeempfindliche Menschen** sind die Monate **Oktober bis April** mit Temperaturmaxima von nicht über 30° bis 35° C im Schatten vorzuziehen. Im Dezember und Januar überschreiten die Temperaturen in der Regel 25° C im Schatten nicht, was nachts vor allem in Höhenlagen für Frost sorgen kann.

Bei Dünen-Ausflügen sollte sich eine Endurofahrer-Gruppe zwischendurch immer wieder mal sammeln

Taglänge und Zeitverschiebung

Je weiter südlich man kommt, desto länger steht die Sonne am Himmel, da ihre Bahn mit zunehmender Annäherung an den Äquator höher am Himmel verläuft: Selbst im **Dezember** ist es in Südalgerien daher noch **zehn Stunden hell** – gut zwei mehr als daheim. Sonnenunter- und aufgänge gehen im tiefen Süden schneller vonstatten als in Mitteleuropa. In der Zentralsahara – 3.000 bis 4.000 Luftlinienkilometer südlich der Alpen – versinkt der Licht- und Wärmespender abends beinahe wie ein Stein im Sand, steht morgens schon nach wenigen Minuten hoch genug, um wieder kräftig einzuheizen.

Da die geographische Breite der Sahara in etwa der Europas entspricht, ist eine Reise dorthin übrigens nur mit maximal **einstündiger Zeitverschiebung** gegenüber MEZ verbunden:

- Marokko/Mali/Mauretanien: – 1 h;
- Algerien/Tunesien/Niger +/- 0 h;
- Libyen/Ägypten/Sudan: + 1 h).

Wind und Wetter

Wie jede Luftbewegung, entsteht auch der Wind der Wüste durch Temperaturschwankungen in der Atmosphäre, also durch das Nachfließen warmer, sich ausdehnender Luftschichten in Regionen mit abkühlenden, sich zusammenziehenden. Wegen der **starken Tag-Nacht-Temperaturunterschiede** ist die Sahara generell ein eher **zugiger Ort.** Außer im tiefen Winter kann man fast jeden Abend oder Morgen für ein bis zwei Stunden den Wechsel von Flaute zu Wind oder umgekehrt erleben. Im späten Frühjahr bzw. Frühsommer, wenn die Temperaturschwankungen am größten sind, besteht auch die Wahrscheinlichkeit **mehrtägiger Winde und Stürme.**

Da in der Wüste jede Menge Erosionsmaterial herumliegt, treten Luftbewegungen im Allgemeinen in Verbindung mit mehr oder weniger starkem **Sand- und Staubtreiben** auf. Je nach Flughöhe und -geschwindigkeit der Partikel ist das Fahren für den Motorradreisenden dann sehr unangenehm, bei stärkeren Sandstürmen mangels Sicht unmöglich, bei einer der zwar seltenen, aber immer wieder mal vorkommenden **„Sandwalzen"** lebensgefährlich. Auch der vor oder nach stärkerem Wind auftretende Staubdunst – ein jede Fernsicht verhindernder Nebel – kann zum Problem werden, die Orientierung stark erschweren und grandiose Landschaften unsichtbar machen. Vor allem für fotografisch ambitionierte Reisende ist daher der relativ windstille Winter die interessanteste Reisezeit.

Niederschläge fallen in der Sahara häufiger, als es das Klischeebild von der Wüste erwarten lässt. Meist sind die Regenschauer oder Gewittergüsse allerdings viel zu kurz, um den vertrockneten Untergrund nennenswert aufzuweichen. Während so genannter **Geisterregen** verdunsten sogar am Himmel deutlich sichtbare Nieder-

Gute Reisevorbereitung beinhaltet auch den Umgang mit Karte und Kompass

schlags-Schleier, bevor sie den Boden überhaupt erreichen. Mehrstündige oder -tägige Regenschauer kommen in der Regel im späten Frühling und frühen Sommer vor, allerdings – zum Leidwesen von Mensch und Tier – nicht jedes Jahr. Schüttet es wirklich mal richtig in der Sahara, nimmt das Ganze rasch apokalyptische Ausmaße an: Aus vertrockneten Schwemmton-ebenen werden Seen oder unpassierbare Morastfelder, aus kilometerbreiten Wadis Flüsse, aus engeren reißende Wildwasser. Wer schon einmal erlebt hat, wie sein Lagerplatz plötzlich zur Insel in einem unüberschaubaren Strom braungelber Schlammfluten wird, nimmt künftig alte Wüstenfahrer-Regeln ernster (siehe auch Kapitel „Übernachtung/Schlafplatzsuche").

Im Spätherbst und Winter ist man in der Zentralsahara vor Niederschlägen am sichersten – nicht allerdings an ihrem (vom Mittelmeerklima noch beinflussten) Nordrand. Hier kann es immer mal zu Sommergewittern mit heftigen Regengüssen kommen.

Landkarten

Für Planung, Übersicht und das Reisen auf Hauptrouten bestens geeignete Karten kommen aus dem Hause *Michelin*. Relativ zum Maßstab sind sie sehr detailliert, zudem werden sie häufig aktualisiert. Die **Standardkarte** für Sahararreisen ist die *Michelin 953* (Nord- und West-Afrika; 1:4.000.000). Für Tunesien und Nord-Algerien sei das Blatt Nr. 972, für Marokko Nr. 969 empfohlen (Maßstab 1:1.000.000).

Für Zentral- und Südsahara-Reisen auf nicht extremen Routen sind Karten des französischen *Institut Géographique National* im Maßstab 1:1.000.000 die beste Wahl. Für das Befahren alter Kolonialrouten und Querfeldeinstrecken sind die von der Topographie her ausgezeichneten *I.G.N.*-Karten im Maßstab 1:200.000 oder 1:500.000 zu empfehlen. Die Existenz dieses auf Luftbildern basierenden und den gesamten (ehemals französischen) Sahararaum abdeckenden Kartenwerks ist ein Glücksfall für alle Saharafahrer, die die Hauptstrecken verlassen wollen. *I.G.N.*-Karten sind in einigen **Fernreiseausrüstungs-Geschäften** (z. B. *Därr*/München; *Woick*/Stuttgart) und geographischen Buchhandlungen erhältlich bzw. bestellbar.

Dort gibt es auch die von ganz Afrika erhältlichen **russische Generalkarten** im Maßstab 1:500.000. Sie sind bis auf die kyrillische Beschriftung hervorragend für Sahararreisen geeignet. In digitaler und für die Verwendung mit der genialen GPS-Orientierungs-Software *Quovadis* initialisierter Form sind sie auf den CDs „Ostafrika" und „Westafrika" bei der Firma *Touratech* (www. touratech.de) für rund 200 DM erhältlich.

Auch die so genannten **TPC-Karten** (*Tactical Pilotage Chart* = amerikanische Luftfahrtkarten) decken im Maßstab 1:500.000 den gesamten Sahararaum ab und sind in ihrer landschaftlichen Darstellung recht brauchbar. Mit der Lage von Ortschaften und dem Verlauf von Verkehrswegen nehmen sie es allerdings nicht sehr genau.

Von den vielen Sahara-Karten sind nachstehend aufgeführte Blätter besonders empfehlenswert:

- **Ägypten:** *F & B*, 1:1.000.000, gute und aktuelle Straßenkarte
- **Algerien:** *Sonatrac*, 1:2.500.000, nicht aktuell, aber topographisch gut
- **Libyen:** *GeoProjects*, 1:3.500.000, Übersicht, auch in arabischer Schrift
- **Marokko:** Staatlich, 1:500.000, 16 Blätter, sehr detailliert und aktuell
- **Mauretanien:** *I.G.N.*, 1 : 500.000, 2 Blätter, gute Karten der Küstenregion
- **Tunesien:** Staatlich, 1:500.000 (Südtunesien 1 : 1.000.000), Nordteil gut und detailliert.

Reiseliteratur

Vor allem abseits der üblichen Hauptrouten kann eine Streckenbeschreibung von großem Nutzen sein. Allerdings nur eine sorgfältig recherchierte, die insbesondere, was **Versorgungsmöglichkeiten und fahr- und orientierungstechnische Schwierigkeiten** betrifft, objektiv und vollständig ist. Zudem sollte sie Hintergrundinformationen bieten, über Geschichtliches, Sehenswürdigkeiten und Besonderheiten, über lohnende Abstecher und Ausflüge informieren. Da so gut wie alle Streckenbeschreibungen aus der Sicht von **Autoreisenden** geschrieben sind, enthalten sie auch Angaben und Einschätzungen, die für den Motorradfahrer nicht zutreffen. Insbesondere Folgendes ist von zweirädrigen Wüstenfahrern zu berücksichtigen:

1) Angaben über **fahrtechnische Schwierigkeiten** finden sich in für Autoreisende geschriebenen Streckenbeschreibungen kaum.

2) Der typische Fahrrhythmus von Motorradreisenden beinhaltet vor allem im Gelände **mehr Unterbrechungen** als beim Autofahrer. Auch körperliche Belastung und damit **Ermüdung** sind für den Motorradfahrer höher als für den Autofahrer. Fahrzeitangaben sind in „automobilen" Streckenbeschreibungen daher in der Regel eher zu knapp angesetzt.

Reiseführer mit Routen-Beschreibungen

- **Algerische Sahara:** Verlag Dumont; von Ursula und Wolfgang Eckert), Motorradteil von Thomas Troßmann.
  Das leider schon lange vergriffene und nicht mehr aufgelegte, sehr ausführliche und informative Reisehandbuch mit detaillierten Streckenbeschreibungen auch ausgefallener Routen wird heute zu Schwarzmarkt-Höchstpreisen gehandelt – zumindest so lange, bis ein vergleichbares Werk auf dem Markt ist. Der REISE KNOW-HOW-VERLAG plant unter der Autorenschaft von Gerhard Göttler einen Reiseführer „Algerische Sahara".
- **Libyen:** Verlag REISE KNOW-HOW; von Gerhard Göttler; Motorradteil von Thomas Troßmann. Informatives Reisehandbuch mit detaillierten Streckenbeschreibungen.
- **Marokko:** Verlag REISE KNOW-HOW; von Erika Därr. Extrem umfangreiches und informatives Reisehandbuch mit detaillierten Streckenbeschreibungen.
- **Tunesien:** Verlag REISE KNOW-HOW; von Ursula und Wolfgang Eckert. Sehr umfangreiches und informatives Reisehandbuch mit vielen detaillierten Streckenbeschreibungen auch von den Sperrgebieten im Süden des Landes.
- **Sahara gesamt:** „Durch Afrika", Verlag REISE KNOW-HOW. Umfassendes Handbuch mit flächendeckenden Streckenbeschreibungen und Informationen zu Formalitäten. Die Routenbeschreibungen wurden von zahlreichen unterschiedlichen Wüstenreisenden verfasst, daher manchmal uneinheitliche Beurteilung fahrtechnischer Schwierigkeiten.

Sahara per Motorrad – Vorbereitung

Einstimmende Bücher

● **„Wüstenfahrer"**, Verlag Frederking & Thaler; Thomas Troßmann. Am Beispiel von drei Motorrad-Saharareisen in den Jahren 1978, 1984 und 1986 schildert der Autor die Entwicklung vom Anfänger zum routinierten Wüstenfahrer, von der beinahe im Desaster endenden Katastrophentour zur riskanten, aber kalkulierbaren Extremtour.

● **„Wüstenzeit. Erlebnisse und Reportagen aus 1000 Tagen Wüstenfahrt"**; Verlag Frederking & Thaler; Thomas Troßmann.

● **„Der Wüste begegnen"**, Verlag Frederking & Thaler; von Thomas Troßmann; Reportagen, Hintergrundinformationen und ausführliche Ratgeber zu unterschiedlichen Reisearten in der Sahara: zu Fuß, per Kamel, mit dem Geländewagen, als Motorradreisender und als Teilnehmer einer Sahara-Rallye.

Wie nach Nordafrika?

Per Fährschiff

Buchung

Motorradfahrer, die sich mit einer Passage in der „Touristenklasse" (eigentlich ein geradezu diskriminierender Ausdruck für die billigste Klasse) zufrieden geben, können außer zur Hauptsaison (Ostern, Weihnachten, Beginn und Ende der französischen oder italienischen Sommerferien) darauf vertrauen, auch ohne vorherige Buchung am Abfahrtshafen Tickets zu erhalten – in der Regel um einiges günstiger als im heimatlichen Reisebüro. Wer Erster Klasse in einer Zwei-Bett-Außenkabine mit Fenster nach Afrika schippern will, der bucht besser einige Wochen vorher in irgendeinem heimischen Reisebüro.

Alle Wege führen nach Tunis

In die Nord- und Zentralsahara Tunesiens, Libyens und Algeriens fährt man mit eigenem Fahrzeug per Fährschiff von Genua oder Marseille nach Tunis. Von Genua nach Tunis geht es jeden Samstagnachmittag, von Tunis nach Genua jeden Freitagvormittag. Die Verbindung zwischen Marseille und Tunis geht mit wechselndem Zeitplan zweimal wöchentlich.

Die Fähren zwischen der Insel Malta, regelmäßig von Sizilien angefahren, und Tripolis in Libyen und die Fähren zwischen Marseille und Alger sind für Touristen nicht empfehlenswert: Die Einreiseformalitäten sind kompliziert, die hygienische Zustände an Bord nicht gerade einwandfrei, und speziell zwischen Malta und Tripolis gibt es eine hohe Kriminalitätsrate an Bord!

Nach Ägypten gibt es keine Fährschifflinie mehr. Nach Marokko hat man die Wahl: 2 Nächte und 1 Tag luxuriös und teuer zwischen dem südfranzösischen Sète und der marokkanischen Hafenstadt Tanger oder kürzer, billiger und „abgewrackter" zwischen Algeciras bei Gibraltar und der spanischen Enklave Ceuta oder – empfehlenswerter, weil weniger von „Nepp und Schlepp" begleitet – mit den Nachtfähren zwischen den südspanischen Städten Alicante oder Malaga und der ebenfalls Marokko vorgelagerten spanischen Enklave Melilla.

Motorräder in einer Fähre

● Verzurrseile nicht über Lack und Sitzbank, Bremsen und Züge;

● GPS usw. demontieren;

- Benzinhahn schließen;
- Seitenständer mit Riemen sichern;
- Rutschgefahr bei Ein- und Ausfahrt: Öl und Nässe auf Metallboden!
- Bei der Ankunft nicht zu früh unter Deck gehen: Auch wenn es verboten ist, gibt es fast immer ein paar Zeitgenossen, die ihre Motoren warmlaufen lassen.

Per Flugzeug

Leider gibt es gibt **keine empfehlenswerte Möglichkeit,** ein Motorrad von Europa in ein nordafrikanisches Land per Flugzeug zu transportieren. Der Lufttransport selbst ist dabei nicht das Problem und kann – relativ preiswert – über eine **Luftfrachtspedition** oder – teurer, aber einfacher – über die benutzte Fluglinie (Motorrad als begleitetes oder unbegleitetes Gepäck) organisiert werden. Was vielmehr eine solche Anreise in allen nordafrikanischen Staaten problematisch macht, ist die langwierige (oft Tage dauernde), mit allerlei teuren Unwägbarkeiten verbundene Abwicklung der **Zoll- und Einreiseformalitäten.** Dies gilt nicht nur für Libyen und Algerien, sondern auch für tourismusangepasste Länder wie Tunesien, Marokko und ganz besonders Ägypten.

Der Papierkram

Reisedokumente

Reisepass
- Die **Gültigkeit** sollte – bei einigen Ländern muss sie – mindestens drei oder auch sechs Monate ab Einreise bzw. Visum-Datum betragen.
- Ein **„Jugendfoto" im Pass** kann bei nicht mehr eindeutig erkennbarer Ähnlichkeit an der Grenze zu Problemen führen. Krasse Unterschiede zwischen der auf dem Foto getragenen und der aktuellen Frisur sollten kurzfristig korrigierbar sein. Einen Bart oder eine „Mähne" abzuschneiden, ist kein großes zeitliches Problem. Beides an einer Grenze, wo man wegen „Nichterkennbarkeit" nicht durchgelassen wird, wachsen zu lassen, aber schon.
- **Kopien** aller wichtigen Seiten sollten für den Fall eines Passverlustes mitgeführt werden. Diese getrennt vom Pass aufbewahren.

Internationaler Impfausweis
Er ist nur noch für die Einreise in Saharastaaten, die bestimmte Impfnachweise verlangen, nötig. Das ist außer aus gegebenem Anlass – z. B. Ausbruch einer bestimmten epidemischen Krankheit im Nachbarland – inzwischen nirgendwo mehr der Fall. Bei den Ländern der Südsahara, insbesondere dem Staat Niger, wird ein Impfnachweis über Gelbfieber je nach Cleverness und/oder Bakschisch-Lust des Grenzbeamten verlangt (siehe Kapitel „Medizinischer Ratgeber, Impfungen").

Sahara per Motorrad – Vorbereitung

Internationaler Führerschein

Auch er ist inzwischen offiziell für kein Sahara-Land mehr vorgeschrieben. Von „unwissenden" und/oder auf einen „Nebenverdienst" erpichten Grenzern und sonstigen Offiziellen – hin und wieder in touristischen Ländern wie Ägypten, Libyen, Marokko und natürlich den Südsahara-Staaten gelegentlich anzutreffen – wird er trotzdem verlangt. Auch im Falle eines Unfalles oder sonstiger verkehrsrechtlicher Probleme – Falschparken auf einer Düne gehört übrigens nicht dazu – ist er nützlich, und sei es nur, um den „echten" Führerschein nicht aus der Hand geben zu müssen. Erhältlich ist der „Internationale" auf den Führerscheinstellen der Gemeindeverwaltungen – auch wenn man dort manchmal nichts davon weiß, weil er so selten beantragt wird.

Internationaler Fahrzeugschein

Erhältlich auf allen Kraftfahrzeugzulassungsstellen – nicht mit einem Ausfuhrkennzeichen (= Zollnummer) zu verwechseln. Im Sahararaum für Libyen, Niger und Tschad, in Westafrika für Benin, Elfenbeinküste, Ghana, Guinea, Kamerun, Nigeria und Togo empfehlenswert.

Internationale Fahrzeugvollmacht

Ist der Fahrer nicht Eigentümer (und damit im Fahrzeugschein genannt) des für die Reise benutzten Fahrzeugs, benötigt er eine Benutzungsvollmacht des Besitzers mit bestätigter Unterschrift. Die Formulare sowie die Bestätigung erteilen Automobilclubs.

Versicherungen

Krankenversicherung

In Algerien und Libyen gibt es die so genannte **freie Heilfürsorge.** Diese gilt auch für Gäste des Landes. D. h., dass selbst für einen Krankenhausaufenthalt mit Röntgen-Aufnahmen, operativen Maßnahmen usw. keine Kosten entstehen. In allen anderen Saharastaaten und den meisten Ländern West- und Zentralafrikas ist zwar die **Behandlung im Krankenhaus kostenlos,** die dafür oder danach erforderlichen **Medikamente** müssen allerdings in der Apotheke gekauft werden. Wer solche Auslagen gerne erstattet haben möchte, setzt sich vor Reisebeginn mit seiner Krankenversicherung in Verbindung und klärt ab, in welchem Umfang und wie lange diese solche Kosten übernimmt. Spezielle Reisekrankenversicherungen kommen in der Regel nur bis zu einer **Reisedauer von sechs Wochen** für Arzt- und Medikamentenkosten auf.

Krankenheimflug- und Fahrzeugrückholversicherung

Lebenswichtig kann Versicherungsschutz für einen z. B. nach einem schweren Unfall erforderlichen **Heimtransport** per Rettungsflugzeug sein. Empfehlenswert sind für diesen Fall der **Auslandschutzbrief** des ADAC und der von der Versicherung *Europe Assistance* angebotene **Euro-Pass.** Neben diversen anderen Leistungen sind darin jeweils der Krankenheimtransport und der Kfz-Transport (im Falle eines Fahrzeugdefekts oder der Fahrunfähigkeit des Benutzers infolge Unfall oder Krankheit) abgedeckt. Beim ADAC sind sowohl Kranken- wie Fahrzeugtransport auf die Mittelmeeranrainerländer begrenzt. Bei *Europe Assistance* gilt der Versicherungsschutz für Krankenheimtransport weltweit, für Fahrzeugrücktransport nur im Bereich der Mittelmeeranrainerländer. Natürlich wird solcher Versicherungsschutz auch von anderen Gesellschaften angeboten. Abgewickelt werden die Versicherungsleistungen aber fast immer unter Mitwirkung von ADAC und *Europe Assistance,* da beide in Nordafrika über die besten Kontakte und größten Erfahrungen verfügen.

Zur effektiven Abwicklung eines solchen Notfalls: Sobald ein ernstlich Kranker oder Verletzter ins nächste Krankenhaus gebracht wurde (siehe dazu auch Kapitel „Notfallsituationen/Zurücklassen eines Verletzten"), heißt es für den Reisepartner, so schnell wie möglich per Telefon **Kontakt zum Notdienst der Versicherungsgesellschaft** aufzunehmen, damit deren Arzt mit dem behandelnden Arzt sprechen kann. Dessen fernmündliche Aussage, dass er einen Rettungsheimflug für sinnvoll hält, autorisiert den Notarzt des Versicherers zur Entsendung eines Rettungsflugzeuges. Ist die Sache besonders dringend, empfiehlt sich für den Helfer, zum nächsten **Flughafen** zu fahren und bei der Flugleitung das Eintreffen eines Rettungsflugzeuges schon anzukündigen. Die Erteilung einer Landeerlaubnis wird dadurch oft erheblich beschleunigt.

Reisegepäckversicherungen

Bei Saharareisen nur dann einigermaßen sinnvoll, wenn das so genannte **Campingrisiko** mit abgedeckt ist. Zu beachten ist außerdem:

● Nach einem Diebstahl ist von der nächsten Polizeidienststelle ein **Protokoll** anfertigen zu lassen.

● Es werden nur Dinge ersetzt, von denen **Kaufquittungen** existieren.

● **Wertgegenstände** (Foto, Video usw.) sind in der Regel nur bis zur Hälfte der Versicherungssumme gedeckt.

● Ähnlich wie bei einer Hausratversicherung darf man sich nicht **unterversichern.** Beträgt z. B. der Gesamtwert des Gepäcks 5.000 DM, die abgeschlossene Versicherungssumme aber nur 2.500 DM, werden beispielsweise beim Diebstahl eines Zeltes im Wert von 600 DM nur 300 DM erstattet.

Fahrzeugverkauf

Über das Carnet de Passage

Dieses auch **„Grenzpassierscheinheft"** oder **„Triptik"** genannte, großformatige Heft ist der **Nachweis einer Zollübernahmeerklärung** durch einen Automobilclub. Es garantiert der Zollbehörde eines Staates, der zum „Verein" der Länder gehört, die das „Internationale Grenzpassierscheinabkommen" anerkennen, dass der bei einem **Nichtexport** des Fahrzeuges (nach Totalschaden oder Verkauf) fällige Zoll – unter weniger freiheitlichen Regierungsformen manchmal ein Mehrfaches des Fahrzeugwertes – von dem Aussteller des Carnets, in der Regel der größte Automobil-Club eines Landes, bezahlt wird.

Grundsätzlicher **Vorteil** für den Reisenden: Das vor allem früher in manchen „exotischen" Drittwelt-Staaten bei der Einreise geforderte Hinterlegen von hohen **Kautionssummen** fällt weg – und damit die Schwierigkeit, dieses Geld bei der Ausreise an einer anderen Grenzstation oder überhaupt zurückzuerhalten. Grundsätzlicher **Nachteil:** Das Grenzpassierscheinheft – erhältlich in Deutschland z. B. beim ADAC gegen eine Bearbeitungsgebühr von ca. 300 DM – erfordert die Hinterlegung oder Übertragung einer **Bürgschaft** von mehreren tausend DM.

Allah sei Dank ist das Carnet für Motorradfahrer für keines der an das Mittelmeer grenzenden Sahara-Länder mehr erforderlich. Nur wer weiter in den Süden und nach Schwarzafrika fährt, kommt u. U. nicht darum herum, will er sichergehen, in allen Ländern – zumindest bezüglich seiner Fahrzeug-Import-Voraussetzungen – den Einreisebestimmungen zu entsprechen.

Ein Carnet dabei zu haben, heißt natürlich nicht, es benutzen zu müssen. Genau das sollte man nämlich auch nur dann tun, wenn es gar nicht zu vermeiden ist. Warum? Wird das Carnet bei einer Einreise benutzt, stempelt der Einreisezoll das Grenzpassierscheinheft ab und behält den so genannten **Import-Abschnitt** ein. Dies bringt die Verpflichtung einer ähnlichen Abfertigung bei der Ausreise mit sich. Denn nur, wenn der Zoll des betreffenden Staates sowohl den Import wie den Export über ein Carnet abgehandelt hat, ist der ADAC vor Zahlungsansprüchen und Sie vor einem Verlust der Bürgschaftssumme sicher. Bleibt nur zu hoffen, dass auf dem in afrikanischen Staaten nicht selten abenteuerlichen „Dienstweg" keiner der vom Zoll einbehaltenen Abschnitte des Carnets verloren gehen, oder wenn schon, dann gleich beide! Andernfalls kann es von Seiten des betreffenden Landes zu Forderungen an den Aussteller und damit zu einer **Sperre der Bürgschaft** kommen – zumindest so lange, bis alle (Un-)Klarheiten beseitigt sind. Bis dahin kann eine Menge Wasser den Nil, Niger oder Kongo herunterfließen: Erst einmal muss man das Fahrzeug zu Hause vorführen, zweitens muss dessen ordentliche Rückkehr ins Heimatland dem betreffenden Staat vom Carnet-Aussteller nachgewiesen werden, drittens muss dieser seine Forderungen offiziell zurücknehmen.

Niemals sollte man ein Fahrzeug also in einem Land verkaufen, bei dessen Betreten das Carnet benutzt wurde.

Schon in einem nicht carnet-pflichtigen Land wie dem Niger können die Bewältigung des dortigen „Bürokraten-Raubrittertums" die letzten Nerven kosten. In einem carnet-pflichtigen schwarzafrikanischen Staat nach einem Verkauf eine ordentliche zollrechtliche Abfertigung des Grenzpassierscheinhefts zu erhalten, ist, wenn überhaupt, nur durch Inkaufnahme größerer finanzieller Verluste, also durch entsprechendes „Schmieren" möglich.

Nach einem Verkauf mit einen nur „einseitig" benutzten Carnet heimzufahren, bedeutet den Verlust der Bürgschaftssumme. Auch darüber hinausgehende Beträge durch Zollforderungen an den Aussteller müssen natürlich bezahlt werden.

Verkauf in westafrikanischen Staaten

Warum verkaufen?

Die wenigsten Sahararreisenden beginnen ihre Sahara- und Afrikafahrt mit der Absicht, ihr Fahrzeug unterwegs zu verkaufen. Dafür steckt einfach zu viel Arbeit und Mühe in der Vorbereitung und Ausrüstung, oft auch eine Menge Geld. Etliche Wochen und viele tausend Kilometer später sieht das manchmal anders aus: Zeitnot oder auch ein gewisser Pistenüberdruss lassen den Gedanken näher rücken, das Motorrad lieber zu verkaufen, als den ganzen „Schlauch" wieder zurückzufahren. Möglicherweise ist inzwischen auch die Jahreszeit für eine weitere Saharadurchquerung zu heiß, der Gesamtzustand von Maschine und Fahrer nicht mehr der stabilste. Auch so genannte „Autoschieber", denen man auf der Saharadurchquerung vor allem im Bereich der Hauptpisten immer wieder begegnet, haben die Idee vom lukrativen Fahrzeugverkauf vielleicht schon geweckt – oder die nicht gerade seltene Frage von Einheimischen *„La moto est à vendre?"* (Ist das Motorrad zu verkaufen?) Denn ein Motorrad ist zumindest in den westafrikanischen Städten, die regelmäßig von der „Da-

kar-Rallye" durchquert wurden, ein begehrtes **Prestigeobjekt** beim schwarzafrikanischen (Geld-)Adel.

Wo verkaufen?

Wegen ihrer Währung kommen nur diejenigen westafrikanischen Staaten für einen Verkauf in Frage, die der westafrikanischen Währungsunion angeschlossen sind. Von Nord nach Süd sind das: Niger, Mali, Senegal, Tschad, Zentalafrikanische Republik, Kamerun, Burkina Faso, Togo, Benin, Elfenbeinküste. Der dort als **Zahlungsmittel** geltende, zum französischen Franc im festen Wechselkursverhältnis (1:100) stehende **„CFA"-Franc** ist nämlich bei der französischen Nationalbank in Paris konvertierbar.

Wie verkaufen?

Beim Fahrzeugverkauf in Afrika benötigt man für Mitteleuropäer eher untypische Fertigkeiten: Höchstes Verhandlungsgeschick und Engelsgeduld. **Zwei Wochen Zeit** sollte man vorsichtshalber einkalkulieren, wenn man auf dem freien Markt, also bei Einheimischen, verkaufen will. Und selbst da muss man schon einiges dafür tun, damit die Verkaufsabsicht bekannt wird – stadtbekannt, denn nur in einer der größeren Städte der westafrikanischen Staaten gibt es Leute mit genug Geld. Man sollte ein Schild *„à vendre"* (zu verkaufen) auf den Tank kleben, das Motorrad viel in der Öffentlichkeit bewegen (Cafés, Diskotheken, Märkte) und dort jedermann erzählen, dass die Maschine gegen Geld zu haben ist. Auch der Einsatz von **Kaufvermittlern**

(„*Cinque-pourcents*" = Fünfprozentler) kann den erfolgreichen Verkauf beschleunigen. Sie wissen, wer in der Stadt nicht nur Interesse, sondern auch Geld genug für ein Motorrad hat. Um später bei Kaufabschluss keine Schwierigkeiten zu bekommen, sollte man den **Provisionsmodus** allerdings vorher, am besten **schriftlich und vor vertrauenswürdigen Zeugen** (z. B. dem Inhaber des Stamm-Restaurants oder Hotels, in dem man wohnt) besiegeln. Beim Einsatz mehrerer Kommissionäre empfiehlt sich, jedes Mal, wenn ein neuer Kaufinteressent „angeschleppt" wird, genau klar zu stellen, wer ihn vermittelt hat. Sonst kann es leicht geschehen, dass man sich hinterher mit mehreren *Cinque-pourcents* streiten muss, die alle für denselben Käufer Provision wollen.

Nummernschild, Fahrzeugschein und den – natürlich nicht mitgeführten – **Fahrzeugbrief** braucht man übrigens zu Hause bei der endgültigen Stilllegung. Dem Käufer gibt man daher nur den (vor der Reise auf der Zulassungsstelle besorgten) internationalen Zulassungsschein. Ein **schriftlicher Kaufvertrag** ist nicht nur ein hübsches Souvenir. Man sollte darin auch die Abmachung festhalten, dass der Käufer die **Verzollung** übernimmt – eine Absicherung für Nachfragen seitens Polizei oder Zoll.

Die Risiken

Nähert sich die **Geldübergabe**, sollte man unauffällig seinen Abflug vorbereiten. Nach Erhalt der Kaufsumme empfiehlt es sich, möglichst schnell abzureisen oder wenigstens das Hotel zu wechseln. Schon mancher Verkäufer wurde seine Barschaft noch am selben Tag durch **Überfall oder Diebstahl** wieder los. Auch irgendein leer ausgegangener, sich aber für den wahren Vermittler haltender *Cinque-pourcent* kann für Schwierigkeiten – auch mit der Polizei – sorgen, denn es ist nicht davon auszugehen, dass der Käufer das Fahrzeug ordnungsgemäß verzollt, auch wenn er dieses Argument zum Drücken des Verkaufspreises benutzt hat. Womit wir beim (u. U. für ein weiteres Leben in Freiheit) entscheidenden Punkt wären: In Anbetracht der bis auf wenige Ausnahmen chaotischen, korrupten, willkürlichen und gewalttätigen Behörden der westafrikanischen Staaten ist für Ausländer der Fahrzeugverkauf mit der Zahlung von gigantischen **Zollgebühren** oder eben von **Schmiergeldern** verbunden. Seriös läuft ein Fahrzeugverkauf dort höchstens ab, wenn ausländische (= nichtafrikanische) Firmen, Entwicklungshelfer oder Missionare die Verhandlungspartner sind. Die haben jedoch meist ohnehin vergünstigte Einkaufs- und Importmöglichkeiten, d. h. es geht nur, weil das Fahrzeug etwas Besonderes ist etc.

Persönliche Erfahrungen

Die beiden Male, in denen ich am Ende langer Reisen mein Motorrad in Afrika verkauft habe (1979 und 1984), waren immer Einheimische die Käufer – was meinen Erfahrungsschatz leider um eine Menge an „faulen" Tricks, Betrugsmanövern und Risiken erweiterte.

Krönung des Themas Fahrzeug-Verkauf in Afrika war aber eine 1992 im Juli (!) durchgeführte Verkaufsfahrt nach Niger: Mit drei 4x4s, die nach etlichen Jahren Dienst bei meiner *Wüstenfahrer Reise GmbH* in den Ruhestand gehen sollten – bequemerweise nicht in Deutschland, sondern gleich vor Ort – fuhren meine Frau Sandra, mein Freund Chris und ich die rund 3.000 km von Alger nach Agadez in nur vier Tagen. So schnell deshalb, weil das Dasein bei bis zu 54° C im Schatten nur mit möglichst viel Fahrtwind und einem auf dem Beifahrersitz festgeschnallten 20-Liter-Wasserkanister – er musste für jeden von uns zweimal am Tag aufgefüllt werden! – erträglich war. Doch selbst diese Fahrt war ein entspannter Wochenendausflug gegen das, was uns südlich der Sahara erwartete: Die im Sommer von keinerlei Gelegenheits-Autoverkäufern oder Touristen aufgelockerte, unerwartet harte Szene des professionellen „Schieber-Business". Im günstigsten Fall waren hier schlitzohrige, im ungünstigsten jedoch keinerlei menschliche Wertmaßstäbe besitzende kriminelle Gestalten aus Süd-Europa und Nord-Maghreb zugange – im mehr oder weniger gut organisierten Verbrechen mit gestohlenen oder aus Versicherungsbetrug stammenden Fahrzeugen, in Drogen- und Prostitutions-Geschäften.

Übertroffen wurde diese Szene nur durch die der potenziellen Motorrad-Käufer samt ihrer Gefolgschaft, mit denen wir geschlagene zwei Wochen verhandelten.

Es passte zu diesen ebenso tristen wie erschreckenden Erlebnissen, dass wir nach zwei Wochen in der „Schieber-Hölle" der nigerischen Städte Tahoua, Birnin-Konni, Maradi und Niamey einen Tag nach Verkauf des letzten Autos in der nigerischen Hauptstadt wieder einmal eine Studenten-Revolte gegen das marode und korrupte Regime miterlebten. Nie werde ich den Kampf um die Plätze im letzten Flugzeug, das die von blutigen Kämpfen zwischen Polizei und Studenten durchtobte Stadt verlassen sollte, vergessen: Wir opferten für die Möglichkeit, mitzufliegen, einen guten Teil unseres Verkaufserlöses. Unvergesslich auch das Polizeiaufgebot, das bei der Ankunft auf den Airport Charles-de-Gaulle in Paris gleich mehrere unserer „Schieber-Kollegen" in Handschellen legte. Ebensowenig der Moment, als wir den Stapel zuvor in meiner Fototasche eingenähter 50.000-CFA-Banknoten auf einen Schalter der „Bank de France" legten, dem einzigen Ort in Europa, wo man diese afrikanische Währung wechseln kann: Das erste, was der Bankbeamte tat, war, den ganzen Packen in einen Falschgeld-Prüfautomaten zu legen. „Mal sehen, ob diesmal ein paar echte Scheine dabei sind", meinte er trocken.

Wir hatten Glück – nicht wegen des im Verhältnis zum Aufwand alles andere als lohnenden Betrages, den wir für die drei Fahrzeuge nach unendlichem Ärger und unter Eingehung unverantwortlichen Risiken erhalten haben, sondern weil wir gesund zurückgekommen sind. Resümee: Nie wieder!

Sahara per Motorrad – Vorbereitung

Einreisebestimmungen

Ägypten

Visum

Ein Visum ist erforderlich für **deutsche, österreichische und schweizer Staatsbürger.** Für Flugtouristen ist es am Ankunftsflughafen erhältlich. Vor Einstellung des Fährschiffbetriebes von Italien bzw. Griechenland bekam man es auch bei Ankunft des Fährschiffes im Hafen von Alexandria. Jetzt ist Anreise mit dem eigenen Fahrzeug nach Ägypten nur noch auf dem Landweg möglich. Das Visum muss also wieder vor Reisebeginn in der ägypischen Botschaft des Wohnsitzlandes beantragt werden.

Carnet de Passage

Auch die Carnet-Pflicht kann nicht mehr – wie früher bei gleichzeitiger Buchung von Hin- und Rück-Fährpassage und bei bis zu 28 Tagen Aufenthalt – umgangen werden. Über die aktuelle Höhe der Bürgschaft geben die Automobilclubs Auskunft.

Weiterreise in Nachbarländer

Die Weiter- oder Einreise nach/von Libyen, Sudan und Jordanien ist möglich, die nach/von Israel hängt von der aktuellen Situation im Palästina-Konflikt ab.

Reisekasse

Das ägyptische Pfund steht in einem festen **Wechselkurs** zum US-Dollar. Natürlich können auch alle anderen festen Währungen, Reisechecks und Euroschecks auf den meisten Banken getauscht werden. Die gängigen Kreditkarten werden in größeren Hotels und Geschäften akzeptiert.

Algerien

Visum

Ein Visum ist erforderlich für **deutsche, österreichische und schweizer Staatsbürger.** Es muss vor Reisebeginn in der algerischen Botschaft des Wohnsitzlandes beantragt werden.

Devisendeklaration und Umtausch

Alle eingeführten Währungen, Wertgegenstände und Schecks müssen bei der Einreise auf der so genannten Devisendeklaration eingetragen werden. Von jedem Touristen ist an der Grenze oder in der nächsten Bank ein **Mindestumtausch** in Höhe von 2.000 algerischen Dinaren (2001:1000 DA = ca. 35 DM) zu leisten.

Kfz-Versicherung

An der Grenze ist die obligatorische **Haftpflichtversicherung** abzuschließen (Motorrad für 30 Tage ca. 2.000 Dinar). Der Abschluss in der nächsten Stadt ist teurer und dauert erfahrungsmäß wesentlich länger.

Reisekasse

Bargeld, insbesondere französische Francs und deutsche Mark können bei den meisten Banken gewechselt werden. Ein **Geldschwarzmarkt** ist seit der Abwertung des Algerischen Dinar auf den ungefähren Weltmarktkurs kaum mehr existent.

Weiterreise in Nachbarländer

Der Grenzverkehr zwischen Algerien und den Nachbarstaaten ist von algerischer Seite her **uneingeschränkt möglich,** unterliegt aber zum Teil den Beschränkungen angrenzender Länder (z. B. Libyen).

Von Weiterreisen in die südlichen und südwestlichen Nachbarländer ist wegen der seit Jahren anhaltend angespannten **Konfliktsituation** zwischen Tuareg und „schwarzen" Regierungen in Niger und Mali abzuraten.

Libyen

Visum

Ein Visum ist erforderlich **für deutsche, österreichische und schweizerische Staatsbürger.** Vor Beantragung muss von der zuständigen Passausstellungs-Behörde ein so genannter **Übersetzungsvordruck** in den Pass gestempelt werden. In diesen sind von einem durch die libysche Vertretung anerkannten **Arabisch-Übersetzer** die Daten des Passes in Arabisch einzutragen. Diesbezügliche Adressen erhält man auf dem Einwohnermeldeamt. Achtung: Je nach aktueller außenpolitischer Lage erhebt Libyen **Restriktionen** für die Visum-Erteilung. Schon mehrfach wurden von heute auf morgen für die Dauer mehrerer Monate keine Visa mehr an Schweizer ausgegeben, an Österreicher und Deutsche nur mit Einladung durch eine einheimische (teure!) Reiseagentur. Zeitweilig wurden auch Touristen mit Visum nur dann ins Land gelassen, wenn sie gleich an der Grenze einen **„Reiselei-**tungsvertrag"** mit einer libyschen Reiseagentur abschlossen.

Carnet de Passage, Kfz-Versicherung

Ein Carnet wird direkt bei der Einreise an der Grenze ausgestellt. Das gleiche gilt für die obligatorische Haftpflichtversicherung.

Pflichtumtausch

Von jedem Touristen ist an der Grenze ein Pflichtumtausch zu leisten, der größtenteils für die Bezahlung von Versicherung, Carnet und Nummernschild draufgeht. Die Höhe schwankt stark und ist abhängig vom Fahrzeug und vom vorhandenen Wechselgeld. Mit zwischen 250 DM (Motorradfahrer) und 550 DM (Wohnmobil) sollte man schon rechnen.

Reisekasse

Geldwechsel entweder in großen Banken zu einem Kurs – demselben wie an der Grenze –, der Libyen abgesehen vom Sprit nahezu unbezahlbar macht, oder auf dem Schwarzmarkt. Der existiert deutlich sichtbar nur in Tunesien. Hier wedeln die **Schwarzhändler** im Grenzgebiet in aller Öffentlichkeit mit den Geldbündeln – weil es dort ja nicht verboten ist, libysche Pfund gegen Dollar, Mark, Franc oder tunesische Dinar einzutauschen; je nach Verhandlungsgeschick für ein Fünftel bis Zehntel des „Original-Preises". Die **Einfuhr** libyscher Dinare nach Libyen ist natürlich **verboten.**

Sahara per Motorrad – Vorbereitung

Weiterreise in Nachbarländer

Der Grenzverkehr zwischen Tunesien und Libyen ist für Touristen nur an der Mittelmeergrenze, von Ghadames nach Algerien gar nicht möglich. Der Grenzübergang zwischen Ghat und dem algerischen Djanet wird von libyscher Seite immer wieder mal geschlossen.

Die **Ausreiseabfertigung** nach Ägypten erfolgt für Touristen nur an der Mittelmeergrenze, die nach Sudan oder Tschad nur in der südostlybischen Staft Al Khofra. Beide Routen sind wegen der Flüchtlings- und Minensituation nicht zu empfehlen. Insbesondere der **„Kamikaze"-Tourismus** in den Tschad hat schon eine Menge Opfer bei Touristen wie „Führern" gefordert. Erst im Herbst 2000 fuhr einer der erfahrensten Reiseveranstalter, die Firma *Rolling Rover,* auf eine **Mine im Grenzgebiet.** Klaus Därr, ebenfalls einer der größten Saharakenner, wurde mit seiner Reisegruppe im Nord-Tschad ausgeraubt. Ich selbst würde auch kein zweites Mal mehr dorthin fahren (siehe Reportage „Ein anderer Planet" in diesem Buch).

Marokko

Visum

Kein Visum erforderlich für deutsche, österreichische und schweizerische Staatsbürger.

Kfz-Versicherung

Die **Internationale Grüne Versicherungskarte** ist in Marokko anerkannt, wenn die Buchstabenkombination „MA" auf ihr nicht gestrichen ist. Eine nationale, allerdings sehr teure Haftpflichtversicherung kann auch bei der Einreise im Hafen von Tanger oder beim Grenzübertritt von Ceuta aus abgeschlossen werden.

Weiterreise in Nachbarländer

Die 464 km lange Strecke von Dakhla/Marokko zur **marokkanisch-mauretanischen Grenze** bei Nouadhibou darf nur in einem **militärbegleiteten Konvoi** zurückgelegt werden. Dieser startet zweimal pro Woche. Das zur Einreise nach Mauretanien erforderliche Visum wird von der mauretanischen Botschaft (im Heimatland!) mittlerweile problemlos erteilt. Bis vor kurzem war das nur dann der Fall, wenn im Visumantrag als das Land, von dem aus die Einreise nach Mauretanien erfolgen sollte, Mali oder Senegal genannt wurden Der Grund: Die mauretanische Regierung erkannte das von Marokko annektierte Gebiet der ehemaligen Republik Westsahara nicht als marokkanisches Staatsgebiet an, weshalb aus offizieller Sicht keine Grenze zwischen Marokko und Mauretanien existierte. Auch die **Rückreise** nach Marokko ist mittlerweile legal möglich – im Konvoi ab Nouadhibou.

Die **Grenzen zu Algerien** sind bis auf die Übergange zwischen Oujda und Maghnia sowie Figuig und Beni Ouinef geschlossen. Letzterer ist nach offizieller Lesart nur für Marokkaner und Algerier gedacht. In der Praxis werden jedoch in der Regel auch Touristen abgefertigt.

006emo Foto: tt

Reisekasse

Deutsche Mark, Schweizer Franken, Französische Francs und Reiseschecks können so gut wie überall, Euroschecks nur auf größeren Banken getauscht werden. Die gängigen Kreditkarten werden in größeren Hotels und Geschäften akzeptiert.

Es gibt keinen Geld-Schwarzmarkt in Marokko.

Staatschef Ghaddafi wacht über den korrekten Ablauf der Einreiseformalitäten

Tunesien

Visum

Kein Visum erforderlich für Deutsche, Österreicher und Schweizer.

Kfz-Versicherung

Die Internationale Grüne Versicherungskarte ist in Tunesien anerkannt, wenn die Buchstabenkombination „TN" auf ihr nicht gestrichen ist. Eine nationale und preiswerte Haftpflichtversicherung ist auch bei der Einreise am Hafen von Tunis abschließbar.

Besonderheiten

Die Befahrung des äußersten Südens des Landes (im Westen des Landes südlich der Oase Ksar Ghilane, im

Osten südlich der Stadt Remada) ist nur mit einer **Sondergenehmigung** gestattet. Diese ist auf dem Gouvernement der Stadt Tataouine zu beantragen und innerhalb eines Tages erhältlich. Es werden u. U. Ausrüstung und Wüstentauglichkeit des Fahrzeuges überprüft.

Weiterreise in Nachbarländer

Alle Grenzen zu Algerien sind für Touristen geöffnet. Ausnahme: Die Ausreise von Bordl El Khadra (Militärgarnison an der Südspitze Tunesiens) nach Algerien ist wegen der dort nicht vorhandenen Möglichkeit, Ausreise-

formalitäten abzuwickeln (keine Polizei, kein Zoll), verboten.

Nach Libyen ist der Grenzübertritt für Touristen nur an der Mittelmeerküste möglich.

Reisekasse

In Tunesien herrschen, zumindest was das Geldwechseln betrifft, annähernd mitteleuropäische Bedingungen. Bargeld jeder Währung, Reisechecks und Euroschecks können bei Banken und in Hotels getauscht werden. Die gängigen Kreditkarten werden in größeren Hotels und Geschäften akzeptiert. Es gibt keinen Geld-Schwarzmarkt in Tunesien.

Im Erg Rabianah im Südosten Libyens

Reportage Algerien:
Zurück im gelobten Land?

Terrorakte fundamentalistischer Untergrundkämpfer und Vergeltungsaktionen einer mit dem Kriegsrecht agierenden Regierung sorgten von Ende 1994 bis Anfang 1999 für bürgerkriegsähnliche Zustände in Nord-Algerien. Da man nur dort von Europa, Tunesien oder Marokko einreisen konnte, waren auch die vom Konflikt nicht betroffenen Sahara-Gebiete Algeriens rund fünf Jahre lang unerreichbar. Dank der demokratischen Politik des Anfang 1999 gewählten algerischen Präsidenten *Bouteflika* wurde deutlich, dass die radikal-fundamentalistischen Gruppierungen keinen Rückhalt bei der breiten Masse der Bevölkerung haben, sondern nur den Status einer terroristischen Splittergruppierung, von der sich die gemäßigten islamisch orientierten Parteien distanzieren.

Mittlerweile haben sich die Verhältnisse auch im hohen Norden Algeriens normalisiert, und die traumhaften Saharaigionen Algeriens werden wieder von Touristen besucht. Nachfolgend der Bericht über eine sechswöchige Algerien-Rundreise über den Jahreswechsel 1999/2000.

Wie es zu Ende ging

Dezember 1994

Die Nachrichten, die uns am Ende unserer Reise erreichen, übertreffen die schlimmsten, in den Tiefen der algerischen Sahara so leicht zu verdrängenden Befürchtungen: Die GHIA, militante

Splittergruppe der algerischen Islamisten, hat den Djihad, den „Heiligen Krieg", ausgerufen - gegen die korrupte, unfähige und totalitäre Regierung, die die gemäßigtste der islamistischen Parteien, die „Front Islamique de Salut" (deutsch: Islamische Heilsfront) um ihren Wahlsieg betrogen hat. Schockierend ist eine schier unfassbare Drohung der GHIA: Alle Ausländer haben bis zum 1. Dezember 1994 und für die Dauer des „Djihad" das Land zu verlassen. Andernfalls droht ihnen die Exekution! Wir sitzen im einzigen großen Hotel der Stadt Ghardaia, zucken bei jedem weiteren Schuss des seit heute Morgen zwischen Militär und Terroristen tobenden Feuergefechts zusammen - und wir haben nackte Angst! Unter Polizeischutz verlassen wir die Stadt am Nachmittag in Richtung Osten, fahren Nonstop zur Grenze - von einer Militärbarriere zur nächsten. Algerien - Auf (Nimmer-) Wiedersehen?

Wie es wieder begann

Sommer 1999

Nach Jahren bürgerkriegsähnlicher Zustände scheint mit der Wahl des neuen, um politischen Ausgleich bemühten Präsidenten Bouteflika *Ruhe in Algerien einzukehren. Ein Volksentscheid ergibt, dass die „Fundamentalisten" keinerlei Rückhalt mehr haben. Im „Dreieck des Todes", einem mit 150 km Durchmesser im Verhältnis zur Größe des Landes winzigen Gebiet um Alger - dort fanden die meisten der Terror-Gegenterror-Aktionen statt - scheint es ruhiger zu werden. Die europäischen*

Sahara per Motorrad – Vorbereitung

Außenministerien raten nicht mehr von Reisen in die algerische Sahara ab. Auch Europa galt ja nicht als unbereisbar, weil im Kosovo Terror und Gewalt an der Tagesordnung waren.

Highlight einer Algerien-Reise ist die Assekrem-Rundfahrt

Eine neue Reise

„Bienvenue en Algerie!"

„Willkommen in Algerien", diesen Ausspruch sollten wir im Laufe unserer sechswöchigen Reise noch oft hören. Als wir am 20. Dezember 1999, im Fastenmonat Ramadan, vom Süden Tunesiens an der algerischen Grenzstation Taleb

Larbi eintreffen, werden wir von den Grenzbeamten nicht nur mit dem „Bienvenue en Algerie!" empfangen, sondern mit unerwartet großer Herzlichkeit: Essen und rauchen, so teilt man uns gleich mit, dürften wir ohne weiteres während des Grenzaufenthaltes. Man wüsste schließlich, dass uns als Christen der islamische Fastenmonat Karem nicht betrifft. Mit einem auf meinen zahlreichen früheren Algerien-Reisen nie erlebten Eifer und Fleiß erledigen die Beamten den - „dank" neu eingeführter EDV-Registrierung für sie sehr schreibintensiven - Formularkrieg für unsere nicht gerade kleine Gruppe: fünf Frauen, ein Kind, 13 Männer, 15 Motorräder und ein LKW. Die Gepäckkontrolle, früher häufig eine zeitaufwändige und nervend akribisch durchgeführte Angelegenheit, findet mit überraschender Kulanz statt: Wir öffnen den LKW, der Zollbeamte schlägt angesichts der Stapel aus Gepäck- und Ausrüstungsstücken lachend die Hände über dem Kopf zusammen. Meine Antwort auf seine Fragen lautet: Keine Waffen, keine Drogen, nur „bagage". Er ist zufrieden, und nach dem Geldwechseln - 70 DM kosten die 2.000 Dinar Pflichtumtausch - und Versicherungsabschluss im Container-Büro man uns gute Reise.

Auf der anderen Seite der Grenze treffen wir wie verabredet Mohamed, schon früher regelmäßig Begleiter vieler meiner Algerien-Reisen und längst ein guter Freund. Als wir zwei Stunden später in den Dünen des Großen Östlichen Erg um Mohameds Feuer sitzen und den Sonnenuntergang bewundern,

erscheint alles noch wie ein Traum. Es kommt mir so vor, als wären seit der letzten Reise hierher statt fünf Jahren nur fünf Wochen vergangen.

Dünen zum Eingewöhnen: Die „Touan-Passage"

Nur hundert Straßenkilometer nach der Grenze beginnt westlich der Stadt El Oued das erste „Abenteuer" dieser Reise. Wir biegen nach Süden ab, hinein in das Dünenmeer des Großen Östlichen Erg, ein nur aus Sand bestehendes Gebiet von der Größe Bayerns. Die Tuan-Passage hat unser von Mohamed angeheuerter und auf den Erg spezialisierter Führer Messaud ausgewählt. Er betreibt nämlich eine Art Trans-Erg-Taxi, transportiert jeden, der bezahlt - garantiert ohne Militärkontrolle - zwischen El Oued und dem 500 km entfernten südöstlichen Ende des Erg. Dort am algerisch-tunesisch-libyschen Dreiländereck blühen an der Grenze zu Khadaffis bestens mit Wohlstandsgütern versorgtem Reich nämlich Schmuggel und Schwarzhandel. Die etwa 250 km lange Tuan-Passage erweist sich als eine Querfeldeinstrecke, die im Gegensatz zu den meisten anderen Routen durch diesen Erg nicht das Letzte von Motorrädern und Autos fordert. Wir folgen einer Kette von langen Dünentälern mit nur gelegentlich zu überwindenden Sandbarrieren. Selbst die drei Saharaanfänger in unserer Gruppe verinnerlichen die fahrtechnischen Grundregeln rasch, so dass wir gut und mit viel Spaß vorankommen. Trotzdem sieht es nach dem ersten Dünentag so aus, als sollte der morgige Heilige Abend 1999 kein ganz glücklicher werden: Philipp, eigentlich wüsten- und offroad-erfahren, fällt beim Anhalten am Lagerplatz im Stand so unglücklich auf die Schulter, dass ihm vor Schmerzen schwindlig wird. Tourguide-Assistent und „Bord-Mediziner" Tobias kann zwar keine Verletzung diagnostizieren, doch als Philipps Schulter auch am nächsten Morgen unvermindert stark weh tut, beschließen wir, ins Krankenhaus von El Oued zurückzufahren - zumindest zum Röntgen. Wir kehren auf dem direkten Weg, der mir von früheren Reisen bekannten Gouffa-Passage zurück, nur sechzig (allerdings heftige) Dünenkilometer: Mohamed und der Patient im Geländewagen, Guido und ich als Begeitmannschaft auf unseren Enduros, sind gefordert. Im für afrikanische Verhältnisse pieksauberen Hôpital von El Oued werden umwerfende Freundlichkeit und Vertrauen erweckende Professionalität nur noch von dem „Weihnachtspräsent" übertroffen, das wir der am Lagerplatz wartenden Gruppe mitbringen - nach zügiger GPS-Fahrt und bei Einbruch der Dunkelheit: Rund zehn Tage soll Philipp im Auto mitfahren, dann dürfte der Haarriss im Schlüsselbein zugeheilt sein. Zum Glück haben wir noch vierzig Tage vor uns, die nächsten drei bis vier davon erstmal in der traumhaften Landschaft des Erg.

Straßen-Intermezzo:
Durchs Sperrgebiet im Gassi Touill

Zwei Tage später kreuzt die Tuan-Passage die Straße nach El Borma. Messaoud trampt mit einem Öllaster zurück nach El Oued, denn ab hier stehen die Dünen weiter auseinander, und wir

verlassen uns auf unsere Orientierungsausrüstung, einen tragbaren Computer mit eingespeicherten Landkarten und daran angeschlossenen „Sat-Nav". Nach vier Tagen und fast 500 Kilometern über Dünen erreichen wir die Straße vom Ölbohrzentrum Hassi Messaoud nach Hassi bel Gebbour, einem Ort aus vier Häusern und einer Tankstelle (!). Wir folgen ihr nur wenige Kilometer nach Süden, bis unsere Fahrt an einem Militärposten ein Ende findet. Man fragt uns nach einer Fahrgenehmigung für das hier beginnende Sperrgebiet. Die gibt's nur im 150 km nördlich gelegenen Hassi Messaoud, und das haben wir ja im Erg weitläufig umfahren. Erst seit Ausbruch der inneralgerischen Unruhen existiert das Sperrgebiet, wegen der vielen ausländischen Ölbohrstellen in dieser Region. Terroristen hätten hier äußerst medienwirksame Zielscheiben.

Am nächsten Morgen geht's also eine Stunde lang mit Militärbegleitung in Richtung Süden. Die Motorräder dürfen wegen der Staubentwicklung in den diversen Pistenstücken vorausfahren. Wie schon beim gestrigen Zuweisen eines Übernachtungsplatzes in einer nahen Dünenkette wird die Aktion von einer Freundlichkeit begleitet, die uns jede Chance nimmt, uns zu ärgern.

In Hassi bel Gebbour, der ersten Tankstelle für uns seit El Oued, gibt es zwar Normalbenzin, aber dafür ist die Dieselzapfsäule kaputt. Im direkt am Fuß des „roten Erg", des Issaouane, gelegenen Städtchen Bordj Omar Driss hilft uns der Wächter des lokalen Elektrizitätswerks aus. Für seine riesigen Aggregate hat er kubikmeterweise Diesel. Die nächste große Etappe kann beginnen: quer durch den Erg zur legendären „Gräberpiste".

Dünen extrem:
Auf der Khanfoussa-Direkt-Route

Schon der Einstieg macht klar, dass es diesmal um andere Dimensionen von Sandbergen geht. Alles ist so riesig und von einer Weite, dass das menschliche Auge jeden Maßstab verliert. Wie winzige Spielzeugfahrzeuge kurven Motorräder, Lkw und Jeep über die Sandbergriesen des Erg Issaouane. Mit meiner Rallye-Husaberg spiele ich Pfadfinder für die Autos, suche für sie möglichst leichte Passagen. In Fahrtrichtung - unser Ziel, der Berg Khanfoussa, liegt im Süden - geht es fast immer die relativ flach ansteigenden, weil windzugewandten Seiten der Dünen hinauf. Auf der anderen Seite heißt es dann, wegen der enormen Höhe der Sandberge, mehrere hundert Meter lange und beängstigend steile Abfahrten zu bewältigen. Was mit dem Motorrad noch ein sportliches Vergnügen ist, wird für den „Trucker", selbst wenn er so routiniert ist wie unser LKW-Pilot Dieter, zur echten Nervenprobe.

Der auch die höchsten Dünen rund hundert Meter überragende, düster und unheimlich wirkende Basaltschuttberg Khanfoussa - arabisch für „Wüstenkäfer"- liegt inmitten des endlosen Dünenmeeres. An seiner Ostflanke, sechzig Luftlinien- und gut doppelt so viele gefahrene Kilometer von Bordj Omar Driss entfernt, ist das Schlimmste überstanden. Wir können wieder den

Dünentälern folgen, müssen die Riesensandberge nicht mehr überqueren. Schon bald tauchen die Rudimente einer von den französischen Kolonialtruppen in den 30er Jahren mit Strohballen und Steinen gepflasterten Piste auf: Wegen der vielen an ihr gelegenen Begräbnisstätten heißt die einst von Kolonialisten und Tuareg umkämpfte Strecke „Gräberpiste".

Unweit ihres Beginns am Rand des Erg fahren wir am 31. Dezember 1999 einen flachen Dünenhang hinauf. 150 Meter über dem am Rand des Erg verlaufenden Wadi Tahinaouine finden wir einen Lagerplatz, der einer Millenniums-Sylvesterfeier würdig ist - wenn es auch nur eine im Verhältnis zum Rest der Welt sehr kleine ist. Außer uns ist niemand hier.

Begegnungen auf der „Gräberpiste"

Das neue Jahr(tausend) fängt überraschend an: von unserem erhöhten Lagerplatz aus sehen wir unten im Tal winzig klein drei Geländewagen mit Wohnaufbau vorbeifahren. Sie bemerken uns offenbar auch, warten, bis wir zu ihnen heruntergefahren sind. Wie zur Anfangszeit des Sahara-Tourismus ist es in Algerien zur Zeit noch ein so besonderes Ereignis, andere Reisende zu treffen, dass man gerne auf sie wartet, um einen kleinen Wüstenfahrerplausch abzuhalten. Nachdem wir die ganze Zeit außer einem leicht blessierten Motorradfahrer, den wir auf polizeiliche Weisung im Krankenhaus von Bordj Omar Driss besuchten, keine Touristen getroffen haben, kommt es nun auf der „Gräberpiste" verstärkt dazu:

Am Brunnen Hassi Touskerine begegnen wir seinen drei ehemaligen Reisegefährten zum ersten Mal. Während der restlichen Tage auf der Gräberpiste sollten sie wegen unseres eher gemütlichen Tages- und Fahrtrhythmus' - trotz umfangreicher Gepäckbeladung, aber mit flotter Fahrweise - immer wieder auf uns treffen. Was im Lauf der Zeit trotz der anfänglichen unterschwelligen Antipathie zwischen den „Individualisten" und uns „Touris" zu einem freundschaftlichen Verhältnis führt. Dass die Welt nirgendwo so kompakt ist wie in der Wüste, beweist die dritte Begegnung - mit zwei Motorradfahrern, die ich schon mehrfach, mal in Libyen, mal in Algerien, mal im Niger getroffen habe. Zählt man noch die Nomaden dazu, deren Wege wir kreuzen, ist die „Gräberpiste" alles andere als tot - ganz zu schweigen von ihrer, für Saharaverhältnisse geradezu lebhaften, Landschaft aus roten Dünen, sanft geschwungenen Bergen und saftig grünen Wadis mit weidenden Kamelen und immer wieder ganzen Gruppen von Gazellen. Diese scheuen Tiere bekommen wegen des Motorenlärms freilich immer nur die ersten unserer in Fahrt meist kilometerlang auseinander gezogenen Gruppe zu Gesicht.

Als wir am Ende dieser Traumstrecke in Illizi eintreffen, traue ich meinen Augen nicht, so groß ist das ehemals verschlafene Kaff in den fünf Jahren geworden. Hübscher Baustil erfreut das Auge allerorts, doch nach einer Nacht in den akustisch wie räumlich engen Verhältnissen der Jugendherberge sehnen wir uns nach der Weite der Wüste.

Unglaublich:
das „Plateau der Teufel" ist geteert

Ich kann es nicht fassen: eine der material- und nervenmordendsten Pisten der Sahara ist zur gut ausgebauten Teerstraße geworden. Das früher wegen seiner katastrophal schlechten Piste gefürchtete, 200 km lange Plateau du Fadnoun ist nun locker an einem Tag zu befahren, und es bleibt Zeit und Muße, die faszinierend düstere Landschaft aus zerklüftetem Basalt zu betrachten - ohne dass gleich eine Felsstufe die Felge zerdengelt, wenn man nur eine Sekunde nicht auf die Fahrbahn sieht. Nur die trotz wolkenlosen Himmels beißende Kälte macht uns zu schaffen: 1° C bei Abfahrt von Illizi um zehn Uhr! Gerade mal 8° C erreicht das Thermometer mittags auf der bis 2.000 m hohen Ebene. Einen so kalten Winter, meint Mohamed, hätte er noch nie erlebt. Erstmals fahren wir bis in die Dämmerung - über 300 km weit -, um auf der Südseite des Hochplateaus tiefer gelegene und damit wärmere Gefilde zu erreichen.

Auf der Südroute von
Djanet nach Tamanrasset

Wir genießen den ersten Pausentag in der legendären und noch immer wunderschönen Bergoase Djanet. Nach einem recht anstrengenden Wandertag auf das Hochplateau des bizarr verwitterten und von jungsteinzeitlichen Felsmalereien gezierten Tassili N'Ajjer, erwartet uns dann die längste Selbstversorgungs-Etappe dieser Reise: fast 1.100 Geländekilometer, zum großen Teil ohne Weg und Piste, legen wir auf der bis dicht an die Grenze zum Staat Niger

führenden Hoggar-Südumfahrung zurück. Auf der spektakulären Tahort-Dünenpassage durchqueren wir den Erg Admer. Eine Miniatur-Ausgabe des Ayers Rock verpasst den „Hillclimbern" unserer Gruppe eine Adrenalin-Überdosis. Auf einem wilden Zickzackkurs durchqueren wir das unzugängliche und noch schwerer zu verlassende Tassili du Hoggar, eine Landschaft wie die dritte Potenz aus Monument-Valley und Bryce-Canyon. Nach drei Tagen dort ist es soweit: Wir finden aus dem Labyrinth der Felstürme, -nadeln, -torbögen, -türme, -skulpturen und -schluchten keine Ausfahrt, die für unseren Lkw breit genug ist. Nach langem Suchen erweitern wir in stundenlanger Knochenarbeit eine, von nachttisch- bis schrankgroßen Felsen begrenzte und kaum

pkw-breite Holperpiste zu einer für unseren Allrad-Truck befahrbaren Fahrspur, denn jenseits des kleinen Bergrückens liegen die großen Trockenflussbette des Wadi Tadant und Wadi Tibeleghlaghine, die uns hinauf nach Norden, nach Tamanrasset bringen. Unser „Straßenbau" und Dieters spektakuläre Lkw-Fahrt lässt jede „Kamel-Trophy" als Möchtegernabenteuer, jedes Trucktrial als Spielerei erscheinen. Unsere Gruppe beweist jedenfalls trotz der prekären - und „nicht gebuchten" - Situation hervorragenden Zusammenhalt und Team-Geist. Keiner verliert seinen Humor.

Im Akator, dem Zentralmassiv
des algerischen Hoggar-Gebirges

Je mehr wir uns dem Hoggar-Zentral-Massiv nähern, desto deutlicher wird, dass es in der Wüste schlimmeres Wetter gibt als nur Kälte: Manche der engen Wadis, durch die wir fahren müssen, haben noch vor kurzem viel Wasser geführt. Tiefe Tümpel und in den angrenzenden Felswänden hängende, mitgerissene Bäume deuten auf wahre Wolkenbrüche hin.

Ein Traum wird wahr:
Von Tamanrasset zum Assekrem

Auch „Tam" ist größer und schöner geworden. Ein neuer Campingplatz von beinahe europäischem Standard - noch allerdings fast leer - macht die Tage in der Sahara-Großstadt sehr angenehm. Höhepunkt jedes Tamanrasset-Aufenthalts ist natürlich die rund 180 km lange Rundfahrt durch das Hoggar-Zentralmassiv. Die landschaftlich kaum zu übertreffende Bergpiste zum 2.700 m hoch gelegenen Assekrem-Pass fahren wir wegen ihrer Enge ohne LKW-Begleitung. Auf unseren Enduros

Das Teffedest-Gebirge ist ein besonders malerischer Hoggart-Ausläufer

ist sie ein fahrerischer Hochgenuss. In der Berghütte am Assekrem-Sattel sind wir die einzigen Besucher, dennoch dauert es nicht lange, bis wir am wärmenden Kaminfeuer sitzen und das wegen seiner Gewürzmischung berühmte Assekrem-Couscous genießen. Am nächsten Morgen bestaunen wir ihn dann, den unbeschreiblich eindrucksvollen Sonnenaufgang über dem Atakor, dem Hoggar-Zentralmassiv. Ein Teil unserer Gruppe tut dies von der Eremitage des Pater Faucault, bekommt nach der in der kleinen Kapelle abgehaltenen Morgenmesse von Faucaults Nachfolger Pater Eduard noch Tee serviert. Die anderen haben auf einem nahe gelegenen, 3.000 m hohen Berg unter freiem Himmel geschlafen, ein nicht weniger eindrucksvolles Erlebnis.

Auch wenn es schwer fällt, nehmen wir für den Rückweg nicht die Assekrem-Nordabfahrt, die berüchtigte Ilamane-Route, sondern den Weg der Herfahrt. Die Strecke soll nämlich laut Pater Eduard in schlechterem und gefährlicherem Zustand sein als je zuvor.

Zurück nach Norden: „Geisterberg" und Erg Amguid

Der Heimweg steht allmählich an. Wir bringen die Fahrt nach Norden auf der zügig befahrbaren Amguid-Piste so rasch hinter uns, dass wir trotz vieler Kilometer genug Zeit zum Genießen haben, z. B. im malerischen Teffedest-Gebirge beim „Geisterberg" Garet el Djenoun. Oder in einem der ungewöhnlichsten Ergs der Sahara: Mit den Motorrädern erforschen wir den zwar kompakten, aber enorm hohen Erg Amguid, finden in seinem Inneren steinzeitliche Werkzeuge, fossile Straußeneier und Dünen von unglaublicher Größe. An der heißen Quelle von Hassi bel Gebbour bereiten wir uns mit einem Bad auf die endgültige Heimfahrt vor. Zwei Tage später heißt es an der Grenze bei Taleb Larbi: „Au revoir en Algerie!"

Sahara per Motorrad – Vorbereitung

Technik

Das richtige **Werkzeug und Reparaturmaterial,** die nötigen **Ersatzteile,** vor allem aber das Know-How, technische Probleme unterwegs auch durch **Improvisation** zu lösen, sind oft entscheidend für den Ablauf einer Motorradreise durch die Sahara.

Das folgende Kapitel behandelt alle wichtigen technische Themen, ergänzt jeweils durch einen Anhang „Reparaturen und Improvisation unterwegs". Die Ersatzteilempfehlung wurde zusammengestellt unter dem Aspekt der statistischen **Wahrscheinlichkeit eines Defekts.** Basis dafür sind meine zahlreichen privaten Sahara-Reisen und Rallyes sowie die von meinem Veranstaltungsunternehmen Wüstenfahrer geführte Schadens-Tabelle. Bis Anfang 2001 sind darin rund 600 Enduros sämtlicher Marken und Typen, die auf mehr als 100 Saharareisen und etwa 30 Alpen-Touren mit uns unterwegs waren, darin verzeichnet. Weitere Kriterien für die Ersatzteilliste sind die Möglichkeit einer Reparatur bzw. Improvisation mit den auf einer Motorradreise ohne Autobegleitung normalerweise zur Verfügung stehenden Mitteln, sowie last but not least die Abwägung zwischen Ersatzteilgewicht und Defekt-Wahrscheinlichkeit.

Kraftübertragung

Bereifung

Anforderungen

Entscheidend für die sichere Fahrt im Saharagelände ist die richtige Bereifung. Die Anforderungen an einen wüstengelände- und zugleich langstreckentauglichen Reifen sind hoch.

Robustheit für hartes Gelände

Nirgendwo sonst wird Reifengummi so materialmordenden Einflüssen ausgesetzt wie in der Sahara, auf Langstrecken über scharfkantige Felspisten noch mehr als auf extrem rauen, schlaglochübersäten Teerpisten. Nur die **härteste Gummimischung,** eine **ausrisssichere Profilgestaltung** sowie ein vielagiger und damit **durchschlagsicherer Aufbau** lassen einen Motorradreifen hier etliche tausend Kilometer durchstehen.

Qualitäten im Sand

Der Vorderreifen muss **gute Verzahnung** und **Führung bei Schräglagenfahrt** gewährleisten, der Hinterreifen möglichst hohe **Traktion** – entscheidend für das Vorwärts statt des im Sand leicht realisierbaren Abwärts. Dazu braucht es vorne eine Profilierung aus kleinen und hohen, aber längsführungsorientiert angeordneten Stollen. Auf dem Hinterrad sorgen quer und möglichst schaufelig und breit angeordnete Mittel- und Seitenstollen für ein gutes Fahrverhalten der Maschine.

Technik

Geeignete Reifen

Unter der Vielzahl auf dem Markt befindlicher Offroad-Reifen gibt es etliche, die auf den ersten Blick durchaus für Wüsteneinsatz tauglich erscheinen, dies aber nicht sind. Denn auch, wenn Profilierung und Gummimischung hervorragende Sandeigenschaften gewähren, zum Teil spürbar bessere als bei den nachstehend aufgeführten Wüstenreifen-Empfehlungen, nützt dies dem Reisenden, der im Gegensatz zum Rallye-Fahrer mit einem Reifensatz seine ganze Tour abspulen muss, nur wenig.

Speziell für Sandfahrt hervorragend geeignete Reifen – bekanntes Beispiel ist der „Semipaddle"-Reifen *Pirelli Laguna Cross,* weniger bekanntes der von der Firma *Mefo* (www.mefo.de) importierte „Semipaddle" *Shinko R 540 Holeshot M.S.,* und nur „Le Touquet"-Fans geläufig dürfte der „Fullpaddle" *Kings KT 921/977 F+R* **sein** – haben eins gemeinsam: Sie eröffnen dem Sand-Crack bei extremer **Dünenfahrt** neue fahrerische Dimensionen, sind aber für **Straßenfahrt** oder **harte Geröllpisten** vollkommen **ungeeignet.** Denn dort verabschieden sie sich innerhalb weniger, schneller gefahrener Kilometer von ihren Schaufeln bzw. Stollen.

Auch die auf dem Markt relativ zahlreichen **Enduro-Reifen** – z. B. *Metzeler Sahara III* oder *Michelin T 63* – sind für eine längere und stark offroadbetonte Saharareise nicht das Gelbe vom Ei. Sie kombinieren nämlich passable Geländeeignung – beim *Metzeler* trotz

seines Namens mit Einschränkung im Sand – mit guter Straßeneignung, was auf Kosten der Lebensdauer geht. Die für gute Haftung auf Asphalt erforderliche weiche Gummimischung und geringere Stollenhöhe sind der Grund.

Langer Rede kurzer Sinn: Nach wie vor sind nur wenige Reifen für Sahara-Reise-Einsatz besonders zu empfehlen:

Michelin Desert

Dieser seit vielen Jahren auf dem Markt befindliche Spezialreifen war lange Zeit auf seinem Einsatzgebiet konkurrenzlos und gilt bei Extremreisenden, die sich mit dem Thema Reifen nur einmal – am Anfang der Reise – auseinandersetzen wollen, noch immer als der **Standard-Sahara-Reifen.** Der *Desert* kann mit Schlauch oder Moosgummi-Ringen (siehe unten), auf geeigneten Felgen auch schlauchlos gefahren werden und ist in folgenden Dimensionen erhältlich:

- vorne: 90/90x21"
- hinten 140/90 x 18, 140/90 x 17".

Vorteile

- größte Robustheit und Langlebigkeit;
- für steiniges und sandiges Gelände gut geeignet;
- die sehr steife Hinterrad-Karkasse ermöglicht eine extreme Luftdruckabsenkung (bis 0,3 bar) ohne die Gefahr von Flankenschäden. Daraus resultieren auch die auf dem Hinterrad für einen Motorrad-Geländereifen unerreichten **Notlaufeigenschaften.** In Verbindung mit zwei Reifenhaltern kann man selbst ganz ohne Luft noch etliche Kilometer mit ca. 50 km/h wei-

terfahren, ohne, dass der Reifen sich zerlegt. Schon mancher hat daher in den Dünen erst nach einer ganzen Weile gemerkt, dass er mit einem „Platten" unterwegs war.

Nachteile
● **schlechte Straßeneigenschaften.** Nur auf griffigem Asphalt und mit ordentlich Fußrastendruck (siehe auch Kapitel „Endurowandern alpin, Fahrtechnik") lässt sich diese Bereifung in größerer **Schräglage** fahren, ohne zu rutschen. Wer es beherrscht und darauf anlegt, hat natürlich viel Spaß damit, in die äußerste Stollenreihe des Hinterreifens eine zusätzliche Facette zu „driften".
● Auf nassem oder rutschigem Asphalt ist wegen der harten Gummimischung und der wenig asphalt-geeigneten Profilierung des Vorderrades Vorsicht, besonders beim Betätigen der Vorderradbremse geboten. Längere Teerstraßenfahrt führt auf dem Vorderrad auch zu extremer **Abnutzung** der beiden ersten Seitenstollen-Reihen. Auf feinem Geröll über hartem Boden und in morastigem Gelände – hier ist der *Desert* ohnehin nur bei stark abgesenktem Luftdruck einigermaßen zügig fahrbar – wird der Reifen in Schräglage dadurch recht tückisch. Also: mit einem *Desert* **keine endlos langen Straßen-Etappen** fahren, sondern ihn lieber erst vor Beginn der ersten großen Offroad-Etappe montieren – auch wenn der Transport bis dorthin nervig sein mag.

Pirelli MT 21 Rallyecross
Die Alternative zum *Desert!* Zwar nicht so langlebig und robust gegen Durchschläge, spitze Steine und Dornen, aber für Sahara-Reise- wie Rallye-Einsatz gut ausreichend. Auch er kann mit Schlauch oder Moosgummi-Ringen (siehe unten), auf geeigneten Felgen ebenfalls schlauchlos gefahren werden. Der Reifen ist nur für 21"-Vorderräder, aber im Gegensatz zum *Desert* auch für Enduros mit beengten Platzverhältnissen für den Hinterreifen erhältlich. Liebhaber der alten *BMW*-Boxer-Enduros (bis einschließlich Baujahr 1993) müssen daher auch nicht wie früher – mangels *Desert*-Alternative – mit Distanzringen oder Teppichmesser tricksen. Die lieferbaren *MT-21*-Dimensionen sind:
● vorne: 90/90 und 90/80x21"
● hinten: 120/90 und 130/90x17", 120/90, 130/90 und 140/80x18".

Vorteile
● Gute Eigenschaften in jedem Gelände und ausreichende Tauglichkeit für zügige Straßenfahrt.

Nachteile
● gegenüber dem *Michelin Desert* weniger durchschlagsicher. Auch im Sand sollte eine Luftdruckreduzierung auf 0,5 bar daher nicht unterschritten werden.

Metzeler Karoo
Diese Bereifung ist wegen ihrer besonders **breit** ausfallenden Bauweise das Richtige für die „Heavy-Metal"-Enduro, wenn sie in die Wüste soll. Der

Reifen ist für die Belastungen von Off-road-Reisen und -Rallyes konzipiert und ist im Gegensatz zum *Michelin Desert* und zum *Pirelli MT 21* auch für Enduros mit 19-Zoll-Vorderrädern lieferbar. Profilierung und Gummimischung sind sogar für Geländearten geeignet, die man in der Wüste eher selten und generell mit einem Dickschiff ungern unter die Räder bekommt, also Morast und feuchte Wiesen. In typischem Sahara-Terrain, insbesondere im Sand, erkennt man ein Enduro-Dickschiff nach Bereifung mit *Karoo* nicht wieder.

Auch die **Straßentauglichkeit** des *Karoo* ist, wie von *Metzeler* proklamiert, sehr gut, d. h. dem *Desert* überlegen, dem *MT 21* gleichwertig. Der *Karoo* kann mit Schlauch oder auf geeigneten Felgen ohne Schlauch gefahren werden. Lieferbare Dimensionen sind:
● vorne: 100/90x19" und 90/90x21"
● hinten: 130+140/80x17", 140/80x18".

Vorteile
● Echt geländetauglicher Reifen für Reise-Enduros mit 19"-Vorderrad;
● Gute Eigenschaften in jedem Gelände und ausreichende Tauglichkeit für zügige Straßenfahrt.

Nachteile
● gegenüber dem *Michelin Desert* weniger durchschlagsicher. Auch im Sand sollte eine Luftdruckreduzierung auf 0,5 bar daher nicht unterschritten werden.

Conti TKC 80

Auch die Qualitäten dieses Reifens kommen auf einer Saharareise vor allem dann zum Tragen, wenn man mit einem richtigen Enduro-Dickschiff in den Sand fahren will. Der *Conti TKC 80 Twinduro* in der größten Dimension, die es auf dem Offroad-Motorradreifen-Sektor bislang gibt – vorne 110/80x19" und hinten 150/70x17" – senkt auch bei schweren Reise-Enduros die Flächenbelastung so erheblich, dass ein sandroutinierter Fahrer bei entsprechend abgesenktem Luftdruck selbst in Dünengelände zurechtkommt. Die extrem großflächigen, aber nicht sehr hohen Stollenblöcke des Hinterreifens sind zwar eigentlich aus den Zwängen guter Straßentauglichkeit und Hochgeschwindigkeitsverträglichkeit entstanden, erweisen sich aber für die **Traktion** bei „Wüstenschiff"-Sandfahrt als **optimal.** Zu schräg – mal abgesehen vom Anblick einer über den Dünengrat kommenden 250-kg-Enduro – sollte man die Sache allerdings nicht angehen lassen, denn die Seitenführung des zwar ebenfalls breiten, aber flachstolligen Vorderreifens ist relativ begrenzt.

Reifen-Arbeiten

Montage

Das Aufziehen von „Deserts" und Konsorten ist – richtig gemacht – ebenso einfach wie – falsch gemacht – für die damit verbundenen Probleme berüchtigt . Nachstehend daher eine so detaillierte Arbeitsbeschreibung, dass selbst ein Anfänger keine Proble-

Technik

me mehr haben sollte. Nötig sind als **Werkzeuge** zwei rund 30 cm lange Montierhebel, Montagepaste und eine gute Luftpumpe. Hilfreich sind einige Druckluftpatronen, ein schattiges Plätzchen und der Reisepartner:

1) Felge flach auf den Boden legen (Distanzstücke nicht in den Staub fallen lassen; Achsloch mit einem Stück Stoff verschließen; Lappen, Karton usw. unterlegen, damit die Bremsscheibe nicht verkratzt wird);

2) Laufrichtung des Reifens beachten (Pfeilmarkierungen auf dem Reifen);

3) Reifenwulst der Seite, die zuerst auf die Felge gehebelt werden soll, mit Montagepaste einreiben (am besten mit einem kleinen Schwamm);

4) Reifen so weit wie möglich auf die Felge schieben, dann den Rest des Reifenwulstes mit zwei Montierhebeln gleichzeitig über den Felgenrand hebeln;

5) Schlauch (am besten extra dicke Qualität; z. B. *Motocross/Enduro* von *Michelin*) leicht aufpumpen (bis die Innenwände nicht mehr aneinander kleben) und komplett zwischen Reifenmantel und Felge einlegen (Ventil so genau wie möglich an der Stelle des Ventillochs in der Felge platzieren);

6) Felge so drehen, dass sich das Ventilloch gegenüber der Seite befindet, an der man steht oder kniet (beste Position zum Einfädeln des Ventils in das Ventilloch);

7) Beide Montierhebel in etwa 10 cm Abstand rechts und links des Felgenlochs am Reifenrand und mit dem anderen Ende unter Bremsscheibe oder Kettenrad einhaken. Der Reifenrand wird so weit von der Felge abgehoben, dass man mit einer oder beiden Händen das Ventil durch das Ventilloch stecken kann. Statt der Montierhebel können natürlich auch die Hände des Reisepartners den Mantel leicht von der Felge abheben. Anschließend die Sicherungsmutter auf das Ventil schrauben;

8) Beide Reifenränder und die Felgeninnenseiten gut mit Montagepaste einschmieren;

9) Am Ventil beginnend, jeweils rechts und links abwechselnd die Montierhebel ansetzen und den Reifenrand über den Felgenrand hebeln. Wichtig: Montierhebel nur so weit zwischen Reifen und Felgenrand schieben, dass der Reifenwulst sicher vom Hebelhaken gegriffen wird. Unbedingt darauf achten (mit dem Finger fühlen), dass der Schlauch nicht zwischen Felge und Hebel gequetscht wird!

10) Die bereits über den Felgenrand gerutschten Abschnitte des Reifenwulstes immer gleich mit der Fußspitze in das Felgentiefbett drücken (dies kann auch der Reisepartner übernehmen). Nur dann entsteht an der Stelle, an der gehebelt wird, genug Platz, um den Reifen ohne Gewalt und dementsprechend hohes Risiko einer Beschädigung über den Felgenrand zu hebeln. Je weiter man mit der Arbeit vorangeschritten ist, desto wichtiger wird dies;

Mit dem richtigen Know-How ist eine Reifenpanne auch in der Wüste schnell behoben

11) Ist der Reifen komplett montiert, kontrolliert man, ob das Reifenventil zur Felge im rechten Winkel oder schief steht. Ist Letzteres der Fall, zieht man den (noch unaufgepumpten) Reifen in die entsprechende Richtung;

12) Danach heißt es möglichst rasch aufpumpen, bevor die Montagepaste in der trockenen Saharaluft endgültig ihre reibungsmindernde Wirkung verloren hat. War man mit der Paste nicht zu sparsam und hat beim Arbeiten mit den Hebeln nicht zu lange gebraucht, rutscht auch der zäheste Reifen ohne großen Widerstand auf den Felgenrand, signalisiert schon bei zwei bis drei hand- oder druckluftgepumpten bar ein „Plopp": Geschafft!

Demontage-Probleme

Lässt sich ein Reifen trotz ausgedrehten Schlauchventils und angesetzter Montierhebel nicht vom Felgenrand in das Tiefbett treten – bei den breiten *BMW*-Felgen ist das regelmäßig der Fall – drückt man den widerspenstigen Burschen mit Haupt- oder Seitenständer und dem Maschinengewicht herunter. Gehören demontiertes Rad und Ständer zu ein und derselben Maschine, sollte man Letzteren mit einem Spannriemen gegen mögliches Einklappen sichern.

Platzprobleme

Bei manchen Enduros, deren Platzverhältnisse für die Montage grobstolliger Hinterradreifen auf den ersten Blick ausreichend erscheinen, erweist sich bei höherer Geschwindigkeit, dass dies nicht der Fall ist: Die Reifenstollen berühren fliehkraftbedingt die Schwinge, den Luftfilterkasten, Auspuff oder Hecktank und schleifen sich bzw. reißen ab. Ärgerlich, wenn so gleich am Anfang einer Reise der Hinterreifen oder ein Teil des Motorrades „verschlissen" wird.

Was tun? **Platzverhältnisse** nach Einbau des Rades durch Drehen desselben **überprüfen.** Zwei Zentimeter Platz sollten mindestens zwischen Stollenoberseite und evtl. tangential berührten Motorradteilen sein. Mindestens ein Zentimeter Platz sollte seitlich der Reifenflanke bis zum „nächstgelegenen" Berührungspunkt sein. Das Motorrad auch unbedingt bis zum Anschlag hinten **einfedern** – wie es nach einem höheren Sprung oder wenn man eine harte Stufe übersieht, der Fall sein könnte. Auch dann darf der Reifen nirgendwo „anecken"!

Abhilfe bei **seitlicher Berührung an Auspuff oder Hecktank:** Diese Teile mit Abstandsscheiben oder Hülsen etwas nach außen bringen.

Abhilfe bei **seitlicher tangentialer Berührungsgefahr** an Schwingeninnenseite, Luftfilterkasten oder Schutzblechunterseite:

1) Einbau eines um einen oder zwei Zähne **kleineren Kettenritzels:** Bei gleicher Kettenlänge wird so die Hinterradachse nach hinten versetzt und die Berührungsgefahr des Reifens mit der Schwinge verringert.

2) Vorspannen des Federbeins und **Erhöhung der Druckstufendämpfung:** Die „Durchschlag"-Gefahr wird bei starkem Einfedern verringert.

Technik

Reifenpannen und ihre Vermeidung

Von Reifenpannen bleibt in der Sahara eher verschont, wer die Wüstenbotanik meidet und seiner Maschine keinen Schatten gönnt. Denn vor allem unter den Wipfeln der **Sahara-Akazien** lauern die Feinde auch des stabilsten Motorradreifens: eisenharte **Stacheln,** von denen sich auf steinigem Terrain oder Teer immer mal wieder einer zum Schlauch durcharbeitet. Leider trägt der Wüstenwind abgebrochene Akazienzweige oft auch dahin, wo man nicht mit ihnen rechnet. Regelmäßige Sichtkontrolle ermöglicht, „eingefahrene" Dornen mit Messerspitze und Pinzette aus dem Reifen zu operieren, bevor sie Schaden anrichten.

Bei kleinen Defekten ist **Pannen-Flickspray** eine schnelle und bequeme Lösung. Voraussetzung für einen erfolgreichen Einsatz eines solchen „Reifenpiloten" ist, dass sich das Hinterrad wenige Sekunden nach dem Einfüllen längere Zeit **mit ausreichender Geschwindigkeit dreht,** damit die abdichtende Gummimasse durch Fliehkraft gegen die durchlöcherte Schlauchstelle gedrückt wird. Ist das Gelände für dieses Tempo ungeeignet, ja nicht einmal Fahrt im Kreis möglich, bockt man das Motorrad auf bzw. hebelt das Hinterrad über den Seitenständer hoch und lässt es eine Weile im letzten Gang bei mittlerer Drehzahl laufen. Zum Abbremsen auskuppeln und mit der Fußbremse bis zum Stillstand verzögern (auf keinen Fall einfach auf den Boden fallen lassen!).

Anschließend unbedingt an die **Luftdruckkontrolle** bzw. Aufpumpen und Ablassen auf richtigen Luftdruck denken, sonst ist das Ventil für immer verklebt.

„Bip Mousse"-Moosgummi-Reifenfüllungen

Die auch „Bip Mousse" genannten Moosgummi-Reifenfüllungen werden **statt eines Schlauches** montiert und entfalten den Vorteil der Dornenunempfindlichkeit vor allem bei Fahrten durch vegetationsreiche Wüstenregionen. Ihre **Härte** entspricht je nach Art der Moosgummifüllung einem mit 0,8 bis 1,3 bar aufgepumpten Schlauch.

„Bip Mousse" werden mit einer **reibungsmindernden Emulsion** montiert, damit es bei schneller Fahrt nicht zu **Überhitzungsrissen** kommt. Da dieses Gel im Lauf der Zeit austrocknet, entsteht nach einigen hundert Kilometern der erste Abrieb. Spätestens nach einigen tausend Kilometern ist der Moosgummiring so weit abgeschmirgelt, dass er den Reifen nicht mehr ausreichend ausfüllt.

Mousse-Montage
Benötigtes Material
- Reifen (innen sauber!)
- passender Mousse
- 6 ca. 30 cm lange Montierhebel
- Mousse-Gel
- Reifen-Montage-Paste/Seifenwasser
- gute Luftpumpe
- ebener, harter Boden (kein Tisch oder ein anderer erhöhter Punkt, da man

bei der Mousse-Montage auch mit dem Körpergewicht arbeiten muss).

Felgenvorbereitung

1) Reifenhalterlöcher von außen mit hochwertigem und luftdichtem Textil-Klebeband abkleben;

2) Schlauchlos-Ventil (z. B. von BMW-Schlauchlos-Motorradfelgen) in das für das Schlauchventil vorgesehene Loch einsetzen. Unter Umständen ist dazu ein vorherige Erweiterung des Lochdurchmessers nötig;

3) Speichennippel von innen mit hochwertigem und luftdichtem Textil-Klebeband abkleben. Felgeninnenseite zuvor reinigen.

Arbeitsablauf

1) Vor der Montage den Reifen innen mit Montage-Gel (z. B. Silicon-Gel von *Pirelli*) gleichmäßig, aber nicht zu dick einreiben;

2) Moosgummiring in den Reifen stecken: Auf den senkrecht stehenden Reifen setzen und mit dem Einführen des Mousse in den Reifen am Boden beginnen (Reifenränder auseinander gespreizt). Darauf achten, dass der Mousse beim erforderlichen kräftigen Drücken nicht beschädigt wird. Jeder kleine Kratzer wird beim Fahren zur „Sollriss"-Stelle;

3) Den Reifen samt darin liegenden Moosgummiring auf die waagrecht am Boden liegende Felge legen;

4) Bei diesem Schritt müssen untere Reifenflanke und Mousse hinter den oberen Felgenrand gebracht werden. Ähnlich wie bei der normalen Reifenmontage beginnt dies mit Druck durch Hände und Knie und wird unter Benutzung der Montierhebel beendet. Wegen des Mousse im Reifen ist dieser Schritt jedoch mühsamer als mit „leerem" Reifen;

5) Beim nun folgenden Hineinhebeln des oberen Reifenrandes wird die **Spannung auf den Reifenrand** (wegen des eingelegten Mousse) nach etwa zwei Dritteln der „Arbeitsstrecke" so hoch, dass man Gefahr läuft, den Reifen zu beschädigen. Um das zu vermeiden, muss man dafür sorgen, dass der untere Reifenrand (statt wegen des Drucks des innenliegenden Moosgummirings bombenfest auf dem Felgenrand zu sitzen) ins Felgentiefbett rutschen kann und damit auf der gegenüberliegenden, noch hineinzuhebelnden Reifenseite für den erforderlichen Platz sorgt. Dazu bringt man zwischen den auf der Felge sitzenden Reifenrand und dem inneren Felgenrand – beides befindet sich aus der Sicht des Monteurs unten – **Abstandshalter** ein. Geeignet sind dafür z. B. vier im Abstand von jeweils 90° tangential eingeführte Steckschlüssel-Aufsätze (= „Nüsse", die Größen 12, 13, 14, 17 hat man normalerweise dabei), die man zur Sicherung mit einem Streifen Klebeband an Reifen und Felge befestigt;

6) Den oberen Reifen- und Felgenrand mit normaler Reifenmontagepaste oder Seifenwasser (nicht mit Mousse-Gel) einschmieren. Danach beginnt man mit zwei in etwa 20 cm Abstand angesetzten Montierhebeln, lässt diese nach dem Hinunterdrücken und erfolgreichen Hinter-den-Felgenrand-Hebeln des ersten Stückes der oberen Reifenflanke stecken (idealerweise von einer zweiten Person gehalten). Dann setzt man abwechselnd rechts und links in sehr kurzem Abstand je zwei weitere Montierhebel an. Der innere wird nach erfolgtem Runterhebeln jeweils nach außen umgesetzt. Zum Hineinhebeln des letzten Stück Reifens sind die vier inneren Montierhebel zu entfernen. Hilfreich ist nun, wenn eine schwere Person mit Stiefeln und mit beiden Füßen auf der Reifenflanke gegenüber der noch einzuhebelnden Stelle steht. Ein letzter kräftiger Hebeldruck, und der „Widerspenstige" ist gezähmt, sprich hinter dem Felgenrand;

7) Nun die untere Felgeninnenseite und Reifenflanken-Außenseite ebenfalls mit Montage-Paste oder Seifenwasser einschmieren. Danach die Abstandshalter entfernen und den Reifen mehrmals an verschiedenen Stellen auf den Boden prellen.

8) Rutscht die Reifenflanke dadurch noch nicht – wie sie soll – auf den Felgenrand, hilft nur aufpumpen. Genau dafür wurden vor der ganzen Aktion das Schlauchlosventil in die Felge eingesetzt und die Speichennippel abgeklebt. Bei manchen Felgen- und Reifentypen ist die Dichtigkeit so gut, dass sich auf diese Art sogar der Reifendruck für steinige Strecken durch Kombination der Mousse-Eigenhärte mit zusätzlich eingepumpter Luft erhöhen lässt.

Räder

Die relativ dünn und schmal bereifte **Vorderradfelge** einer Enduro ist besonders **anfällig gegen Durchschläge.** Daran kann auch die langhubigste Federung und der stabilste Desert-Pneu nichts ändern, insbesondere, wenn man mit abgesenktem Luftdruck oder Bip Mousse auf felsigem Untergrund fährt. Schon eine Steinstufe von nur 10 cm Höhe kann einer zu schwach gepolsterten Motorradfelge eine irreparable, weil kantige Delle verpassen. Und in der Sahara gibt es jede Menge Pisten, gegen die eine Treppe so glatt wie ein Billardtisch erscheint. Ein Felgenschlag sorgt nicht nur für eine **Radunwucht,** sondern u. U. auch für baldigen Abriss der ersten, nun ja ungleichmäßig belasteten Speichen. Regelmäßige, je nach Gelände sogar mehrmals täglich durchgeführte **Kontrolle der Räder** auf lockere oder gerissene Speichen ist auf Wüstenlangstrecken wichtig. Schon eine einzelne gerissene Speiche kann im entsprechend rauen Gelände innerhalb weniger Kilometer einen **Serienbruch** auslösen: Ein in sich plötzlich zusammensackendes Vorderrad sorgt höchstwahrscheinlich für einen Überschlag des Motorrades in Fahrtrichtung! Radlagerdefekte gehören bei modernen Enduros weitgehend der Vergangenheit an. Voraussetzung ist natürlich, dass man diese bei einem Radausbau in der Wüste gut schützt und anschließend fettet statt „sandet".

Technik

Reparaturen und Improvisationen

Befinden sich keine Ersatzspeichen im Gepäck, müssen bei einem Ableben von z. B. vier nebeneinander liegenden Speichen auf der gegenüberliegenden Seite des Rades zwei Speichen entnommen und in die Lücke eingesetzt werden. Bei einem rechtzeitig bemerkten Speichen-Serienbruch müssen die verbliebenen Speichen gleichmäßig im Rad verteilt werden. Defekte Speichen lassen sich **schweißen bzw. hartlöten.** Fremdspeichen kann man u. U. zurechtbiegen, größere Länge durch Unterlegen des Speichennippels mit Beilagscheiben oder Muttern ausgleichen.

Auch größere Felgenschäden lassen sich mit energischen **Hammerschlägen** (ein Fäustel von 1 kg sollte es allerdings schon sein) ausbeulen, wenn man eine gute Unterlage hat, z. B. einen anderen Hammer. Leichte Seitenschläge bekommt man evtl. durch nach Zug und Druck sinnvolles Lockern und Anziehen der Speichen rechts und links der unebenen Felgenstelle hin – ein wenig Erfahrung und Gefühl vorausgesetzt.

Antriebskette und Zahnräder

Kettenpflege

O-Ringketten sind entgegen noch immer verbreiteter Annahme für Offroad-Fahrten bestens geeignet und empfehlen sich wegen ihrer hohen Lebensdauer besonders für Saharareisen. Vor allem auf Sandstrecken muss man sie allerdings **ohne Außenschmierung** fahren. Andernfalls sorgt eine aus Kettenspray und Sand entstehende Schmirgelpaste in kurzer Zeit für die Zerstörung der O-Ringe, die die Innenschmierung der Kette gewährleisten. Sie sorgen ja dafür, dass das in den Rollen der Kette untergebrachte Fett dort bleibt, wo es hingehört. Tritt es infolge einer O-Ring-Zerstörung aus, schreitet der Verschleiß der Antriebskette übrigens sogar schneller voran als bei einer normalen Rollenkette!

Damit eine O-Ringkette bis zum Beginn der ersten Offroad-Etappe außen fettfrei genug ist, schmiert man sie am besten bereits etliche hundert Kilometer vorher nicht mehr. Andernfalls ist vor der ersten Sandfahrt Reinigung mit einem Lappen notwendig. Ohne Außenschmierung sollten **keine Dauergeschwindigkeiten** über ca. 100 km/h gefahren werden, da sich die Kette aufgrund der fehlenden Schmierung zu Ritzel und Zahnkranz sonst so stark erhitzt, dass es den O-Ringen doch wieder an den Kragen geht.

Ist die Reise vorbei und es geht wieder auf die Straße, heißt es natürlich Kette schmieren. Dabei wird man feststellen, dass eine längere Zeit trocken gefahrene O-Ring-Kette das Kettenspray wie ein Schwamm aufsaugt. Zu beachten ist, dass sich dann schon nach wenigen Kilometern der Kettendurchhang stark vergrößert. Spannen ist jetzt notwendig.

Kettenspannung

Richtige Kettenspannung ist vor allem bei Geländeinsatz für die Lebensdauer von Kette, Ritzel und Zahnkranz entscheidend. Durch die volle Ausnutzung der Federwege kann es bei zu straff gespannter Kette aber sogar zu **Undichtigkeiten an der Getriebeausgangswelle,** im Extremfall sogar zu **Schäden an den Getriebelagern** kommen.

Um die Kettenspannung richtig einzustellen, kann man sich entweder auf die Herstellerangabe im Handbuch verlassen oder selbst auf Nummer Sicher gehen. Dazu muss man wissen, in welchem **Einfederzustand** die Kette am meisten gespannt ist. Dies ist dann der Fall, wenn Ritzeldrehpunkt, Schwingendrehpunkt und Hinterradachse auf einer Geraden liegen!

Mit Hilfe eines, besser noch zweier Mitreisender lässt sich die **Hinterradfederung** so weit **komprimieren,** dass dieser Zustand erreicht wird. Kontrolle erfolgt entweder über gutes Augenmaß oder durch eine Schnur, die man vom Ritzeldrehpunkt zur Hinterradachse hält. Der **Schwingendrehpunkt** muss im Zustand der größten Spannung auf der Geraden sein. Der **Kettendurchhang** in diesem Einfederzustand muss nur knapp zwei Zentimeter betragen. Bei älteren und damit normalerweise unterschiedlich gelängten Ketten sollte man das Hinterrad zweimal weiterdrehen, um an drei verschiedenen Kettenstellen den Durchhang zu messen. An der straffsten Stelle stellt man die Spannung über den Kettenspanner ein.

Eine richtig gespannte O-Ringkette bester Qualität hält selbst unter dem rabiaten Leistungseinsatz großvolumiger Sport-Eintöpfe vom Schlage *KTM, Husaberg, Husqvarna* usw. und unter den Extrembedingungen einer Saharafahrt mindestens 10.000 km. Unter Mehrzylindern mit ihrer zwar höheren Leistung, aber ihrem ruckfreieren Leistungseinsatz halten O-Ringketten noch deutlich länger.

Kettenschutz

An so gut wie keinem kettengetriebenen Motorrad findet man einen wirkungsvollen Schutz der Hinterradkette. Bei der Lebensdauer qualitativ hochwertiger O-Ringketten kräht auch kein Hahn danach. Eine ebenso einfach anzubringende wie wirksame Abdeckung zum Reifen hin (an den Originalschutz annieten) lohnt sich aber trotzdem: Die O-Ringe werden vor dem Sandstrahlgebläse eines wühlenden Hinterrades ebenso wirkungsvoll geschützt wie vor dem „Dampfstrahl" einer Regenfahrt – die Antriebskette hält noch länger.

Kettenverschleiß

Ihn prüft man am besten durch den Versuch, die Kette mit den Fingern vom Zahnkranz abzuheben, und zwar an einer nach hinten zeigenden Stelle des Kettenrades. Sind die der abgehobenen Stelle benachbarten **Kettenrad-Zähne** schon fast bis zur Spitze zu sehen, ist der Antriebsstrang erneuerungsbedürftig.

Den **Sicherungs-Clip** des Schlosses einer neu aufgelegten Kette immer mit der geschlossenen Seite in Raddrehrichtung montieren. Sonst wird er über kurz oder lang abgestreift, und die Kette „reißt". Auch beim Rückwärtsschieben kann der Kettenschlosssicherungsbügel sich öffnen. Regelmäßige Kontrolle ist notwendig!

Sekundärübersetzung

Der Einbau eines um ein bis zwei Zähne **kleineren Ritzels** macht selbst extrem ungünstig ausgelegte Enduros zu passablen „Kraxlern". Durch Verkürzung der Sekundärübersetzung gewinnt natürlich auch das **Durchzugsvermögen** eines Motors. Vor allem Tiefsandpassagen lassen sich wesentlich entspannter fahren. Der Ritzeltausch kann unterwegs ohne großen Aufwand je nach Bedarf durchgeführt werden: Zwei Zähne weniger machen die Kette zwei Rollen länger, was zumindest bei einer nicht völlig „ausgelutschten" Kette im Bereich des Kettenspanners liegt. Unter **14 Zähne** sollte man nicht übersetzen, da mit der Größe des Knickwinkels auch der **Verschleiß** einer Hinterradkette ansteigt.

Angenehmer Nebeneffekt (siehe Kapitel „Bereifung"): Eventuell an der Schwinge schleifende, da sehr hohe Desert-Stollen werden durch Übersetzungsverkürzung bei gleich langer Kette aus der Gefahrenzone gezogen.

Zahnradverschleiß und -ersatz

Ritzel und Kettenrad sind dann unbrauchbar, wenn die Zähne in Kettenzugrichtung so abgenutzt sind, dass sie **wie Haifischzähne** aussehen. Ein Überspringen der Kette und Zahnausfall stehen dann über kurz oder lang bevor.

Kettenräder aus **Stahl** sind schwerer, aber natürlich **langlebiger** als die in großer Auswahl im Zubehörhandel zur Verfügung stehenden Leichtmetall-Kettenräder (von *Renthal, Answer* usw.). Andererseits schont die größere **Eigen-Elastizität** des Leichtmetalls die Kette, besonders wichtig bei Sport-Enduros ohne Ruckdämpfer im Hinterrad. Wissen muss man, dass bei Leichtmetallkettenrädern nach einer längeren Strecke kaum feststellbaren Verschleißes plötzlicher **rapider Materialschwund** einsetzt – eben dann, wenn die Oberflächenhärtung von der Kette abgetragen ist. Qualitäts-Kettenkränze halten unter den Bedingungen einer Sahara-Reise – nicht -Rallye – auch unter leistungsstarken Enduros rund 3.000 km und wiegen als Ersatzteil im Reisegepäck zum Glück nicht schwer.

Reparaturen und Improvisationen

Wer kein Ersatzkettenrad dabei hat, sollte das alte bei Anzeichen stärkerer Abnutzung **demontieren** und **umgedreht** wieder befestigen. Die Kettenrollen liegen dann auf der noch kaum verschlissenen, weil ja bisher nicht auf Zug belasteten Seite der Zähne auf.

Kupplung

Schon mancher hat seine Kupplung im Sand „verbraten". In der Regel liegt das an **falscher Anfahrtechnik** (siehe Kapitel „Wüstengeländearten und Fahrtechnik"). Doch auch, wer das kupplungsschonende Anfahren im Sand beherrscht, ist beruhigter, wenn er auf einer Reise mit vielen Dünenstrecken eine Ersatzkupplung dabei hat. Bei **Ölbadkupplungen,** wie sie üblicherweise bei Motoren mit quer rotierender Kurbelwelle verwendet werden, ist die Mitnahme eines **Reibscheibensatzes** auch kein Problem. Er ist weder schwer noch voluminös. Der Einbau ist mit einem guten Bordwerkzeug, sofern es die passenden Schlüssel enthält, für einigermaßen geübte Hobbyschrauber problemlos. Anders liegen die Dinge bei einer **BMW-Trockenkupplung.** Wegen der Motorenbauart des Boxers ist der Kupplungstausch erst nach Demontage der Kardanschwinge und des Getriebes möglich. Die Mitnahme einer *BMW*-Trockenkupplung ist also nur dann sinnvoll, wenn man über die Arbeit des Kupplungstausches gut genug informiert ist (Werkstatthandbuch) und das erforderliche Spezialwerkzeug dabei hat (in der *BMW*-Fachwerkstatt fragen).

Reparaturen und Improvisationen

Sind die Kupplungsbeläge einer Mehrscheiben-Ölbadkupplung so abgenutzt, dass diese „durchrutscht", er-

möglichen verschiedene Methoden eine Weiterfahrt: Sind die Beläge der Reibscheiben wenigstens noch ansatzweise vorhanden, hilft u. U. eine Vergrößerung des Anpressdrucks durch **Unterlegen von Beilagscheiben** unter die Kupplungsfedern. Sind die Beläge vollkommen verschlissen, entfernt man die Druckfedern und **„vermackt"** die demontierten Scheiben gründlich mit Hammer und Meißel. Danach wird das gesamte Scheibenpaket fest zusammengezogen. Die Kupplungs-Anzugsmuttern müssen dazu evtl. unterlegt werden. Hat man auf diese Art eine abgenutzte Kupplung noch einmal zum Kraftschluss „überredet", sollte man diesen nicht mehr unterbrechen, sondern mit der selben Methode anfahren, die auch bei defektem Kupplungsausrückmechanismus angebracht ist: Leerlauf einlegen, Motor starten und etwas hochdrehen, Motorrad auf Schritttempo anschieben (lassen) und nachdrücklich den ersten Gang einlegen. Gangwechsel bei rollendem Motorrad erfordern bei gefühlvoller Gasdosierung und Schalten bei Lastwechsel von Zug auf Schub ohnehin keine Kupplungsbetätigung. Praktiziert wurde auch schon ein **Bekleben** (mittels hitzefestem Zwei-Komponenten-Kleber) der abgenutzten Reibscheiben mit zurechtgeschnittenen Hartgummi-Platten, z. B. von einem alten Reifen. Die auf diese Weise „überholte" Kupplung lief anschließend fast 20.000 km!

Technik

Ersatzteile Kraftübertragung

Kupplung
- Reibscheibe(n)
- 2 Kupplungsdruckfedern

Reifen und Räder:
- 1 Vorderradschlauch
- 1 Hinterradschlauch
- 2 Schlauchventile
- 1 Schlauch-Flicken-Set
- Ventilkappe mit Ventilausdrehkopf
- 1 Reifenpilot-„Flickspray"
- 5 Luftdruckpatronen
- je 4 Speichen jeder Sorte

Sekundär-Kettenantrieb
- 1 Hinterradkette
- 2 Kettenglieder
- 2 Clip-Kettenschlösser
- 1 Kettenrad
- 1 Ritzel
- Ritzel-Befestigungsteile
(Sicherungsblech, Schrauben oder Mutter)

Flüssigkeiten
- ¼ Liter (ca.) Reifenmontagepaste
- Kettenspray- Lagerfett

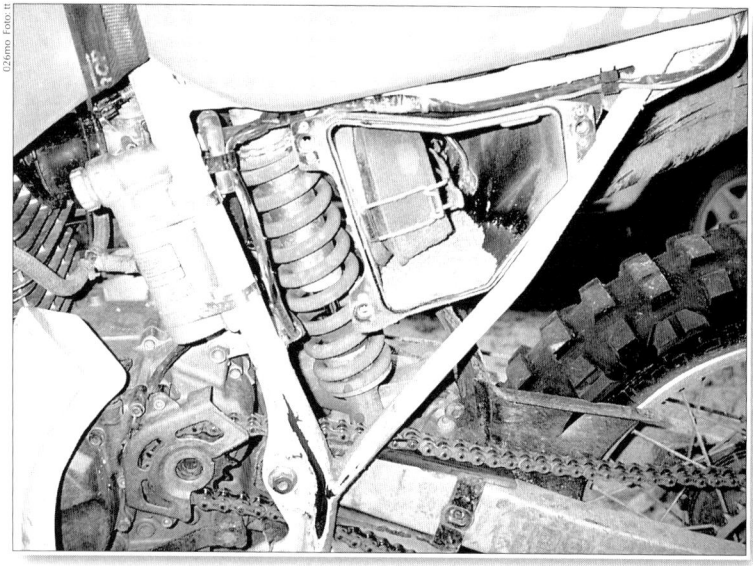

Motor

Luftfilterung

Funktion,
Versagen und Folgen

Technik

Die meisten Enduros besitzen **Luftfilter aus Schaumstoff.** In diesen wird vor Einbau ein spezielles, sehr klebriges **Luftfilteröl** eingebracht. Normales Motorenöl geht zur Not auch, tendiert aber dazu, sich der Schwerkraft gehorchend durch das Gerüttel der Geländefahrerei nach unten abzusetzen. Die in der Ansaugluft enthaltenen Staub- und Sandpartikel bleiben jedenfalls an der Oberfläche und im Inneren des eingeölten Filters kleben.

Irgendwann ist natürlich die **Aufnahmekapazität** des Schaumstoffes erschöpft: Der Sand bleibt nicht mehr im Filter hängen, sondern findet seinen Weg ins „Allerheiligste" des Motors. Mit **Problemen im Vergaser** – er tropft z. B., weil Düsen verstopft sind, Nadeln und Schieber klemmen – beginnt der Ärger. Durch die harten Glasperlen der im Brennraum geschmolzenen Sandkörner folgt rapider **Verschleiß von Kolben und Zylinder,** der recht schnell an den blauen Rauchfahnen, die dem Auspuff beim Gasgeben entweichen, zu erkennen ist. Grund dafür ist, dass das Schmieröl des Motors wegen des Verschleißes von Kolben und Zylinder vom Ölabstreifring des Kolbens nicht mehr

In diesem Zustand ist ein Luftfilter nur noch ein „Sandstrahlgebläse" für den Motor

zurückgehalten wird. Bei jedem Verbrennungstakt des Motors wird neben dem Benzin-Luft-Gemisch auch Motoröl verbrannt.

Das kann übrigens erstaunlich viel sein, ohne dass der Motor deswegen den Geist aufgibt. Ein Liter **Ölverbrauch** auf tausend Kilometer ist entgegen weit verbreiteter Meinung höchstens ein sanftes Anzeichen dafür, dass Kolben und Zylinder nicht mehr die allerengste Beziehung haben, aber kein Grund zur Beunruhigung. Ein solcher leicht erhöhter Ölverbrauch bringt auch noch keinen spürbaren Leistungs- und Kompressionsverlust mit sich.

Ein extremes Beispiel zum Ölverbrauch, selbst erlebt: Mitten in der Ténéré – kurz vor Bilma – raucht die *Kawasaki KLR 650* meiner damaligen Mitreisenden und heutigen Frau stark aus dem Auspuff. Diagnose: der Luftfilter ist voll und hat schlagartig Sand durchgelassen. Jede Menge der zerstörerischen Körner waren in die Zylinder gelangt. Nach Filtertausch und Reinigen des Vergasers fuhr Sandra weiter, wollte nicht mitten im schönsten Teil der Reise ins Begleitfahrzeug verladen, zumal der Kolben ohnehin schon „angeschmirgelt" und sein Austausch in der nächsten *Kawasaki*-Werkstatt wohl unvermeidlich war. Unglaublich, aber wahr: Innerhalb der restlichen 700 km bis zur südalgerischen Oase Djanett – von wo das Motorrad dann vom ADAC heimgeholt wurde – steigerte sich der Ölverbrauch in einem nicht für möglich gehaltenen Maß: Alle dreißig bis fünfzig Kilometer war der Ölmessstab trocken und ein knapper Liter nachzufüllen. Das entsprach einem Ölverbrauch von rund zwanzig Litern auf tausend Kilometern. Der in der Kaserne von Seguedine vorsorglich mit Militär-Motoröl aufgefüllte 20-Liter-Kanister reichte gerade so bis Djanet, und die angeschlagene *Kawa* erreichte die Oase tatsächlich aus eigener Kraft, zog dabei allerdings Rauchwolken hinter sich her wie ein ganzes Starterfeld von Zweitakt-Crossern.

Pflege und Reinigung

Um das Motorinnere immer frei von Sand zu halten, heißt es also rechtzeitig den **Luftfilter reinigen.** Hat man in den Dünen, statt über sie zu gleiten – manchmal leichter gesagt als getan – auch „Wühlarbeit" geleistet, ist möglichst bald eine Kontrolle des Luftfilters, bei positivem Sand-Befund der Einbau eines sauberen Filterelements fällig. Beachtet man einige Regeln, kann man seinen Luftfilter aber auch im sandig-staubigen Saharagelände so gut vor vorzeitiger Verschmutzung schützen, dass eine Reinigung erst nach etlichen hundert Offroad-Kilometern, also mehreren Tagesetappen, fällig ist:

●Die Staubfahne von Vorausfahrenden so gut wie möglich meiden – z. B. durch entsprechen großen Abstand.

●Bei Steckenbleibern an Dünen das Hinterrad nicht lange wühlen lassen, sondern den Motor abstellen und die Maschine mit Körperkraft in eine zum Weiterfahren geeignete Position bringen (siehe auch Kapitel „Wüstengeländearten und Fahrtechnik").

Technik

• Fech-Fech-Pudersand meiden. Die tiefen Rinnen und Löcher lassen sich meist weiträumig umfahren.

Am besten reinigt man ein Schaumstoff-Luftfilterelement mit dem speziellen Reinigungsmittel der selben Marke, die auch das Luftfilteröl herstellt. Mitten in der „Pampa" geht das in der Praxis aber nur dann, wenn ein Begleitauto diesen angenehmen Luxus ermöglicht. Ist man auf eigene Faust unterwegs, reinigt man mit dem, was zur Verfügung steht: **Seifenlauge oder Benzin.** Sinnvoll ist es, für das Waschen einen kleinen, aber nicht zu flachen Teller aus Leichtmetall und eine Packung Einweg-Gummihandschuhe mitzunehmen. Das Reinigen erfolgt durch wiederholtes Einweichen und danach Ausdrücken des Elements in der Flüssigkeit. Benzin reinigt besser, löst dafür das Fett des Luftfilteröls völlig und greift u. U. die Filterklebungen an (zu Hause ausprobieren!). In Seifenlauge wird der Filter auch recht sauber, bleibt aber so fettig, dass man ihn nach dem Trocknen meist mit nur sehr wenig Luftfilteröl wieder in den optimalen Zustand bringen kann. Ohnehin ist Luftfilteröl sehr **ergiebig.** Eine handelsübliche 500-ml-Flasche reicht bei sparsamer Dosierung für 30 bis 50 mal Filtereinölen. Schon zwei gut auf dem Schaumstoff verteilte und anschließend gründlich einmassierte Fingerhüte voll reichen für jedes Filterelement. Es soll ja idealerweise nur gerade gerade so viel Öl im Filter sein, dass dieser überall leicht klebrig ist, aber nicht trieft oder tropft. Vor dem Einbau das Filterelement fest in der Faust

zusammenquetschen, damit überschüssiges Öl abtropft. Den Behälter mit dem Luftfilteröl übrigens nach der Entnahme sofort wieder fest schließen, weil das Lösungsmittel, das das eigentlich honigzähe Filteröl dünnflüssig hält, sehr schnell verdampft. Da wohl keine größere „Sauerei" in einem Motorradkoffer vorstellbar ist, als eine geplatzte Luftfilteröldose, sollte man das blaue Zeug in eine absolut dichte und sehr stabile Alu- oder Plastikflasche umfüllen und diese vorsichtshalber noch in zwei Plastiktüten einwickeln.

Papier-Luftfilter-Elemente

Bei Motorrädern mit Papierfilterpatrone ist der Umbau auf **Nassluftfilter** eine Überlegung wert. Nicht, weil Papierfilterelemente schlechter wären – im Gegenteil: Sie ermöglichen bei für die Motorleistung günstigem hohen Luftdurchsatz eine **feinere Filterwirkung** als Schaumstoff-Filter. Sind sie nicht in einem Gehäuse, sondern frei liegend untergebracht (z. B. HPN-Rallye-Filter für *BMW*) fällt ein Großteil des gefilterten Staubs durch Erschütterungen gleich wieder ab. Der Nachteil von Papierfiltern liegt auf Reisen fernab von Werkstätten darin, dass sie sich im Lauf der Zeit so zusetzen, dass ohne Druckluft **keine effektive Reinigung** mehr möglich ist – vor allem, wenn das Filterelement auch noch den öligen Dämpfen der Motorgehäuseentlüftung ausgesetzt ist. Eines, besser zwei der Ersatzfilterelemente sollten also dabei sein, will man sichergehen, nicht irgendwann irgendwo mit einem von Fech-Fech-Staub verstopften Papierluftfilter festzuhängen, der jeder Reinigungsmaßnahme widersteht.

Zum **Umbau** entfernt man den Zellstoff vom Rahmen eines Trockenluftfilters und zieht einen etwa zwei Zentimeter starken Ring aus benzinfestem, feinporigem Schaumstoff darüber. Durch Fahrversuche und **Zündkerzenfarbe** kann man feststellen, ob das Benzin-Luft-Gemisch, das der Vergaser nun bekommt, ebentuell zu „mager" oder zu „fett" ist: weiß = zu viel Luft, dunkelbraun = zu wenig Luft. Ideal ist eine hellbraune bis gelbe Farbtönung des Kerzenisolators.

Benzinfilterung

Zeigt ein Motor **Benzinmangelerscheinungen,** obwohl weder Sprit fehlt noch ein verrutschter Tankrucksack die Entlüftung blockiert, ist nicht selten ein nachträglich eingebauter Benzinfilter der Grund. Nicht weil er vielleicht verstopft wäre – schließlich nimmt ihm ja der Benzinhahnfilter die meiste Arbeit ab -, sondern weil beengte Platzverhältnisse zwischen Tank und Vergaser für mangelnde Benzinzufuhr sorgen: Die **Spritleitungen** also **nicht geknickt** oder in zu **engem Biegeradius** verlegen, Scheuerstellen oder Kontakt mit heißen Motorteilen (Dampfblasenbildung!) vermeiden. Darauf achten, dass das Benzin in Richtung des auf dem Filter eingeprägten Pfeils fließen kann.

Öl- und Temperaturhaushalt

Die **Ölwechselintervalle** brauchen bei Verwendung hochwertiger Öle und regelmäßiger Luftfilterreinigung auch in der Sahara nicht verkürzt zu werden. Ausnahme: Extreme Beanspruchung (Überhitzung, ständige Höchstdrehzahlen) des Motors, z. B. auf langen Dünenstrecken. In diesem Fall kann es auch bei erstklassigen Ölen zu vorzeitigem Zerfall der Viskositäts-Molekülketten und damit einem Abreißen des Schmierfilms kommen.

Ein **Ölthermometer** informiert nicht nur rechtzeitig vor dem Motortod über eventuelle Erhitzung des Triebwerks (Dünen, hohe Außentemperaturen, langsame Fahrt, Rückenwind), sondern auch über zu niedrige Öltemperaturen. Z. B. sollte man **unter 60° C Öltemperatur** einen Motor niemals im Sand Schwerstarbeit verrichten lassen – etwa beim Anfahren aus einem Wühlloch, in dem man das Motorrad zuvor geparkt hatte. Selbst wenn dabei keine besonders hohen Drehzahlen erreicht werden, erfordert die aufgrund der Bremswirkung des Sandes sehr hohe Belastung der Mechanik optimale Schmierverhältnisse. Nach einer Dünennacht im Saharawinter muss der Motor einige Minuten warmlaufen – am besten nicht nur im Leerlauf, sondern mit wechselnden Drehzahlen.

Vor allem **großvolumige, luftgekühlte Einzylinder** sind thermisch alles andere als narrensicher. Kurze und leichte Kolben sorgen zwar für Drehfreudigkeit und mechanische Standfestigkeit. Die **Wärmeleitung** an den Zylinder ist allerdings alles andere als optimal. Ist auch noch ein großer Tank über den Zylinderkopf gestülpt, sind im Saharastress Überhitzungsprobleme vorprogrammiert. Für Reisen außerhalb der Wintermonate empfiehlt sich daher bei großen, luftgekühlten Eintöpfen der **Anbau eines Ölkühlers.** Bei Maschinen mit Trockensumpfschmierung, separatem bzw. Rahmen-Öltank und außen liegenden Ölleitungen lässt sich ein in der Größe passender Kühler (z. B. vom Händler für Gebraucht-Motorradteile) besonders leicht in den Ölkreislauf schalten. Auf die Herstellung von Hydraulikleitungen spezialisierte Firmen passen die Originalanschlüsse von Filter, Motorgehäuse und Öltank an Hochdruckschläuche der benötigten Länge an.

Reparaturen und Improvisationen

Mechanik

Ohne Kick- und E-Starter im Sand

Gibt der E-Starter den Geist auf, hilft der Kickstarter. Bricht man ihn ab, leiht man sich den Hebel vom Reisepartner mit der gleichen Maschine. Der Einfachheit halber sollte das Teil gar nicht mehr angeschraubt werden und immer bei der Person im Tankrucksack bleiben, die als Letzter gestartet hat (wochenlang so praktiziert von zwei Mitreisenden). Stehen weder ein funktionierender Kickstarter noch ein Ersatzhebel zur Verfügung, ändert auch ein Parkplatz auf der höchsten Düne nichts an der Unmöglichkeit, ein Motorrad im Sand anzuschieben. **Seilzugstart** heißt dann die Rettung: Motorrad aufbocken bzw. Hinterrad über den Seitenständer lupfen, den vierten oder fünften Gang (je nach Hubraum und Verdichtung) einlegen und die Schlinge einer langen Reep-Schnur an einem Stollen des Hinterreifens einhängen. Hinterrad eine Umdrehung „aufziehen" (die Schnur liegt knapp ein ganzes Mal um den Reifen) und mit Reisepartner Nummer 1 und „Schmackes" nach hinten anreißen. Reisepartner Nummer 2 hält das Motorrad am Lenker und lässt den gezogenen Dekompressorhebel (oder Dekozug) erst los, wenn das Hinterrad dreht. Dieses knallt mit Schwung in die Kompression und startet den Motor. Sofort wenn der den ersten Muckser macht, muss Reisepartner 2 die Kupplung ziehen – und natürlich kräftig Gas geben! Der bereits erwähnte Mitreisende durchquerte auf diese Weise (auf einer anderen Reise!) den Großen Östlichen Erg erst von Nord nach Süd, danach von Ost nach West.

Ventil- oder Kolbenschaden bei Zweizylinder-Motoren

Je nach Belastung lässt sich zumindest ein großes Stück – bis hin zu mehreren hundert Kilometern – weiterfahren, wenn man die **Stilllegung des defekten Zylinders** vornimmt: Spritzufuhr abklemmen (sonst evtl.

„Seilzugstart"

Verdünnung des Motoröls und Abwaschen des Schmierfilms am defekten Zylinder), die herausgeschraubte (geringere Kompression) Zündkerze zur Vermeidung eines Zündspulendurchschlags an Masse legen (natürlich mit Kerzenstecker und Zündkabel) und mit Draht befestigen. Kerzenloch mit einem aus Tape gebastelten Rückschlagventil bekleben, sonst saugt der Zylinder Staub und Sand in den Ölkreislauf. Bei Stoßstangenmotoren Ventilstößel entfernen.

Ventilsitz locker

Dieser Schaden hört sich an, als sitze ein kleiner Mann mit Hammer im Brennraum. Bei luftgekühlten und großvolumigen Zylindern mit entsprechend dimensionierten Ventilen kann es dazu kommen – vor allem wenn man solchen Motoren ohne ausreichende Warmlaufphase im tiefen Sand Höchstleistungen abverlangt: Durch den unterschiedlichen Ausdehnungskoeffizienten von Stahl (Ventilsitz) und Leichtmetall (Zylinderkopf) kann der Sitz im Kopf locker werden und in Richtung Kolben rutschen. Dies ist nicht unbedingt gleichbedeutend mit einem Verbiegen des Ventils, erzeugt aber die genannten Geräusche und entsprechende Stimmung beim Fahrer. Abhilfe: Man demontiert Zylinderkopf und Ventilfeder, prüft die **Freigängigkeit** des Ventils und schiebt bzw. klopft (Holz unterlegen) den Sitz an seinen Platz zurück. Ist er wieder bündig mit dem Brennraum, hämmert man mit einem Meißel oder Schraubenzieher das dem Ventilsitz benachbarte Material des Zylinderkopfes in Richtung Ventilmitte (Meißelschneide tangential) gegen den äußeren Rand des Ventilsitzes. Danach fixiert man das Ganze durch mehrere Kerben in den Übergang Zylinderkopf/Ventilsitz (Meißelschneide radial). Auf keinen Fall darf man die eigentliche Ventilauflagefläche beschädigen, sonst kommt es zu Undichtigkeit und der Gefahr eines in den heißen Explosionsgasen verbrennenden Ventilrands. Diese Reparatur wurde von mir im Laufe einer 6.500 km langen Saharareise an einer *Suzuki DR 600* mit vollem Erfolg durchgeführt!

Geht der Fußschalthebel leer durch, ist meist die **Schalthebelrückholfeder** gebrochen. Ist gerade ein zum Anfahren ungeeigneter Gang drin, kann man u. U. mit Hinlegen, starkem heckseitigem Anheben oder gar „Kopfstand" des Motorrades einen Allround-Gang einlegen – etwa den 2. oder 3. (je nach Hubraum und Übersetzung).

Diesel statt Benzin
Ist in der einzigen Tankstelle in weitem Umkreis nur Diesel aufzutreiben, so kann man den **Restkraftstoff um ein Drittel damit strecken.** Im mittleren Drehzahlbereich kommt ein nicht zu empfindlicher Motor damit halbwegs zurecht.

Elektrik

„Kupferwürmer"
Ein alter Begriff für mysteriöse Elektrikprobleme. Oft „kriechen" sie einfach nur in Form von angescheuerten Kabeln, lockeren, versandeten, nassen oder verrosteten Steckern durch die Bordelektrik.

Kerzenstecker oder Zündkabel defekt oder geklaut
In diesem Fall befestigt man das Zündkabel oder den Ersatz (Anlasserkabel oder einige zusammengedrehte und mit Isolierband umwickelte dünnere Kabel vom Rücklicht) direkt mit einer passenden Mutter an der Zündkerzen-Elektrode.

Lichtmaschine defekt
Enduros mit Batterie können noch eine ganze Weile mit dem Strom des **Akkus** weiterfahren, wenn man auf jeden nicht lebenswichtigen Verbrauch verzichtet. Berechnung der Fahrzeit:
1) Bordspannung mal Batteriestärke = Arbeit (z. B.: 12 V x 15 Ah = 180 W/h);
2) Arbeit geteilt durch Leistungsaufnahme von Zündung und unentbehrlichen Nebenverbrauchern = Fahrzeit (180 W/H : ca. 60 W = rund drei Stunden bis zum Stillstand);
Übrigens verbraucht die Zündanlage im mittleren und nicht im unteren Drehzahlbereich am wenigsten Strom. Zur Behebung eines Lichtmaschinen-Defekts: Ladeausfall der Lichtmaschine beruht bei älteren Modellen (wie auch bei Anlassermotoren) nicht selten darauf, dass die im Stator, also dem äußeren, sich nicht drehenden Teil der Lichtmaschine sitzenden **Schleifkohlen** abgenutzt sind. Evtl. hilft hier ein Unterlegen oder Auseinanderziehen der Kohlen-Andruckfedern.

Batterie defekt

In der Sahara treibt man noch am ehesten eine **Autobatterie** auf. Diese wird möglichst schwerpunktgünstig (z. B. hinter dem Fahrer auf dem Soziussitz) verzurrt und ganz normal angeschlossen.

Risse in einem Batteriegehäuse

Sie lassen sich durch vorsichtiges **Anschmelzen** mit einem Lötkolben (vorher entleeren!) oder mit **Zweikomponentenkleber** reparieren. Immer mit Licht zu fahren beugt übrigens frühzeitigem Ableben gerade kleiner Motorradbatterien vor, da diese bei höherer Stromabgabe weniger schnell vom Ladestrom der Lichtmaschine zum Kochen gebracht werden.

Mit der Motorradbatterie schweißen

Es geht, zwar notdürftig und mit lötähnlicher Wirkung, aber immerhin: Man benötigt dazu die Kohle einer einfachen Monozelle (keine Nickel-Cadmium-Batterie). Das zu bearbeitende Stück wird, evtl. mittels Drahtverlängerung, an den Minus-Pol des Akkus gelegt, die Kohle an Plus. Bei einem Abstand von rund ½ cm bildet sich der „Schweiß"-Lichtbogen.

Durchgebrannte Sicherungen

Sie sollte man nur dann mit **Alufolie** oder Ähnlichem überbrücken, wenn der Grund fürs Durchbrennen bekannt und harmlos ist. Ansonsten kann **Kabelbrand** oder Beschädigung der durch die Sicherung geschützten Verbraucher die Folge sein.

Defekte Regler, Kondensatoren, Zündspulen und Zündboxen

Sie funktionieren manchmal nach Anwendung der ältesten Reparaturmethode der Welt wieder, dem **Fußtritt.** Oft hilft auch Klopfen, Drücken, Wackeln und/oder das Auf-Zug-Kleben gegen das Teil (Tape) oder Zurren (Draht) der Vielfach-Stecker. Ein defekter Kondensator kann durch einen Hupenkondensator ersetzt werden, eine defekte Zündspule durch eine aus einem Auto: Polung, Funkenfolge, Zylinderzahl beachten!

Ersatzteile Motor

Filter
- 2 Luftfilterelemente (bei Papierfilter)
- 1 Luftfilterelement (bei Schaumstoff)
- Benzinfilter
- Ölfilter
- Ölablassschraube mit Dichtring
- Dichtungsatz

Elektrik
- Bilux-Scheinwerfer-Glühbirne
- Bilux-Rücklicht/Bremslicht-Glühbirne
- Blinkerbirne
- Sicherungen
- Zündkerzen
- Kerzenstecker

Flüssigkeiten
- 1 l Motoröl
- ½ l Luftfilteröl

Für sehr lange Reisen
- Zünd-Box
- Zündspule
- Regler
- Kondensator

Fahrwerk

Federung

Nichts ist auf Wüstenreisen unangenehmer, als ständig mit einer durch-
schlagenden und unterdämpften Federung und den daraus resultierenden
Defekten an Rädern, Rahmen, Gepäckträger usw. kämpfen zu müssen.
Nicht zuletzt kann bei einer überse-
nen Geländeunebenheit der gröberen
Sorte die Federung des Motorrades
darüber entscheiden, ob es mit einem
deftigen Sprung oder Versetzer getan
ist oder ob aus einer kleinen Unachtsamkeit ein schwerer Sturz wird!

Bevor man auf Tour geht, sollte man
daher unbedingt die fertig bepackte
und mit vollen Reserven betankte Fuhre auf einem schlaglochgespickten
Feldweg oder – falls verfügbar – einer
Cross-Strecke **probefahren.**

Um für ein auf Saharastrecken sinnvolles Reisetempo über genügend Fe-
derungsreserven zu verfügen, dürfen
Teleskopgabel und **Federbein(e)** bei
einem Tempo von 50 bis 60 km/h in
tiefen Schlaglöchern genauso wenig
auf Block gehen wie beim Hinauf- und
Herunterfahren einer kleinen Steinstufe (Bordstein-Test!) mit doppeltem bis
dreifachem Schritttempo. Serien aufeinander folgender tiefer Bodenwellen, typisch für viele Wüstenpisten –
muss die Dämpfung der Federelemente wegstecken, ohne dass das Fahrzeug sich aufschaukelt.

Fällt ein solcher Test negativ aus,
sollte man zugunsten der eigenen Gesundheit und im Sinne einer lohnenden Reise keine faulen Kompromisse
nach dem Motto „Dann fahre ich halt

Technik

langsamer" eingehen. Die genannten Anforderungen sind das absolute Minimum und verlangen vorausschauende Fahrweise ebenso wie durchtrainierte Oberschenkel – für das zur Federungsentlastung nötige häufige Aufstehen!

Federungs-Tuning

Bei zu schwachen Hinterradfederungen ist der **Austausch des gesamten Federbeins** die einzig vernünftige Lösung. Hersteller von empfehlenswerten Federbeinen – z. B. *Öhlins* oder *White Power* – bieten für so gut wie alle Enduros hochbelastbare Federbeine mit Federn in der gewünschten Stärke sowie in Zug- und Druckstufe einstellbaren Dämpfern. Ein solches Federbein ist über den Fachhandel bestellbar, kostet je nach Ausführung zwischen 1.000 und 1.500 DM und ist im Gegensatz zu vielen Serienfederbeinen überholbar.

Eine zu weich gefederte Teleskopgabel lässt sich durch Einbau **stärkerer Gabeltragfedern** (z. B. von *Touratech*) verbessern. Dickflüssigeres Dämpfungsöl passt die Dämpfungseigenschaften der gestiegenen Federhärte optimal an.

Bei konventionellen „Upside-up"-, erst recht bei „Upside-down"-Teleskopgabeln ist ein **Staub- und Steinschlagschutz der Tauchrohre** besonders wichtig. Beste auf dem Markt befindliche Lösung sind eng anliegende Neopren-Überzieher – im Fachhandel erhältlich.

Bremsen

Da optimale **Kühlung der Bremsscheibe** bei reisemäßiger Fahrweise weder im Gelände noch beim Fahren auf den oft kurvenreichen und bergigen Straßen Nordafrikas ein Thema ist, kommt die Montage einer **Bremsscheibenabdeckung** in Frage. Sie kann die Scheibe vor Beschädigung durch Aufsetzen oder einen vom Vorausfahrenden abgeschossenen Stein schützen.

Im Gelände sind in der Regel die Beläge der häufiger betätigten **Hinterradbremse** mehr gefordert als die der Handbremse. Sind sie nicht mehr ganz neu, sollte zumindest für lange Reisen Ersatz mitgenommen werden.

Ein Fehler, der vor allem Fahrern passiert, die auf ihrer Saharatour zum ersten Mal mit richtigen Motocross-Stiefeln Motorrad fahren (siehe auch Kapitel „Schutzbekleidung") ist, mit der Spitze des sehr steifen Cross-Stiefels ungewollt ständig leicht auf der Hinterradbremse zu stehen. Fährt man als Letzter in der Gruppe, fällt das ständig leuchtende Bremslicht nicht auf. Spürbare Bremswirkung entsteht wegen des leichten Drucks noch nicht. Das dauernde **Schleifen der Bremsbeläge** erhitzt die Bremszange jedoch so stark, dass über kurz oder lang die Dichtmanschette des Bremskolbens verbrennt und die Bremsflüssigkeit ausläuft. Dann gilt es, ohne Hinterradbremse weiterzufahren, was vor allem offroad ein gutes „Fingerspitzen-ABS" erfordert.

Derselbe Schaden kann übrigens auch durch zu **geringes Spiel des**

Fußbremshebels oder durch zwischen Bremskolben und Zylinder geratene Schmutzpartikel entstehen.

Reparaturen und Improvisationen

Steht nach einem Sturz das **Vorderrad schief,** muss durch die Gewalteinwirkung die **Teleskop-Gabel** des Motorrades nicht unbedingt verbogen, sondern kann nur in ihren Befestigungen verrutscht, also verzogen sein. Zum Ausrichten öffnet man alle Gabelbrückenklemmschrauben bis auf die jeweils oberste (rechts und links), zieht die Vorderradbremse und federt mehrmals tief ein. Die Gabel richtet sich wieder parallel aus. Das Wiederanziehen der Schrauben nicht vergessen!

Sind beide Standrohre einer Teleskopgabel durch Aufprall auf ein Hindernis nach hinten gebogen, kann man meist schon deswegen nicht mehr fahren, weil das Rad am Motor anstößt. Bei einem Einfedern – sofern noch möglich – tut es dies mit Sicherheit. Mit Gewalt (Anschleppen) unternommene **Ausrichtversuche** können zu einem **Bruch** der ohnehin schon stark strapazierten Gabelbrücken führen. Man löst also besser nur ihre **Klemmschrauben** und **dreht die Standrohre um 180°.** Selbst wenn diese dann aufgrund der Deformation beim Einfedern in den Tauchrohren klemmen, kann man mit einer solchen „Chopper"-Gabel lenken und damit weiterfahren.

Die Hinterradfederung kann auf viele Arten kaputt gehen. Die harmloseste ist sicher Undichtigkeit: **ohne Dämpfungsöl** sollte man **„piano" weiterfahren:** Erstens schaukelt die Kiste nun wie ein alter Straßenkreuzer, zweitens geht eine ungedämpfte Feder bei jeder groben Unebenheit auf Anschlag.

Ist der Dämpfer intakt, aber die **Feder gebrochen,** lässt sich ebenfalls noch vorsichtig weiter fahren.

Schert die **Gegenhalterung der Dämpferstange** ab oder reißt aus, fällt das Federbein beim Ausfedern auseinander. Die einzige Möglichkeit der „Ersten Hilfe" ist dann, es wieder zusammenzustecken und mit mehreren Spannriemen – befestigt an Schwinge und Rahmen – den Federweg so zu begrenzen, dass die Dämpferstange nicht aus dem Kolben rutschen kann.

Sind **untere oder obere Federbeinhalterungen abgebrochen,** die Dämpferstange mittendrin gebrochen oder krumm, kann man das Federbein nur noch als Pistenmarkierung gebrauchen. Zwei Möglichkeiten ermöglichen dann evtl. noch vorsichtige und langsame Weiterfahrt bis zum nächsten „sicheren" Ort:

1) Man kann statt des Federbeins zwischen Motorradrahmen und Schwinge einen **Abstandshalter** einbauen, eine Stange, Schiene, einen Montierhebel oder ein entsprechend stabiles Stück hartes Akazienholz. Letzteres lässt sich vielleicht sogar am besten mit Draht und Spanngurten befestigen, hat zudem wenigstens ein Minimum an Eigenelastizität.

Technik

2) An einem stabilen Gepäckträger mit seitlich des Motorradhecks geführten Koffer- oder Kanisterhaltern lässt sich die Schwinge mit mehreren dazwischen geknoteten Motorradschläuchen (und Spanngurten als Ein- und Ausfederbegrenzer) verzurren. Auch diese außergewöhnliche Notreparatur habe ich schon praktiziert; sie ermöglichte dem Fahrer einer *KTM,* dessen obere Federbeinbefestigungen nach einem übersehenen Loch schlichtweg abgebrochen war, noch mehrere 100 Offroad-Kilometer weiterzufahren – natürlich mit deutlich reduziertem Tempo.

Rahmenheckbrüche, die häufigste Art des Rahmenbruchs, lassen sich mit Hilfe von Reifenmontierhebeln, die mit Schlauchschellen befestigt werden, bis zum nächsten Schweißgerät schienen. Bei einem beidseitigen Rahmenheckbruch sollte man auch eine Innenschienung der gebrochenen Rohre vornehmen, z. B. mit einer Verlängerungsstange aus dem Bordwerkzeug oder Spiegelauslegern, die man vor dem Einschieben in das gebrochene Rahmenrohr so stark mit Isolierband umwickelt, dass sie fest sitzen.

Fehlende Bremsflüssigkeit niemals durch Motoröl ersetzen. Ein Totalausfall der Bremse, evtl. verbunden mit Blockieren, ist dann nur eine Frage der Zeit. Im Notfall mit einer kleinen Spritze von den Bremsflüssigkeitsbehältern der Reisepartner einige Kubikzentimeter abzapfen. In der Regel reicht auch ein leicht unter die „Low"-Marke abgesenkter Flüssigkeitsstand für ein Funktionieren der Bremse aus.

Ersatzteile Fahrwerk

- Teleskopgabel-Simmerringe
- Scheibenbremsen-Reparaturkit
- Dichtungen, Bremskolbenmanschette
- hintere Bremsbeläge
- ½ Liter Teleskopgabel-Dämpfungsöl
- ¼ Liter Bremsflüssigkeit

Bedienungs-elemente

Armaturen-Einstellung

Nicht für Offroad-Wettbewerbe gebaute Enduros sind in der Regel mit sehr bruchgefährdeten, nach einem Verbiegen nur einmal oder gar nicht auszurichtenden Brems- und Kupplungsarmaturen aus Leichtmetall-Guss ausgerüstet. Hier lohnt sich der Umbau auf **„Cross-Hebel"** – im Fachhandel erhältlich bzw. zu bestellen. Sie bestehen aus bruchsicherem Kunststoff und sind kürzer als normale Hebel. Die Handkräfte erhöhen sich dadurch nur geringfügig. Die Erreichbarkeit der Hebel – für Leute mit kleinen Händen ein Argument – wird besser.

Ein Tipp zur Einstellung der Armaturen: Die Griffe sollten so weit nach unten gedreht werden, dass die auf den Hebeln ruhenden Finger in der Fahrposition, wo optimale Hebeleinstellung am wichtigsten ist – also in stehender Fahrhaltung mit leicht angewinkelten Knien – eine gerade Linie mit den Unterarmen des Fahrers bilden.

Technik

Armaturen-Schützer

Umlaufende, also nicht nur innen am Lenker, sondern auch an den Lenkerenden angeschraubte **Griff-Protektoren** sind ein Muss! Sie dienen nämlich nicht nur zum Schutz der Hände – z. B. vor den Schlägen der oft eisenharten Sahara-Vegetation in dicht bewachsenen Wadis, sondern auch zur Vermeidung von Hebelbruch schon beim kleinsten Umfaller.

Bei der Montage ist auf möglichst großen **Abstand der Protektoren zu den Handhebeln** zu achten: Die Hände des Fahrers müssen auch wenn er mal nach vorne „abfliegen" sollte, jederzeit zwischen Protektor und Hebel herausrutschen können. Andernfalls drohen **Bänderrisse** oder **Brüche im Handgelenk,** die zu den am schwierigsten zu behebenden bzw. zu heilenden Gelenkverletzungen zählen. Um das zu vermeiden, sollte man die Protektoren bei der Montage zwischen den beiden Befestigungspunkten – am Lenkerende und in der Nähe der Lenkerbefestigung – ein wenig „stauchen", damit sie sich von den Handhebeln wegwölben. Auch bei Verwendung von umlaufenden Griff-Protektoren sollten die **Klemmungen** der Armaturen leicht gelockert werden. Bei unsanfter Bodenberührung können sie sich dann auf dem Lenker verdrehen, was in der Regel schon alleine einen Bruch verhindert, erst recht in Verbindung mit erwähnten umlaufenden Griff-Protektoren.

Klappspiegel

Verkehrsreiche Ortsdurchfahrten, chaotische Fahrweise mancher Einheimischer und die Notwendigkeit, hinterherfahrende Mitreisende offroad besser im Auge zu behalten, machen die Montage **zweier Rückspiegel** auch auf Saharareisen, die überwiegend auf Nebenrouten stattfinden, sehr empfehlenswert. Sind sie klappbar, spart

man sich vor Düneneinsätzen, wo man realistischerweise auch mal einen Umfaller mit einkalkulieren muss, die Demontage bruchgefährdeter und auch verletzungsträchtiger starrer Spiegel.

Empfehlenswert ist allerdings nur der Kauf von Klappspiegeln, die **gute Rücksicht** gewähren. Solche werden z. B. bei den Enduros des italienischen Herstellers *Husqvarna* serienmäßig verwendet, sind aber auch im Zubehörhandel erhältlich. Dort gibt es übrigens auch so genannte **„Rallye"-Spiegel.** Die sind allerdings höchstens zum Rasieren zu gebrauchen, weil sie nicht mit dem für Rückspiegel üblichen, konkav gewölbten und damit weitwinkligen, sondern mit planem Glas belegt sind. Vibrationsempfindlichkeit und ein bald ausleierndes Klappgelenk gibt's fürs Geld dazu.

Lenker

Der Lenker eines Motorrades kann je nach Statur des Fahrers **ergonomisch** so „daneben" sein, dass er nach einiger Zeit im Gelände zu **Handgelenks- und Armschmerzen** führt. Das richtige Hindrehen des Lenkers in den Klemmungen – wieder für die im Gelände wichtigste, die stehende Fahrerposition – sollte hier allerdings zuerst versucht werden. Bringt das nichts, sollte man auf ein besser geformtes Fabrikat umrüsten.

Stand der Technik sind die extrem stabilen und zugleich Erschütterungen gut dämpfenden, mittelstrebenlosen

Lenker aus dickwandigem, konisch von innen (dick) nach außen (dünn) zulaufendem Leichtmetall, erhältlich von den Firmen *Magura, Answer* und *Renthal.*

Lenkereinstellung

● Der Lenker muss so gedreht werden, dass Handaußenseite und Unterarm des Fahrers eine **gerade Linie** bilden, das Gelenk also nicht gebeugt ist.
● Der Lenker sollte mittels Abstandshülsen oder Distanzstücken (z. B. von *KTM-Sommer* oder *Touratech)* so hoch montiert sein, dass man in unverkrampfter Haltung **stehend fahren** kann. Der Abstand der Lenkerenden von den Fußrasten muss dazu so groß sein, dass die Arme bei nur ganz leicht abgewinkelten, also in Geländefahrt-Grundstellung am Tank angelehnten Knien nicht völlig ausgestreckt sind.

Sitzbank

Nicht nur für große und/oder am Sitzfleisch Empfindliche zu empfehlen ist ein **Aufpolstern der Sitzbank.** Hauptvorteil: das Aufstehen fällt dann viel leichter, weil der Übergang von sitzender in stehende Fahrhaltung ohne großen Kraftaufwand funktioniert. Natürlich sollte man es nicht übertreiben und mit den Zehen noch den Boden berühren können.

Reparaturen und Improvisationen

Ein **verbogener Lenker** – in der Praxis meist ein nach hinten gebogenes Lenkerende – lässt sich kontrolliert am besten mit einem langen Rohr wieder ausrichten. Da man dies in der Wüste oft nur in eingebautem Zustand – als Gabelstandrohr – dabei hat, muss man sich mit Muskelkraft behelfen:
● Lenker zur intakten Seite einschlagen und das Motorrad auf die Seite legen. Das krumme Lenkerende zeigt nun nach oben. Nun setzt man sich auf das liegende Motorrad, stemmt einen Fuß gegen das aufragende Lenkerende und biegt es nach vorne, während man sich am Gepäck (Seitenkoffer, Kanister) abstützt oder mit beiden Händen festhält (Rahmen, Fußrasten).
● Ein geknicktes Lenkerende wird bei einem Biegeversuch in der Regel **brechen.** Ist das geschehen, klopft man eine **passende Verlängerung** aus dem Werkzeug oder ein Stück – extrem zähes – Sahara-Akazien-Holz in den „Stummel". Wichtige Schalter müssen, auf Holz montiert, natürlich per Draht an Masse gelegt werden.

Einen **verbogenen Fußbremshebel** – bei so gut wie allen Enduros aus Eisen oder Stahl – biegt man am besten in eingebautem Zustand wieder in eine benutzbare Position.

Einen **abgebrochenen Fußschalthebel** kann man durch Anbringen einer kleinen Gripzange auf der Schaltwelle ersetzen. Mangels Ausleger betätigt man die Schaltung nun mit Absatz oder Schuhspitze.

Technik

Gerissene Bowdenzüge: Dem größten Verschleiß unterliegen immer Kupplungszug und Gaszug. Auf Sahararreisen ist ein diesbezüglicher Defekt nicht unwahrscheinlich, da beim kleinsten Umfaller Sand in die Bowdenzughülle eindringt. Verlegt man die wichtigsten Bowdenzüge doppelt (die Enden mit Tape gegen das Eindringen von Sand abdichten!), ist die Reparatur eines Zugrisses eine Sache von einer Minute.

Bowdenzüge auf Sahararreisen nie mit Fett, sondern höchstens sparsam mit **Kriechöl** *(MOS2)* schmieren, sonst bleibt der Sand erst recht hängen. Völlig versandete Bowdenzüge muss man wohl oder übel ausbauen, „waschen" und trocknen.

Ersatzteile Bedienungselemente

- 1 Handbremshebel
- 1 Kupplungshebel
- 1 Kupplungshebelhalter
- 1 Kupplungszug
- 1 Gaszug
- 1 Dekompressor-Zug
- 1 Fußschalthebel
- 1 Choke-Zug
- Schraubnippel in der Größe der Bowdenzugnippel am Motorrad.
- je 2 m Seilzug in dem für Gas und Kupplung benötigten Durchmesser.

Umbauten

Manueller Ventilausheber

Per Fußtritt (natürlich auf den Kickstarter!) zu startende Einzylinder-Enduros verfügen in der Regel über **automatische Ventilausheber.** Bei Betätigung des Kickstarters wird die Kompression durch Ventilbetätigung vermindert.

Eventuelle **Startprobleme** störrischer Eintöpfe lassen sich nicht selten durch Anbau eines **manuellen Dekompressors** beseitigen: Der obere Kolbentotpunkt ist deutlicher fühlbar als bei einem vom Kickstarter betätigten Deko-Mechanismus, und die Trittkraft lässt sich gezielt an der richtigen Stelle einsetzen – unmittelbar nach dem „OT", dem oberen Endpunkt der Auf- und Abbewegung des Motorkolbens. Auch Starten des Motors durch **Anschieben oder Bergabrollen,** insbesondere auf weichem Untergrund, ist mit Hilfe eines manuellen Ventilaushebers machbar. Der Umbau eines vom Kickstarter über Seilzug betätigten Automatik-Ventilaushebers zum manuellen erfordert lediglich den Anbau eines kleinen Hebels (als Standardteil im Zubehörhandel z. B. von der Firma *Magura* für die Choke-Betätigung an Rollern, Mofas usw. erhältlich) und den Einsatz eines längeren Bowden-Zuges.

Bei Enduros mit **interner Deko-Automatik** gibt es nur dann eine Möglichkeit zum Anbau eines manuellen Dekos, wenn die im Zylinderkopfdeckel gelagerten Kipphebelachsen – die Hebel leiten die Kraft der Nockenwelle auf die Ventile – von außen zugänglich sind. Anschrauben oder Anlöten eines kleinen Hebels mit Bow-

Technik

denzugaufnahme an einer der Kipphebelachsen schafft die Voraussetzung für einen vom Lenker zu betätigenden manuellen Deko.

Starten des Motors durch Anschieben:

1) Zündung an, Benzinhahn auf, evtl. (bei kaltem Motor) Choke drin;
2) Leerlauf einlegen, Motorrad schieben oder bergab rollen lassen, bis es mindestens zwei-, besser dreifaches Schritttempo erreicht hat;
3) Aufstehen, Kupplung und manuellen Deko ziehen, zweiten Gang einlegen und mit dem ganzen Körpergewicht auf den Sitz fallen lassen, dabei gleichzeitig den Kupplungsgriff loslassen. Wenn der Motor dreht, sofort auch den Griff des manuellen Deko loslassen.

Seitenständer

Sandtauglicher Ständer

Eine auf das Seitenständerende aufgeschweißte oder geschraubte, etwa handtellergroße **Platte** ist eine sehr angenehme Kleinigkeit, die dem Fahrer das ewige Suchen nach hartem Boden oder unterzulegenden Gegenständen ebenso erspart wie dem Motor und der Kupplung das beliebte „Park-Einwühlen" – im Laufe der Zeit mit einer Menge an unnötigem Verschleiß verbunden.

Scheinwerferschutz

Die Hinterreifenstollen des Vorausfahrenden können auf Schotterpisten gar nicht anders, als mit **Steinen zu „werfen".** Das kann dem Scheinwerfer ins Auge gehen. Eine Platte aus ca. 5 mm starkem **Plexiglas oder** ebenso dickem klarem **Weichplastik** verhindert dies. Sie sollte in einem solchem Abstand vom Scheinwerferglas montiert werden, dass man diesen noch mit einem Tuch oder den Handschuhen abwischen kann, wenn er durch Staub verunreinigt ist.

Motorschutz mit Werkzeugbehälter

Bei Enduros ohne oder mit zu kleiner Motorschutzplatte besteht auf einer Saharareise, die nicht nur durch Dünengebiete führt, die hohe Wahrscheinlichkeit eines eingedrückten

Technik

oder durchschlagenen Motorgehäuses, einer herausgebrochenen Ölablassschraube, zumindest aber für vom Sand- und Steinbeschuss des Vorderrades stark gezeichnete Motorgehäuseteile und Rahmenunterzüge.

Einen stabilen und formschönen Motorschutz – für die Marke *KTM* auch mit integriertem Werkzeugfach – kann man sich für teures Geld (ca. 800 bis 1.500 DM) kaufen oder **selber bauen.** Dazu benötigt man in der Basisausführung nur eine zurechtgeschnittene **Leichtmetall- oder Stahlplatte,** die mit Rohrschellen an den Rahmenunterzügen befestigt wird.

Eine auch gegen heftige Aufsetzer resistente Unterbodenplatte aus Alu sollte ca. 6 mm stark sein, bei Stahl – am besten rostfreier VA-Stahl – genügen 2 mm Materialdicke. Die Platte sollte den gesamten unteren Motorbereich und durch Aufsetzen gefährdete Hinterradfederungshebeleien sowie -schmiernippel abdecken. Seitlich und vorne schweißt oder schraubt man entweder weitere Platten an und/oder kleine Staukästen. Dies sind im einfachsten und billigsten Fall nur mit Deckeln versehene Rohre – mit rechteckigem oder rundem Querschnitt von ca. 10 cm. Je nach handwerklichen Fähigkeiten, zur Verfügung stehender Werkstattausrüstung oder Budget sind natürlich auch elegant ausgeformte Behälter möglich, die jede „Lücke" am Motorrad in schwerpunktgünstigen (und das normale Gepäck entlastenden) Stauraum für Ersatzteile und Werkzeug verwandeln.

Umfassender Motorschutz
mit Werkzeugfach

Wartung und Reparatur

Werkzeug

Es ist nicht einfach, einen guten Kompromiss zu finden zwischen der Reparaturausrüstung, die nötig sein könnte und dem serienmäßigen Bordwerkzeug. Keine Motorrad-Marke außer *BMW* stattet ihre Enduros mit einem Werkzeugsatz aus, der zu mehr als den einfachsten Wartungsarbeiten taugt – und das auch nur, wenn zuvor nicht eine Werkstatt mit professionellem Werkzeug für festen Schraubensitz gesorgt hat.

Was braucht man?

Werkzeug zur (De-)Montage von
- Lenker, Armaturen, Bowdenzügen
- Rädern und Reifen
- Kette, Kettenrad und Ritzel
- Zündkerzen
- Vergaser, Benzinhahn und -pumpe
- Auspuffanlage
- Luftfilter, Luftfilterkasten
- Tank und Sitzbank
- Verkleidung und Schutzblechen
- Batterie und Beleuchtungsanlage
- Gepäckträger
- Wasser- und Ölkühler
- Federbein und Teleskopgabel
- Fußbremshebel, Bremszylinder
- Schalthebel

Wartungs- und Reparaturwerkzeug
- Kettenspannen und -öffnen
- Speichenspannen
- Ventilspiel einstellen
- Öl- und Ölfilterwechsel
- Vergaser-Reinigung
- Kupplungstausch
- Zylinderkopfabbau

Der für die genannten Arbeiten erforderliche **Werkzeugsatz** ist weit weniger umfangreich, als man im ersten Moment befürchten könnte. Die **Schlüsselgrößen** beschränken sich bei den meisten Motorrädern auf die Weiten 6, 8, 10, 12, 13, 14, 17, 19, 22, 24 und 27 mm. Von diesen wiederum ist nur ein Teil neben der geschlossenen Ausführung (Ring- und Steckschlüssel), die vom Kraftansatz besser ist, zusätzlich auch in offener Ausführung (Gabelschlüssel) erforderlich. Folgender, extrem leichter und Platz sparender Werkzeugsatz ist für alle oben genannten Arbeiten geeignet. Er ist allerdings nicht billig, da die z. T. sehr kleine Werkzeugdimensionierung optimale Qualität erfordert. Fündig wird man für den Kauf guter und praxisgerechter Werkzeuge für den extremreisenden Motorradfahrer bei dem Expeditionsausrüster *Woick* (www.woick.de) und dem Motorrad-Spezialausrüstungs-Anbieter und -Hersteller *Touratech* (www.touratech.de).

Unerlässlich ist es, sich mit dem benutzten Motorrad wirklich intensiv schraubenderweise zu befassen, denn erst, wenn man wirklich eine bestimmte Arbeit ausführt, stellt man fest, wo es eng hergeht, wo ein Schlüssel ganz bestimmter Länge und Dicke die Arbeit gewaltig erleichtert oder erst möglich macht. Das heißt beispielsweise bei den Enduros von *Husaberg*: Mit einem im Schraubstock etwas gebogenen 21 mm-Gabelschlüssel kann man die Vergaserablassschraube ösen, ohne den Auspuff zu demontieren. Ersetzt man die vorderen Ventildeckel-

Außensechskantschrauben durch solche mit Innensechskant, kann man, statt den Kühler zu lockern, zum Lösen einfach einen Rundkopf-Inbusschlüssel benutzen. Usw. usw. usw.

Werkzeug-Sortiment-Vorschlag

●1/4-Zoll-Knarren-Steckschlüsselsatz

beste Markenqualität mit 2 verschiedenen Verlängerungen und allen für die vorstehend aufgeführten Arbeiten nötigen Kreuzschlitz-, Schlitz-, Inbus- und Torx-„Bits" bis Schlüsselweite 14;

●Steckschlüssel über Größe 14

inklusive Kerzenschlüssel in 3/8-Zoll-Ausführung, dazu einen Knarren-Adapter von 3/8 auf 1/4";

●Gabelschlüssel

für die Schrauben und Muttern des Motorrades, an die man mit Knarre und Steckschlüssel nicht gelangt, sowie diejenigen, wo gegengehalten werden muss;

●Multifunktions-Werkzeug

Empfehlenswert ist z. B. das große „Leathermen's Tool, Modell *Wave*";

●Kettentrenner

Zum Reparieren einer gerissenen Kette oder zum Öffnen einer serienmäßigen Endloskette;

●Gewindebohrer

Wer hat noch kein Gewinde abgedreht? Besonders empfehlenswert – auch bezüglich der Qualität – sind die für 1/4"-Knarre passenden Gewindebohrer der Firma *Woick* (M3, M4, M5, M6, M8, M10);

Technik

● **Bolzenausdreher**

Sie wiegen nichts und ermöglichen-das Ausdrehen abgerissener Schrauben. Natürlich muss man vorher in diese ein kleines Loch bohren – Bohrmaschinen haben entweder Autofahrer dabei, oder es gibt sie in der nächsten Werkstatt;

● **Reifenmontierhebel, Luftpumpe**

Siehe Kapitel „Technik/Bereifung"

● **Spezialwerkzeug**

Zum Glück ist es oft durch Improvisation ersetzbar. Wenn überhaupt, sollte man eine **Ventilzwinge** – eine Art Schraubzwinge zum Zusammendrücken der Ventilfedern am ausgebauten Zylinderkopf – und einen Polrad-Abzieher für den Lichtmaschinen-Rotor mitnehmen.

Zweiventil-*BMW*-Boxer-Fahrer benötigen eine außen um 2 mm abgedrehte **27er-Nuss.** Jedenfalls zum Öffnen der Schwingenbolzen-Kontermutter. Diese ist zur Demontage des Kardan erforderlich – z. B. bei Austausch der Kupplung oder eines undichten hinteren Kurbelwellendichtrings – vor Baujahr 1995 ein in der Sahara nicht allzu selten auftretender Schaden, der innerhalb von 300 bis 500 km Fahrtstrecke zum völligen Veröllen und damit Durchrutschen der *BMW*-Trockenkupplung führt.

Reparaturmaterial

Das „A und O" von Reparaturen unter Wüstenbedingungen ist das Vorhandensein von geeignetem Improvisier-Material. Außer **Gummistücken** – die-ses z. B. zur Reparatur von Reifenmantelschäden nützliche Material liegt neben jeder Saharastraße und an allen Hauptpisten in Form von geplatzten Lkw-Schläuchen und natürlich auch Reifen herum. Zum Befestigen und Abdichten sollte man dabei haben:

● Textil-Klebeband
● Draht
● Kabelbinder und Schlauchschellen in verschiedenen Größen
● Isoliertes Kabel und Lüsterklemmen
● Benzinfester Schlauch
● Dichtungspapier
● Nicht aushärtende hitzebeständige Dichtungsmasse (z. B. *Dirko*)
● Benzin- und hitzebeständiger Klebstoff (Anmerkung: Die bei niedrigen Temperaturen bis zu 24 Stunden dauernde Aushärtzeit kann nach rund 1 Stunde Antrocknzeit durch vorsichtigen Einsatz eines Camping-Kochers beschleunigt werden;
● Sortiment Schrauben, Muttern, Sprengringe, Unterlegscheiben, Splinte in den am Motorrad vorkommenden Dimensionen.

Regelmäßige Wartung

Wer einmal täglich **Luftfilter, Öl-** und **Kühlwasserstand, Dichtigkeit** von Tank und Zusatztanks, von Bremsleitungen, Wasserpumpe und Batterie überprüft, wer nach holprigen Strecken alle **Schrauben und Muttern auf Festigkeit,** die **Felgen auf Dellen,** die **Speichen auf richtige Spannung** abcheckt – sie müssen beim Abklopfen

Technik

alle gleichmäßig und „hell" tönen –; wer jeden zweiten Tag **Ritzel, Zahnkranz und Kette** auf ihren **Verschleißzustand** betrachtet, liegt auf der sicheren Seite und kann kaum von einem Defekt überrascht werden. Es sei denn durch einen à la „Murphys Gesetz". Gegen solche Pannen lässt sich aber ohnehin nichts ausrichten. Außer vielleicht:

Ersatzteile schicken lassen?

Wird man bei anderen Reisenden oder auch im Biwak einer vielleicht gerade stattfindenden Sahara-Rallye nicht fündig, gibt es zwei Möglichkeiten: Erstens der **Rücktransport des Motorrades** per Auto, Flugzeug oder Rückholversicherung; zweitens, sich das Benötigte schicken zu lassen. Man telefoniert, faxt oder e-mailt nach Hause, bestellt die Teile bei dem Automobilclub, in dem man Mitglied ist, und lässt es in die Stadt des augenblicklichen Aufenthalts schicken – und zwar lieber **postlagernd** („Poste restante") mit einem dicken **„Tourist"** unter dem eigenen Namen als an die Adresse eines einheimischen Bekannten. Denn mit dessen Namen auf der Adresse ist es sehr wahrscheinlich, dass das Päckchen erst einmal mehr oder weniger lange im **Zoll** hängen bleibt. Der interessiert sich in der Regel sehr und vor allem länger für Waren, die aus dem Ausland an einheimische Privatadressen gehen. Da tröstet es wenig, dass man einen pannenbedingten Zwangsaufenthalt auch mal für eine andere Art des „Wüstenfahrens" – einen Ausflug per Kamel – nutzen kann. Aber auch ohne zolltechnische Hindernisse kann man für eine „offizielle" Ersatzteilverschickung mindestens eine, meist eher zwei Wochen rechnen – zwischen erster Kontaktaufnahme und Auspacken.

Viel schneller geht es, wenn daheim ein Freund das Ersatzteil besorgt und am Flughafen einen der Passagiere, die in die Stadt des Zwangsaufenthalts fliegen, überredet, das Ersatzteil mitzunehmen. So geschehen, als mein Freund „Knautschi" vor einigen Jahren am Münchener Flughafen einen groß gewachsenen Passagier ansprach, der an seinem unter den Arm geklemmten Helm als Endurofahrer zu erkennen war. Der erklärte sich sofort bereit, die Zündanlage in seinem Handgepäck zu verstauen. Als sich „Knautschi" bedankte, fragte er den fremden Biker noch nach seinem Namen. „I bin's, da Heinz!", meinte der lachend und zeigte auf seinen Helm. „Heinz Kinigadner", stand da ganz klein an der Seite. Die Zündung konnte ich am nächsten Tag in der südtunesischen Osase Ksar Ghilane in Empfang nehmen.

Reportage:
„Ein anderer Planet?"

Dieser Bericht aus dem Jahr 1998 beschreibt eine sechswöchige und über 4.000 Offroad-Kilometer lange Motorradfahrer-Gruppenreise durch die südost-libysche Sahara, die vom Autor dieses Buches geleitet wurde. Eigentliches Fernziel dieser in ihrer Streckenführung sehr ungewöhnlichen Wüstenfahrt war das Tibesti-Gebirge im Norden der Republik Tschad. Warum das Unternehmen unmittelbar vor dem Ziel abgebrochen wurde, beschreibt neben vielen anderen Ereignissen folgender Reisebericht.

Die Sahara hat ihre eigenen Weltwunder. Konkurrieren mit den sieben „offiziellen" können die allemal - nicht zuletzt, weil sie meist wirken wie von einem anderen Planeten. Der Waw an Namus, der erloschene Vulkan namens „Krater der Mücken" im zentralen Süden des Staates Libyen ist eines davon. Um ihn zu erreichen, muss man mindestens 2.200 Afrika-Kilometer hinter sich bringen - von Tunis, dem nächsten Fährhafen zum europäischen Festland. Reist man nicht auf dem kürzesten und eher uninteressanten Weg an, sondern auf dem schönsten - entlang der algerischen Grenze, über das Akakus-Gebirge und die Seen von Mandara - sind es noch mal 1.000 km mehr, offroad natürlich. Die Mehrzahl der Libyenfahrer bekommt den Waw an Namus daher nicht zu Gesicht. Für die meisten, die ihn erreichen, ist er südlicher Wen-

depunkt der Reise. Für uns ist er Beginn des zweiten, besonders interessanten Teils einer sechswöchigen Wüstenfahrt.

Der Kontrollposten von Waw al Kebir liegt hinter uns. Wieder einmal ging die Abfertigung zügig, genügte ein Exemplar unserer arabisch geschriebenen Gruppenliste und ein kurzer Plausch Hassans mit den Offiziellen. Wäre es anders, würden wir die halbe Reise mit Warten verbringen. Denn fünfzehn Motorrad- und zwei LKW-Fahrer an jedem Checkpoint ins „Goldene Buch" einzutragen, dürfte Ewigkeiten dauern. In Tmissah, dem östlichen Endpunkt der Straße von Ghat, haben wir unseren libyschen Etappenführer engagiert. 700 Geländekilometer weit soll er uns begleiten und führen, bis nach Tazurbu, einem kleinen Ort im Südosten des Landes.

Die Fahrerei auf der grausigen „Wellblech"-Piste von Tmissah nach Waw el Kebir scheint ein Ende zu haben. Hassan lenkt seinen nicht gerade taufrischen, aber technisch gut in Form gehaltenen und von einem 5,8 Liter Hubraum großen Achtzylinder angetriebenen Pickup von der Hauptpiste herunter. Im 60°-Winkel geht es weg von ihr in Richtung Osten. Auf kleinen Spurenbündeln, pistenähnlichen Abschnitten und querfeldein fahren wir recht zügig durch eine ostafrikanisch anmutende Landschaft mit akazienbestandenen Wadis, Tafelbergen und Geröllhügeln. Hassans Fahrkünste und offenbar schlafwandlerische Kenntnis der Strecke, die Leistung und Federungsabstimmung seines Wagens machen mo-

Technik

torradgemäßes Offroad-Tempo möglich - und das trotz des welligen, oft tiefsandigen Geländes. Zum ersten Mal auf dieser zwei Wochen alten Libyenreise führt ein Auto unsere Gruppe an. Entspannend für mich, mal hinterherzufahren statt immer voraus. Das denke ich zumindest solange, bis wir das Hügelland von Waw el Kebir verlassen haben und Hassan auf einer tischflachen Ebene das Gaspedal durchdrückt. In Sekundenschnelle hat er den Abstand zu mir so vergrößert, dass ich ihn nur noch als Staubwolke sehe. Vergaß ich es zu erwähnen? Hassan ist nebenberuflich „Händler" der besonderen Art, zu Deutsch Schmuggler. Was in seinen Augen ein Kavaliersdelikt ist, rangiert bei der libyschen Grenzpolizei unter „Feuer

frei". So viel zum Thema Motorisierung, Fahrkünste und Schleichwege. Dass er es jetzt so „krachen" lässt - ohne Uniformierte im Nacken - verstehe ich nicht! Es braucht jedenfalls alles, was meine Husky geben kann, um ihn einzuholen. Endlich neben seinem Pickup angekommen, kann ich kaum das Handzeichen zum Anhalten geben. Bei Tempo 150 drückt der Wind gewaltig, und auch der Lenker braucht im Sand beide Hände.

Hassan dreht nach links ab, legt eine Driftwende hin, dass der Himmel sich vor Staub verdunkelt - und hält an. Mit strahlendem Lachen steigt er aus. „Hi Thomas. How are you?". Er deutet nach Osten: „Look, there is black sand over there. We have almost reached

Waw". Tatsächlich: Kurz vor dem Horizont wird die Wüste schwarz. Der Lavasand des Waw an Namus? Mein kleiner „Satnav" bestätigt es: nur noch 25 km bis zum legendären Krater. Hassans Schleichweg war nicht nur eine Rennstrecke, sondern auch eine Abkürzung.

In kurzen Abständen trifft ein Motorrad nach dem anderen ein. Bei Nummer Acht ist erstmal Schluss. Die TT von Claus hat endgültig ihren Geist aufgegeben, ca. 10 km von hier, und wird gerade auf unseren MAN verladen. Überraschend ist hieran höchstens, dass „Docs" altgedientes Wüstentier es noch bis hierher geschafft hat. Schon vor Tagen, bei einer Dünenfahrt zwischen den Seen von Ghabron und Um El Maa hat ein völlig verdreckter Luftfilter dem Benzinluftgemisch, von dem sich eine TT normalerweise ernährt, reichlich Sand zukommen lassen. Seitdem war es nur eine Frage der Zeit, bis es dem irreparabel angeschliffenen Kolben im Zylinder zu eng werden würde.

Im Lauf der nächsten Kilometer durchsetzt der schwarze Lavasand das Gelb des Untergrundes mehr und mehr. Über eine lange, kaum merkliche Steigung führt das Spurenbündel eine leichte Erhebung hinauf. Der Untergrund wird tief und es gilt, ordentlich Gas zu geben. Urplötzlich ist der Weg zu Ende. Ich steige in die Eisen, was das Zeug hält, um nicht in den gewaltigen, tief in die Erde reichenden Krater zu meinen Füßen hinunterzufahren. Ein von drei tiefblauen und einem dunkelroten See umringter Schuttkegel bildet das Zentrum des Vulkans. Grüne Schilfgürtel

kontrastieren zu dem samtartigen Schwarz der lavasandbestäubten Caldera. Ein unglaublicher Anblick - einer, der mich beim ersten Mal mehr beeindruckt hat als alle großartigen Aussichten meines Lebens zuvor. Kein Grand Canyon, kein Niagara-Fall, kein Assekrem, kein Kilimandscharo, um nur einige zu nennen, kommt an die geradezu außerirdische Ästhetik des Waw heran. Nach Hunderten von Kilometern durch eine nicht gerade spektakuläre Gegend von einer nicht gerade spektakulären Sekunde auf die andere hier hinunterzuschauen, versetzt die meisten in unserer Gruppe erst mal in ergriffenes Schweigen. Es dauert sogar eine ganze Weile, bis die ersten Fotoapparate klicken. Mein letzter Besuch hier war anders: Von Sandsturm und glühender Hitze getrübte Sichtverhältnisse ließen kaum den Kraterboden erkennen, geschweige denn sein Farbenspiel. Überlebenstechnische Fragen standen im Vordergrund, nicht ästhetische.

Auf der Kraterrandpiste fahren wir zur Ostseite der Caldera, richten uns neben einer kleinen Schutzbaracke ein. Ein kühler Wind weht von Norden. Vielleicht ist er stark genug, um die monströsen Blutsauger, die dem Vulkan seinen Namen gaben, am Anflug zu uns hinauf zu hindern. Vorsorglich ist heute trotzdem Zeltaufbau angesagt. Als das sanfte Licht des späten Nachmittags die Schönheit des Waw beinahe unwirklich macht, beginnen die Ersten von uns mit dem Abstieg in den „Krater der Mücken". Hoffentlich kommen sie den Schilfgürteln nicht zu nahe, denn dort lauern Schwärme von ausgehungerten Namus, Moskitos der Größe

„XXL", ausgerüstet mit Stacheln, für die selbst eine Levis kein Hindernis ist. Zwei Stunden später treffen wir uns bei Sonnenuntergang alle auf einem der zwei Gipfel des zentralen Vulkankegels wieder, ausgepowert von der Kraxelei, zum Teil auch ein wenig zerstochen: „Da musst du sprinten wie ein Irrer, um die Biester wieder abzuschütteln", erzählt Kalle.

Am nächsten Morgen brechen wir schon um neun Uhr auf, wollen heute bis kurz vor Tazurbu kommen. Über 400 Offroad-Kilometer sind es bis dorthin, eine Tagesetappe für eine Rallye, auf einer Reise eher zwei. Doch Hassan meint, es würde sich auf seiner Spezialstrecke fahren „like a highway". Wenn's klappt, stehen die Chancen wieder einen Tag besser, dass wir das nur 30 Tage gültige Libyen-Visum nicht überziehen müssen. Eingeplant ist das zwar, in der Hoffnung, dass unsere Partneragentur in Tripolis eventuelle Probleme beseitigen wird.

Zum Glück ist unsere Truppe fahrerisch fit. Etliche waren schon in der Sahara, der Rest hat verstanden, dass „in the middle of nowhere" die wichtigste Fahrregel lautet: 20 % unter dem Limit! Von den üblichen, aus Selbstüberschätzung und Hitzköpfigkeit resultierenden Anfängerproblemen sind wir bisher glücklicherweise verschont geblieben.

Riesige versteinerte Muschelbänke, ein Panzerfriedhof aus dem Tschadkrieg, baumbestandene Wadis und das Fehlen jeglicher Piste oder Spur über viele Kilometer prägen den heutigen Tag. Die Strecke fährt sich in der Tat wie eine Autobahn, ist zudem frei von den üblichen Saharafallen, wie plötzlich auftauchenden Gräben oder Abbrüchen. Hassan fährt so schnell, dass ich ihn immer wieder einbremsen muss. Unsere LKW laufen ohnehin nur Tempo 90, und unsere Biker, so fürchte ich, fahren bei 130 Sachen auf die Dauer nicht mehr im „grünen Bereich". Trotzdem halten wir mit allen Pausen einen Siebzigerschnitt, was auch für Landstraßenfahrt nicht schlecht wäre. Am Nachmittag taucht am Horizont ein winziger, senkrechter Strich auf, der Funkmast des noch rund 60 km entfernten Tazurbu. Seit Längerem folgen wir in einer absolut spurlosen Sandebene am Nordrand des Erg Rabianah kleinen Eisenstäben. Als erster Schritt zum Bau einer Verbindungsstraße zwischen Waw an Namus und Tazurbu sind sie von Vermessungstrupps in den Sand gesteckt worden.

Bei einer Pause bittet uns Hassan, kurz zu warten, düst mit einem Affenzahn auf die weit entfernten Dünen des Erg Rabianah zu. Schon bald verschwindet er in den Wellen der vermeintlich tischflachen Sandebene. Als er eine Viertelstunde später wieder zurück ist, hat er zwei große Holzkisten, abgedeckt mit einer Plane, auf der Ladefläche seines Wagens. Ich frage lieber nicht, was darin ist, verstehe ihn dafür nur zu gut, als er uns eröffnet, dass er von hier zurückfahren will. Unvorstellbar für uns – er will noch heute Nacht in seinem immerhin 650 Offroad-Kilometer entfernten Heimatort Tmissah ankommen. Wir sollen den Vermessungsstäben weiter folgen, erklärt er uns, da sie den besten Weg

Technik

durch die vor uns liegenden Dünenketten weisen. Wir sollen zudem nicht in Tazurbu, sondern mindestens 20 km entfernt übernachten: „Too much military". Der Abschied von unserem Wüstenschmuggler ist kurz und schmerzlos. Mir werden die Welten bewusst, die zwischen uns und Menschen wie Hassan liegen: Was für uns das große Abenteuer bedeutet, ist für ihn ein Nebenjob in Bummeltempo, während er für wichtigere Dinge, vielleicht die Freiheit in einem totalitären Staat wie Libyen, Kopf und Kragen riskiert.

Es braucht höchste Konzentration, um der schwierig erkennbaren Markierung zu folgen: Gerade mal zehn bis dreißig Zentimeter ragen die dünnen Stäbe aus dem Sand, sind zum Teil in etlichen hundert Meter Abstand angeordnet, zudem immer wieder verweht. Tatsächlich sind die Dünenpassagen auf der Linie der Stangen problemlos fahrbar. Es geht ausnahmslos über sanft abgerundete Sandberge. Trotzdem senke ich das Tempo vorsichtshalber drastisch, denn die Grate und Steilhänge der Dünen rechts und links sind Warnzeichen genug.

Unser heutiger Übernachtungsplatz hat einen ganz eigenen Reiz: Er ist von Horizont zu Horizont so flach wie ein Billardtisch. Kilometerweit verzweigt, platzieren sich die einzelnen Lagerplätze unserer Gruppe. Relativ früh nach dem Abendessen gehen die meisten ins „Bett". Nicht nur, weil 400 Offroad-Kilometer Kraft gekostet haben, sondern wohl auch, um den heute besonders klaren Sternenhimmel zu genießen. Ein völlig losgelöstes Gefühl, wie auf einer riesigen Scheibe liegend in das nächtliche Weltall zu blicken, den Sternschnuppen und Satelliten zuzuschauen.

Die Einfahrt in die Oase Tazurbu gestaltet sich nicht ganz so leicht, wie es der Anblick des von Tausenden von Dattelpalmen umgebenen Ortes erwarten lässt. Erst erweist sich ein kilometerbreites, von haushohen Tamariskenhügeln dicht bewachsenes Wadi als wahres Labyrinth, in dem wir gut damit zu tun haben, uns nicht zu verlieren. Dann endet unsere Annäherung an Tazurbu buchstäblich im Wald. Erst nach viel Herumkurverei in der verzweigten Oase stoßen wir auf den geradezu winzigen Ortskern. Tazurbu liegt in unmittelbarer Nähe eines der größten Bauprojekte der Erde. Es ist der man-made-river, eine Tausende von Kilometern lange Wasserleitung aus sieben Meter langen, vier Meter durchmessenden und pro Stück 73 Tonnen schweren Betonröhren. Fossiles Grundwasser wird aus dem tiefen Süden Libyens an seine Küstenregion gepumpt. So paradox das ist, so sehr hängt das Herz von Libyens alterndem Staatschef - mittlerweile hat auch im eigenen Land keinen leichten Stand mehr - an diesem „Vermächtnis für die Nachwelt". Zahlreiche ausländische Baufirmen verdienen gut an dem Projekt. Und das einst unbedeutende Wüstenkaff Tazurbu hat eine internationale Telefonleitung bekommen. Wir und einige koreanische Facharbeiter stehen gemeinsam Schlange, um die für Libyens Süden sensationelle Möglichkeit zu genießen, ohne Wartezeit nach Hause zu telefonieren.

Technik

Benzin, Obst, Gemüse und alles, was der Wüstenfahrer in den Versorgungsinseln der Sahara sonst noch gern kauft, wechseln natürlich auch den Besitzer. Schließlich nervt uns auch noch ein Militärangehöriger, ein angeblicher Fremdenpolizist im Schlafanzug. Hassan hatte Recht.

150 Pisten- und 250 Straßenkilometer weiter laufen wir in der Wüstengroßstadt Al Khufra ein. Noch ahnen wir nicht, dass wir hier trotz Empfehlungsschreiben aus Tripolis zwei Tage festhängen werden, ehe man uns wissen lässt, ob wir mit dem libyschen „One-entry"-Visum nach Tschad ausreisen und auch zurückkehren dürfen. Zum Glück ist es nicht langweilig in Al Khufra: Keine arabische Tristesse, kein „Bürgersteig-

hochklappen" am frühen Abend. Auf den Straßen, in den Cafés und Kneipen dominiert die Lebensfreude der vielen Tschader, Sudanesen und Nigerer. Trotz unübersehbarer Armut, trotz ihrer Flüchtlingssituation warten sie mit typisch schwarzafrikanischem Fatalismus und guter Laune auf bessere Zeiten, auf das eine oder andere „business" oder den ersehnten Gratistransport nach Süden oder Norden, das alles bei permanentem Reggae- und Choochoo-Sound und einem gelegentlichen Joint. Touristen kommen in Al Khufra eher selten vorbei, Motorradfahrer, die nach Süden wollen, waren vor uns wohl noch nie da. An „Führern", die uns in den Tschad begleiten wollen herrscht kein Mangel. Ab Alter Zwölf ist jeder einer.

*Der offizielle Begleiter, den wir zu-
sammen mit der Genehmigung zu einer autorisierten, aber abfertigungslo-
sen Ausreise - „Trick 17" - bekommen,
ist von anderem Schlag: Ein alter Käm-
pe aus den Tagen, als die tschadischen
Rebellen die libyschen Truppen aus dem
Tibesti jagten und diese Munition und
Minen beim wohl sehr ungeordneten
Rückzug wahllos in die Landschaft
kippten. Jedenfalls weiß niemand genau, wo die Minen liegen. Immer wieder fliegen daher Fahrzeuge auf den
mittlerweile wieder frequentierten Pisten nach Tschad in die Luft.*

*Was unser Führer damit meinte, dass
er die Minen kenne, klärt sich nach einer chaotischen, eintägigen Kreisfahrt
durch das wildromantische Bergland
des Djebel Nugay am Tibesti-Nordrand.
Zur Rede gestellt, gibt der Alte zu, dass
er in dieser Gegend selbst beinahe Opfer
einer Mine geworden ist. Wir kehren
um. Mit unserem traumatisierten Führer wäre die Weiterfahrt Selbstmord.
Wenigstens erlaubt uns der Zeitgewinn,
die Rückreise lockerer als geplant zu gestalten. Statt uns auf der Straße von Al
Khufra nach Tripolis zu Tode zu lang-
weilen, können wir jetzt den Erg Rabianah und das Bergland Haruj al Aswad
durchqueren. In der Oase Rabianah bekommt unser „Führer" eine Mitfahrge-
legenheit nach Al Khufra. Wir stürzen
uns ins Sandmeer.*

*Über ungewöhnlich gleichmäßig ge-
formte Dünenketten gelangen wir von
einem Tal des Ergs ins nächste, stoßen
tief in seinem Inneren auf die Oase Be-
simah, gelegen an einem versalzenen
See von bizarrer Schönheit - und von*

*seinen Bewohnern verlassen. Nicht weit
entfernt beenden wir die Fahrt am Fuß
eines Tafelberges. Am späten Nachmittag machen sich einige von uns auf den
Weg, ihn zu besteigen. Es ist, als klette-
re man in einer Schichttorte aus geologischen Formationen: Sedimentablage-
rungen mit Versteinerungen zeugen
von anderen klimatischen Bedingungen, erstarrte Lava mit kugelförmigen
Einschlüssen von vulkanischen Akti-
vitäten. Am Ende wird die Kletterpartie
dann reichlich anspruchsvoll. Was von
unten wie ein kleiner Felsrand vor dem
Gipfel aussah, ist eine über zehn Meter
hohe senkrechte Wand, zum Glück aus
hartem Gestein und mit vielen Griffen
und Tritten. Dann die große Überra-
schung: 600 GPS-gemessene Höhenmeter über unserem Lagerplatz finden wir
auf einer fußballfeldgroßen Plattform
primitive Befestigungsanlagen vor. Aus
welcher Zeit mögen die uneinnehmba-
ren Bauten stammen? Wer hat sich die
Mühe gemacht, sie hier zu errichten?
Als die Sonne den von Dünen begrenz-
ten, scheinbar weit unter uns liegenden
Horizont berührt, wird es trotz der Faszination dieses mystischen Platzes höchste Zeit zum Abstieg. Schon bei Helligkeit war der Weg nicht ungefährlich,
erst recht, wenn man bedenkt, wo wir
hier sind. Auch die drei Ärzte unserer
Gruppe sind ohne ihr übliches Equip-
ment nur bessere Sanitäter.*

*Genau diese bittere Erfahrung muss
am nächsten Vormittag Herrmann machen. Eine Düne wird ihm zum Ver-
hängnis, und das auch noch bei einer
Aktion, die so überflüssig ist „wie ein
Kropf". Weil es so schön war, fährt*

Technik

Herrmann einen zwar steilen, aber oben abgerundeten Riesensandhaufen noch einmal hoch. Leider nicht in derselben Spur wie beim ersten Mal, sondern zehn Meter daneben. Genau da hat sich die Rundung aber bereits zu einem scharfen Grat verwandelt: Herrmanns BMW fliegt wie vom Katapult geschossen in den Himmel, ihr Fahrer natürlich mit! Es hätte schlimmer ausgehen können, doch auch ein Schlüsselbeinbruch tut weh. Herrmann bleibt für den Rest der Reise LKW-Passagier.

Tazurbu, die Zweite: Der südliche Kreis unserer Reise schließt sich. Auf der Schmuggler- und Flüchtlingsroute über das Hochland des Haruj al Aswat fahren wir 600 Pistenkilometer nach Nordwesten. In Zilla haben uns Zivili-

sation und Asphalt wieder. 3.700 teerlose Kilometer liegen hinter uns. Zwei Tage später in Djerba: Das erste Bier seit langem haut rein.

Waw und Erg Rebianah liegen wieder auf einem anderen Planeten.

Sahara per Motorrad – Ausrüstung

Welche Enduro darf es sein?

Die Gelände-Qualitäten der meisten heutigen Reise-Enduros reichen zumindest für Sahara-Hauptpisten aus. Offroad bezahlt der Anfänger den Langstrecken-Komfort eines mehrzylindrigen „Wüstenschiffes" allerdings mit mehr Anstrengung und Risiko als auf einem leichteren Einzylinder.

Zu den saharatauglichen „Eintöpfen" gehören heute nicht nur die eher für ungeteerte Verkehrswege als für richtiges Gelände gebauten **„Soft-Enduros",** sondern auch **Sport-Enduros.** Deren für härtesten Wettbewerbseinsatz ausgelegte Robustheit zeichnet sich im touristischen Betrieb und bei richtiger Behandlung durch hohe **Zuverlässigkeit** aus. Zudem stecken sie für „Tourer" materialmordendes Gelände einfach weg, bringen mehr Fahrspaß und Sicherheit – schon weil Stürze bei halbwegs zurückhaltender Fahrweise nicht vorkommen. Falls doch, geht an Mensch und Maschine meist nichts kaputt. Nachteil der „Sportler" mit Ausnahme von Rallye- und „Adventure"-Bikes: Zum Transport von Gepäck und Reserven muss man aufwändig modifizieren.

Nachfolgend eine Beurteilung saharatauglicher Enduros – aufgeteilt in drei **Kategorien:** Mehrzylinder-Reiseenduros, Einzylinder-Reiseenduros und sportliche Enduros.

Es ist gewiss nicht einfach, objektive und allgemein gültige Aussagen bezüglich der Wahl eines Fahrzeugs zu treffen, von dessen Funktionieren so viel abhängt: Die Erlebnisqualität einer vielleicht einmaligen, dem Normalmenschen zumindest nur selten möglichen Reise, vor allem aber auch die Gesundheit, denn eine Saharareise per Motorrad ist nun mal wegen der auf Geländelangstrecken hohen Sturzwahrscheinlichkeit kein ganz ungefährliches Unternehmen.

Bei den nachstehenden Aussagen berufe ich mich auf meinen doch recht umfangreichen **Erfahrungsschatz:** Erstens meine persönlich durchgeführten und inzwischen nicht mehr zu zählenden **Saharareisen** (über fünfzig sind es auf jeden Fall). Zweitens meine fünf **Wüsten-Rallye-Teilnahmen** (Tunesien, Vereinigte Emirate). Drittens die Erfahrungen und Ergebnisse von fast vier Jahren intensiver **Test- und Technik-Arbeit** auf dem Enduro-Segment, die im Rahmen der von mir Anfang 1997 gegründeten Motorrad-Reisezeitschrift *ONrout'/Motorradabenteuer* geleistet wurde. Und viertens eine einmalige **Statistik** – die der *Wüstenfahrer Reise GmbH* (www.wuestenfahrer.com). In den 14 Jahren des Bestehens meines Enduroreise-Veranstaltungsunternehmens legten bislang mehr als 700 MotorradfahrerInnen auf allen Enduromodellen, die es gab und gibt, rund zwei Millionen (!) Sahara-Offroad-Kilometer zurück!

Die Tatsache, dass all diese Maschinen ohne die Belastung durch Gepäck und die bei individueller Fahrt nötigen, besonders schweren Benzin- und Wasserreserven bewegt wurden, wird mehr als ausgeglichen dadurch, dass auf den meisten der von *Wüstenfahrer* durchgeführten Saharareisen weit mehr und extremeres Wüstengelände befahren wurde, als dies auf eigene Faust und

ohne LKW-Begleitung nun mal realisierbar ist – selbst wenn Erfahrung und Risikobereitschaft noch so groß wären.

Nachstehende Auswahl von saharatauglichen – oder mit vertretbarem Aufwand dazu machbaren – Enduros behandelt im Gegensatz zu bisherigen Auflagen dieses Buches nicht mehr jeden **Exoten oder „Oldtimer",** mit denen nur der eine oder andere „Spezialist" in die Wüste fährt, sondern ausschließlich Motorräder, die wirklich für ein solches Unternehmen Sinn machen. Eine Empfehlung an alle, die nicht wissen, ob sie ihre schwere Reise-Enduro und sich wirklich in die Wüste schicken sollen: Vergessen Sie Eurosport-Rallye-Filme, vergessen Sie die Münchhausen-Berichte von „Ich-komme-mit-meinem-Dampfer-überall-hin"-Berufs-Motorradreisenden. Passen Sie Ihre Reise-Route und Ihren Fahrstil entweder an Ihr „Wüstenschiff" an, oder fahren Sie mit etwas Leichterem.

Mehrzylinder-Reiseenduros

Mehrzylindrige Reise-Enduros sind unter Beladung mit Gepäck und umfangreichen Benzin- und Wasserreserven so **schwer,** dass sie grundsätzlich nicht für Trips durch Extrem-Wüstengelände geeignet sind, auch wenn der eine oder andere schon bewiesen hat, dass mehr geht, als man sich träumen lässt. Möglich ist mit Sicherheit **keine Ténéré-Durchquerung** ohne Autobegleitung, und auch **kein Dünen-„Surftrip".**

Sahara per Motorrad – Ausrüstung

Sahara- und Afrikareisen über **Pisten** kann der routinierte Endurofahrer hingegen durchaus mit einem der nachstehenden Dickschiffen in Angriff nehmen.

BMW

Zweiventil-Boxer R 80/100 Basic

●**Allgemeines:** Die letzte gebaute Version des *BMW*-Zweiventil-Boxers ist noch heute bei allen, die mit einer serienmäßigen Zweizylinder-*BMW* in richtiges Gelände wollen, erste Wahl – wegen des tiefen, das Kampfgewicht von rund 220 kg bestens kaschierenden **Schwerpunkts,** aber auch wegen des charaktervollen Motors. Die *Basic* gilt als unverwüstlich und ist daher auf dem Gebrauchtmarkt nur selten und schon gar nicht billig zu haben. Für die Transafrika-Tour über Zigtausende von Kilometer käme dieses Motorrad bei mir persönlich schon wegen des vielen erhältlichen **Fernreisezubehörs** – z. B. einem mit rund 1.100 DM relativ günstigen 43-Liter Tank (bei *HPN* oder *Touratech)* in Frage. Sie ist ausgereift, übersichtlich und ohne Hitec-Schnickschnack aufgebaut. Jeder technisch einigermaßen versierte Mensch kann sie mit Werkstatthandbuch und Bordwerkzeug problemlos und bequem warten und in Stand setzen, ist mal mehr kaputt, notfalls mit den Teilen irgendeines Behörden-Krads – fast afrikaweit Zweiventil-Boxer.

●**Fahreigenschaften Wüstengelände:** Die besten bei einer *BMW*-Zweiventil-Boxer-Enduro verwendeten **Fe-**derelemente sorgen dafür, dass man mit der *Basic* auf Wüstenpisten zufrieden ist – zumindest bei halbwegs „gemütlicher" Fahrweise. Die ist ohnehin angesagt, denn wegen des hohen Sand-**Verbrauchs** des 1000er-Boxers – 8 bis 10 l/100 km im Schnitt! – müssen mit dem oben erwähnten Tank auch für nicht besonders ausgefallene Saharapisten Zusatzkanister mitgenommen werden

●**Motor:** Der 1000-cm^3-Motor ist dem nominell nur 10 PS schwächeren Achthunderter um Welten überlegen. Trotz „nur" 60 PS fühlt der „Große" sich sehr stark an, was am erstklassigen Durchzug aus niedrigen Drehzahlen liegt.

●**Typische Defekte: Undichtigkeit** des hinteren Kurbelwellen-Simmerrings bei viel in Sand und Schlamm bewegten Maschinen.

HPN-R 80/100 GS-Umbauten

Von *HPN* (www.hpn.de), dem renommiertesten Spezialbetrieb für *BMW*-Boxer-Geländesport-Umbauten, kann man sich seit vielen Jahren seine *R 80* oder *100 GS* in fahrwerkstechnischer wie motorischer Hinsicht für Rallye-Einsätze und Extrem-Reisen verbessern lassen. Andere Federungselemente, längere Schwingen, große Tanks und Hubraumvergrößerungen gehören bei *HPN* zum Basis-Programm. Wie schon in den 80er Jahren, baut *HPN* auch die aktuellen Werks-Rallye-Boxer auf – inzwischen natürlich auf Basis der Vierventiler. Den ersten Sieg in der Zweizylinderklasse gab's bei der Dakar-Rallye des Jahres 2000 zu vermelden.

Sahara per Motorrad – Ausrüstung

O16am Foto: tt

Vierventil-Boxer
R 850/1100/1150 GS

●**Allgemeines:** Für Reiseenduros heutigen Zuschnitts, von denen man hohen Komfort und beste Straßen-Performance erwartet, sind die Vierventil-Boxer-Enduros trotz ihres hohen Gewichts und des 19"-Vorderrades (siehe dazu Kapitel „Bereifung") gut für Wüstenpisten geeignet. Je nach geplantem Schwierigkeitsgrad der Reise empfiehlt sich allerdings manchmal, in die von Spezialisten wie *Touratech* angebotenen *Modifikationen* zu investieren; geht es weiter in die Wüste, auch in eine für verbleites Benzin geeignete Schalldämpferanlage ohne Katalysator.

●**Fahreigenschaften Wüstengelände:** Für Dickschiffe dieser Kategorie

erstaunlich kompaktes, spurstabiles und verwindungsfreies Pisten-Fahrverhalten – selbst in tiefen Sandspurrinnen – zeigen sie alle drei. In puncto Nehmerqualitäten der **Federung** ist jedoch die *R 1150 GS* der *850er* und *1100er* deutlich überlegen. Auch mit „wüster" Beladung lässt sie sich erstaunlich zügig bewegen, ohne dass man das Gefühl hat, diesem Enduro-Wunderwerk aus geballter Hitec weh zu tun. Apropos Beladung: Keine andere Enduro ermöglicht dem Solo-Fahrer so schwerpunktgünstige und umfangreiche **Bepackungsmöglichkeiten** – dank abnehmbarer Sozius-Bank.

Von Witec modifizierte BMW R 1100 GS

●**Motor:** Auch hier wieder deutlicher Sieg nach Punkten für die phänomenal durchzugsstarke *1150er*. Doch der eigentliche Nutzeffekt für den Saharafahrer besteht gegenüber der kaum schwächeren *1100er* und der nur im direkten Vergleich „schmalbrüstig" wirkenden *850er* in etwas ganz anderem: Die „Große" verbraucht dank eines drehzahlsenkenden, wegen der enormen Durchzugskraft aber auch bei Niedrigdrehzahlen im tiefen Sand bestens einsetzbaren sechsten Gang im Schnitt bald **zwei Liter weniger!** Unglaublich, aber wahr: Pisten-Durchschnittsverbräuche von ca. 6 l/100km

Mit einer serienmäßigen BMW R 1100 GS können Dünenpassagen sehr anstrengen

sind mit der *R 1150 GS* kein Kunststück. Da kann man sich z. B. mit einem 43-Liter-Tank von *Touratech* ohne Bedenken und Kanister auf die „Gräberpiste" (siehe „Routenbeschreibung") wagen. Und der Mehrverbrauch für deren rund 50 km Dünenstrecke ist auch schon drin.

●**Typische Defekte:** Im harten Offroad-Einsatz kommt es bei manchen Vierventil-GS nach längerer Zeit zu einem Lösen der **Sicherungsschraube** des hinteren Kardan-Kreuzgelenks. Merkt man dies nicht, ist das Gelenk innerhalb weniger Kilometer ausgeschlagen. Abhilfe: Schraubensicherungsmittel auf den Gewindegängen gelegentlich erneuern und tägliche Kontrolle – noch besser ein prüfender Blick bei bei jedem Anhalten.

WITEC-BMW R 1100/1150 RS

Die Firma WITEC (Tel. 08761/63712) baut ein Motorrad auf Basis der 1100/1150 GS, das man nicht mehr als Umbau, sondern als eigene Konstruktion unter Verwendung von BMW-Motor und Elektrik sehen muss. Im Gitterrohrrahmen mit CNC-gefräster längerer Schwinge und kompromisslos guten Federelementen sitzt der leistungsgesteigerte, von Vergasern statt der serienmäßigen Einspritzung „gefütterte" Motor. Gewicht fahrfertig ca. 210 kg – 50 kg weniger als das Vorbild! Wie sich der ultimative und rund 45.000 DM teure Rallye-Bolide fährt, ist in diesem Buch in der Reportage „Die Wüste verzeiht keine Fehler" nachzulesen.

Cagiva

Elefant 900, Elefant 900 Marathon Gran Canyon 900, Navigator 1000

●**Allgemeines:** Die nur 1992 gebaute 900 Elefant GT war die beste der mit dem legendär gut durchziehenden Benzineinspritzer V2 ausgestatteten Elefanten. Gegenüber der zuvor gebauten „Lucky Explorer" mit ihrem bestechenden „Dakar-Rallye"-Design sah sie zwar geradezu langweilig aus. Technisch gab's jedoch entscheidende Verbesserungen: **stärkere Kupplung, Sechsganggetriebe** und eine im Gegensatz zu vorher erstklassig gedämpfte und **stabilere 45 mm-Teleskopgabel.** Ab Baujahr 1993 wurden statt der Einspritzanlage Vergaser verbaut. Das erstklassige Öhlins-Federbein musste einem simpleren Fabrikat weichen, die konventionelle Teleskop-

gabel einer leider schlechteren „Upside-Down"-Gabel.

Wüstenfahrer, die eine vom italienischen Rallye-Spezialisten Fabrizio Azzalin in Werksauftrag aufgebaute Elefant 900 Marathon ergattert haben, dürften dieses Motorrad nie mehr verkaufen: Mit seiner gewaltigen 50 mm-Teleskopgabel, dem 21"-Vorderrad, den ingesamt 52 Liter (vorne 24, hinten 28) fassenden **Tanks,** dem trotz Vergaser-Einlass, aber dank Rallye-Auspuff besonders durchzugsstarken und **sparsamen Motor** und dem traumhaften **Fahrverhalten** im Sand, bietet sie Qualitäten, die nicht einmal von zehn Jahre später gebauten Rallye-Motorrädern getoppt werden. Nicht umsonst waren die einzigen Gegner, die der sechsfache „Dakar-Rallye"-Sieger Stephane Peterhansel wirklich fürchtete, die Elefant-Piloten des Cagiva-Werks-Teams.

Der Vollständigkeit halber sei erwähnt: Die 1998 eingeführte Cagiva Gran Canyon mit ihrem geschmeidigen Ducati-Einspritz-Motor und die ab Mitte 2000 nachfolgende Cagiva Navigator mit ihrem deutlich über 100 PS starken Suzuki-TL-1000-Triebwerk, sind für „härtere" Offroad-Sahara-Reisen nicht geeignet. Ein Tunesien- oder Marokko-Urlaub mit einem gemäßigten Schotterpisten-Anteil ist mit diesen „Funduros" zu empfehlen, wenn man ein den kurzen Federwegen entsprechendes Tempo fährt. Für die Navigator gibt es **keine geländetaugliche Bereifung** – es sei denn man würde ihr 18"-Vorderrad (!) mit einem dünnen Grobstoller-Hinterrad bestücken.

●**Fahreigenschaften Wüstengelände:** Die *Elefanten* überzeugen in der Wüste durch enorm spurstabilen **Geradeauslauf** in zerwühltem Sand – und das selbst bei dem möglichen Offroad-Tempo von gewaltigen 180 km/h. Zudem gehören sie zu den ganz wenigen „Dickschiffen" – mit kaum über 200 kg Trockengewicht auch zu den besonders leichten –, die einem routinierten Fahrer auch im extremen Düneneinsatz Fahrspaß bereiten.

●**Motor:** Der Motorlauf ist vor allem geprägt von einer unter großvolumigen Zweizylindern seltenen Fulminanz und Spontaneität beim **Hochdrehen** aus unteren Drehzahlen. Zumindest fühlt es sich so an, weil das V2-Ducati-Triebwerk die Fuhre selbst im sechsten Gang und aus Drehzahlen ab gerade mal 3.000 Touren so locker bis zu den möglichen 10.000 Umdrehungen „katapultiert", dass man vom Fahren im „großen Gang" gar nicht genug kriegen kann.

All das ist aber nur lahmes Gezuckel gegen die – natürlich wieder nur der Vollständigkeit halber oder etwa doch aus Wunschdenken? – erwähnten *Navigator*. In Beschleunigung und Durchzug markiert ihr 1.000-cm³-Suzuki-V2 bislang von keiner Enduro bis Anfang 2001 erreichte Werte. Welcher Spezialist baut diese schiere Enduro-Gewalt? Wer will damit Jean-Louis-Schlessers Buggy durch den Sand jagen – mit weit über 200 km/h?

●**Typische Defekte:** Bei engagiertem Einsatz war nur bei den Einspritzern vor Baujahr 1992 rascher **Kupplungverschleiß** und infolgedessen hakelige Betätigung des Getriebes relativ regelmäßig zu verzeichnen. Regelmäßige **Kontrolle der Nockenwellenzahnriemen** – sehr einfach durchführbar – und spätestens nach ca 20.000 km prophylaktisches Wechseln ist bei den *Elefanten* wegen des gelegentlichen „Zahnausfalls" bei hohen Motortemperaturen dringend zu empfehlen.

Honda

Afrika Twin

●**Allgemeines:** Die *Afrika Twin* ist nach wie vor die für geländebetonte Sahara-Reisen am besten geeignete mehrzylindrige Reiseenduro. Nicht nur wegen ihrer hohen **Robustheit,** technischen **Ausgereiftheit** und damit **Zuverlässigkeit,** sondern auch wegen ihres **Offroad-Fahrverhaltens.** Sie ist nämlich durchaus auch „fürs Grobe" geeignet, kann sogar auf „Dünentrips", wo eigentlich ein gutes Verhältnis zwischen Gewicht und Reifenaufstandsfläche über „vorwärts" oder „abwärts" entscheidet, das „So-leicht-wie-möglich"-Dogma des Motorradfahrens im Sand ins Wanken bringen.

Mit Jahrgang 1993 wurden die wenigen Mängel der alten „Twin" ausgemerzt: durch eine optimale – statt wie zuvor sehr ungünstige Lage der Luftfilter-Ansaugöffnung, durch eine auch für große Fahrer bequeme Tankform und durch dank abgesenkter Gesamtschwerpunktlage leichtes Handling. Jede Menge **Zubehör** für Offroad-Reisen – z. B. große Tanks, Spezial-Federbeine und härtere Gabelfedern – gibt es bei *Touratech* und bei *African*

Queens (08441-18442). Unter www. desertstorm-bike.de gibt's progressivere Federbein-Umlenkhebel, eine Federvorspannungsverstellung für die Gabel, einen Wassertank, der an den Originalmotorschutz passt usw.

•**Fahreigenschaften Wüstengelände:** Spätestens beim spitzwinkligen Überqueren knietiefer Sandspuren, einer Situation, in der auch Einzylinder-Sportenduros mit eigentlich gutem Geradeauslauf oft nur mit Konzentration, Nerven und Kraft in der Gewalt zu halten sind, schlägt die Begeisterung für das Afrika Twin-Fahrwerk zu: Es ist nicht nur der hervorragende **Geradeauslauf** an sich – den haben z. B. auch die BMW R 1150 GS und die Cagiva Elefant. Es ist die geradezu „selbstheilende" Wirkung der „Twin"-**Spurstabilität:** Noch nie habe ich ein so großes und schweres Motorrad in der Sahara gefahren, das wirklich haarsträubende „Versetzter" so locker wegsteckt, das sogar Fahrfehler verzeiht. Die Mixtur dieses perfekten „Wüstenfahrwerks": eine Kombination aus tiefer **Schwerpunktlage,** sehr zugstufenlastiger und damit für Sand idealer **Dämpfungsauslegung** und einer geradeauslauforientierten **Fahrwerksgeometrie.** Insbesondere die selbst für ein Motorrad mit gewaltigen 1,55 Meter Radstand ungewöhnlich lange Hinterradschwinge ist eines der Geheimnisse – auch Hillclimbing- und Dragster-Motorrad mit ihren extremen Geradeauslaufanforderungen bekommt man damit zum grundsätzlichen Geradeausfahren. Erstaunlich auch: Die Teleskopgabel und das in Dämpfungszugstufe

und Federvorspannung verstellbare Federbein bieten trotz nicht gerade überlanger Federwege (22 cm) Nehmerqualitäten, die selbst von leichten Sprüngen nicht überfordert sind.

•**Motor:** Unter Gepäckbeladung ist die **Kraftentfaltung** des V2-Triebwerks im Sand nach heutigen Maßstäben ein wenig dürftig. Der **Rundlauf** bei niedrigsten Drehzahlen und der geschmeidige **Durchzug** gleichen das ein wenig aus – vor allem, wenn man die Sekundärübersetzung deutlich „kürzt", was wegen des großen Ritzels wie Kettenrades hinsichtlich der Kettenlebensdauer problemlos ist. Geschwindigkeiten von nur 150 km/h statt 170 km/h nimmt man für mehr Power im Tiefsand gerne in Kauf.

•**Typische Defekte:** keine.

Transalp
•**Allgemeines:** Für „Schnupper"-Saharareisen auf Pisten (Tunesien, Marokko) oder wenn's mit Autobegleitung tiefer in die Wüste geht, ist die Transalp durchaus geeignet. Unschätzbarer Vorteil dieses Motorrades: Es kommt höchstens durch Sturzeinwirkung etwas zu Schaden, denn die Transalp ist die Zuverlässigkeit und Problemlosigkeit selbst! Die **Offroad-Eignung** ist bei gemütlichem Tempo passabel, der **Spritverbrauch** auch im Sand sehr niedrig – vorausgesetzt, der dank ungünstiger Ansaugöffnung stets schnell verschmutzende Luftfilter wird immer rechtzeitig gereinigt. Große **Tanks** sind höchstens als Einzelanfertigung erhältlich (siehe Kapitel „Gepäck, Beladung, Reserven, Bekleidung").

Sahara per Motorrad – Ausrüstung

●**Fahreigenschaften Wüstengelände:** Auch bei für eine mehrzylindrige Reise-Enduro relativ zügigen Fahrweise ist die Federung ausreichend **belastbar.** Der **Geradeauslauf** in Sand steht dem der *Afrika Twin* nur in tiefen Spurrinnen deutlich nach.

●**Motor:** Kultivierter kann ein Zweizylinder-Motor nicht laufen. Im Falle der *Transalp* ist er für den kleinen Hubraum auch erstaunlich kräftig – insbesondere seit Einbau des um 50 cm³ größeren 650-cm³-Motors ab Baujahr 2000. Natürlich muss man da, wo eine *Afrika Twin,* erst recht eine *Varadero* (siehe unten) noch „durchreißt", mal ein oder zwei Gänge runterschalten.

●**Typische Defekte:** keine.

Varadero

●**Allgemeines:** Mit der *Honda Varadero* auf Sahara-Reise zu fahren, ist generell möglich. Allerdings stößt die selbst im Vergleich zur *Transalp* gut 40 kg schwerere Varadero auf Sahara-Pisten, was die **Federung** angeht, schnell an ihre Grenzen. Die Kondition des Fahrers auch – und hoffentlich auch seine Risikobereitschaft: Mit dem extrem starken *Varadero*-V2 fällt es nämlich deutlich schwerer, ein Tempo einzuhalten, das dieser Enduro angemessen ist. Zum Glück gibt es für die brave Reiseenduro mit dem eher peinlichen Namen – ein Badeort, der für amerikanische Pauschaltouristen das kubanischen Gegenstücks zu Palma di Mallorca ist – eine ganze Menge sinnvolles Offroad-Zubehör, das vor allem die Nehmerqualitäten des Fahrwerkes deutlich verbessert – wie so oft bei

Touratech. Verändert man noch die für eine souveräne Pistenfahrt zu „touristischen" Arbeitsbedingungen, z. B. durch Anbau eines richtigen Enduro-Lenkers und Demontage oder Umbau der für diesen Einsatzzweck unnötig ausladenden Verkleidung, wird aus der *Varadero* durchaus ein für Offroad-Reisen taugliches Motorrad.

●**Wüstenfahreigenschaften und Motor:** Der **Geradeauslauf** im Sand steht, wenn eine *Varadero* mit den richtigen Grobstollern bereift ist (siehe Kapitel „Technik"), der *Afrika Twin* nicht nach. Sobald man allerdings in tiefen Wellen gezwungen ist, wegen der dann rasch überforderten **Federung** vom Gas zu gehen, werden der relativ **hohe Schwerpunkt** und das **kleine Vorderrad** stark spürbar. Die Maschine wird unruhig, lässt sich aber zum Glück leicht wieder stabilisieren durch den Zug des bei jeder Drehzahl ab 2000 Touren (selbst im fünften Gang) vehement anreißenden Motors und dank des verwindungsfreien Fahrwerks.

●**Typische Defekte:** keine.

Varadero-Umbau „Desertstorm"

Bei diesem Motorrad handelt es sich um einen Fahrwerk und Design betreffenden Umbau der *Honda Varadero* auf die Optik der in HRC-Farben lackierten und bei der „Dakar-Rallye" vielfach erfolgreichen „Ur-*Afrika Twin*". Bei Anlieferung einer *Varadero* bekommt man für vergleichsweise günstige ca. 15.000 DM einen Komplettumbau und vergleichsweise teure ca. 7.500 DM einen Fahrwerksumbau mit

Sahara per Motorrad – Ausrüstung

modifizierten *Afrika-Twin*-Teilen. Diese „Über-*Afrika-Twin*" in bestechender Optik ist einer serienmäßigen *Varadero* auf typischen Wüstenpisten – sandig, wellig und mehr oder weniger geradeaus führend – im **Fahrwerk** deutlich **überlegen,** einer *Afrika Twin* in etwa gleichwertig. Auf engen und winkligen Strecken ist die „*Desertstorm*" beiden aber unterlegen – vor allem wegen der weit höheren Einbaulage von Varadero-Tank und -Motor und dem damit verbundenen hohen Schwerpunkt – ein echtes Bike für den „Terminator"! Infos unter: www. desertstorm-bike.de.

Honda Varadero
und Honda „Desertstorm"

Triumph

Tiger 900, Tiger 955
● **Allgemeines:** In der Sahara gibt's zwar keine Tiger, aber ein Motorrad dieses Namens ist dort gar nicht fehl am Platze. *Triumphs* große Reise-Enduro gehört ab dem gründlich renovierten Modelljahrgang 1999 zu den „5-Zentner-19-Zoll"-Reiseenduros, mit denen sich ein routinierter Fahrer auch auf Wüstenpisten recht wohl fühlt – dank relativ langhubiger und straff abgestimmter **Federung,** einem starken und traumhaft dosierbarem **Motor,** einem endurogerecht abgestimmten **Sechsganggetriebe** und einer **Reichweite** von satten 500 km mit dem 24-Liter-Tank – wenn man den *Tiger*-Dreizylinder niederfrequent schnurren lässt.

Bestechend ist die allgemeine **Verarbeitungs- und Ausstattungsqualität** der *Triumph* – vom Schrumpflack-Überzug des Rahmens über den Exzenter-Kettenspanner bis hin zu den „unabnudelbaren" Muttern und Schrauben. Den kleinen Alu-Krümmerschutz sollte man (nicht nur wegen der Augenweide von einem Motor) durch eine großflächige und den Krümmer-Motorbereich umfassend schützende Leichtmetall oder VA-Stahl-Wanne ersetzen.

●**Fahreigenschaften Wüstengelände:** Im Gegensatz zu den federungstechnisch zu weich abgestimmten, ersten *Tigern,* lässt die Version ab Baujahr 1999 auch bei zügiger Pistenfahrt keine Wünsche mehr offen. Die straffe und gut gedämpfte **Abstimmung** ist zwar nicht den *Tiger*-Offroadern zuliebe, sondern wegen der – übrigens herausragenden – Eignung der *Triumph*-Enduro für sportliche Straßenfahrt entstanden – zum Glück der Ersteren jedoch hat man die auch schon in der alten Version für eine Mehrzylinder-Reise-Enduro langen **Federwege** von 23 cm vorne und deren 20 hinten nicht beschnitten. Der **Geradeauslauf** der *Tiger,* die mit dem gleichen langen Radstand und einer fast ebenso „endlosen" Schwinge wie die *Afrika Twin* aufwartet, ist dieser übrigens ebenbürtig, die Schwerpunktlage des hohen Dreizylinders natürlich nicht.

●**Motor:** Schon bei der 885 cm³ großen Neunhunderter ermöglichte ein breites nutzbares **Leistungsband** in Verbindung mit kultivierten Niedrigdrehzahl-**Laufeigenschaften** sehr gezielten Einsatz der mit 83 PS/8400/min ja auch nicht dürftigen Leistung. Ab dem Modelljahr 2001 kommt das 955-cm³-Triebwerk der *Triumph Daytona* zum Einsatz, für die Enduro von 128 PS auf deren extra „bullige" 100 modifiziert – der Fluch der *Navigator?* Wenn, dann nur auf der Straße. Im Gelände ist schon die 900er-*Tiger* schneller.

●**Typische Defekte:** keine.

Einzylinder-Reiseenduros

BMW

F 650 (bis Bj. 1999)
●**Allgemeines:** Die seit 1994 bebaute „Funduro" ist für Einzylinder-Enduro-Verhältnisse auf Sahara-Pisten nur eher gemütlich zu bewegen. Dass sie trotzdem oft für Wüstentrips verwendet wird, liegt an ihrem sprichwörtlich zuverlässigen und kräftigen **Triebwerk,** an ihrer (kleineren Fahrer sehr entgegenkommenden) niedrigen Sitzhöhe und *last not least* an dem z. B. bei *Touratech* erhältlichen und zur Original-Sitzbank passenden 27-Liter-Tank für günstige 540 DM. In Verbindung mit dem auch in der „alten" Vergaser-Ausführung schon nicht besonders durstigen **Motor** der *F 650* für 500 km Pistenreichweite gut.

●**Fahreigenschaften Wüstengelände:** Die fein ansprechende **Federung** erfordert auf holprigen Strecken wegen ihrer mit 17 cm kurzen Arbeitswege **zurückhaltende Fahrweise.** Nur dann reichen die Reserven der Radaufhängung auch für die Unebenheiten üblicher Wüstenpisten. Bei solchen Geschwindigkeiten stört auch das nicht gesonders spurrillenstabile, dafür aber umso handlichere Fahrwerk nicht. Die *F 650* ist wie viele Mehrzylinder-Reise-Enduros mit einem 19"-Vorderrad ausgerüstet (siehe dazu auch Kapitel „Technik").

● **Motor:** Der sehr gut am Gas hängende und in der Spitzenleistung kräftige Motor wurde für *BMW* von der österreichischen Firma *Bombardier-Rotax* entwickelt. Er ist kein „Dampfhammer" und bei Niedrigdrehzahlen aufgrund der kleinen Schwungmasse nicht in seinem Element. Verbessern lässt sich dieser z. B. für „Trial-Passagen" unangenehme Umstand durch eine Verkürzung der relativ langen Sekundärübersetzung.

● **Typische Defekte:** keine.

BMW F 650 Dakar (ab Bj. 2000)

● **Allgemeines:** Das Sondermodell *Dakar* basiert auf der „neuen" *BMW F 650,* die ab Anfang 2000 nicht mehr, wie das Vorgängermodell, in Italien, sondern in Berlin gebaut wird. Längere Federwege und ein 21"-Vorderrad machen die *Dakar* zur **Hardcore-Enduro** unter den beiden *F 650*-Varianten. Und auch das Design zeigt deutlich, dass sie ihre Existenz den Siegen der von Ex- Enduro-Europameister *Richard Schalber* für *BMW* entwickelten F 650 RR bei den „Dakar-Rallyes" 1999 und 2000 zu verdanken hat.

● **Fahreigenschaften Wüstengelände:** Trotz des hohen Gewichts von voll

getankt fast vier Zentnern fährt sich die Maschine nicht nur auf Pisten, sondern auch im Dünengelände überraschend handlich – ein Verdienst des den Schwerpunkt absenkenden, weil unter der Sitzbank liegenden 17,5 l-Tanks. Auch auf nicht zu welligen Schotter- und Sandpisten ist die *F 650 Dakar* zügig zu bewegen. Grenzen setzt bei groben Unebenheiten der **Federweg** von 210 mm vorne und hinten. Für touristischen Offroad-Betrieb reichen die Nehmerqualitäten jedoch aus. Die nötigen Reserven an der nicht einstellbaren und gegenüber dem sehr guten Federbein durchschlaggefährdeten Gabel, bringt der **Einbau härterer Tragfedern** (von *Touratech),* zumal die *F 650 Dakar* dann die Unart verliert, vorne schon unter der Last von Gepäck und Fahrer so tief einzufedern, dass im Sand deutliche Geradeauslaufstörungen auftreten.

● **Motor:** Ein Highlight der *F 650 Dakar* ist der unter der Tankattrappe hervorragend (im Vergleich mit der gesamten Enduro-Konkurrenz sogar einmalig gut) vor Verschmutzung geschützte **Luftfilter.** Zusammen mit der durch ausgeklügeltes Motormanagement gesteuerten Einspritzanlage ergibt das unter Einzylindern dieser Hubraum- und Leistungsklasse einen **konkurrenzlos niedrigen Spritverbrauch:** Ein Schnitt von 5 l/100 km ist mit dem in Spitzenleistung, Niedrigdrehzahlverhalten und Durchzug sehr gelungenen Motor auch auf Sandpisten zu realisieren. Bei ruhiger Fahrt auf Schotterpisten wird es mühelos noch ein Liter weniger. Da passt es durchaus, dass Sitzbank und

Vibrationsniveau auch einige Stunden auf der *Dakar* nicht zum Martyrium machen. Das Prädikat „komfortabelste geländetaugliche Maschine" kann sich die *F 650 Dakar* in jedem Fall an die Fahnen heften.

• **Typische Defekte:** Keine.

F 650 Rallye „by Schalber"

Zu einer mit dem *BMW-*„Dakar-Rallye"-Siegermotorrad 1999 und 2000 fahrwerks- und ausstattungstechnisch weitgehend identischen Maschine baut die Firma *Touratech* neue, gebrauchte oder Unfallmaschinen vom Typ *F 650* (ab Baujahr 2000) um. Mit Arbeitszeit kostet ein **Vollumbau** der angelieferten Maschine ohne das auch mögliche Motortuning rund 25.000 DM. Dafür gibt's eine neue Teleskopgabel, ein Spezial-Federbein, eine längere, steifere Leichtmetall-Schwinge, 52 Liter Tankvolumen, Hitec-Orientierungs-Equipment auf Werksfahrer-Niveau und unzählige perfektionistische Modifikationen, die auf den Erfahrungen des von *Richard Schalber* geleiteten *BMW-*Werks-Rallye-Einsatzes basieren. Zweifellos ist die *Touratech-F-650 Rallye „by Schalber"* das aktuelle **Nonplusultra** für den Sahara-Rallye-Einsatz, ebenso natürlich für den extremen Reiseeinsatz.

Honda

Dominator NX 650

• **Allgemeines:** Die *Dominator* wurde als **Allround-Enduro** mit ebenso guten Straßen- wie Geländeeigenschaften konstruiert. Dass dies hervorragend

gelungen ist, belegt nicht zuletzt der riesige Verkaufserfolg. Mit den üblichen Umrüstmaßnahmen wird aus der *NX 650* auch ein brauchbares Wüsten-Motorrad.

• **Fahreigenschaften Wüstengelände:** Große Handlichkeit und ein gelungener Kompromiss aus progressiver Federungsabstimmung und feinem Ansprechverhalten der Dämpfer ermöglicht auf der *Dominator* trotz relativ kurzer Federwege freche Fahrweise im Gelände. Leider lässt der **Geradeauslauf** im Sand wegen des sehr **kurzen Radstands** (1435 mm, das sind 120 mm weniger als z. B. bei einer *Afrika Twin*) zu wünschen übrig. Geübte Fahrer nehmen das für die Vorteile der „*Domi"* in Kauf und ersetzen mangelnde Geradeauslaufqualitäten durch Muskelkraft: Auf nur wenigen Motorrädern lässt sich's im Sand so herrlich „surfen".

• **Motor:** Der 45 PS starke *650er*-Eintopf ist drehfreudig und bietet dennoch ein wenig von der (bei modernen Einzylindern manchmal vermissten) „Dampfhammer"-Charakteristik. Er geht ab Leerlaufdrehzahl mit Kraft und auch ein wenig „Schlag" zur Sache, zieht vehement bis zur Nenndrehzahl von für heutige Verhältnisse niedrigen 6000 Touren durch.

• **Typische Defekte:** Außer Schäden am nicht sehr bruchsicheren *Dominator*-Plastik: Keine.

SLR 650

Diese ausstattungsmäßig vereinfachte und mit 9.000 DM sehr günstige Variante der *Dominator* besitzt den gleichen, in der Spitzenleistung allerdings auf 39 PS zurückgenommenen Motor. Ob der positive Teil dieser Maßnahme – ein gegenüber der *Dominator* noch besserer **Niedrigdrehzahl-Lauf** – nur schalldämpfungs- und abgasbestimmungsbedingt ist oder eine beabsichtigte Hervorhebung der „Dampfhammer-Charakteristik", sei dahingestellt. Bedauerlich dagegen, dass die **Federung** der *SLR* schon beinahe schwammig ist. Wer mit dieser einfachen und zweifellos robusten „Brot-und-Butter-Enduro" auf einer Saharatour Spaß haben will, sollte die gemütliche Gangart bevorzugen und nicht schwer sein. Vorteile bietet die niedrige Sitzhöhe – ein 19"-Vorderrad macht's möglich – allen unter 1,70 m Körpergröße. Auch wer sich die Finger nicht schmutzig machen und sich nach einem Sturz nicht über zerbrochenes Plastik ärgern will, liegt mit der *SLR* nicht falsch: Sie ist relativ „unkaputtbar".

Kawasaki

KLR 650

●**Allgemeines:** Kawasakis auch im Modelljahr 2001 noch neu zu kaufende *KLR 650* – Nachfahre einer langen Ahnengalerie von Kawa-Enduros – ist eine optisch ansprechende, sauber verarbeitete, gut ausgestattete, technisch ausgereifte und mit für all das gerade mal 9.500 DM richtig billige Touren-Enduro mit passablen Geländeeigenschaften – und sie ist wie eh und je für eine Wüstenreise gut. Einen 22 Liter fassenden Tank gibt's für ca.

450 DM z. B. von *Touratech*. Dank des bescheidenen, auf niedertourigen 42 PS beruhenden Verbrauchs sind so Reichweiten um die 400 km drin – für eine Wüstentour nach Süd-Tunesien völlig ausreichend.

●**Fahreigenschaften Wüstengelände:** Der **Geradeauslauf** der *KLR 650* ist makellos, ihre **Handlichkeit** dank nur 168 kg voll getankt auch für schweres Dünengelände in Ordnung. Solange man die 22 cm Federweg vorne und deren 20 hinten – zum Glück beide gut gedämpft und progressiv abgestimmt – nicht durch zu hohes Tempo überfordert, fährt sich die *KLR* auf Saharapisten kompakt und zielgenau.

●**Motor:** Bäume reißt er keine aus, zieht dafür aber sauber und kultiviert vom Drehzahlkeller bis zur Nenndrehzahl.

●**Typische Defekte:** Keine.

MZ

Baghira

●**Allgemeines:** Obwohl designerisch reichlich gewöhnungsbedürftig, hat sich die *MZ Baghira* unter Saharafahrern einen guten Namen gemacht Mit ihrem relativ **belastbaren Offroad-Fahrwerk,** dem bulligen und in der Regel unverwüstlichen **Motor** der *Yamaha XTZ 660* und, *last not least* mit ihrem günstigen Preis ist sie für die Fans des Ur-Wüstenmotorrades „Ténéré" zur Ersatzdroge geworden. Die Firma *Touratech* hat das recht früh erkannt, weshalb praktisch alle auf den Pisten dieser Welt reisende *Baghiras* mit dem

Sahara per Motorrad – Ausrüstung

von ihr hergestellten 30 l-Tank ausgerüstet sind. Auch Rallye-Einsätze überstanden weitgehend serienmäßige *Baghiras* übrigens schon.

• **Fahreigenschaften Wüstengelände:** Das Fahrverhalten der *Baghira* ist der im Geländesport einst sehr erfolgreichen Marke MZ durchaus würdig. Ein Radstand von 1.530 mm sorgt für **hohe Spurstabilität** auf sandigen, spurrinnenzerfurchten Pisten. Die **Federung** schluckt bei entsprechender Einstellung alles, was im Touren-Einsatz denkbar ist.

• **Motor:** Der Motor ist trotz seines Fünfventilkopfs eher ein „Brot-und-Butter"-Triebwerk als typischer High-Tech-Verteter und verkraftet auch mal südnigerische Benzin-Diesel-Wasser-Pampe. Davon allerdings, wie auch von gutem Benzin, nicht zu knapp. Unter 7 l/100 km wird man als Pistenschnitt nur selten erreichen. Hohe Drehzahlen sind das Ding des durchzugsstarken, aber trägen Riesen-Eintopfes nicht. Der Name des „Dschungelbuch"-Panthers passt auch deswegen wie die Faust aufs Auge.

• **Typische Defekte:** Keine.

Die MZ Baghira in zarten Damenhänden auf der Assekrem-Rundfahrt

Suzuki

Suzuki DR 650 SE

●**Allgemeines:** Größter Vorteil ist neben ihrem Preis-Leistungsverhältnis die technische **Robustheit** und damit Langlebigkeit. Weshalb die *Suzuki* auch immer wieder auf ausgesprochenen Extremreisen oder gelegentlich auch von Rallye-Fahrern, die so wenig wie möglich schrauben wollen, eingesetzt wird. Die *DR 650 SE* ist nicht nur uneingeschränkt für Saharatrips aller Art tauglich. Sie ist auch speziell für kleiner gewachsene Enduristen der Geheimtipp: die niedrigste mit langen Federwegen – immerhin 26 cm vorne und hinten – und einem großen 21"-Vorderrad ausgestattete Enduro.

●**Fahreigenschaften Wüstengelände:** Lange, zwar weich abgestimmte, aber ausreichend gedämpfte Federwege sorgen für sänftenartigen **Komfort.** Die Geradeauslaufqualitäten gehören eher zur stabilen Sorte. Mit härteren Gabeltragfedern und einem hochwertigeren Federbein wird die *DR 650 SE* beinahe zur Sportenduro. Auch ihre „nur" 170 kg und ein **niedriger Schwerpunkt** passen dazu. Ein Großtank – nur als Sonderanfertigung erhältlich (siehe Kapitel „Reserven, Gepäck und Beladung") – kann wegen der guten Ölkühlung des luftgekühlten Einzylinders schwerpunktgünstig weit heruntergezogen werden.

●**Motor:** Der Motor der Suzuki ist **robust und langlebig,** dazu ein richtiger Dampfhammer, der schon aus niedrigsten Drehzahlen brachial anzieht. Auch in höheren Regionen schlafft er

– mal abgesehen von der nach heutigen Maßstäben nicht gerade fulminanten Drehfreudigkeit – nicht ab. Vibrationen sind ihm dabei genauso fremd wie akustische Aufdringlichkeit.
●**Typische Defekte:** Keine.

Freewind

Die *Suzuki Freewind* ist eine softe Reise- und Touren-Variante der *DR 650 SE* mit kleinem 19"-Vorderrad und kürzeren Federwegen (ca. 17 cm vorne und hinten). Für gemäßigte Sahara-Urlaub, z. B. nach Tunesien und Maroko ist sie durchaus geeignet.

Sportliche Enduros

Honda

XR 600 R, XR 650 L, XR 400

●**Allgemeines:** Bis Mitte der 90er Jahre, also bevor sich KTM als der Hersteller für touristische wie sportliche Wüstenfahrer profilierte, war die ca. 135 kg leichte *Honda XR 600* die für Saharareisen am häufigsten benutzte Sport-Enduro. Auch bei Wüsten-Rallyes wurde sie im Amateurbereich am meisten gefahren – zusammen mit der rund 20 kg schwereren *XR 650 L* mit ihrem etwas kräftigeren und elektrisch zu startenden *Dominator*-Motor und der „kleinen XR", die mit ihrem gegenüber der 600er nochmal um 10 kg niedrigeren Gewicht, ihrem sehr geringen Verbrauch und ihrem für Hubraum wie simple Bauart ganz gut laufenden Motor. Trotz des ungleich höheren von der europäischen Sportenduro-Konkurrenz erreichten Standes der Fahrwerks- wie Motorentechnik, sind alle drei Honda-Sportler bei vielen Saharafahrern noch immer beliebt. Vor allem wegen ihrer Ausstrahlung von technischer Problemlosigkeit und **Zuverlässigkeit,** aber auch wegen ihres simplen Aufbaus und ihrer durch praxisgerechte Details – z. B. Schnellverschlüsse zum Luftfilterkasten – erleichterten Wartung. Zudem sind gut erhaltene *XRs* mittlerweile auf dem Gebrauchtmarkt günstigst zu haben.

●**Fahreigenschaften Wüstengelände:** Die langhubige und durchschlagsichere Federung ist o.k., der **Geradeauslauf** im tiefen Sand lässt allerdings zu wünschen übrig: Nach einigen „wüsten" Tagen auf verspurten Sandpisten haben *XR*-Fahrer in der Regel dicke Arme und/oder blaue Flecken, denn dort verzeiht eine XR keinen Fehler. In jedem anderen Gelände – auch beim „Enduro-Surfen" in halbwegs unverspurtem Dünengelände macht eine *XR* hingegen einfach nur Riesenspaß.

●**Motor:** Alle drei luftgekühlten *XR*-Motoren laufen – je nach Hubraum mehr oder weniger ausgeprägt – im mittleren Drehzahlbereich am überzeugendsten. Hier hängen sie über einige 1000 Umdrehungen gut am Gas und entwickeln auch genug Leistung, um sich als Fahrer nicht untermotorisiert zu fühlen. „Untenrum" sind sie trotz relativ guten Rundlaufs eher kraftlos. Hohe Drehzahlen mögen sie auch nicht, laufen rasch wie „gegen Gummi" – alles in allem die klassische Laufcharakteristik eines von Einlass-

Design wie Verdichtung ehere biederen Einzylinders der „Vor-Hitec-Ära".

●**Typische Defekte:** Nur bei der *600er* gehen im Sahara-Einsatz hin und wieder **Hinterradlager** kaputt. Bei km-Ständen ab 20.000 schlagen gelegentlich auch die Zwischenkipphebel-Lager der Radialventilsteuerung aus.

XR 650 R

●**Allgemeines:** Hondas Anfang 2000 in den Verkauf gekommene und von allen *XR*-Fans lang ersehnte Neukonstruktion ist trotz des ungewöhnlichen Leichtmetall-Rahmens, trotz des hochmodern konstruierten wassergekühlten Motors der *XR*-Tradition treu geblieben. Wie ihre Vorgänger strahlt sie verarbeitungstechnisch, im Design und durch das Fehlen der für europäische Sportenduros typischen Zierlichkeit **Solidität** und Bodenständigkeit aus, getreu dem Motto „Fahren statt Schrauben". Erste erfolgreiche Rallye-Einsätze haben bestätigt, dass die *XR 650 R* beides nicht vortäuscht, aber auch unter den ihr entsprechenden Offroad-Bedingungen – wüstentypisches Gelände gehört eindeutig dazu – eine Alternative zur europäischen Konkurrenz sein kann.

Ein rund 20 Liter fassender **Tank** ist vom italienischen Hersteller *Acerbis* erhältlich, dem Vernehmen nach auch der von *Acerbis* viele Jahre produzierte *XR* 600-Standard-Wüstentank mit satten 43 Litern Inhalt. Sonst bleiben nur die bei den bisherigen Rallye-Einsätzen zu sehenden Sonderanfertigungen (siehe auch Kapitel „Reserven, Gepäck und Beladung").

- **Fahreigenschaften Wüstengelände:** Die nun vorne und hinten in Zug- und Druckstufendämpfung einstellbare **Federung** ist mit 28 und 31 Zentimetern Arbeitsweg ausgestattet und in der Grundabstimmung *XR*-typisch „soft". Neu ist hingegen der **stabile Geradeauslauf,** selbst in noch so zerwühltem Sand – eine Auswirkung des gegenüber der *XR 600* um knappe drei Zentimeter längeren Radstandes und etwas größeren Nachlaufs: Große Wirkung mit kleinen Änderungen!

- **Motor:** Ebenfalls neu für eine *Honda XR* ist der brachiale Dampf, den die *650 R* schon bei niedrigsten Drehzahlen andeutet, der bei mittleren Touren für Begeisterung sorgt und bei höheren unwillig wird – klassischer Einzylinder-Charakter, aber mit zeitgemäßer Leistungsausbeute. Mit dieser Charakteristik wird es auch belanglos, ob die *XR 650 R* bei der selten ausgenutzten Nenndrehzahl ihre amerikanischen 61 „horsepower" oder „nur" die europäischen 48 PS entwickelt.

- **Typische Defekte:** Anfang 2001 noch keine bekannt.

Husaberg

FE 501 E, 600 E, 650 E

- **Allgemeines:** Mit einer *Husaberg* in die Wüste? Ab 1998, seitdem die Schweden ihre Motoren mit Ölpumpe, Feinstölfilter, Ausgleichswelle und Ekektrostarter ausgerüstet haben, ist Langstreckeneinsatz durchaus ein Thema für den sportlichsten Enduro-Hersteller des Marktes. *Husabergs* sind daher zumindest bei organisierten Saha-

ra-Reisen und Wüsten-Rallyes ein gar nicht mehr seltener Anblick. Der Hersteller bietet für diesen Zweck sogar einen großen Fronttank mit 19,5 Litern Inhalt und zwei Zusatztanks mit 5,5 bzw. 4 Litern Inhalt an. Selbst so aufgerüstet, hat das Motorrad **traumhafte Geländeeigenschaften.** Dafür kann man schon in Kauf nehmen, das Motoröl ein wenig öfter zu wechseln. Was bei dem (übrigens außergewöhnlich leicht und zeitsparend zu wartenden) Motorrad zugunsten seiner Langlebigkeit zu empfehlen ist, denn gerade mal ein Liter wird von den Ölpumpen durch das superkompakte Triebwerk gepumpt. Auch im vergleichsweise schonenden Langstreckeneinsatz, z. B. bei einer organisierten Wüstenreise, sollte man ihm daher nach 2.000 km eine „Blutwäsche" gönnen.

- **Fahreigenschaften Wüstengelände:** Sie sind auf dem Gebiet der Sportenduros **konkurrenzlos:** Die Kombination aus erstklassiger Spurstabilität auf jedem Untergrund und überragender Handlichkeit lässt keine Wünsche offen. Auch die Federung vereint Gegensätze: Feinfühliges Ansprechen und hoher Komfort bei absoluter Durchschlagsicherheit selbst nach größten Sprüngen – da kommt nicht nur Begeisterung für die *Husabergs* im Speziellen, sondern für den erreichten Stand der heutigen Geländemotorrad-Fahrwerkstechnik auf – auch wegen der für Reisen wie Rallyes großen Sicherheits-Reserven.

- **Motor:** Die Wüste ist das einzige Offroad-Terrain, wo die brachiale **Leistungsgewalt** des 602 cm^3 – ab Bau-

Sahara per Motorrad – Ausrüstung

jahr 2001 auch als 644er erhältlich – großen *Husaberg*-Triebwerks nutzbar ist. Kaum über Standgas, entwickeln die beiden über 60 PS starken Triebwerke mehr PS und Drehmoment, als man offroad je einsetzen kann – außer im Dünengelände: Da eröffnen sich auf einer voll getankt kaum 130 kg schweren *„Berg"* neue Möglichkeiten des „Sand-Hillclimbings".

Motorisch der beste Kompromiss für jedes Gelände ist das *501*-Triebwerk: Mehr als genug Leistung – ca. 55 PS – im Sand und wegen der weit besseren Dosierbarkeit und dem traumhaften Rundlauf bei niedrigen Drehzahlen das breiteste nutzbare Drehzahlband der Husaberg-Enduros.
●**Typische Defekte:** Keine.

Husqvarna

TE 610 LT
●**Allgemeines:** Für *Husqvarna*-Verhältnisse ein echter „Softie" – schon wegen der im Verhältnis zu den Sportlern aus gleichem Hause ungewöhnlichen Korpulenz –, ist die *TE 610 LT* mit ihrem großen Tank, ihrem E-Starter, ihrer komfortablen Auslegung und ihren rund 165 kg trotzdem eine überdurchschnittlich offroad-taugliche Reiseenduro. Nur wer *Husqvarna* Sport-Enduro-Modelle gefahren ist, bedauert, dass zwischen deren Offroad-Qualitäten und denen der „LT" kleine Welten liegen. Der günstige Preis der in vielen Punkten teuer ausgestatteten *TE 610 LT* geht nämlich auf Kosten der bei dieser Marke sonst sehr hochwertigen und voll einstellbaren Federelemente.

●**Fahreigenschaften Wüstengelände:** Für „touristisch" angehauchten Sahara-Einsatz reichen die Geländequalitäten der *LT*-Husky jedoch locker aus. 280 mm Federweg vorne und 285 mm hinten sind auch bei mäßigen Dämpfungseigenschaften ein dickes Polster – zumal die Fahrwerksgeometrie wüstentauglich ist: guter Geradeauslauf bei durchaus dünentauglichem Handling.
●**Motor:** Der mit Kühlgebläse und vergrößertem Ölinhalt ganz auf Standfestigkeit getrimmte Motor überzeugt in Verbindung mit dem eng gestuften Sechsganggetriebe vor allem in puncto Durchzugskraft und Dosierbarkeit.
●**Typische Defekte:** Keine.

KTM

LC 4 640 Adventure R
●**Allgemeines:** Die *KTM*-Enduros der *LC-4*-Baureihe sind seit Mitte der 90er Jahre die auf Sahara-Reisen wie -Rallyes **meistbenutzten Fahrzeuge.** Das liegt natürlich nicht nur an der großen Qualität, Ausgereiftheit und Alltagstauglichkeit dieser Sport-Enduros, sondern auch am Engagement des Herstellers *KTM* hinsichtlich sportlichem wie „Adventure"-touristischem Wüsteneinsatz. Besonders hoch anzurechnen ist der österreichischen Motorradschmiede auch, dass sie dies in der Werbung seit Jahren deutlich zum Ausdruck bringt und die Kundschaft zu „Extremeinsatz" ermutigt, also die „Prüfung" der Produktqualität nicht fürchtet.

Prädestiniert für die Sahara-Reise ist natürlich das *LC 4 Adventure R*-Mo-

Sahara per Motorrad – Ausrüstung

dell. Seit den Zeiten der seligen *Yamaha Ténéré* wurde keine andere Enduro so konsequent für die Bedürfnisse des Fern und „Abenteuer"-Reisenden konzipiert wie sie. Ein Tankvolumen von knapp 30 Litern, ein Offroad-Fahrwerk, mit dem man in serienmäßigem Zustand problemlos bei einer Rallye mitfahren kann und ein pistenfestes Koffersystem vom Spezialhersteller *Touratech* machen die *Adventure* zur ersten Wahl, wenn es in die Wüste gehen gehen soll: Packen und Losfahren – das geht für Saharareisen ohne Autobegleitung mit keiner anderen Enduro! Auch fürs **Rallye-Fahren** taugt sie mit geringstem Aufwand: Die robuste Verkleidung der *Adventure* integriert nämlich serienmäßig einen rallyetauglichen **Tripmaster** und ist von den Platzverhältnissen für den Einbau von Roadbookleser und „GPS" vorbereitet. Selbst Sahara-Touren zu zweit sind auf der Adventure problemlos machbar. Platzverhältnisse und Sitzbank reichen aus. Die Federelemente sind nach Anpassung mithilfe ihrer vielfachen Einstellmöglichkeiten selbst einer solchen Höchstbelastung gewachsen. Der am Motorrad fest untergebrachte Benzinvorrat ist übrigens durch den Anbau der Seitentanks der auf Bestellung käuflichen *LC*-Sonderversion „Rallye" auf knapp 50 Liter erweiterbar

KTM Adventure

Welche Enduro darf es sein?

• **Fahreigenschaften Wüstengelände:** Eine extrem belastbare, weil qualitativ kompromisslos hochwertige Federung in Verbindung mit sehr guten Geradeauslaufqualitäten in verspurtem Sand machen die Adventure – mit 30 Litern Benzin im Tank, Koffern und Kofferträgern knapp 190 kg schwer – zur Reise-Enduro mit echten Sportenduro-Qualitäten.

• **Motor:** Das drehfreudige und gut am Gas hängende 625-cm³-Triebwerk besitzt auch für Sandfahrten unter hoher Beladung ausreichend Leistung und bietet ein breit nutzbares Drehzahlband. **Niedrigdrehzahlen** sind allerdings nicht das Element des großvolumigen Einzylinders. Leider merkt man dies im Gegensatz zu den LC4s der ersten Baureihen weder an unrundem Lauf (= Hacken) noch an mangelnder Leistung, sondern im Extremfall erst nach etlichen tausend Kilometern an einem Pleuellagerschaden. Ein solcher Motor ist nun mal kein Traktor. Dann wäre er nämlich nur halb so stark, würde zum Hochdrehen doppelt so lange brauchen und hätte den Vornamen „XT". Wer seine Adventure nicht ständig untertourig auf Kette, Reifenstollen und Motorlager einschlagen lässt, kann mit ihr jedoch getrost nach Kapstadt und zurück fahren. Am Motorrad liegt's sicher nicht, wenn etwas dazwischen kommt.

• **Typische Defekte:** Keine.

Suzuki

DR 350 S(HC)

• **Allgemeines:** „Little Susy" war in den 90er Jahren die richtige Maschine für alle, die zwischen ihrem Einstieg ins Endurofahren und weiterem Einsatz auf der nach oben offenen Skala des Geländefahrens nicht das Motorrad wechseln wollen. Mit der DR 350 konnte man Enduro-Wandern, Enduro-„Sporteln", auf Sahara-Reise und -Rallye fahren. Auch heute ist die Kleine noch interessant – nicht nur wegen ihrer immer noch passablen Geländeeigenschaften, sondern auch wegen ihres **Preises:** Seit Erscheinen des Nachfolger-Modells DR Z 400 S gibt's den pflegeleichten Geländehüpfer auf dem Gebrauchtmarkt nämlich recht günstig. Von der schweizer Firma JH Enduro-Polyester (Tel.+41-71-9832440) gibt es für die DR 350 einen gewaltigen 38-Liter-Tank für ca. 1.000 DM, zuzüglich 400 DM für eine dazu passende Sitzbank mit Werkzeugfach.

• **Fahreigenschaften Wüstengelände:** Die „Soft-Version" der DR 350, die SHC mit ihrer anfängerfreundlichen Sitzhöhenverstellung ist die am **besten für Wüsteneinsatz geeignete DR.** Die Upside-Down-Teleskopgabel ist nämlich belastbarer als die der normalen 350 S. Beiden Versionen gemeinsam ist der – bei einem Radstand von nur 1.440 mm zu erwartende – zappelige Geradeauslauf in verspurtem Sand.

• **Motor:** Auch ein kleiner Hubraum kann zupacken. Das tut die DR 350, wenn auch sanft, schon direkt über Leerlaufdrehzahl, vermehrt ihre maxi-

mal 33 Pferdchen mit Drehzahlanstieg äußerst zügig – nicht zuletzt dank eines Sechsganggetriebes. Auf Dünenstrecken jedoch wünscht man sich mehr Leistung.
●**Typische Defekte:** Keine.

DR Z 400 S
●**Allgemeines:** Mit der Vorgängerin hat die Vierhunderter nur grundsätzliche Gemeinsamkeiten: zwei Räder, ein Zylinder usw. Alles andere ist neu und entsprechend der technischen **Weiterentwicklung** verbessert – also um ganze Welten! Der bei der *Suzuki DR 350 S* erwähnte Hersteller bietet einen eleganten und ohne Änderungen passenden 19-Liter-Tank für die *DR 400* an (ca. 750 DM).
●**Fahreigenschaften Wüstengelände:** Die mit 49 mm Standrohrdurchmesser stattliche Teleskopgabel und ein Showa-Federbein – im Gegensatz zur *DR 350* beides in Zug- und Druckstufe einstellbar – sorgen zusammen mit dem um 3,5 cm verlängerten Radstand an ein Fahrverhalten, das an europäische Sportenduros erinnert. Im verspurten Sand wackelt es weit weniger als bei der Vorgängerin.
●**Motor:** Der DOHC-398 cm^3-Eintopf geht in allen Drehzahlbereichen deutlich kräftiger als die *DR 350* zur Sache und ist dabei trotz des gestiegenen Hubraums drehfreudiger.
●**Typische Defekte:** Anfang 2001 noch keine bekannt.

Yamaha

TT 600
Keine Einzylinder-Enduro blickt auf eine so lange **Tradition als Sahara-Motorrad** zurück. In den 80er Jahren gab es für alle, die ihre Wüstenfahrt nicht nur irgendwie überstehen, sondern mit Spaß am Geländefahren erleben wollten, keine Alternative. Unzählige TTs, auch die, die der Autor bei seinen ersten Saharadurchquerungen fuhr, wurden mit großen Tanks und neuem Hinterradstoßdämpfer zu „Über-*Ténérés*" modifiziert. Umso mehr hätte das Motorrad in der Version des Jahres 2000 mehr verdient als „Facelifting" – zumal die aktuelle Performance von Motor und Fahrwerk hinter der „Ur-TT" zurücksteht. Zum Glück gibt es Spezialisten (z. B. die Firma *Ténéré Special Parts,* Tel. 09573-250), die mit Rat und Tat zur Seite stehen, wenn es gilt, eine von Geräuschbestimmungen und lieblos abgestimmten Federelementen kastrierte *TT* der neuesten Generation wieder zu dem Dampfhammer zu machen, der sie ist – eine Enduro, mit der man an einer Düne vom Gas geht, nur um anschließend das faszinierende „Hubschrauber-Wummern" zu genießen, mit dem das im Zylinder explodierende 0,6-Liter Benzin-Luftgemisch die Fuhre weiter nach oben schiebt.

Sahara per Motorrad – Ausrüstung

Reserven, Gepäck Beladung und Bekleidung

Schwerpunktgünstig aufladen und gewichtssparend einpacken – auf einer Saharareise entscheidet beides darüber, ob eine Enduro ein Geländemotorrad bleibt oder zu einem mühsam und riskant zu fahrenden Vehikel wird.

Schon die ungünstige Unterbringung der nötigen **Benzinvorräte** kann alles verderben. Immerhin sind je nach Motorradtyp zwischen 50 und 60 Liter unterzubringen, will man nicht auf den Teerstraßen bleiben. Warum? Schon auf den üblichen Hauptpisten sind um die **500 km Reichweite** – bei einem Verbrauch unter Pistenbedingungen! – erforderlich. Erst recht braucht man den Sprit auf den viel schöner zu fahrenden, aber einsamen Querfeldeinstrecken oder Nebenpisten (siehe Kapitel „Streckenbeschreibung").

Trinkwasser und Nahrungsmittel, Werkzeug und Ersatzteile, Erste-Hilfe-, Camping- und Foto-Ausrüstung müssen auch noch untergebracht werden. Da werden „Klamotten" und Hygiene-Artikel zwangsläufig zum aufs Minimum beschränkten Luxus. Doch nur dann – siehe nachstehenden Ratgeber – bleiben Fahrspaß und Sicherheit nicht auf der Strecke.

Treibstoffreserven

Infos über Benzinversorgung

Die zu erwartende **Strecke ohne gesicherte Benzinversorgung** bestimmt man in der Planungsphase mit Hilfe von Karte und Reiseführer oder Streckenbeschreibung – sofern vorhanden.

Da manche der Sahara Tankstellen auf Offroad-Strecken immer wieder mal auf dem Trockenen sitzen, sollte man auch Stellen oder Personen, bei denen Infos über Saharareisen zusammenlaufen, kontaktieren, so z. B.:
- **Sahara-Club:** www.sahara-club.de
- **Klaus Därr:** www.klaus.därr.de
- **T. Troßmann/Wüstenfahrer GmbH:** Tel. 08841-4224;
Website: www.wuestenfahrer.com
E-Mail: wuestenfahrer-@t-online.de

Wenn es sich ergibt, Leute zu fragen, die gerade von ihrer Saharareise zurückgekehrt sind und die geplante Route befahren haben, ist das natürlich eine ideale Informationsquelle. Außer durch Zufall oder Inserat wird man hier auf so genannten **Globetrotter- oder Fernreise-Treffen** fündig, veranstaltet z. B. in sehr saharalastiger und dementsprechend informativer Form von der Firma *Därr Expeditionsservice* (089-282032), in allgemein motorradreise-orientierter Form von der Zeitschrift *Motorrad* und in stimmungsvoll-unterhaltsamer Form von *Bernd Tesch* – ein traditioneller „Hardcore"-Gobetrotter, der sich gegen Stundenhonorar als Fernreiseberater zur Verfügung stellt und seit Anfang der 70er Jahre Ausrüstung – zum Teil auch von ihm selbst entwickelte – und sein Buch „Motorrad-Abenteuerreisen" verkauft.

Benzinmengen und -transport

Verbrauch auf Sahara-Pisten

Ist die zurückzulegende, tankstellenlose Entfernung bekannt, kommt als nächster Schritt die **Berechnung** der dafür erforderlichen Treibstoffmenge.

Das Ansetzen des meist bekannten normalen Durchschnittsverbrauchs zuzüglich etwas Offroad- und Beladungs-Aufschlag funktioniert auf Saharareisen nicht, weil auf so gut wie jeder Wüstenroute ein Sand-Untergrund zu befahren ist, der die bekannten Verbrauchswerte über den Haufen wirft. Selbst auf relativ **sandarmen Hauptpisten** ist zum bekannten Durchschnittsverbrauch daher ein **Aufschlag von einem Viertel** zu rechnen. Auf verkehrsarmen und einsamen **Nebenpisten** mit wegen der geringeren Verkehrsdichte deutlich höherem Anteil an tiefsandigen Stellen sollte unbedingt ein **Drittel Aufschlag** gegenüber dem üblichen Durchschnitt angesetzt werden. Selbst damit kann man nicht Gas geben wie ein Rallye-Fahrer (siehe auch Kapitel „Teilnahme an einer Rallye"), sondern muss versuchen hauszuhalten – zumal ja auch immer mal mit „Verfahrern" zu rechnen ist, die dem Benzinhaushalt nicht gut tun.

Eine bei normalem Toureneinsatz mit einem Durchschnittsverbrauch von 6 l/100 km aufwartende Enduro – für Einzylindermotoren zwischen ca. 500 bis 650 cm^3 ist er typisch – muss auf Sahara-Hauptpisten im Schnitt mit ca. 7,5 l/100 km kalkuliert werden, auf Nebenpisten mit 8 l/100 km.

Reichweite auf Sahara-Pisten

Für eine Reichweite von ca. 700 km – damit lassen sich die meisten interessanten Sahara-Pisten bewältigen – sind also mit geeigneten Einzylinder-

Sahara per Motorrad – Ausrüstung

Enduros grundsätzlich Benzinbehälter mit einer **Kapazität** von ca. 50 Liter nötig (siehe nachstehenden Abschnitt „Tanks für Sahara-Reisen"). Ein paar Liter weniger sind zu verantworten, wenn man sich dessen bewusst ist, dass auch mal ein längeres Stück der Strecke – am besten eines mit hartem Untergrund – im „Benzinsparmodus" gefahren werden muss. Wer ganz auf Nummer Sicher gehen will, transportiert halt die nicht in den Motorradtanks unterzubringende Benzinmenge in einem oder zwei kleinen **Kanistern** (siehe Abschnitt „Kanister").

So sollte man es nicht machen!

Verbrauch auf Dünenstrecken

Sie fordern dem Motor besonders oft Höchstleistung und ein Fahren in den unteren Gängen ab. Der Verbrauch geht daher auf langen Dünenstrecken regelmäßig ins für jeden Dünenneuling Unvorstellbare – zumindest, wenn er nur die wirklich zurückgelegte Entfernung sieht. Die hat allerdings in schlupfintensivem Sandgelände nichts mit dem vom Hinterrad zurückgelegten Weg zu tun, weshalb man unter Umständen doppelt so viel Treibstoff braucht wie durchschnittlich auf anderen Strecken – und das auch nur, wenn alles passt! Locker das Dreifache oder sogar noch mehr wird es, wenn das Fahren im Sand nicht „flutscht". Störfaktoren, die solche

Höchstverbräuche bewirken – zur Vermeidung bitte vor allem die Kapitel „Wüstengeländearten und Fahrtechnik" sowie „Technik, Bereifung" in diesem Buch beachten – sind Folgende:

• Der **Sand ist besonders weich** – z. B. nach Sandstürmen im Bereich der nur locker aufgehäuften „neuen" Dünen oder im Bereich von Salzseen, wo Dünen oft aus puderfeinem Sandstaub bestehen. Berüchtigtes Beispiel in Südtunesien: die **Fech-Fech-Dünen** südlich der Oasen Zaafrane und Sabria!

• Das Motorrad samt Gepäck und Fahrer ist zu **schwer** und/oder zu schwach und es geht nur mit Höchstdrehzahlen voran.

• Der **Reifenluftdruck** ist zu hoch, der **Hinterreifen** zu schmal, zu wenig profiliert oder zu stark abgenutzt.

• Die richtige Sand- und **Dünenfahrtechnik** wird nicht beherrscht: Häufiges Steckenbleiben und Stürze (Benzin läuft aus!) sind die Folge.

• Der **Luftfilter** ist verschmutzt oder die Ansaugöffnung durch Gepäck abgedeckt.

• Man fährt keine einigermaßen **geradlinige Route** durch die Dünen.

Reichweite auf Dünenstrecken

Belasten mehr als ca. 300 kg die Reifen des Motorrades, sind Dünenstrecken auch für routinierte Sandfahrer endgültig kein Vergnügen mehr, ja mit großen Risiken und Strapazen verbunden. Letztes Glied in der Gewichts- und Beladungskette ist das Benzin.

Wenn alles Unverzichtbare auf dem Motorrad ist, stellt sich heraus, wie viel Zuladung noch für Spritreserven zur Verfügung steht. Wiegt eine geeignete Einzylinder-Sport-Enduro mit Zusatzausrüstung, aber leeren Tanks ca. 150 kg, der Fahrer in „Klamotten" ca. 85 kg, das Trinkwasser (s. Kapitel „Wasser") 15 kg, das Gepäck samt Werkzeug, Ersatzteilen und Verpflegung rund 25 kg, dann bleiben 25 kg fürs Benzin, wenn man sich die 300 kg als Obergrenze setzt. Bei einem spezifischen Gewicht von ca. 0,7 kg/l entspricht das ca. 35 Liter.

Dünen-Langstrecken, also Erg-Durchquerungen, beinhalten im Gegensatz zu kürzeren Dünen-Passagen immer wieder große Abschnitte mit festem und relativ verbrauchsgünstig zu befahrenden Sand. Erfahrungsgemäß nehmen diese Strecken etwa zwei Drittel der Gesamtdistanz ein. Von den zur Verfügung stehenden 35 Litern wird also nur ein Drittel mit dem dünentypisch hohen Verbrauch von ca. 12 l/100 km befahren, der Rest mit einem für Pisten üblichen von ca. 7,5 l/100 km. Dies ergibt eine **maximale Reichweite** von ca. 400 km. Zieht man eine wegen der Einsamkeit auf solchen Strecken dringend zu empfehlende Sicherheitsreserve ab, bleiben noch 350 km – eine Autonomie, mit der man sich in einen Erg wagen kann.

Deutlich wird bei dieser Berechnung, dass schwere und wegen ihrer großvolumigen Motorisierung auch mehr Benzin verbrauchende Reise-Enduros für Fahrten durch die Sandgebirge der Sahara kaum in Frage kommen. Schon Maschinen- und Fahrergewicht überschreiten oft die 300-kg-Grenze. Zu empfehlen ist ein Dünentrip mit

Dickschiffen allenfalls sehr routinierten Sandfahrern bei Verwendung extrabreiter Bereifung – und wenn Gepäck und Benzinreserven in einem Begleitauto transportiert werden.

Sahara-Tanks

Auf einer geeigneten Einzylinder-Enduro sind die bei einer Saharareise über Pisten sinnvollen und große Freiheit gewährenden rund 50 Liter Benzin eine durchaus „fahrbare" Benzinmenge. Am ehesten natürlich, wenn sie auf Fronttank(s) und Hecktank(s) aufgeteilt ist – was mit den heute zur Verfügung stehenden, für Rallye-Sport und Fernreise entwickelten und in der Regel ergonomisch und schwerpunktgünstig konstruierten Spezialtanks der Fall ist. Zu kaufen gibt es z. B. von der Firma *Touratech* speziell für die neue *BMW F 650* einen **Tank-Verkleidungs-Kit** mit 51 Litern Inhalt für auf den ersten Blick abschreckende, auf den zweiten Blick aber durchaus faire 10.500 DM. Der Kit besteht nämlich nicht nur aus einem vorderen Mitteltank, zwei vorderen Seitentanks und einem hinteren Hecktank. Dazu gibt's auch noch Verkleidung, Instrumentenvorbau inkl. Roadbook, IMO-Kombi-Instrument, Doppelscheinwerfer, Seitendeckel, Sitzbank, Kotflügel, Blinker, Ölkühler, Schalldämpfer und alle Befestigungsteile, ja sogar Benzinschläuche mit Schnellverschlüssen.

Beim *KTM*-Händler kann man für seine „normale" *KTM* den an der *Adventure* verwendeten 30-Liter-Fronttank und die Hecktanks der Rallye-Maschine mit zusammen 18 Litern für rund 2.500 DM bestellen. Von *Husaberg* gibt es einen 19-Liter-Fronttank für rund 800 DM, einen 4-Liter-„Unter-der-Sitzbank"-Tank und einen 5,5-Liter-Hecktank für je rund 250 DM. Von *Acerbis* hat die Firma *Götz* noch Restbestände des zwar nicht besonders schwerpunktgünstig gebauten, aber nun mal satte 43 Liter fassenden Fronttanks für die *Honda XR 600* (ca. 1.200 DM). Von *Touratech* gibt es 43 Liter fassende Fronttanks für die Enduros *BMW R 1100/1150 GS* und für die *Afrika Twin* sowie 30 Liter fassende Fronttanks für die *Yamaha TT/R 600* und die *MZ Baghira*. Wesentlich billiger als diese (jeweils zwischen ca. 1.600 und 1.900 DM teuren) Tanks sind mit Preisen zwischen ca. 400 und ca. 550 DM die diversen kleineren Tanks (z. B. 14 Liter für *Suzuki DR 350*, 23 Liter für *Yamaha XT 600*, 20 Liter für *Honda XR 650 L*, 22 Liter für *Kawasaki KLR 650*, 18 Liter für *Kawasaki KLX 650* und immerhin 27 Liter für *BMW F 650* bis Baujahr 1999).

Natürlich kann man sich auch einen Tank **bauen lassen.** Spezialisten wie die Firma *Knaur Prototypen-Bau* (Tel. 08254-2394) bauen auf Anfrage und in pistenfester Ausführung perfekt geschweißte Tanks in (fast) jeder gewünschten Größe und für jede Enduro – nach Maß direkt am Motorrad. Kostenpunkt nach Aufwand ab 3.500 DM für einen extra großen Fronttank.

Zusätzliche Kanister

Ist die Unterbringung der erforderlichen Benzinvorräte in den Tanks des Motorrades nicht möglich oder einfach mit zu hohem technischen wie finanziellen Aufwand verbunden, kann und muss man sich auch heute noch wie in der „Urzeit" des Sahara-Motorrad-Tourismus mit Kanistern behelfen. Aus **Blech** sollten sie sein, keinesfalls aus bei Sturz und Hitze gefährdetem und gefährlichem Kunststoff! 10 Liter pro Kanister sind die für passables Fahrverhalten tragbare Obergrenze! Entscheidend für gute Fahreigenschaften des Motorrades im Sand ist trotzdem, dass die Kanister möglichst niedrig und dicht an der Maschine und nicht zu weit hinten befestigt sind. Als Halterung eignen sich zwei flache, an je drei Punkten mit dem Motorrad verschraubte Leichtmetall-Rahmen (Eigenbau aus Winkel-Profil oder fertig von Expeditionsausrüstern wie *Därr* und *Woick*), in dem die Behälter mit Spanngurten verzurrt werden.

Auf den Kanistern lassen sich rechts und links jeweils eine – natürlich nicht zu dicke – Packrolle befestigen, was Stauraumprobleme beseitigen und die früher nicht seltene, heute zum Glück verpönte Art der Bepackung eines Saharamotorrades verhindern sollte: Mittlerweile wissen es nämlich auch Sahara-Neulinge – und sei es nur intuitiv. Trotzdem noch einmal zur Warnung: Die sicherste Methode, aus einer Sahara-Motorradreise heutigen Fahrtstils und -tempos ein material- und fahrerverschleißendes „Kamika-

ze"-Unternehmen zu machen, ist der kombinierte Anbau von voluminösen und damit immer zu schweren („Was an Stauraum da ist, wird auch gefüllt") Gepäckkoffern und davor oder dahinter montierten 20-Liter-Benzinkanistern. Die Pendelneigung einer solchen „Fuhre" ist schon beim kleinsten Störimpuls extrem – z. B. beim spitzwinkligem Queren einer Spurrinne. Die Gefahr von Unterschenkel- und Fußverletzungen ist schon bei einem harmlosen Umfaller wegen der beengten Platzverhältnisse seitlich des Motorrades sehr hoch!

Fotografen und andere, die nicht ohne staubdichte Leichtmetallkoffer auskommen, können die relativ flachen 10-Liter-Kanister auch besonders schwerpunktgünstig unter ihren Seitenkoffern befestigen. Einfach, verrutschsicher und bei eventuellem „Anecken" – wegen der reduzierten Bodenfreiheit schon mal möglich – mit „Knautschzone", zurrt man sie mit je zwei breiten Nylon-Spannriemen über Kreuz und unter Zwischenschaltung einer zähen Schaumgummiplatte fest. Falls zweimal zehn Liter extra nicht reichen, lässt sich ein dritter 10-Liter-Kanister flach liegend und quer zur Fahrtrichtung auf den Soziussitz spannen. Dort stört er das Fahrverhalten im Gegensatz zu einer Unterbringung auf einem Gepäckträger hinter der Sitzbank nicht nennenswert.

Einfüllstutzen nicht vergessen, sonst wird bei jedem Nachfüllen Treibstoff verschüttet.

Rechts und links des Motorrades befestigte Benzinkanister zur Vermei-

Sahara per Motorrad – Ausrüstung

dung von „Schlagseite" stets gleichmäßig entleeren.

Eine besonders elegante Methode, rund 24 Liter Benzin in Kombination mit einem Gepäckbehältnis unterzubringen, ist die nachstehend im Abschnitt „Eigenbau einer Seitenkoffer-Hecktank-Kombination" ausführlich beschriebenen Lösung.

Wasserreserven

Trinkwasser

Viel trinken ist extrem wichtig!

Die Höhe des Trinkwasserbedarfs wird bei Motorrad-Saharafahrten **häufig unterschätzt.** Wer im Wüstenklima nur bei starkem Durstgefühl trinkt, bringt seinen Körper nur allzu leicht in ein gefährliches Wasserdefizit. Grund dafür ist neben hohen Temperaturen vor allem die sehr **niedrige Luftfeuchtigkeit** in Verbindung mit dem „Dauerföhn" des **Fahrtwindes.** Dieser ist außer im Sommer nicht unangenehm und hat zur Folge, dass man während der Fahrt kaum unter Hitze und stärkerer Transpiration leidet. In Wirklichkeit arbeiten die Schweißdrüsen auf Hochtouren und entziehen dem Körper laufend Wasser. Zu spüren ist die Feuchtigkeit höchstens unter Nierengurt und Protektoren. An allen anderen Stellen verdunstet der Schweiß ebenso schnell, wie er nachproduziert wird.

Ein größeres **Wasserdefizit** ist auf die Dauer nicht nur gesundheitsschädlich, es macht auch matt und unkon-

zentriert, erhöht damit beim Motorradfahren im Gelände die **Unfallwahrscheinlichkeit.** Optisches **Signal** für ein Flüssigkeitsdefizit des Organismus ist übrigens dunkel gefärbter Urin. In diesem Fall gilt es, zuerst schnellstmöglich viel „nachzutrinken" und vor allem ab jetzt mehr zu trinken. Sonst drohen bleibende Schäden an Nieren und Harnwegsorganen.

Wieviel Trinkwasser ist nötig?

Der mitzuführende Trinkwasservorrat errechnet sich aus dem täglichen Bedarf und der geschätzten Fahrzeit für das längste wasserversorgungslose Teilstück der gewählten Route (siehe auch nachstehenden Abschnitt „Infos über Wasserversorgung"). Auf selten befahrenen Nebenstrecken, wo man im Notfall nicht auf Hilfe durch Dritte hoffen kann, ist auch noch Wasser für den Zeitraum mitzuführen, den ein Verunglückter warten muss, bis der Reisepartner Hilfe geholt hat.

Da der Wasservorrat neben dem Treibstoff das Schwerste ist, was man dem Motorrad und damit sich selbst aufladen muss, empfiehlt sich, den versorgungstechnischen Schwierigkeitsgrad der Route der **Jahreszeit** anzupassen: In der (für Saharareisen per Motorrad ohnehin nicht empfehlenswerten) Reisezeit von **Mitte Mai bis Ende September** beschränkt ein täglicher Trinkwasserverbrauch von mindestens fünf Litern – bei größerer körperlicher Anstrengungen auch das Doppelte! – die Reisemöglichkeiten des Motorrad-Wüstenfahrers auf die

Benutzung geteerter Straßen und Hauptpisten. Der Gegensatz dazu sind die Monate **November bis März:** In der trockenen Luft als niedriger empfundene Tagestemperaturen von 25 bis 30° C im Schatten sorgen für niedrigen Wasserverbrauch: Rund zwei bis drei Liter Flüssigkeitszufuhr täglich inklusive Mahlzeiten genügen – vorausgesetzt natürlich, das Fahren im Gelände klappt und es sind nicht dauernd große Strapazen – Stürze, Festfahren im Sand, Reifenpannen – zu bewältigen.

Schon mit fünfzehn Litern Wasservorrat besitzt man eine auch für ausgefallene Nebenstrecken ausreichende Autonomie – zumindest, wenn man den größten Teil davon dem Körper zuführt, also sparsam umgeht mit dem ja auch nötigen Brauchwasser.

Brauchwasser

Für Kochen, Abwaschen und Hygiene geht bei entsprechender Unachtsamkeit mehr Wasser drauf als fürs Trinken. Mit etwas Sorgsamkeit lässt sich der tägliche Brauchwasser-Konsum durchaus auf eine Menge bringen, die zu Hause schon fürs Zähneputzen verbraucht wird – zumindest, wenn man den Wasserhahn dabei laufen lässt.

Was das **Kochen** betrifft, sind dehydrierte Fertiggerichte, Tütensuppen,

Der Brunnen Bir Aouine in Südtunesien

Kartoffelpüree, Reis- und Nudelgerichte vom Wasserverbrauch her sehr sparsam. Der Großteil der Flüssigkeit wird von diesen Speisen aufgenommen, die Kochzeiten sind relativ kurz, so dass nur wenig Wasser durch Verdampfen verloren geht. Nudel- oder Reiswasser schüttet man nicht weg, sondern verwendet es für die Zubereitung von Soßen. Wenn man nach der Mahlzeit nicht wartet, bis die Essensreste im Geschirr hart angetrocknet sind – in der trockenen Saharaluft geht das recht schnell –, „spült" Sand erstaunlich sauber. Lediglich angebrannte Kochreste in Töpfen löst man mit ein wenig heißem Wasser und Spülmittel an, um sie anschließend ebenfalls mit Sand herauszuschmirgeln.

Durch beim **Waschen und Zähneputzen** aus Kanistern schwappendes und größtenteils ungenutzt im Sand versickerndes Wasser wird am meisten kostbares Nass verschwendet. Waschwasser sollte daher aus Behältern mit **regulierbarem Auslaufhahn** entnommen werden, Reisepartner als Helfer zur Verfügung stehen, um für den – seine Hände ja als Gefäß benutzenden – Wäscher den Auslaufhahn auf- und zuzudrehen, bzw. einen Finger auf die Öffnung zu halten. Ist das kostbare Nass trotz aller Vorsicht knapp geworden, muss natürlich als Erstes aufs Waschen verzichtet werden. Erfrischungs- und Intimtücher sind dann sehr nützlich. Das **Zähneputzen** kann und sollte man immer beibehalten. Zum Nachspülen reicht ein Mundvoll Wasser vollkommen aus! Im Extremfall schluckt man dies Wasser danach run-

ter, in gemäßigteren Wasserknappheits-Situationen reinigt man damit „prustenderweise" die Zahnbürste. Bei stark verschmutzten „Motorradfahrerhänden" haben sich die im Kfz-Zubehörhandel erhältlichen, auch hartnäckigen „Schrauber-Schmutz" spielend lösenden **Glycerin-Gels** hervorragend bewährt. Sie reinigen völlig ohne Wasser und pflegen die strapazierten Hände zugleich mit Hautcreme-Substanzen. Als normale „Handwasch-Paste" nimmt man natürlich den herumliegenden Sand. Mit ein paar Tropfen Shampoo und Wasser ist er den käuflichen Handwasch-Pasten absolut ebenbürtig.

Infos über Wasserversorgung

In den seltensten Fällen ist eine lange Etappe ohne Benzinversorgung auch ohne Wasserversorgung. Brunnen, Wasserstellen oder *Gueltas* (natürliche Wasserbecken) gibt es in der Sahara mehr als Tankstellen. Insbesondere der **Verlauf alter Kolonialpisten** orientiert sich an der Wasserverfügbarkeit. Ein Teil der Brunnen, die in den – für solche Routen unentbehrlichen, aber leider meist älteren – Detailkarten eingezeichnet sind, ist allerdings ausgetrocknet oder führt nur Wasser nach Regenfällen. Was die Informationsmöglichkeiten über Brunnen und andere Wasser„quellen" betrifft, gilt das im vorstehenden Abschnitt zur Benzinversorgung Gesagte.

Erster Grundsatz: Auch wenn noch scheinbar genügend Wasser in den Behältern ist, sollte man auf einer Sahara-Reise abseits von Teerstraßen keine Möglichkeit zum **Nachzufüllen** auslassen. Sind die Benzinvorräte gut kalkuliert, kann man zu diesem Zweck auch Brunnen, *Gueltas* oder Dörfer etwas abseits der Rourte anfahren.

Viele Wasserstellen sind nichts weiter als Löcher im Boden – meist von ein paar Büschen umgeben, manchmal nicht einmal das. Auf selten befahrenen Routen kann es mangels Fahrzeugspuren schwierig sein, einen solchen Brunnen zu finden. In diesem Fall versuche man, ihn mit Hilfe der meist zu Wasserstellen führenden **Kamel- und Ziegenspuren** aufzuspüren.

Häufig ist Brunnenwasser stark mit Schwebstoffen versetzt. Auch Insekten und totes Kleingetier treibt manchmal darin. Vor der auch bei relativ klarem Wasser obligatorischen chemischen Entkeimung durch Tabletten oder Pulver (in Apotheken und Reiseausrüstungsläden sind verschiedene Fabrikate erhältlich) muss es dann erst einmal gefiltert werden. Entweder – mühsam, aber effektiv – mittels eines mechanischen Wasserfilters oder – einfacher, aber nicht so sauber – mittels einiger Lagen Stoff, die über die Einfüllöffnung der Wasserbehälter gelegt werden.

Um Wasser aus Brunnen oder Löchern zu holen, braucht man natürlich ein **Seil und ein Behältnis.** Manchmal ist beides vor Ort vorhanden – in der Regel interessante Beispiele nomadischen Handwerks aus Leder, Holz und umfunktionierten Reifenschläuchen. Falls nicht, wird man sich glücklich preisen, ein Behältnis (z. B. einen bei Reiseausrüstern erhältlichen „Faltei-

mer) und ein ausreichend langes Seil dabeizuhaben. Zwanzig Meter dünnes Bergsteigerseil – zur Vermeidung von „Durchrutschern" mit Knoten in Halbmeterabstand – reichen in der Regel. Nur in den Ergs der Sahara sind Brunnen noch tiefer. Wer dorthin fährt, sollte das Doppelte rechnen.

Zum Thema „Endlich mal wieder duschen": Sieht man durch den Wasserspiegel bis auf den Boden des Brunnens oder schafft es wegen des niedrigen Wasserstandes kaum, den Eimer zu füllen, sollte man das wenige Wasser nicht für die große Wäsche verschwenden. Nomaden und ihre Tiere sind dafür dankbar! An gut gefüllten Wasserstellen ist die schon lang ersehnte Kopfwäsche eher vertretbar, solange man dabei den Brunnen nicht verunreinigt, was man vermeidet, indem man sich mit einem Wasserbehälter zwanzig Meter abseits hält. Ist an einem gemauerten Brunnen eine Tiertränke vorhanden, sollte man diese – auch wenn es mühsam ist – auffüllen. Vor allem die von Brunnen zu Brunnen frei herumziehenden Dromedare der Nomaden sind darauf angewiesen.

Transport des Wassers

Neben der im nachstehenden Abschnitt „Eigenbau einer Seitenkoffer-Hecktank-Kombination" beschriebenen Lösung lässt sich Wasser ebenfalls raumsparend und schwerpunktgünstig in so genannten **Tanktaschen** rechts und links des Benzintanks unterbringen. Zwei kleine, ca. fünf Liter fassende, sehr stabile und mit einer möglichst großen Einfüllöffnung versehene Kunststoffkanister sind hierfür ideal. Ein aufschraubbarer Verschluss mit Auslaufhahn hilft beim Dosieren und damit sparsamen Verwenden des wertvollen Wassers.

Vor den Knien des Fahrers finden sie an einem Großtank Platz, ohne Lenkeinschlag, Knieschluss und Fahren im Stehen zu behindern. Solche Tanktaschen müssen sehr stabil verarbeitet und gut am Tank zu verzurren sein. Am besten baut man sie selbst aus guten Fahrradtaschen.

Weitere ca. fünf Liter sollte man in mehreren stabilen Flaschen (z. B. von *SIGG*) im Gepäck unterbringen.

Eine so genannte „Camelbag" ist für Motorrad-Wüstenfahrer mittlerweile bewährter Standard. Dieser über einen Trinkschlauch während der Fahrt zu benutzende **Trinkrucksack** ist bei Reiseausrüstern mit 1,5 bis 3 Liter Inhalt erhältlich. Wer sowieso lieber mit einem Tagesrucksack als einem Tankrucksack unterwegs ist, der trifft mit dem von *Touratech* vertriebenen *Packer 2,5 Liter* eine gute Wahl. Neben 2,5 l Trinkwasser bietet dieser Rucksack mit sechs Litern Volumen genug Stauraum und praktisch aufgeteilte Fächer für Kamera, „Leatherman" usw.

Nahrungsmittelvorräte

Versorgung unterwegs

In den beiden größten Staaten der Nord- und Zentralsahara – **Algerien und Libyen** – ist die Versorgungssituation nach europäischen Maßstäben eher bescheiden, zumindest nicht mit der von touristisch ausgerichteten Ländern Nordafrikas wie Ägypten, Marokko und Tunesien zu vergleichen. Trotzdem kann man als Motorradreisender im durch Teerstraßen erschlossenen Teil dieser Länder fast **ohne Nahrungsmittelreserven** auskommen. Restaurants, Geschäfte und Märkte gibt es in allen größeren Orten, einfache Kneipen und Cafés auch in kleineren.

In den Staaten der westlichen Südsahara – **Niger, Mali und Mauretanien** – ist die Versorgung mit Nahrungsmitteln für den Reisenden besser, als man angesichts der chaotischen politischen und miserablen wirtschaftlichen Verhältnisse erwarten könnte. Die afrikanische „Schattenwirtschaft" – in keinem Bruttosozialprodukt erfasst – macht es möglich: In fast allen größeren und vielen kleinen Orten ist das Nahrungsmittelangebot auf Märkten erstaunlich reichhaltig. Auch für europäische Gaumen und Mägen – zumindest nicht überempfindliche – geeignete Restaurants laden zum Besuch ein.

Selbstversorgung

Gerade dort, wo die Sahara am schönsten ist, haben zum Glück noch keine Asphaltbänder das „Abenteuer Wüstenfahrt" entschärft. Selbst auf Hauptpisten liegen dann Siedlungen und damit Versorgungsmöglichkeiten viel weiter auseinander als auf Teerstraßen – nicht nur räumlich, sondern auch zeitlich: Im Gelände fährt sich's nun mal etwas langsamer als auf Straßen.

Erst hier zeigt sich die Sahara so, wie man sie sich vorstellt und sucht – beim „Erfahren" wüster Pisten ebenso wie beim Campieren in malerischer, unberührt erscheinender Wüstenlandschaft. Will man dieses schöne Erlebnis nicht mit einer Fastenkur verbinden, ist natürlich die Mitnahme von Lebensmittelvorräten erforderlich.

Zusammenstellung

Kleines Volumen, geringes Gewicht, Nährwert und Haltbarkeit sind auf einer Motorradtour durch die Sahara zwangsläufig die Hauptkriterien für die Zusammenstellung der Lebensmittelvorräte.

●**Frühstück:** Die meisten Menschen benötigen zum Einstieg in einen erfolgreichen (und das heißt sturzfreien) Gelände-Motorrad-Tag ein nahrhaftes und dauerhaft sättigendes Frühstück. Für Saharabedingungen am besten geeignet ist zweifellos **Müsli.** Rund 150 bis 200 g, angerührt mit zwei bis drei Esslöffeln Vollmilchpulver (in Algerien wie Libyen preiswert erhältlich als *Lahda,* sprich „Lachda") und einer Tasse Wasser, dazu noch etwas Marmelade, sättigt länger als jedes andere, auf einer selbstversorgten Motorrad-Wüstenfahrt realisierbare Frühstück und schmeckt auch „Anti-Müslis" nach kurzer Eingewöhnzeit ganz gut zum Morgentee oder -kaffee (Hierzu ein Tipp: **Süßstofftabletten** sind erheblich leichter und kleiner als Zucker). Schon zwei Kilogramm Müsli und je ein halbes Kilogramm Vollmilchpulver und Marmelade reichen für ein Dutzend „Outdoor"-Frühstücke!

●**Mittagessen:** Wer gewohnt ist, auch mittags ordentlich zu „spachteln", der sollte während der Selbstversorgungs-Etappen einer Saharareise versuchen, den großen Hunger auf den Abend zu verschieben und mittags nur einen Imbiss zu nehmen: z. B. Studentenfutter, Fruchtschnitten, Energie-Riegel oder schlicht und einfach eine Hand voll Datteln. Für einige Tage lassen sich auch kleine Wurst-, Käse- und Brotkonserven – meistens relativ leicht und Platz sparend verpackt – unterbringen.

●**Abendessen:** Nur wenige Beschäftigungen können so hungrig machen wie ein Motorradtag im Gelände. Leider sind für Enduro-Wüstentouren aus den bekannten Gewichts- und Stauraumgründen nur **dehydrierte Fertiggerichte** geeignet – für gutes Geld als „Bergsteigernahrung" in Sport- und Reiseausrüstungsläden erhältlich. Natürlich sind auch „Packerl"-Suppen und -Saucen das „Mahl der Wahl". Daraus lässt sich mit etwas Phantasie allerdings weit mehr machen als man glaubt. In Verbindung mit Reis (150 g pro Person und Mahlzeit) oder Nudeln (200 g pro Person und Mahlzeit), auch Soja-Granulat und dehydriertem Hackfleisch, improvisiert ein phantasievoller Koch erstaunlich schmackhafte, sättigende und je nach Zusammensetzung auch einigermaßen nahrhafte Gerichte. Vorausgesetzt, er hat Gewürze. Knoblauch z. B. ist leicht, ergiebig und auf allen Märkten billig zu erstehen. Nicht vergessen: ein kleines Fläschchen – natürlich aus unzerbrechlichem Material – mit Speiseöl.

Gepäcktransport

Seitenkoffer

Anforderungen und Angebot

Auf dem Zubehörmarkt ist eine große Anzahl von Motorrad-Seitenkoffern erhältlich. Kunststoffkoffer sollten für Offroad-Reisen aus schlagelastischem und zähem, also möglichst bruchsicherem Material sein. Dunkle Kunststoffkoffer sollte man hell lackieren, sonst ist insbesondere die Aufbewahrung von Filmen und Medikamenten problematisch. Für Sahara-Trips besser geeignet sind **Leichtmetallkoffer:** Sie reflektieren schon durch ihre helle und glänzende Oberfläche das Sonnenlicht und werden innen lange nicht so schnell heiß wie Plastikkoffer. Ein Bekleben der Innenseiten mit **Isoliermaterial** – z. B. Styroporfolie aus dem Heizungsbau – schafft kühlboxähnliche Verhältnisse und hält die Sahara-Nachtkühle eine ganze Weile im Kofferinneren. Das Bekleben der Innenseiten von Alu-Koffern empfiehlt sich ohnehin, um schwarzen Abrieb vom Gepäck fernzuhalten. Leichtmetall-Koffer lassen sich ausbeulen und sind in der Regel nach oben zu öffnen. Auch ein unter den Behälter gezurrter 10-Liter-Kanister (siehe dazu auch Kapitel „Treibstoffreserven") oder der bei allen Seitenkoffern obligatorische Sicherungs-Spannriemen behindert das Öffnen nicht. Zwei zweckmäßig konstruierte und stabile Leichtmetallkoffer sind also eine verlockend komfortable und „aufgeräumte" Möglichkeit, einen Großteil des nötigen Gepäcks unterzubringen. Zumal man sich auch für „Extremreisen" geeignete Exemplare heute nicht mehr selber bauen muss, sondern sie samt ausreichend pistentauglichem Gepäckträger für viele Enduromodelle „von der Stange" kaufen kann. Einen sehr guten Kompromiss aus Robustheit und niedrigem Gewicht, aus Volumen und noch erträglicher Baubreite bieten z. B. die staub- und wasserdichten Leichtmetallkoffer *Zega-Case*, wie so viel Gutes von der Firma *Touratech* vertrieben. Sie erfüllen durch ihre Bauweise – Öffnung nach oben, stabile und praktische Befestigung, effektiv zu bepackende Form, abnehmbarer Deckel mit Gepäck-Befestigungsösen – genau die Anforderungen, die man auf einer Sahara-Tour stellt. Zur Verringerung der Verletzungsgefahr sind alle Kanten und Ecken abgerundet. Der zugehörige und für viele Enduromodelle lieferbare Gepäckträger ist ausreichend pistenfest und wird nur durch aufwändige und damit deutlich schwerere Eigenbauten in der Stabilität übertrumpft. Für Saharareisen mit Anspruch an Enduro-Fahrspaß und Fahrsicherheit besonders empfehlenswert ist die schmalere Bauart der *Zega*-Koffer mit 35 Liter Volumen pro Behälter. Für die *BMW*-Reise-Enduros *850/1100* und *1150 GS* gibt es den auspuffseitigen Koffer sogar mit einer entsprechenden Aussparung, was sehr enge und damit für das Offroad-Fahrverhalten günstige Anbringung der Seitenkoffer ermöglicht.

Nachteile und Risiken

Erst wenn es passiert ist, wird manchem Saharafahrer schmerzhaft der prinzipielle Nachteil von Seitenkoffern bewusst: Schon beim kleinsten Sturz sorgen sie für blaue Flecken, im heftigeren Fall für Knie-, Unterschenkel- oder Fußverletzungen, denn an der Wade oder in der Kniekehle ist das Bein des Fahrers meist recht ungeschützt. Vor allem sehr **voluminöse Koffer** – aus Gründen eines einigermaßen fahrbaren Schwerpunkts vernünftigerweise weit vorne und tief am Motorrad befestigt – bringen im Falle eines Falles hohe Verletzungsgefahr mit sich. Verringern lässt sich dieses Risiko nur durch Verwendung kleinerer (maximal ca. 30 Liter Inhalt), vor allem nicht weit vom Motorrad abstehender Koffer (möglichst nicht weiter als 30 cm vom Motorradrahmen entfernt).

„Riesenkoffer" sind ja eigentlich ohnehin nicht nötig, denn der besonders gute Schutz gegen Sand, Staub, Sonneneinstrahlung und Feuchtigkeit, den dichte und stabile Seitenkoffer bieten, ist ja nur für empfindliche Ausrüstungsgegenstände wie die Foto- oder Video-Ausrüstung, Weltempfänger, Notebook, (Reserve-)GPS, Medikamente usw. nötig. Alles andere kann auch in Packsäcken verstaut werden.

Nur kompakte und schmale Seitenkoffer lassen sich so am Motorrad anbringen, dass sowohl **Beinfreiheit** im Sturzfalle wie auch eine den Geradeauslauf des Motorrades nicht zu sehr störende **Schwerpunktlage** gewährleistet ist. Denn – Hauptnachteil Nummer Zwei! – große und damit zwangs-

läufig weit abstehende Seitenkoffer sorgen für die selben, schon im Abschnitt „Zusätzliche Kanister" erwähnten **Fahrverhaltensmängel:** Die Maschine tendiert dazu, sich bei Geradeauslaufstörungen – z. B. nach schrägem Überfahren von tiefen Rinnen – aufzuschaukeln, weil die Masse der außenliegenden Koffer einem Abklingen der Pendelbewegung stark entgegenwirkt.

Eigenbau einer Seitenkoffer-Hecktank-Kombination

Ideal ist folgende Schweißkonstruktion, die man entweder im Eigenbau anfertigen oder von einem Spezialisten wie dem im Abschnitt „Großtanks" erwähnten nach Maß bauen lassen kann. Bei ihr verlaufen die verletzungsträchtigen vorderen und unteren **Behälterwände** im 45°-Winkel von der Motorradseite nach hinten bzw. nach oben. Die Koffervorderseite lässt im Sturzfalle die Beine des Fahrers nach außen wegrutschen, und die Kofferunterseite kann nicht an Ferse oder Wade einhaken. Nachstehende Konstruktion basiert auf einem rechteckigen Gepäckraum mit angesetzten Flüssigkeitsbehältern im oben genanntem „Schräg"- Design – nutzbar als Zusatzbenzintanks oder Wasserbehälter. Pro Koffer rund 24 Liter Stauraum werden so mit einer komfortablen und schwerpunktgünstigen Unterbringung von je ca. 12 Liter Benzin oder Wasser verbunden.

Sahara per Motorrad – Ausrüstung

Reserven, Gepäck, Beladung, Bekleidung

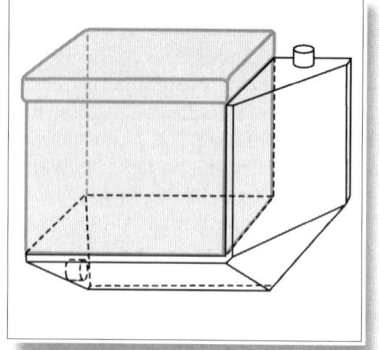

Je 24 Liter Stauraum für Gepäck und je 12 Liter Tankvolumen lösen Pack- und Reserven-Probleme. Aufgrund der abgeschrägten Form ist die Verletzungsgefahr im Sturzfalle gering. Auch das Fahrverhalten wird durch die schmale Bauweise und günstige Schwerpunktlage nicht beeinträchtigt.

- 2 Benzinhähne (zum Befestigen am unteren Flüssigkeitsbehälter 2 Gewindebohrungen und 1 Auslaufbohrung am hinteren unteren Ende des Behälters vornehmen);
- 2 Unterdruck-Benzinpumpen (zu montieren z. B. auf der Kofferrückseite an vor Steinschlag und Verschmutzung sicherer Stelle).

Für Nutzung als Wasserbehälter:
- für die oberen Flüssigkeitsbehälter 2 Einfüllstutzen mit 5 cm Innendurchmesser und Außengewinde für Deckel;
- 2 Deckel;
- 2 1/2-Zoll-Kugelhähne (zum Befestigen an den unteren Flüssigkeitsbehälter 2 Gewindebohrungen am hinteren unteren Ende der Behälters vornehmen).

Form

An jedem der beiden quaderförmigen, schmal und kompakt gehaltenen Koffer (Länge 40 cm, Höhe 30 cm, Tiefe 20 cm) wird ein von der Koffervorderseite in Fahrtrichtung und ein zweiter von der Kofferunterseite zum Boden zeigender Flüssigkeitsbehälter mit dem Querschnitt eines rechtwinkligen Dreiecks angeschweißt. Beide Behälter sind durch ein Zwischen-Element, bestehend aus zwei dreieckigen Blechen, miteinander verbunden.

Material (für 2 Koffer)
- 4 mm starkes Leichtmetallblech für das Gepäck-Abteil. 8 mm im Bereich der exponierten Stellen der Flüssigkeitsbehälter (Unter- und Vorderseite).

Für Nutzung als Benzinbehälter:
- für die oberen Flüssigkeitsbehälter 2 Einfüllstutzen mit 5 cm Innendurchmesser und Außengewinde für Deckel;
- 2 Deckel mit Stutzen für Entlüftungsschläuche;

Maße
- **Oberer Flüssigkeitsbehälter**
1. Kathete: 20 cm (= Koffertiefe)
2. Kathete: 20 cm (Gesamtlänge von Koffer inkl. vorderem Flüssigkeitsbehälter am Motorrad: 60 cm)
Hypotenuse: 28,3 cm.
- **Unterer Flüssigkeitsbehälter**
1. Kathete: 20 cm (= Koffertiefe)
2. Kathete: 20 cm (Gesamthöhe von Koffer inkl. unterem Flüssigkeitsbehälter am Motorrad: 50 cm)
Hypotenuse: 28,3 cm.

●**Verbindungs-Element oberer und unterer Flüssigkeitsbehälter**

Teil 1:

Diese dreieckige Platte (Maße: 28,3 x 28,3 x 20 cm) wird zwischen vorderer Hypotenuse des unteren Flüssigkeitsbehälters und unterer Hypotenuse des vorderen Flüssigkeitsbehälters eingesetzt. Sie bildet einen sehr stumpfwinkligen Übergang zwischen oberer und unterer Tankschräge und dient daher bei einem Sturz quasi als „Gleitkufe".

Teil 2:

Diese dreieckige Platte (Maße: 20 x 20 x 28,3 cm) wird zwischen der unteren motorradseitigen Kathete des oberen Flüssigkeitsbehälters und der vorderen motorradseitigen Kathete des unteren Flüssigkeitsbehälters eingesetzt. Sie liegt daher auf der selben Ebene wie die motorradseitige Wand des Gesamtbehälters, bestehend aus den motorradseitigen Wänden des Gepäckfaches und den motorradseitigen Wänden der beiden Flüssigkeitsbehälter.

Anbau von Seitenkoffern

Positionierung am Motorrad

Möglichst dicht: „Monströse" Auspuffanlagen behindern dies meistens. Abhilfe schafft entweder ein anderer Schalldämpfer oder eine entsprechende Aussparung in dem an der Auspuffseite des Motorrades anzubauenden Seitenkoffer. Eigenbau-Kofferträger (siehe auch nachstehendes Kapitel „Konstruktion eines pistenfesten Gepäckträgers") immer so dicht wie möglich am Motorrad anbauen. Gepäckträger „von der Stange" sollte man umbauen, wenn sie wegen der bei normalem Toureneinsatz erforderlichen Sozius-Beinfreiheit zu weit vom Motorrad abstehen.

●Nicht zu weit hinten: Kofferschwerpunkt vor, allerhöchstens über der Hinterachse.

●Nicht zu weit oben: Kofferoberkante = Sitzbankunterkante.

●Nicht zu weit unten: Zu wenig Bodenfreiheit kann in tiefen Spurrinnen, beim starken Einfedern und in unterschätzten oder sich zusammenziehenden Kurven zu Stürzen führen.

Befestigung am Kofferträger

Ein ausschließliches Aufhängen eines Koffers mittels Bohrungen, Schrauben und Muttern und/oder am Koffer angeschraubten Profilen belastet bei Extremeinsatz die Rückwand des Behälters so stark, dass diese sich wölbt oder an den Bohrungen einreißt. Ein auch die **Unterseite** des Koffers abstützendes Befestigungselement – z. B. ein am Kofferträger angeschraubtes oder geschweißtes L-Profil, auf dem die motorradseitige untere Kante des Behälters aufliegt, verhindert dies zuverlässig. Eine solche entscheidende Verbesserung ist auch an Fertig-Kofferträgern mit etwas handwerklichem Geschick nachrüstbar.

Eigenbau eines pistenfesten Koffer- und Gepäckträgers

Nicht nur, um Koffer daran zu befestigen, ist ein optimal konstruierter Gepäckträger nützlich, sondern auch, weil bei vielen Enduros das **Rahmenheck** für Fahrten über raues Gelände mit Gepäck oder gar zwei Personen zu schwach ist. Es biegt sich und bricht schließlich. Eine richtig konzipierte und sorgfältig verarbeitete Gepäckträger-Konstruktion sorgt für eine zusätzliche Abstützung. Im Eigenbau oder von einigen Spezialisten in Kleinserie hergestellte Spezial-Gepäckträger sind kompromisslos auf Saharabelange ausgelegt, aber auch einige Fabrikate „von der Stange" wie die von *Touratech* vertriebenen sind von Statik und Verarbeitung her zumindest den Gepäck- und Geländebelastungen einer Saharareise gewachsen – Sturzeinflüssen natürlich weniger.

Bauprinzip

Das mehr oder weniger „freischwebende" Rahmenheck wird durch je eine Seitenstrebe abgestützt. Es entsteht dadurch rechts und links des Motorrades ein geschlossenes Dreieck, an dem Halterungen für Koffer und/oder Kanister befestigt werden können.

Material

Viele Motorräder besitzen Rahmen oder Rahmenteile aus **Aluminiumlegierungen.** Betrachtet man diese Konstruktionen, kann man sehr deutlich erkennen, worauf es bei der Verarbeitung dieses leichten Materials ankommt: Dicke Rohrquerschnitte und großflächige Verbindungen. Dadurch wird eine statische Festigkeit erreicht, die in etwa der von Stahl entspricht. Soll eine Leichtmetallkonstruktion

auch eine mit Stahl vergleichbare Widerstandskraft gegen Verformung aufweisen – bei einem saharatauglichen Gepäckträger ist das erforderlich –, verringert die erforderliche massive Bauweise den Gewichtsvorteil erheblich. Doch auch nur bei zwei oder drei gesparten Kilogramm ist eine Gepäckträgerkonstruktion aus Aluminium (z. B. aus Kastenprofilen mit rund 4 cm x 2 cm Querschnitt und stählernen Befestigungswinkeln) eine für Saharafahrer durchaus interessante Alternative.

In der Regel wird man sich einen Gepäckträger jedoch aus **Eisen oder Stahl** bauen. Für Befestigungsteile eignet sich Vollmaterial aus Bandstahl (5 x 30 mm), für den Träger selbst Vierkantrohrmaterial (2 x 2 cm; Wandstärke 2 mm). Die Verwendung von z. B. im Regalbau verwendeten gelochten Winkelprofileisen erleichtern den Bau einer ausschließlich geschraubten Konstruktion erheblich.

VA-Stahl ist teurer, dafür rostfrei, wesentlich bruchfester, aber – wie natürlich auch Aluminium – in afrikanischen Werkstätten selten zu reparieren.

Verbindungen

Schraubverbindungen sind geschweißten Verbindungen vorzuziehen. Bei Beschädigung durch Sturz lassen sich einzelne Teile demontieren und wieder gerade biegen. Bei einer komplett geschweißten Konstruktion ist das Ausrichten und damit die spannungsfreie Montage fast ein Ding der Unmöglichkeit.

Konstruktion

1) Als **untere Befestigungspunkte** dieser beiden Seitenstreben bieten sich die vorderen oder hinteren Fußrastenträger an. Die **oberen Befestigungspunkte** sollten idealerweise direkt an der Rahmenheckschleife sein. Ist dies wegen des hochgezogenen Auspuffs und mehr oder weniger ausladender Seitendeckel nicht möglich, muss als Abstandshalter ein quer über dem Motorradheck verlaufendes, stabiles Verbindungsteil – auch eine Gepäckbrücke – mit einbezogen werden.

2) Die an den Seitenstreben befestigten Gepäckträgerteile müssen pro Seite an zwei bis drei Punkten (Stoßdämpfer-, Auspuff-, Fußrasten-, Sitzbankhalterung) am Motorradrahmen angeschraubt (evtl. mit längeren Schrauben) und durch eine hinter dem Rad verlaufende Querstrebe verbunden werden. Dadurch wird ein Schwingen der ganzen Konstruktion verhindert und größeres Verbiegen im Sturzfalle verhindert. Wegen der endurotypisch langen Federwege ist ausreichender Abstand der Verbindungsstrebe zum Hinterrad wichtig: Der durchs Kettenspannen größer werdende Radstand oder tiefes Einfedern lässt sonst möglicherweise den Reifen am Gepäckträger schleifen.

3) Zu beachten ist, dass der Zugang zu bestimmten, für die Wartung wichtigen Punkten nicht verbaut wird (Öltank, Luftfilter, Batterie), auch dass der Kickstarter beim vollen Durchtreten nicht am Gepäckträger schleift oder der Fuß nicht mehr genug Platz zum sicheren Antreten findet.

Satteltaschen

Koffer und ein ausreichend stabiler Gepäckträger haben auch bei Leichtbau ein Leergewicht von mindestens zehn Kilogramm. Den Großteil davon kann man sich sparen, wenn man mit Packtaschen (aus Kunststoff oder Leder) reist. Ihre Anbringung erfordert keinen Gepäckträger, wenn sie wie Satteltaschen miteinander verbunden sind, wie über einen Pferderücken einfach über die Sitzbank gelegt werden und mit Riemen befestigt werden können. Auch wenn auf dem Soziussitz noch ein Trinkwasserkanister, Gepäckrolle und/oder Rucksack (am besten ein so genannter Kofferrucksack) zu verstauen sind, kann man bei Verwendung von Packtaschen auf einen Gepäckträger verzichten: Zwei einfache Versteifungsstreben – rechts und links des Motorrades von den Fahrerfußrasten zum Rahmenheck geführt – genügen vollkommen, um dem Bruch eines von Gepäck und Gelände strapazierten Rahmenhecks vorzubeugen. Auf Saharareisen, die nicht die Mitnahme von Spritkanistern erfordern und/oder für Wüstenfahrer, die keine große Fotoausrüstung mit sich führen, sind Packtaschen **Koffern unbedingt vorzuziehen** – wegen des weit geringeren Verletzungsrisikos im Sturzfalle genauso wie wegen des weit größeren Fahrspaßes, den kompaktes und leichtes Gepäck ermöglicht.

Sahara per Motorrad – Ausrüstung

Pack- und (Tank-) Rucksäcke

Ein oder zwei kleinere Motorradpack-säcke oder alternativ dazu ein (Koffer-) Rucksack lassen sich hinter dem Fahrer quer über den Soziussitz verzurren, ohne im Gelände bei der Gewichtsverlagerung zu behindern. Auf der Asphaltanreise hat man zudem eine Plattform für mittransportierte Geländereifen.

Der Tankrucksack, ein bei Straßenfahrt praktisches und nicht störendes Gepäckstück, kann bei Geländetouren schnell zum Ärgernis bzw. zur **Unfallursache** werden. Nicht nur, wenn er durch monströse Form und hohes Gewicht den Schwerpunkt in die Höhe treibt oder aufgrund schlechter Befestigungsmöglichkeiten ständig verrutscht, kann ein Tankrucksack offroad für Schwierigkeiten sorgen. Probleme sind auch garantiert, wenn er zu hoch oder zu breit für sicheren Knieschluss bei stehendem Fahren ist, wenn er zu weit nach hinten ragt oder wenn durch im Knieraum herumbaumelnde Seitentaschen falsch konstruierter „Enduro-Tankrucksäcke" der Fahrer halb in den Spagat gezwungen wird.

Ein für Saharareisen geeigneter Tankrucksack kann also nicht mehr sein als ein eher kleiner, vor allem niedriger Behälter für Dinge, die man schnell zur Hand haben will, z. B. Satelliten-Navigationsgerät, Landkarte, Streckenbeschreibung, Sonnenbrille usw. Im harten unteren Fach klassischer Fabrikate lassen sich auch ganz gut die wichtigsten Ersatzteile und etwas Werkzeug unterbringen.

Gepäckbefestigung

Zum Verzurren von weichem Gepäck **keine Gummi-Expander** benutzen. Deren Elastizität sorgt im Gelände für ständigen Ärger: Gepäck verrutscht und baumelt, lose oder abgerissene „Gummi-Strapse" verfangen sich in Hinterrad oder Kette usw. All das kann auch zu unbeabsichtigen Bodenberührungen führen.

Spannriemen aus **starkem Nylon-Gewebe** halten besser, lassen sich kontrolliert nachspannen und sind nebenbei auch als Wäscheleine, Brunnenseilverlängerung, zur provisorischen Reparatur eines Gepäckträgerbruchs oder als Abschleppseil geeignet.

Gewichtsverteilung und Schwerpunkt

An einem Motorrad gibt es bestimmte Zonen, die **zur Gepäckbefestigung ungeeignet** sind. Dort entstehen durch das Anbringen von Gewicht und Masse u. U. sehr ungünstige Einflüsse auf das Fahrverhalten. Mancher unterschätzt diese Tatsache erst einmal, da bei Straßenfahrt oder auf harten Pisten nicht großartig stört, was im Tiefsand das Sturzrisiko vervielfachen und damit zu Schäden an Motorrad, Gepäck und auch am Fahrer führen kann:
● Kein Gepäck an Stellen, die vom **Schwerpunkt** des Motorrades, also dem Dreieck zwischen Tank, Motor und Schwingendrehpunkt weit entfernt sind. Schon wenige Kilogramm auf einem Gepäckträger hinter der Sitzbank üben vor allem im Tiefsand

023mo Foto: tt

Sahara per Motorrad – Ausrüstung

spürbare Hebelkräfte aus, die das Vorderrad entlasten. Dadurch verliert es an Führung, und das Fahren auf Sandpisten wird zum nerven- und kräftezehrenden „Eiertanz".

●Kein Gepäck an Stellen, die **mitgelenkt** werden müssen: z. B. auf der Vorderradabdeckung oder „Scheinwerfergepäckträgern". Auch Lenkerflaschen, an der Querstange befestigt, sind eigentlich ein fahrergonomischer Fehler: Die zusätzliche mitzulenkende Masse verschleißt die Fahrerkräfte unnötig, kostet Reaktionsgeschwindigkeit und damit – insbesondere auf Gelände-Langstrecken – Sicherheit. Professionell vorbereitete Geländemaschinen für den Rallyesport besitzen nicht nur wegen des Windschutzes rahmenfeste Verkleidungen – der ist selbst bei Höchstgeschwindigkeiten von um die 160 Stundenkilometern wohl nicht unbedingt nötig –, sondern damit schwere Zusatzinstrumente wie Roadbook-Abroller, Tripmaster und Satelliten-Navigationsgerät in der Verkleidung untergebracht werden können. Die zu lenkende Masse bleibt dadurch möglichst gering.

●Kein Material an **Gabeltauchrohren** und **Schwinge** befestigen. Dadurch wird die ungefederte Masse des Motorrades erhöht – offroad eine wahre Todsünde, da die Wahrscheinlichkeit von Schäden an Rädern, Speichen und Fahrwerkslagern steigt.

Schutzbekleidung

Risiken und Anforderungen

Eine längere Offroad-Motorradreise ohne jeden Ausrutscher ist sehr unwahrscheinlich. Daher macht optimale Schutzbekleidung nirgendwo mehr Sinn als dort, wo man Hunderte, manchmal sogar Tausende von Kilometern im Gelände fährt - in der Sahara. Dass man im tiefen Sand auch weich fallen kann, ist zwar richtig. Die Wüste besteht allerdings größtenteils aus hartem und steinigem Untergrund. Hier bleibt kein Sturz ohne Verletzungsfolgen – es sei denn, man ist entsprechend angezogen. Schon so mancher hat das allerdings erst eingesehen, als er mit gebrochenen Knochen seine Reise beenden musste.

Saharataugliche Motorradkleidung muss nicht in erster Linie gegen lange Rutschpartien auf Asphalt schützen, sondern gegen **Stoß- und Schlagverletzungen** bei Geländestürzen. Dies tut sie am besten durch so genannte **Protektoren** an Rücken, Schultern, Ellbogen, Unterarmen, Knien und Hüftknochen. Es gibt zwei Arten von effektiv schützenden Protektoren: solche aus gepolsterten **Hartkunststoffschalen** und solche aus zähelastischem, je nach Geschwindigkeit des Stoßimpulses verschieden hart wirkendem **Weichkunststoff.** Erstere besitzen bessere Schutzwirkung gegen Verletzungen durch spitze oder kantige Gegenstände, Letztere absorbieren durch die stoßdämpfenden Eigenschaften ihres Materials mehr Aufprallenergie. Entscheidend für die Praxistauglichkeit von Enduro-Protektoren ist erstens: sichere **Befestigung** in der Kleidung (eingenäht oder geklettet) oder am Körper (durch Riemen). Nur so kann die Hauptproblematik von Enduro-Protektoren, ihr Verrutschen im Ernstfall, entschärft werden. Zweitens: **Großflächigkeit.** Beispielsweise kann bei einem Aufprall auf die Schulter durch einen großen Schalenprotektor ein relativ punktueller Impuls auf die menschlichen „Sollbruchstelle" Schlüsselbein (der häufigste Motorradfahrer-bruch) flächig verteilt und damit ein Bruch verhindert werden. Bei Sportarten, bei denen die menschliche Schulter als Rammbock eingesetzt wird (Eishockey, American Football), lässt sich das Prinzip wirksamer Protektoren gut studieren.

Motorradbekleidung, die für eine Offroad-Saharareise wirklich geeignet ist, kann **nicht billig** sein. Die Versuchung, hier zu sparen, ist groß, vor allem, wenn man schon für bereits vorhandene, aber für die Wüstenfahrt eben nicht optimale „Klamotten" viel Geld hingelegt hat. Eine schwere Verletzung, ein Krankenhausaufenthalt, eine abgebrochene Reise kommen einen jedoch eventuell teurer zu stehen.

Enduro-Bekleidung

Bei den meisten Enduro-Hosen ist die **Hüftknochenpartie** gar nicht oder nur unzureichend geschützt. Eine zusätzlich eingenähte bzw. geklettete Polsterung aus zähem, etwa 15 mm dickem Schaumstoff (z. B. aus einer guten Camping-Liegematte; die Hose sollte dann eine Nummer größer gekauft werden) kann eine äußerst schmerzhafte Hüftknochenprellung oder gar einen Beckenbruch verhindern.

Nur wenige Enduro-Jacken verfügen über eingearbeitete **Wirbelsäulenprotektoren.** In diesem Fall sollte unbedingt ein zusätzlicher, über die gesamte Rückenlänge reichender Wirbelsäulenschutz aus Hartplastik-Schuppengetragen werden (z. B. kombiniert mit einem Stretch-Nierengurt). Ein solcher Protektor kann bei einer harten Rückenlandung, z. B. auf einem herausstehenden Felsbrocken, oder wenn man bei einem Sturz vom Motorrad getroffen wird, vor schweren Verletzungen und womöglich vor einem Leben im Rollstuhl bewahren.

Für den Einsatzzweck Sahara sollte das Material einer Endurojacke **atmungsaktiv,** ihr Innenfutter herausnehmbar sein.

Kombiprotektoren

Bei besonders hohen Temperaturen (in der Sahara von etwa Mitte April bis Mitte Oktober) sorgen gefütterte Endurohosen oder solche aus Leder für Schweißausbrüche und damit den unter Saharafahrern ebenso bekannten wie erheiternden „Hose-runter"-Effekt bei jeder Fahrpause. Statt einer Jacke empfehlen sich zu dieser Zeit die aus dem Geländesport stammenden Kombi-Protektoren, mit **Ventilationsöffnungen** versehene **Brust-Rücken-Panzer** mit daran befestigten Schulter-, Ellbogen- und Unterarmprotektoren. In

Verbindung mit einem langärmligen T- oder Sweatshirt lässt sich so auch bei extremer Hitze und starker Sonneneinstrahlung angenehm und bestens gegen den Fall der Fälle geschützt Enduro fahren. Kombiprotektoren sind in unterschiedlichsten Ausführungen zu haben. Manche Modelle scheinen eher für die Diskothek zu taugen als fürs Motorradfahren im Gelände. Besonders sollte man beim Kauf neben der richtigen Größe und verrutschsicherer Befestigungsmöglichkeit auf eine großflächige Ausführung der Schulter-Schlüsselbein-Partie achten. Da der Rückenschutz von Kombiprotektoren in der Regel nicht die Lendenwirbelsäule miteinschließt, bitte immer zusätzlich einen Rückenprotektor tragen!

Stiefel und Handschuhe

Motocross-Stiefel sind leichter ausgeführten Enduro-Stiefeln vorzuziehen, denn nur für die Härten des Geländesports konzipierte Stiefel verfügen über die in der Sahara sehr wichtige Stahl- oder Kevlar-**Plattenversteifung der Sohle** und eine ausreichend stabile **Abstützung des Knöchel-Mittelfußbereichs:** Fußverletzungen durch Sturz, durch vom Vorderrad aufgewirbelte oder hochgehebelte Steine sind bei Wüstenfahrten nicht gerade unwahrscheinlich – zumindest mit unzureichendem Schuhwerk. Dass Motocross-Stiefel nicht für lange Fußmärsche geeignet sind, spricht genauso wenig gegen sie, wie das bei Skistiefeln der Fall ist. Zum Wandern hat man ja noch ein Paar Trecking-Schuhe dabei.

Nicht zu unterschätzen ist auch die Wichtigkeit praxisgerechter Handschuhe. Gut geeignet sind **Motocross-Handschuhe** mit gepolsterten und zusätzlich mit Plastik armierten Finger- und Handoberseiten. Spätestens in den Akazien-„Alleen" vegetationsreicher Wadis bewahrt das vor äußerst schmerzhafter Bekanntschaft mit Ästen und eisenharten Stacheln.

Sturzhelm und Brille

Mit großer Wahrscheinlichkeit kommt ein neuer Helm nicht ohne Kratzer in der mehr oder weniger aufwändigen Lackierung aus der Sahara zurück. Dies sollte jedoch nicht dazu verleiten, lieber den alten „Topf" mitzunehmen. Denn bei dem ist mit Sicherheit nicht mehr viel los mit Passform und Stoßdämpfung. Am Kopfschutz zu sparen, ist bei einem relativ gefährlichen Unternehmen wie einer Motorrad-Saharareise wirklich sträflicher Leichtsinn!

Motocross-Helme bieten gegenüber Integral-Straßenhelmen den Vorteil größeren Tragekomforts bei Hitze. Eine Motorradbrille (unbedingt mit einem Nasenschutz!) schützt die Augen besser vor Sandkörnern als ein Visier.

Zu **Nasenbluten** neigende Personen sollten in der extrem trockenen Wüstenluft besonders bei Verwendung der Kombination Crosshelm/Motorradbrille zusätzlich ein **Gesichtstuch** oder eine so genannte Sturmhaube tragen: Ausgetrocknete Schleimhäute platzen leichter als feuchte.

Fotografie

Bei Motorradreisen auf materialmordenden Strecken und unter extremen klimatischen Bedingungen – und das sind Saharareisen nun mal – sollte man sich im Unfang der Foto-Ausrüstung auf das Nötigste beschränken. Vor allem darf man bei der Unterbringung und Benutzung unter „wüsten" Bedingungen keine Fehler machen. Sonst sorgt eine funktionsuntüchtige Kamera schon unterwegs für Frust, oder man stellt daheim fest, dass all die schönen fotografierten Motive „nichts geworden" sind – wegen rüttel- und sandschadenbedingter Fehlbelichtungen, wegen hitze-„gegarter" und von Kratzern durchzogener Filme. Auch die elektronischen Speichermedien von Digitalkameras mögen Sand überhaupt nicht, verweigern wegen eines einzigen Kornes womöglich den Zugang zu allen (!) aufgenommenen Bildern.

Dieses Kapitel berät bei der Auswahl der Ausrüstung und ihrem Transport – und gibt Tipps, wie man zu schönen Reisebildern kommt.

Kameras und Zubehör

Bei der Anschaffung eines Fotoapparates stellt sich die Frage nach dem **Medium der Bildspeicherung:** digital oder nach alter Väter Sitte chemisch, auf einem mit lichtaufnehmenden Partikeln beschichteten Plastikstreifen.

Sahara per Motorrad – Ausrüstung

Digitale Fotografie

Elektronischer Bildwandler und Speicherkarte sind die Alternative zum Fotografieren mit konventionellen Film. Die bequeme, Platz sparende und übersichtliche Bildarchivierung durch das Abspeichern auf einer Computer-Festplatte oder CD-ROM, das Entfallen von Filmmaterial- und Entwicklungskosten, die sofortige Sichtbarkeit und damit Kontrolle nach der Aufnahme und die Möglichkeit der elektronischen Bildnachbearbeitung am PC sprachen von Anfang an für die digitale Fotografie. Die in der Anfangszeit gegenüber dem chemischen Film deutlich schlechtere Bildqualität – vor allem in der preislich erschwinglichen Digitalkameraklasse – sprach dagegen. Seit Einsatz des ersten hoch auflösenden Bildwandlers für Fotoapparate – er produzierte immerhin 3,3 Megapixel große Bilder – ist der Abgesang auf die Ära des chemisch speichernden Filmes eingeleitet – auch wenn „konservative" Fotografen das bedauern. Außer, was den Preis betrifft, hat er als Aufnahme-Medium für Bilder im Format 24 x 36 mm (Kleinbildfilm), erst recht als solches für die 16,7 x 30,2 mm kleinen Bilder des APS-Formates ab Mitte des Jahres 2000 ausgedient. Amateur-Digital-Fotoapparate in der **Preisklasse** zwischen je nach Ausstattung ca. 1000 und ca. 2.000 DM bieten mit 3,34 Millionen Bildpunkten eine dem meistverwendeten Kleinbild-Farbnegativ-Film – ASA 200 – gleichwertige Auflösung. Selbst gegenüber einem sehr feinkör-

nigen, umgerechnet etwa 6,4 Millionen Bildpunkte zählenden 100-ASA-Kleinbild-Film sind bei Vergrößerungen bis DIN-A4 keine Unterschiede feststellbar. Ausdrucke zu Hause am eigenen Farbdrucker oder – qualitativ noch weit besser – Belichtungen auf richtigem Fotopapier im Fotoladen lassen kaum Unterschiede erkennen.

Auch die Diaprojektion – bislang Domäne der analogen Fotografie – hat digitale Konkurrenz. Fotodateien lassen sich über einen **„Beamer"** – das immer mehr in erschwingliche Preisregionen absinkende elektronische Äquivalent zum Dia-Projektor – projizieren, und zwar bis hin zu für Großveranstaltungen ausreichenden Formaten. Bei Projektionen über „Hausgebrauch"-Größe kommen allerdings die **Bildqualitäts-Mängel** der Consumer-Digitalkameras zum Vorschein: Die Bilder werden aus Speicherplatzgründen in sehr stark komprimierten Datei-Formaten gespeichert. Die Optiken sind oft nicht für die Bedingungen digitaler Bildwandler gerechnet, sondern stammen leicht abgewandelt aus Analog-Kameras. Deshalb sind bei vielen „Billig"-Megapixel-Kameras **Verzeichnungen** in einer Deutlichkeit üblich, wie es selbst bei sehr preiswerten Analog-Fotoapparaten nicht zu finden ist. Für die Landschaftsfotografie stört das nicht sonderlich, für andere Motive aber gewaltig. Auflösung, Schärfe und Kontrast sind bei Digital-Kameras um die 2.000 DM allerdings durchweg in Ordnung.

Besser für die Großprojektion oder auch zur Erstellung von Druckvorlagen

Sahara per Motorrad – Ausrüstung

für Foto-Reportagen in Zeitschriften geeignet sind (semi-)**professionelle Digital-Fotoapparate.** Mit jeder „Fotokina"- oder „Cebit"-Fachmesse laufen sie zu höherem Bildqualitäts-Niveau auf und sinken gleichzeitig immer mehr in Richtung des Preis-Niveaus von Profi-Spiegelreflexkameras ab. Sie bieten eine Bildqualität, an der auch bei großer Projektion oder hochauflösender Darstellung am Computer-Bildschirm nichts mehr zu meckern ist. Was weniger an der Auflösung liegt – die ist z. B. mit 3,9 Megapixel bei der rund 4.500 DM teuren *Olympus E 10* niedriger als bei durch Interpolation auf Bildgröße 4,3 Megapixel gebrachte Abbildungen mancher „Consumer"-Kameras (z. B. *Fuji* und

Leitz). Es sind vielmehr hervorragende, speziell für die Digital-Bildwandler gerechnete Optiken und qualitätsverlustfreie Speicher-Möglichkeiten, die für besonders scharfe und detailreiche Abbildungen sorgen.

Analoge Fotografie

Für den auf Analog-Fotografie eingeschworenen Fotografen, der bereits über eine umfangreiche Kleinbild-Spiegelreflex-Ausrüstung verfügt, kommt ein Digital-Fotoapparat gar nicht oder nur ergänzend in Frage.

Erst recht ist das der Fall, wenn man über eine Kameraausrüstung verfügt, die auf Rollfilm „mittelformatige" Dias erzeugt: Schon die Auflösung der auch für Outdoor-Einsatz gut geeigneten Kameras fürs „kleine Mittelformat" (effektive Bildgröße 56 x 41,5 mm) wird in absehbarer Zeit sicher nicht von der digitalen Fotografie erreicht: Auf einem für Schärfe-Fanatiker – genau solche fotografieren mit dem Mittelformat – als erste Wahl geltenden 50-ASA-Rollfilm errechnen sich nämlich pro Bild sage und schreibe rund dreißig Megapixel! Selbst die noch im Experimentalstadium befindlichen, für Studiokameras entwickelten und extrem teuren Bildwandler mit 16,8 Millionen Pixel erreichen nur die Hälfte davon! Auch 50-ASA-Kleinbild-Filme reichen für Diaprojektion bis zu gut vier Meter Kantenlänge, für Abzüge bis Postergröße (DIN A1) und für Druckvorlagen bis zur Zeitschriftendoppelseite. Das „Korn", also die von der Filmempfindlichkeit abhängige Struktur der lichtaufnehmenden und das Foto erzeugenden Beschichtung ist fein genug. Es braucht nur noch gute Objektive, die das maximal Mögliche aus dem Film herausholen.

Kleinbildspiegelreflexkameras

Die Kleinbild-Spiegelreflex-Technologie ist Schrittmacher und Träger der gesamten fotografischen Weiterentwicklung. Schon Kameras der unteren Preisklasse sind heute besser ausgestattet als Topmodelle vor fünf Jahren. Solche der gehobenen Klasse bieten besonders hoch entwickelte Belichtungssteuerungen, Scharfstell-Automatiken und Bildtransportmotoren. Mehrfeldbelichtungssteuerungen – bis hin

zu 1005-facher Unterteilung des Bildes inkl. Berücksichtigung der Farbgewichtung (*Nikon F 5*) – werden auch mit schwierigsten Belichtungssituationen fertig. Die Autofokus-Steuerungen sind längst ihre früher belächelten Kinderkrankheiten losgeworden, arbeiten schneller und treffsicherer, als dies manuell zu schaffen wäre. Leistungsstarke Filmtransportmotoren ermöglichen treffsicheres Ablichten extrem schnellbewegter Objekte. Systemblitzgeräte sind mit den jeweiligen Kameraeinstellungen gekoppelt und regeln ihre Lichtleistung so exakt, dass man einem Bild kaum noch ansieht, ob es geblitzt wurde. Bei den größeren Aufsteckgeräten passen sich eingebaute, variable Reflektoren zudem der verwendeten Brennweite an, und das Blitzlicht wird so gut genutzt, dass sich Reichweiten ergeben, die früher nur mit sperrigen Stabblitzgeräten möglich waren.

Auch etwas ganz anderes kann den Kleinbild-Fotografen erfreuen: Die sehr hohen produzierten Stückzahlen und ein harter Konkurrenzkampf auf dem Kleinbild-Spiegelreflex-Markt sorgen für ein immer kundenfreundlicheres Preis-Leistungs-Verhältnis. Nicht nur Hersteller, sondern auch Großhändler bieten aktuelles Fotogerät immer günstiger an.

Last not least verfügen Spiegelreflexkameras natürlich auch über ihre beiden klassischen Vorteile:

1) Das **Sucherbild** enspricht perspektivisch und größenmäßig mit jeder verwendeten Brennweite dem auf dem Film abgebildeten Bild. Die Schärfe des anvisierten Objektes ist erkennbar und der Gesamtschärfebereich (= Schärfentiefe) kann durch Drücken der Abblendtaste sichtbar gemacht werden.

2) Das Spektrum der einsetzbaren **Brennweiten** ist größer als bei jedem anderen Format und -system (siehe dazu nachstehenden Abschnitt „Wechselobjektive").

Mittelformat für die Reise?

Die **Bildqualität** ist beim Mittelformat, wie vorstehend erwähnt, grundsätzlich traumhaft! **Abmessungen und Gewicht** sind für Motorradreisen mit ihrem beengten Stauraum jedoch eher ein Albtraum. Das gilt zumindest für Mittelformat-Spiegelreflexkameras im „klassischen" (6 x 6) und „großen" (6 x 7) Format. Dass sie hinter der Bedienungsfreundlichkeit von Kleinbildkameras in der Regel um Jahre, ja Jahrzehnte hinterherhinken, sei nur am Rande erwähnt.

Die kompakteste Kamera des „großen" Mittelformats, die *Mamya 6/7*, besitzt keinen Spiegelreflex-, sondern einen Durchsichtsucher, ist also eine so genannte Sucherkamera. Sie verfügt über Belichtungsautomatik und kann mit drei Objektiven bestückt werden.

Das „kleine" Mittelformat (6 x 4,5) bietet deutlich transportablere Abmessungen und kleinbild-ähnlichen technischen Komfort. Die Mittelformat-Sucherkamera *Fuji GA 645* besitzt einen eingebauter Blitz, motorischen Filmtransport, Autofocus, Zeit- und Programmautomatik. Für rund 2.500 DM

ist sie für Mittelformat preiswert und von den Abmessungen kaum größer als eine Kleinbild-Spiegelreflexkamera. Im Vergleich zu den Sucher-„Minis" des Kleinbilds ist sie natürlich noch lange keine Kompaktkamera.

Kleinbild-Sucherkameras

Sucherkameras machen in der Reisefotografie vor allem dort Sinn, wo eine sperrige Spiegelreflex-Ausrüstung gar nicht oder nur unter erhöhten Risiken und Mühen mitkann, und ebenso dort, wo man die Absicht, zu fotografieren, nicht von vornherein offenkundig machen will.

Die Stunde der Ultra-Minis vom Schlage der *Olympus „miu II"* schlägt vor allem dann, wenn man mit einer großen Kamera überhaupt nicht zum Schuss kommen würde: Eine blitzschnelle Vollautomatik, die Abmessungen einer Zigarettenschachtel, Abdichtung gegen Spritzwasser und Staub – das ist es, was man braucht, wenn im „Eingemachten" fotografiert werden soll, z. B. beim Motorradfahren in schwierigem Gelände.

Legt man nur in zweiter Linie Wert auf geringe Größe und Leichtigkeit, kommen auch **Kompaktkameras mit Zoom** in Frage. Sie liegen von Gewicht wie Abmessungen immer noch deutlich unter den leichtesten Spiegelreflex-Kleinbild-Kameras, selbst wenn bei denen nur ein flaches Normalobjektiv aufgesetzt ist. Und sie erlauben schon ein wenig Spiel mit der Perspektive. Natürlich in Grenzen, denn bescheidene 28 mm sind die stärkste

Sahara per Motorrad – Ausrüstung

Weitwinkelbrennweite, die sie zu bieten haben. Reicht das Zoom deutlich über den Porträt-Tele-Bereich (ca. 90 mm) hinaus, liegt die untere Brennweitengrenze sogar noch „enger" – in der Regel bei rund 35 mm Brennweite. Doch mehr ist bei den kleinen Linsendurchmessern von Kompaktkameras einfach nicht drin, sollen Lichtstärke und Bildqualität im akzeptablen Rahmen bleiben.

So genannte **Edel-Minis** bieten für den vier- bis fünffachen Preis der normalen Kompakten, also 2.000 bis 2.500 DM, ein Metallgehäuse aus Aluminium oder gar Titan und so hochwertige Optiken, dass sie trotz ihrer geringen Größe mit dem optischen Standard von Spiegelreflex-Kameras mithalten können. Prestige ist natürlich inklusive, wenn auch nicht so viel wie bei den unkompaktesten Kompakten, den mit Wechselobjektiven zu bestückenden Sucherkameras. Dafür liegt z. B. der Preis einer *Contax G 2* auch auf dem Niveau japanischer Profi-Spiegelreflex-Kameras, bei der exklusiven *Leica* und ihren legendären Objektiven sogar noch deutlich darüber. Brusttaschentauglich sind diese Kameras übrigens nicht mehr, aber immerhin noch so klein, dass man drei Objektive, Blitz und Zubehör in einer Fototasche unterbringt, die sonst für gerade mal eine „Reflex" mit Zoomobjektiv reicht.

Objektive – Zooms sind Favoriten

Wer möglichst wenig herumschleppen und trotzdem flexibel sein will, sollte ein **Zoomobjektiv** wählen, das mit seinem Brennweitenbereich eine ganze Reihe von häufig eingesetzten Objektiven abdeckt. Ideal sind die inzwischen ausgereiften und preiswertem Vario-Objektive mit dem Bereich 28 bis 200 mm. Sie beinhalten sechs gängige Festbrennweiten und decken mindestens 90 % der Aufnahmesituationen ab. Im Gegensatz zur Anfangszeit glänzen die heute von Kamera- und Objektivherstellern angebotenen Extrem-Zooms mit **guter Abbildungsleistung.** Asphärische Linsen, früher sündteure Handarbeit, heute vollautomatisch gefertigt, sind das Geheimnis der relativ hohen optischen Qualität.

Eine mehr weitwinkelbetonte Alternative, noch allerdings nur für *Nikon*-Fotografen zugänglich, ist das *Nikkor* 24 bis 120 mm. Dieses Objektiv deckt mit seinem großen maximalen Blickwinkel und seinem starken Porträt-Tele-Bereich das gesamte Spektrum der Reportagefotografie ab.

Als **Normalobjektiv-Ersatz** bieten sich noch eine ganze Reihe anderer Zoombereiche an: 24 bis 50, 70 oder 85 mm sind kompakte und weitwinkelbetonte Zooms. Die Bereiche 28 bis 70, 85 oder 135 mm und 35 bis 70, 80, 135, 200 und sogar 300 mm sind besonders preisgünstig, aber auch je nach Bereichgröße mehr oder weniger mit den klassischen Zoomkrankheiten behaftet: Verzeichnung, „weiche" Abbildung bei großer Blenden-öffnung. Erst ab ca. 2.000, DM gibt es Zoomobjektive mit einer für professionelle Ansprüche ausreichenden Bildqualität. Ihr zuliebe sind die Zoom-Bereiche nicht spektakulär: 28 bis 70, 35 bis 70 mm oder 70/80 bis 200/210. Dafür gibt's hohe Lichtstärke und solide Bauweise.

Auch im **Extrem-Weitwinkelbereich** bis hinunter zu 17 mm und im Tele-Bereich oberhalb 300 mm gibt es Zooms. Freilich noch mit mehr oder weniger kompromissbehafteter optischer Qualität – zumindest gemessen an der mittlerweile sagenhaften Leistung und Lichtstärke der „langen" Tele-Festbrennweiten. Mit fünfstelligen Preisen sind die allerdings nur für professionellen Einsatz bezahlbar.

Stativ

Die Auswahl eines Stativs kann auf einer Motorradreise in die Sahara nur ein **Kompromiss** sein. Größtmögliche Kompaktheit und geringes Gewicht gehen nun mal auf Kosten der Stabilität. Das Auslösen von einem Leichtbau-Stativ sollte daher – insbesondere bei Benutzung einer Spiegelreflexkamera mit aufgepflanzter längerer Brennweite – möglichst verwacklungsarm über den Selbstauslöser bzw. zusätzlich mit vorausgelöstem Spiegel (falls die Kamera diese Möglichkeit bietet) vorgenommen werden.

Eine recht praktische Stativart sind **Klemmstative,** die man z. B. am Lenker festschrauben kann. Sie sind klein und leicht – und eine stabilere Abstüt-

zung als mehrere Zentner Motorrad ist sicher nie nötig

Blitzgerät

Viele Kameras sind mit eingebauten **Systemblitzgeräten** ausgerüstet. Abmessungsbedingt ist deren Leistung natürlich nur für den Nahbereich, zum Aufhellblitzen – z. B. für Portraits im Gegenlicht – ausreichend. Ihr Vorteil ist, dass sie blitzschnell verfügbar, weil in Sekundenbruchteilen ausklapp- oder einschaltbar.

Da das Blitzen auf größere Distanz für die Reisefotografie eher selten erforderlich ist, ist die Mitnahme eines extra starken externen Blitzgerätes in der Regel unnötig.

Transport und Schutz

Die beste Fotoausrüstung nützt wenig, wenn sie defekt ist. Hauptursachen für Kameraausfälle sind allerdings nicht Herstellungs- und Materialfehler, sondern mangelhafter Schutz beim Transport. Vor allem auf Motorradreisen, die nicht nur auf guten Teerstraßen stattfinden, heißt es hier auf Nummer Sicher gehen, sonst sind **Erschütterungs-schäden** an Fotoapparat und Objektiven geradezu vorprogrammiert.

Wirksam kann man den zerstörerischen Vibrationen und Schlägen rauer Strecken nur durch eines begegnen: Die gesamte Ausrüstung muss in einem stoßdämpfenden, mit Schaumstoff ausgekleideten Behältnis so untergebracht sein, dass kein Teil gegen ein anderes stoßen oder scheuern

Sahara per Motorrad – Ausrüstung

kann. Kamera, Objektive, Blitzgeräte, Filme, Batterien und sonstiges Zubehör sollten rundherum gepolstert sein. Nichts sollte in seinem Fach hin- und herrutschen können.

Es lohnt sich also, die Unterteilungen eines Behältnisses für die Fotoausrüstung für das jeweilige Ausrüstungsstück auf Maß zu schneidern und zusätzliche Trennwände oder Polster mitzunehmen, falls z. B. ein kurzes Objektiv in einem Fach für ein langes verstaut werden soll. Und das ist häufig der Fall, wenn das Fach, in das die Kamera kommt, richtig bemessen ist: Nämlich so, dass man den Fotoapparat mit jedem der mitgeführten Objektive darin unterbringen kann. Passt er nur mit einem kurzen Objektiv hinein, wird man mit vielen unnötigen Objektivwechseln, entsprechendem Mehrverschleiß und einer erhöhten Gefahr des Eindringens von Staub bestraft.

Behälter für Fotoausrüstungen gibt es als nach oben zu öffende Umhängetaschen, als aufzuklappende Foto-Rucksäcke und als Koffer aus Metall oder Kunststoff. Praxisgerecht sind sie nur dann, wenn sie nach Öffnen des Deckels leichten Zugriff auf alle Ausrüstungsgegenstände bieten, wenn sie üppig gepolstert, beliebig einteilbar und bequem zu tragen sind.

Markenprodukte erfüllen in der Regel hohe Ansprüche – außer was ihre, mit dem ganzen Gewicht der Ausrüstung belastete **Bodenpolsterung** betrifft: Fürs Motorradfahren auf schlechten Wegstrecken reicht sie nicht aus, vor allem, wenn die Fototasche auf dem harten Grund eines Seitenkoffers,

Topcases oder Tankrucksacks untergebracht ist. Zusätzlich eingelegte Schaumstoffplatten – so genannter Foto-Schaumstoff, weil der keine für die Linsenvergütung schädliche Chemie ausdünstet – kosten wenig Platz und kommen der Ausrüstung sehr zugute.

Kompaktkameras, aufgrund ihrer filigranen Bauweise empfindlich, werden häufig in der Jackentasche, am Gürtel oder im Tankrucksack untergebracht. Dort sind sie zwar vor Erschütterungen geschützt, Staub oder Feuchtigkeit aber umso mehr ausgesetzt – zumal auch die mitgelieferten Etuis in der Regel alles andere als dicht sind. Eine zusätzliche Plastiktüte oder eben ein gut abgedichtetes Etui (z. B. von den Firmen *Salewa* oder *Ortlieb)* verbessern Zuverlässigkeit und Lebensdauer eines Minis.

Auch Filme werden häufig Opfer widriger Bedingungen: Einmal im Gepäck „gegart" – z. B. wenn man länger in praller Sonne parkt –, ermöglichen sie nur noch „Falschfarben-Fotografie". Ein mit Styropor verkleideter Behälter (siehe Kapitel „Gepäck, Reserven, Beladung und Bekleidung") sorgt für thermische Reserven.

Wechselt man den Film in staubiger Luft oder ist die Kamera selbst verstaubt, finden häufig einige Körnchen den Weg ins Innere der Kamera. Nach dem Entwickeln dann der Ärger: So genannte „Telegrafendrähte" verschandeln jedes Bild des Films.

„Schreiben mit Licht"

Nicht simples Knipsen des Gesehenen und Erlebten vermittelt tiefe Eindrücke, sondern **gestalterische Umsetzung** und die richtige Benutzung der Ausrüstung. Nachfolgend die wichtigsten Tipps für gute Bilder.

Passende Filme

Empfindlichkeit

Hoch empfindliche Filme ermöglichen mit entsprechend lichtstarken Objektiven ungeblitzte Freihandaufnahmen, also reaktionsschnelles und unauffälliges Fotografieren auch bei Dunkelheit. Störend ist das zwangsläufig grobe „Korn" der Lichtriesen nur dann nicht, wenn es zur Stimmung des Motivs passt. Das ist z. B. dann der Fall, wenn das Bild Beobachtungscharakter oder den Touch des heimlichen Fotografierens besitzt, also ein klassisches Reportagefoto ist. Beispiele: nächtliche Szenen mit Menschen (Kneipen, Feste, Action). Die Aufnahme einer nächtlichen Wüstenlandschaft mit Sternenhimmel ist trotz ähnlicher Lichtverhältnisse von ganz anderer Atmosphäre. Hier würde grobes Korn störend wirken. Nur ein extrem feinkörniger Film (z. B. *Fujichrome Velvia* 50 ASA) bringt die für ein solch stilles Motiv erforderliche feine Detail-Wiedergabe.

Dia- oder „Bilder"-Film

Ersterer besitzt nicht nur den Vorteil der Projizierbarkeit. Auch die Qualität von Abzügen – übrigens genauso problemlos und kaum teurer anzufertigen als mit dem zum Herstellen von Papierbildern verwendeten Farbumkehr-Film (=„Bilderfilm") – lässt sich anhand eines positiven Originals leichter kontrollieren als mit dem Negativ. Aber auch fürs Veröffentlichen steigen die Chancen: Dias eignen sich am besten für hochwertige Druckvorlagen.

Gestaltung der Perspektive

Sie ist das stärkste Ausdrucksmittel in der Fotografie und erfolgt durch das Verändern des normalen Blickwinkels. Dies geschieht durch Einsatz von Fotooptiken mit ganz anderen Brennweiten als der des menschlichen Auges (rund 55 mm). Ein Kamelschädel, aufgenommen aus nächster Nähe mit einem 16-mm-Weitwinkel in „Fischaugen"-Konstruktion, wirkt übermächtig wie ein Saurier-Skelett, macht das Bild unheimlich und bedrohlich.

Bewusste Bildgestaltung

Durch richtige Standpunktwahl, Beachtung des Lichteinfalls und das Arrangieren von Motivbestandteilen lässt sich auch bei der Reisefotografie studioähnlich komponieren statt nur „knipsen". Dabei muss das eigentliche Motiv nicht unbedingt außergewöhnlich sein. Selbst dem wohl meistfotografierten Objekt, einem Sonnenuntergang, können zusätzliche Bildelemente – Tiere, Menschen, ungewöhnliche Landschaften – einen besonderen Charakter geben. Helfen dabei nicht Zufall und Schnelligkeit, dann ein guter Standpunkt und „Statisten".

Sahara per Motorrad – Ausrüstung

„Natürliche" Fotos von Menschen

Menschen und Ereignisse authentisch darzustellen, ist eine der schwierigsten Aufgaben. Denn ist die Kamera länger als einen Augenblick im Anschlag, zerstören Posen und Aktionen unwiederbringliche Momente. Der Fotograf muss also „unsichtbar" bleiben oder seine Absicht, zu fotografieren, unauffällig sein. Schelligkeit – z. B. der berühmte „Schuss aus der Hüfte" – und ein längeres Teleobjektiv sind dafür nützlich.

Mit dem Fotoapparat „erzählen"

Von besonderem Reiz – für den Fotografen wie den Betrachter – ist es, mit dem Foto eine Geschichte zu erzählen, also sich gleichzeitig als Fotograf und als Betrachter einzubringen. Im Foto auf der vorhergehenden Seite erzählen Patronenhülsen und ein Jahrzehnte alter Dosendeckel über die merkwürdigen Wüstengräber. Der Betrachter kann das Rätsel und die Mystik des Platzes über die Hand des Fotografen mitempfinden.

Motorradfotos müssen „anmachen"

Mehrere Themen können die Faszination Motorrad bildlich darstellen: Fahrspaß und Dynamik (oben), interessante Landschaften und Strecken (Mitte) oder die ungewöhnlichen Begegnungen, die man beim Motorradreisen immer wieder macht (unten). Nicht veranschaulicht wird sein Reiz jedenfalls durch langweilige „Ich-und-meine-Maschine"-Bilder. Die beiden Grundregeln für gute Motorrad(reise)fotos lauten also:

1) Das Motorrad sollte möglichst in einer Landschaft, Umgebung oder Situation integriert sein, die auch ohne es fotografierenswert wäre.

2) Das Motorrad sollte immer in Fahrt sein, es sei denn, dass das restliche Motiv bereits für genug „Action", für außergewöhnliche Ästhetik oder für eine „Geschichte" sorgt.

Sahara per Motorrad – Ausrüstung

Sahara per Motorrad – Durchführung

Das Wissen um die besonderen Risiken des in der Sahara zu befahrenden Geländes und das Beherrschen der richtigen Fahrtechniken verhindern, dass eine Motorradreise durch die Sahara zum „Kamikaze"-Unternehmen wird, das unnötig Material verschleißt und den Fahrer gefährdet. Ist beides vorhanden, kann man einem sportlich angehauchten und trotzdem sicheren Offroad-Fahrvergnügen entgegen sehen – egal ob man mit bepackter Enduro unterwegs ist oder sich einem Reiseveranstalter anschließt.

Nachstehend alles Wichtige, um zumindest in der Theorie gegen die Tücken des Wüstengeländes gewappnet zu sein.

Wüsten-geländearten und Fahrtechnik

Hartes Wüstengelände

„Wellblech"-Pisten

Kaum eine Sahara-Piste, die nicht von waschbrettartig angeordneten **Querrinnen** „verziert" ist! Afrikaner nennen sie schlicht und einfach *tôle* (Blech), Kurzform von *Tôle ondulé* („Wellblech"). Beschleunigungs- und Bremsmanöver von Kraftfahrzeugen, genau gesagt der durch Federung, Reifenelastizität und nicht stabile Fahrbahnoberfläche bewirkte ungleichmäßige Kraftschluss sind **Ursache** der „Wellblech"-Bildung: Beim Beschleunigen wird durch den Schlupf, beim Bremsen durch das Blockieren der Räder in kurzen Abständen Bodenmaterial aufgeworfen bzw. aufgeschoben. Je größer das Verkehrsaufkommen, desto schneller verfestigt sich diese auch „Waschbrett" genannte Struktur. Je höher die durchschnittlich gefahrene Geschwindigkeit, desto ausgeprägter ist sie. Wie fährt man nun mit einer Enduro auf solchen Strecken? Mit einem überladenen Motorrad bleibt man zwangsläufig unterhalb des Geschwindigkeitsbereichs, ab dem die Radaufhängung durchzuschlagen beginnt. Je nach Stärke der Wellblechstruktur bedeutet das doppeltes bis **dreifaches Schritttempo** – eine äußerst nervige Angelegenheit.

Weit angenehmer und mit heutigen Enduro-Radaufhängungen problemlos durchführbar ist eine das Wellblech **„überfliegende"** Fahrweise. Je nach Ausprägung reichen rund 80 km/h, um auf der geriffelten Fahrbahnoberfläche relativ ruhig dahinzugleiten. Auf Pisten, die überwiegend von Lkw benutzt werden, sind Abstand und Höhe der Bodenwellen größer, weshalb zur „Einebnung" schon mal 100 bis 120 km/h erforderlich sind. Das stärkste „Wellblech" kam mir auf den Versorgungspisten der Ölbohr-Camps in der arabischen Rub-al-Khali-Wüste unter die Räder. Während der „Dubai-Rallye" 1997 mussten wir zwischen den Dünen-Etappen gelegentlich auch solche Verkehrswege befahren: Selbst mit Vollgas im großen Gang (und damit eigentlich nicht mehr zu verantwortendem Tempo) waren die gut dreißig Zentimeter hohen und fast einen Meter auseinander liegenden Wellen, die die „Monster-Trucks" der Ölbohr-Camps erzeugt hatten, kaum zu glätten. Bei um die 150 km/h war die verminderte Bodenhaftung besonders extrem zu spüren: Schon leichte Schräglage oder Vom-Gas-gehen sorgten für Längsachsenpendeln und ein Fahrgefühl wie auf Glatteis.

Mit **gepäckbeladener Maschine** kann es wegen der veränderten Fahrwerksgeometrie auch bei weit niedrigerem Tempo geschehen – zumal die meisten Normal-Enduros eher auf eine Handlichkeit ausgelegte Fahrwerksgeometrie als Offroad-Highspeed-Stabilität besitzen. Nur richtiges Reagieren kann bei plötzlich einsetzendem Längsachsenpendeln ein „Aufschaukeln" und den dann unvermeidlichen Sturz vermeiden: Nicht ein Schließen des Gasgriffes, sondern Gasgeben, je nach Drehzahl bei gleichzeitigem Runterschalten, bringt das Pendeln zum

Abklingen. Ist es schon heftig, sollte man zusätzlich zum Gasgeben noch die Hinterradbremse betätigen. Ergebnis: Das Motorrad „streckt sich", geht also aus der Vorderradfederung heraus, statt sie zu komprimieren. Damit verringert sich durch die so entstehende, den Geradeauslauf stabilisierende Fahrwerksgeometrie, das Längsachsenpendeln. Erst danach kann kontrolliert verzögert werden.

Wichtig ist für zügige „Wellblech"-Pistenfahrt auch, die **Dämpfung der Federelemente** richtig einzustellen. Im Gegensatz zu fast jedem anderen, insbesondere zu saharatypisch weichem Gelände (siehe Kapitel „Sand"), sollte für Wellblech-Pisten die Zugstufen-Dämpfung deutlich verringert werden. Sonst besteht nämlich die Gefahr, dass die Federung auf einer Wellblechpiste mit dem Ausfedern nicht mehr nachkommt und deshalb der Federweg wegen der Vielzahl dicht aufeinander folgender Stöße immer weiter schrumpft, im Extremfall komplett aufgebraucht ist. Zugstufendämpfung also so weit reduzieren, dass Gabel und Federbein nach dem Einfedern ohne spür- und sichtbare Verzögerung wieder in die Ausgangsposition gehen. Dies prüft man im Stand: an der Gabel durch kurzes Schieben und ruckartiges Betätigen der Vorderradbremse, hinten durch kräftiges Drücken auf das Rahmenheck.

Reg

Dieser arabische Begriff bezeichnet die am häufigsten vorkommende Art von von Wüstengelände, die **"Kiesel- wüste".** Sie erstreckt sich in der Regel kilometerweit über ebene oder wellige Flächen zwischen Bergzügen und Dünengebieten. Erbsen- bis pflaumengroße Steinchen bedecken hier eher festen, grobsandig-kiesigen Wüstenboden im Abstand von einigen Zentimetern. Was ihre Befahrung nur auf den ersten Blick angenehm, in der Praxis aber oft nicht ungefährlich macht, sind die im Bereich von Geländeerhebungen – und dazu zählen selbst die flachsten Hügel – reichlich vorhandenen **Gräben und Spalten** von Wasserabflussrinnen. Flüssige Fahrt ohne ständige starke Bremsungen oder Federungsdurchschläge ist in welligem Reg nur in Schlangenlinien möglich. Um eine "Ideallinie" zu fahren, bedarf es eines guten Blicks für das Gelände und der Beachtung folgender Tatsache: Wasserabflussrinnen sind an ihrem Ursprung, also auf einer Erhebung, weit weniger ausgeprägt als am Hang oder am Fuß einer Erhebung, denn dort hat das Regenwasser schon genug Geschwindigkeit, um Sand und Steine mit sich zu transportieren. Versucht man daher, auf und entlang der "Gipfel"-Linien der Wellen und Hügel zu fahren, ist dies oftl eine wilde Kurverei, die vom Hinterdreinfahrenden große Aufmerksamkeit verlangt.

Achtung: Auch in vermeintlich endlos ebenen und damit zu schneller Fahrt verleitenden Reg-Flächen weitab jeder Geländeerhebung ist man nicht völlig sicher vor einem urplötzlich auftauchenden und dann auch richtig tiefen Abflussgraben: Wasser, das es bis hierher geschafft hat, war nämlich entsprechend reißend!

Hammada

Wie im Reg die Kieselsteinchen, bedecken in der Hammada faust- bis kopfgroße **Felsbrocken** den Boden. Enge und holprige, häufig extrem unebene, mit wahren Felstreppen garnierte Pisten führen durch diese gebirgigen, häufig von noch gut sichtbarem Vulkanismus gezeichneten Wüstenregionen.

Auf derartigen Verkehrswegen gefährden harte Stufen und Kanten **Reifen und Schlauch.** Ist der Luftdruck zu niedrig – je nach Gewicht und Beladung sollte er auf Hammada-Pisten nicht unter 1,8 bis 1,3 bar liegen –, geht es auch den Felgen an den Kragen. Ein Fahren abseits der oft unerträglich holprigen und von grobem Wellblech gezeichneten Piste ist auch in weniger hügeliger Gegend sehr gefährlich: Tiefe Wasserabflussrinnen und Abbrüche lauern überall! Wer sich und sein Material schonen will, braucht in der Hammada viel Geduld.

Trockene Schwemmtonebenen

Vor allem im Bereich breiter **Trockenflüsse** – z. B. auf der legendären algerischen "Gräberpiste" (siehe Kapitel Streckenbeschreibungen) – sind sie zu finden: große Flächen aus Lehmboden, manchmal glatt, manchmal von einem Netz aus Trocknungsrissen überzogen und in der Regel vegetationslos und staubig.

Solche Flächen sind entgegen ihrer Optik **sehr gefährlich** – zumindest bei zu schneller Fahrt oder von der Staubfahne eines Vorausfahrenden getrübter Sicht: Auf einer solchen meist tischebenen und zu hohem Tempo verleitenden Fläche können nämlich durchaus tiefe Abflussgräben und Einbrüche auftauchen! Genauso kann sich über etliche Kilometer makellos glatt getrockneter Schwemmton innerhalb weniger Meter in eine mörderische „Buckelpiste" aus steinharten, während des Trocknungsprozesses übereinander geschobenen Lehmschollen verwandeln!

Weiches Wüstengelände

Nasse Schwemmtonebenen

Wie der Grund eines ausgetrockneten Sees wirken Schwemmtonebenen. Dass sie nichts anderes sind, merkt man vor allem, wenn man einen der seltenen, aber heftigen Sahara-Regengüsse erlebt: Dann steht das Wasser auf Schwemmtonebenen, fließt nur langsam in den nach Monaten der Trockenheit fast versteinerten Boden. Für einige Stunden entstehen fußballfeldgroße Pfützen, manchmal sogar richtige Seen. Ist die Brühe versickert, dauert es unter der Wüstensonne nicht lang, bis sich das Ganze wieder in einen scheinbar festen Untergrund verwandelt. Unter einer dünnen, abgetrockneten Schicht befindet sich jedoch schmierseifenglatter, extrem klebriger **Morast.** Hier hineinzufahren, kann eine äußerst unappetitliche Schlammschlacht zur Folge haben: Mit jeder Radumdrehung bleibt mehr von der schweren und zähen Lehmmasse an den Reifen hängen. Schnell genug zu fahren, um die Reifenstollen per Fliehkraft zu reinigen, ist wegen der extrem rutschigen Bodenbeschaffenheit sehr sturzträchtig – sofern es die Kraft des Motors überhaupt schafft, auf dem Untergrund auf das nötige Tempo hochzubeschleunigen. Falls weder das noch die Umkehr gelingen, wird es nicht lange dauern, bis die Reifen selbst unter hohen Enduro-Schutzblechen im „aufgerollten" Schwemmton blockieren. Dann hilft leider nur noch ein langes, langes Seil und möglichst viele Mitreisende!

Fech-Fech

Eine ebenso spektakuläre wie manchmal unangenehme Besonderheit ist der **feine Staub** des Fech-Fech (arabisch für Puder, sprich: feschfesch).

Vor allem auf Pisten durch Hammada oder über Schwemmtonebenen trifft man auf tiefe, mit mehlähnlichem Feinsand gefüllte Fahrrinnen oder Wühllöcher anderer Fahrzeuge. Wie Wasser fließt dem Motorradfahrer der mehlartige Staub über die Füße, gewaltige Staubwolken (je schneller man fährt, desto fotogener wird man!) entstehen bei der Durchquerung von Fech-Fech-Feldern. Vorsicht ist jedoch geboten: Nicht selten lauern harte Stufen und große Felsbrocken unter dem Staub!

Auf Querfeldeinstrecken begegnet man auch einer nicht durch menschliche Einwirkung entstandenen Variante des Fech-Fech. Auf unberührten Sand- und Regflächen brechen die Räder plötzlich durch eine dünne Kruste relativ harten Bodens tief ein. Ruckartig und immer wieder wird das Fahrzeug abgebremst, als werfe man einen Anker. Wahre Atompilze aus weißem Kalkstaub, in der Nähe erloschener Vulkane auch aus schwarzer Asche, steigen in den Himmel, sorgen vor allem, wenn der Wind von hinten weht, wenn man zu langsam ist oder gar stürzt, für akute Atemnot. Auch beim Fahrzeug: Anfahraktionen in solchem

„Natur-Fech-Fech" sind die schnellste Methode, den Luftfilter so zu verschmutzen, dass der Motor kaum noch über Leerlaufdrehzahl kommt. Gerät man in eine solche Staubfalle, heißt es vor allem Gasgeben, auf keinen Fall zu langsam werden. In den besonders tiefen und tückischen Vulkanasche-Fech-Fech-Feldern des südlichen Oued Mellene an der algerischen „Gräberpiste" etwa muss man sich mit Vollgas von einer harten „Insel" – kleinen Dünenfeldern oder Vegetationsstreifen des Wadis – zur nächsten retten, will man das Motorrad nicht kilometerweit durch tiefen schwarzen Aschestaub schieben. Anfahren ist zumindest mit einer beladenen, womöglich nicht allzu stark motorisierten Enduro fast unmöglich!

Fech-Fech-Piste in der Hammada

Sandpisten

Sie sind für Sahara-Neulinge wie auch für erstaunlich viele „alte Hasen" ein Problem. Erstere besitzen noch keinerlei Sanderfahrung. Denn was man in Europa diesbezüglich unter die Räder bekommt, hat mit einer tiefsandigen, spurenzerwühlten Wadi-Piste nicht viel gemeinsam. Letztere haben sich an ihre „Mehr-schlecht-als-recht-Durchkommen"-Fahrtechnik gewöhnt, können sich gar nicht vorstellen, dass Sandpisten Fahrspaß vermitteln können.

Grundsätzlich gilt: Von Spuren zerwühltem Sand passiert man mit **höherer Geschwindigkeit** leichter als mit niedriger. Ein Sandanfänger übernimmt sich jedoch schnell mit dieser Fahrweise, die hohes Tempo durch hohe Radkreiselkräfte in Fahrstabilität umsetzt, und fliegt im Spurrinnengewühl ständig auf die Nase. Ratschläge wie „Einfach immer Gasgeben" sind nur dann hilfreich, wenn die Regeln und Techniken des Sandfahrens bereits bekannt sind und es nur noch ein wenig an der Überwindung des inneren Schweinehunds hapert. Für alle, die mit von Fahrzeugspuren zerwühlten Sandpisten und knietiefen „Sandschienen" noch ein richtiges fahrtechnisches Problem haben, droht spätestens nach diversen „Umfallern" auch noch eine psychologische Barriere. Zum Glück gibt es die **Gasstoß-Technik,** mit der sich auch ein Anfänger an das zügige Sandpisten-Fahren herantasten kann:

Mit kurzen, rasch aufeinander folgenden Gasstößen wird in einem Drehzahlbereich, wo der Motor richtig „Biss" hat, der weiche Untergrund buchstäblich „durchsägt". Wegen des niedrigen Tempos riskiert man im Falle eines Fahrfehlers so nicht gleich den „Riesenabflug" und wird ohne Angst im Nacken vertraut mit dem im Sand nun mal gegebenen Schlingern, Auskeilen und Weggrutschen des Motorrads. Ohne sturzbedingte „Rückschläge" lernt man so im Normalfall rasch, mit Körpereinsatz und Gasgriff Stabilität in die Fuhre zu bringen. Schnell kommt das Gefühl für das anfangs eher beunruhigende Sandfahrverhalten eines Motorrades, für den Schlupf und Grip des Hinterrades und die Seitenführung des Vorderrades. *Last not least* vermeidet der Wüstenneuling mit der Gasstoß-Technik von vornherein, sich eine Unart anzugewöhnen, die u. U. zu einem schwer abzulegenden Reflex wird, das „Fußeln": Schon bei kaum mehr als Schrittgeschwindigkeit hat man mit diesem ebenso uneleganten wie ineffektiven Fahrstil nämlich keine Kontrolle über die Maschine. Man hält zwar den Lenker noch fest, hat aber ohne die Abstützung der Beine an Fußrasten und Tank mit den Armen kaum Einflussmöglichkeit auf die vom Gelände über das Vorderrad und den Lenker ausgeübten Kräfte.

Die Gasstoß-Technik ist für Anfänger wie Könner auch Fahrtechnik der Wahl, wenn es heißt, enge und/oder mit großen Steinen oder Vegetation durchsetzte Tiefsand-„Schienen" in Trockenflussbetten zu befahren, also Sandpisten, wo für stabile Fahrt ausreichendes Tempo einfach nicht möglich ist. Für solche zwangsweise langsame Fahrt in tiefen Spurrinnen lässt sich übrigens noch eine wirkungsvolle fahrtechnische „Erweiterung" anwenden, die verhindert, dass das Vorderrad aus einer Rinne läuft und man danach mit dem Motorrad in zwei verschiedenen „Sandschienen" unterwegs ist – was bei Geschwindigkeiten unter ca. 60 km/h der Fahrstabilität sichtbar abträglich ist: Man „rüttelt" einfach kurz mit dem Lenker, führt sozusagen schnell hintereinander mehrere, ganz leichte Lenkbewegungen in beide Richtungen aus. Das Vorderrad wird dadurch in der Rinnenmitte zentriert, statt aus ihr herauszulaufen.

Sandebenen

Spurenlose, vollkommen homogene Sandebenen können mehr noch als die zuvor erwähnte Reg-Wüste oder riesige Schwemmtonflächen den Geschwindigkeitsrausch auslösen. Das muss gar nicht die zentrale Ténéré-Wüste mit einer vollkommen erhebungslosen und nicht einmal vom kleinsten Steinchen unterbrochenen Fläche von fast 350 km Durchmesser sein. Ohne jeden optischen Reiz für das Auge – mal abgesehen von den Motorrädern der Mitreisenden – fährt man hier Stunde um Stunde völlig losgelöst von jedem Gefühl für Geschwindigkeit und Entfernung.

Die meisten Enduros zeigen beim schnellen Fahren auf ebenem Sand allerdings deutliche **Geradeauslaufschwächen.** Nur für Wüsten-Rallye-Einsatz gebaute Fahrwerke sind von ihrer Fahrwerksgeometrie in der Lage, auf Sand mit hohem Tempo einigermaßen stabil geradeaus zu fahren. Normal-Enduros entwickeln schon bei etwa 100 km/h ein reges Eigenleben. Verstärkt wird diese unangenehme Eigenschaft vor allem durch Gepäckbeladung. Den **„Speedwobble",** eine sich rasch zu gefährlichem Längsachsenpendeln aufsschaukelnde Fahrwerksschwäche, bekämpft man mit den selben Mitteln wie im Kapitel „Wellblech-Pisten" beschrieben.

Manche Sandebene ist übrigens nur scheinbar unberührt, in Wirklichkeit sind die Spuren früherer Befahrungen von Wind und Sand geglättet. Nicht mehr erkennbare tiefe Fahrzeugspuren – vom Wind mit puderfeinem Sand aufgefüllt – können zu unerwarteten Vollbremsungen, Sprüngen und Versetzern führen.

Sandberge

Im Rahmen der Dünenstrecken, die die gängigen Sahararouten beinhalten, sind nur vergleichsweise einfache Dünen-Passagen enthalten. Nach diesen orientieren sich ja auch logischerweise die alten wie neuen Pisten, weshalb es sich bei den meisten regelmäßig befahrenen Dünenstrecken ja auch eher um Dünen-Pisten als um richtige Dünen-Querfeldeinstrecken handelt. Der Fahrspaß und Erfolg auf solchen Passagen ist für viele Motorradreisende, die auf eigene Faust und mit Gepäck unterwegs sind, Anlass, auch mal mit unbeladener Enduro in die Dünen zu fahren. Für den im Dünen-

Querfeldeinfahren Unerfahrenen ist das ohne Kenntnis der **Risiken** allerdings eine sehr gefährliche Sache – weshalb es z. B. in den letzten Jahren auf den bekannten Dünenstrecken Libyens zu zahlreichen, zum Teil schlimmen Unfällen kam. Es ist nun mal leider so: Keine Art von Saharagelände ıst tückischer und gefährlicher als die in den Ergs, den „Dünenmeeren". Selbst für Leute, die schon ein paar Mal in den Dünen der Sahara Motorrad gefahren sind, bergen diese immer wieder neue Überraschungen – zumal kein Erg dem anderen gleicht und je nach Art und Lage ganz unterschiedliche Gesetzmäßigkeiten herrschen, nach denen der Sand aufgehäuft und bewegt wird. Für Neulinge ist das System eines Ergs fahrerisch vollkommen **unkalkulierbar** und die Sturzwahrscheinlichkeit sehr hoch. Aus meiner eigenen Erfahrung kann ich sagen, dass ich noch nicht allzu lange das Gefühl habe, in jeder Art von Dünengelände völlig entspannt und sicher vor bösen Überraschungen herumfahren zu können. Etliche tausend Kilometer Dünenfahrt im Laufe vieler Saharareisen – ein Dutzend davon reine Erg-Durchquerungen – hat es dazu gebraucht!

Leider ist es nicht leicht, theoretisch das Wichtigste über das Dünenfahren per Motorrad zu vermitteln. Nachfolgend der Text, den ich meinen Reiseteilnehmern vor einer Saharareise mit meiner *Wüstenfahrer Reise GmbH* zukommen lasse und der sich als recht erfolgreich bei der Vermeidung von Dünenunfällen, aber auch als stark „suchtfördernd" erwiesen hat. Denn es ist wirklich so: Dünenfahren macht süchtig.

Tipps für Dünen-Trips

Thema Reifen

Dass man zum „Sandspielen" per Motorrad **grobstollige Reifen** braucht, weiß heute jeder Endurofahrer. Dass der richtige **Reifenluftdruck** fast genauso wichtig ist, hat sich noch nicht so sehr herumgesprochen. Erst mit stark reduziertem Luftdruck macht das „Sand-Surfen" nämlich richtig Spaß. Erst dann geht es kontrolliert vorwärts statt ungewollt abwärts. Erst dann schwimmt das Vorderrad im weichen Sand auf, statt sich hineinzubohren. Die größere Auflagefläche der Reifen macht den Unterschied aus.

Wieviel darf es nun sein? 0,8 bar, wohlgemerkt auf beiden Rädern, sind in „normalem" Dünen nicht zu wenig. Für besonders weichen Sand, wie er nach Stürmen, im Bereich der Dünenkämme oder in nur locker aufgewehten Wanderdünen zu finden ist, kann der Reifendruck sogar bis auf 0,5 bar abgesenkt werden. Gerade wegen des dann traumhaften „Grips" darf man eines nicht vergessen: Die Reifen können sich bei einem Druck unter 1 bar beim Beschleunigen und Bremsen auf der Felge **verdrehen,** was zwangsläufig zu einem Einreißen des Schlauches am Ventil führt. Auf hartem Untergrund, häufig in freigewehten Tälern, ist daher behutsame Fahrweise angesagt. Übrigens lässt sich ein verdrehter Schlauch am schief stehenden

Sahara per Motorrad – Durchführung

Ventil erkennen, allerdings nur, wenn man dessen Kontermutter gegen die Schutzkappe und nicht wie üblich gegen die Felge anzieht. Ausrichten kann man einen verdrehten Schlauch am einfachsten durch Luftablassen (Ventil herausschrauben) und anschließendes Aufpumpen auf 3 bis 4 bar. Reifenhalter müssen zuvor natürlich gelöst werden. Bei hartnäckigen Fällen helfen ein paar tangentiale Tritte gegen Reifen und Verdrehrichtung.

Wer sich nicht mit den Tücken eines Reifenschlauches herumärgern will, kann auch in der Wüste ohne ihn auskommen. Manche „wüsten" Grobstoller (z. B. *Michelin Desert* und *Pirelli MT 21)* sind zwar eigentlich keine **Schlauchlosreifen,** lassen sich aber „innen ohne" fahren und zwar nicht nur auf dafür ausgelegten (z. B. *BMW),* sondern auch auf normalen Felgen: Durch Einsetzen eines Schlauchlosreifenventils und durch Abdichtung der Speichen- und Reifenhalterlöcher mit luftdichtem Klebeband (etwa dem bei Expeditionsausrüstern erhältlichen „Panzerband") kann man nämlich auch Schlauchfelgen schlauchlostauglich machen.

Gerade mit reduziertem Luftdruck haben Reifen ohne „Unterzieher" entscheidende Vorteile: Bei ihnen kann kein empfindlicher Schlauchgummi zwischen Reifen und Felge kaputt gequetscht werden, wenn ein größerer Stein oder eine harte Kante touchiert wird. Auch ein Verdrehen des Reifenmantels kann keinen Schaden mehr anrichten, denn das Ventil sitzt ja direkt in der Felge. Eine der häufigsten Ursachen für „Platte" fällt aus: die Sahara-Vegetation. Ein Schlauch wird nämlich von einem Akazien- oder Palmenstachel nicht nur perforiert, sondern in der Regel nach einiger Fahrzeit durch das Reifenwalken aufgeschlitzt. Bei einem Schlauchlosreifen kann der in der Karkasse steckende Stachel schlimmstenfalls einen „schleichenden" Platten, also nur langsamen Luftverlust verursachen. Ein so genanntes Reifenversiegelungs-Spray, durch das Ventil eingesprüht, hilft auch dagegen. Es dichtet nach dem Entfernen oder fliehkraftbedingten Verlieren eines „Eindringlings" kleinere Löcher wieder ab. Und größere repariert man mit einem Schlauchlosreifen-Reparatursatz. Im Gegensatz zum Flicken oder Auswechseln eines Schlauches muss dazu nicht einmal das Rad ausgebaut werden. Danach wird man allerdings mit dem ersten der beiden **Nachteile von Schlauchlosreifen** konfrontiert. Bei auf null bar abgesunkenem Reifendruck lassen sie sich nicht mit einer Handpumpe, sondern nur mit sattem Kompressordruck aufpumpen. Die Reifenflanken dichten nämlich erst dann zur Felge ab, wenn ca. 0,5 bar den Reifenmantel fest genug dagegendrücken oder – kleiner Trick am Rande – wenn man den mit Montagepaste eingeschmierten Reifenmantel mit einem um die Lauffläche gelegten Ratschenspanngurt gegen die Felge zurrt. Nachteil Nummer Zwei steht damit im Zusammenhang: Unter 0,8 bar sollte man Schlauchlosreifen nicht fahren.

Vielerlei Gerüchte kursieren um so genannte **Moosgummi-Reifenfüllun-**

gen: Sie seien absolut pannensicher, ihr Druck sei für Sand ideal und sie schützten die Felgen bei Reifendurchschlägen. Selbst, wenn man in Kauf nimmt, dass die für den Standardwüstenreifen *Michelin Desert* angebotenen Gummiwülste etwa so viel kosten wie der Reifen selbst, so gibt doch ihre **Lebensdauer** zu denken. Die liegt nämlich im Normalfall weit unter der des Reifens. Daran hat sich trotz der Weiterentwicklung der „Bip Mousse" gegenüber früheren Ausführungen nichts geändert. Denn immer bessere Geländefahrwerke, immer stärkere Motoren und damit immer höhere Geschwindigkeiten haben die Hauptproblematik des „Vollgummireifens" eher noch verstärkt, die starke **Aufheizung** und dadurch entstehende Materialrisse bei schneller Fahrt. Andererseits lässt sich natürlich ein Rallye-Einsatz nicht mit einer Reise vergleichen, und letztendlich gibt es ja immer die Möglichkeit, nach einem vorzeitigen Ableben der Moosgummifüllungen den Reifen mit Schläuchen oder auch als Schlauchlosreifen zu fahren, sofern die Felgen dafür geeignet sind. „Mousse"-Ringe gibt es mittlerweile in verschiedenen Härtegraden. Weiche Moosgummiringe – ihre Härte entspricht etwa 0,8 bar Reifenluftdruck – sind auch für Dünensand geeignet. Zur Montage von Moosgummi-Füllungen siehe Kapitel „Technik/Bereifung".

Zur Luftdruckerhöhung sind neben guten Handluftpumpen kleine **Druckluftpatronen** nützlich (beides z. B. von *Touratech*). Schon mit nur einem solchen, etwa daumengroßen und 60 g schweren Metallzylinder lässt sich der Luftdruck eines Motorradreifens in Sekundenschnelle um 0,5 bis 0,8 bar erhöhen. Zwei bis drei genügen, um nach einer Flickaktion selbst den widerspenstigsten Grobstoller auf den Felgenrand hüpfen zu lassen. Mit einer Handpumpe geht's auch, doch fließt dann mancher Schweißtropfen.

Das Anfahren im tiefen Sand

Stimmen Reifen und Druck, ist das Anfahren auch in tiefem und feinkörnigen Dünensand ein Kinderspiel. Man legt den ersten, bei besonders leistungsstarken oder kurz übersetzten Enduros den zweiten Gang ein und bringt den Motor auf mittlere bis hohe Drehzahl – je nach Hubraum und Leistungsangebot. Jetzt heißt's die Kupplung „kommen lassen", und zwar möglichst rasch. Schleifenlassen ist nämlich nicht nur überflüssig, da schon das Hinterrad großem Schlupf unterliegt, es würde aufgrund der im Tiefsand erforderlichen hohen Anfahrdrehzahl auch erhöhten Verschleiß bedeuten. Mehr als ein Dutzend Mal macht das auch die stärkste Kupplung nicht mit.

Sobald sich das Motorrad vorwärts bewegt, stellt man die Füße auf die Rasten und geht zwecks besserer Fahrzeugkontrolle und Schwerpunktabsenkung in **„Endurogrundstellung"**, also stehende Fahrhaltung über. Spätestens, wenn man trotz hoch drehenden Motors nicht mehr schneller wird, heißt es hochschalten, und zwar mit möglichst kurzer Kraftunterbrechung. Am besten tippt man den Kupplungshebel nur kurz an oder schaltet

Sahara per Motorrad – Durchführung

ganz ohne Kupplung nur mit der Fuß-spitze. Getriebe von Sportenduros sind dafür gebaut, andere Getriebe nehmen es im weichen Sand nicht übel. Mit zunehmender Geschwindig-keit stabilisiert sich der anfängliche Sand-„Burnout" zu zügigem Vortrieb. Ab etwa 50 km/h schwimmen die Rei-fen auch im weichsten Sand auf. Ein nützlicher Trick, falls dieser einmal be-sonders „bodenlos" ist: Unmittelbar nach dem Losfahren, aber schon in stehender Fahrhaltung, verlagert man das Körpergewicht nach hinten und bringt durch kräftige Kniebeugen Druck auf das Hinterrad.

Nahezu unmöglich ist es, im tiefen Sand **bergauf** loszufahren. Außer foto-genen Sandfontänen und einem im-mer tieferem Versinken des Hinterra-des kommt nichts dabei heraus. Muss man also an einem steilen Dünenhang anhalten, z. B. weil Motorleistung oder „Schneid" oder beides aufgebraucht sind, sollte man umdrehen. Dazu zieht man das Bike am Vorderrad so weit um die eigene Achse, bis dieses tal-wärts zeigt. In der Regel muss man die Maschine dazu hinlegen, den Sprit-vorräten und der Kondition zuliebe natürlich hangwärts. Bei Enduros ohne Elektrostarter sollte die Kickstarterseit-te des Motorrades nach dem Umdre-hen talwärts zeigen. Andernfalls geht beim Ankicken selbst Langbeinigen „der Boden aus".

Das Risiko

Auch zehn missglückte Anfahrversuche können die Freude nicht so dämpfen wie ein Sturz. Und der ist in keinem Gelände wahrscheinlicher als in den Dünenmeeren der Sahara, denn sie sind – wie bereits erwähnt – voller Tücken und Fallen. Dieses „Damoklesschwert" ist die Schattenseite des Dünenspaßes, denn es hängt immer und überall über dem Sandmeer-„Surfer", besonders über dem Anfänger. Die ungewohnten Dimensionen und Formen der Sandgebirge überfordern den Neuling. Die Systematik der Dünen ist für ihn undurchschaubar, und es bleibt purer Zufall, ob er beim Wechsel von einem Dünental ins nächste einen einfachen, einen schwierigen oder einen gefährlichen Weg wählt. Erst von einem höheren Gipfel wird das Labyrinth der Sandberge vom Chaos zu einem, aus sich wiederholenden Grundformen bestehenden, nach bestimmten Regeln vom Wüstenwind angelegten System. Wie ein erstarrter Ozean sieht ein Dünengebiet von oben aus, besteht aus kleinen und großen Wogen, aus Wellenbergen und Strudeltrichtern, die in sich in immer kleinere Strukturen unterteilt sind. Mit einer Enduro in diesem Labyrinth aus Rundungen und Kämmen, aus senkrecht erscheinenden Steilhängen und sanften Gefällen, aus makellos glatten Flächen und tiefen Kratern zu fahren, ist ein unvergleichliches Erlebnis.

Die in den Dünen wohl meistgestellte Frage lautet: Woran erkennt man, ob der Sand hart oder weich ist? Einzige Regel ist, dass die Sandkörner auf der steileren, also windabgewandten Dünenseite lockerer aufeinander liegen als auf der flachen. Das heißt trotzdem nicht, dass der Sand auf dieser Seite durchgehend fest ist. Sanfte Wellen und Senken überziehen fast jede größere Sandfläche, gleich ob am Hang oder in Tälern. Sie sind nichts anderes als überwehte Mulden und Kanten, gefüllt mit locker aufgehäuftem und dementsprechend weichem Sand. Ein Motorrad kann hier urplötzlich stecken bleiben, wird zumindest stark abgebremst. So genannte **Windtrichter** liegen in der Regel versteckt hinter Dünenkämmen, sind für den Endurofahrer nicht weniger gefährlich als für den Skifahrer vom Schnee verdeckte Gletscherspalten. Wer von einer solchen „Sandfalle" überrascht wird und vor Schreck vom Gas geht, dem versinkt das Vorderrad schlagartig bis zum Schutzblech. Beim dann unvermeidlichen Handstandüberschlag sollte man sich fest vom Lenker abstoßen, denn meist überschlägt sich das Bike noch mit! Nur wer blitzschnell alles Gewicht bei vollem Zug am Lenker nach hinten verlagert, wer Vollgas gibt, evtl. sogar noch runterschaltet, hat Chancen, sturzfrei durch einen solchen Trichter zu „surfen".

Dünen-„Hillclimbing"

Der ultimative Dünenfahrer-Kick sind die **Sterndünen** in den großen Ergs der Nord- und Zentralsahara, wahre Sand-Bergriesen, die ihre Umgebung meist über 200 Meter, teilweise bis 350 Meter überragen. Tatsächlich kann ein routinierter Fahrer auch solche Sandgiganten bezwingen. Allerdings nicht in gerader Linie, selbst wenn, was eher selten ist, ein durchgehender Hang bis zum Gipfel führt. Spätestens die zig Meter lange und knapp 40 Grad steile Fließsandzone unterhalb des Gipfelgrates lässt auch die stärkste Enduro kapitulieren.

Zu „packen" sind Dünenriesen bei taktisch kluger **Wegwahl.** Dazu gehört, dass man die tiefsten und damit weichsten Stellen der Senken, Wellen und Zwischendünen, die einen langen Steilhang normalerweise überziehen, meidet, dass man immer wieder an Stellen mit härterem Sand verbrauchten Schwung auftankt und dass man die Kraft des Motors optimal nützt. Schräg zum Hang sollte man dazu nur in schwungvollen Anliegerkurven fahren. Geradeausfahrt am Schräghang oder gar „falsch herum" gefahrene Kurven, also solche, bei denen das Hinterrad nicht gegen die Steigung, sondern gegen das Gefälle driftet, führen zu seitlichem Abrutschen. Man verliert jeden Schwung, bleibt stecken oder kippt um.

Hat man einen guten Weg befahren, geht's dann an den Endspurt zum Gipfelsturm, und der ist – so hoch über dem Tal und so dicht unter dem Grat – reine Nervensache: Geht man zu früh vom Gas, bleibt man stecken. Zu spät vom Gas zu gehen, kann böse enden und ist nicht mal dann zu empfehlen, wenn weite Sprünge zum fahrerischen Repertoire gehören. Dass man einen „Abflug" vom Grat einer wirklich großen Düne heil übersteht, ist nämlich eher unwahrscheinlich bei einer

Flugbahn, die einen Sprung von einer Skischanze läppisch erscheinen lässt. Selbst wenn ein solcher Höhenflug gut ausgeht, weil Fahrer und Motorrad nicht an der gleichen Stelle einschlagen, bleibt doch ein Schockerlebnis, das den meisten den Spaß am Dünenfahren nachhaltig verdirbt.

Richtiges Abschätzen der Entfernung zur Kante ist vor allem Erfahrungssache. Hilfreich ist aber auch, wenn man kurz vor dem Dünengrat nicht starr nach vorne, sondern ein bisschen seitwärts schaut. Die Struktur des Sandes ist dann für das Auge besser erkennbar und das Gefühl für Entfernung und gefahrenes Tempo wird deutlicher. Am besten klappt die **Zielbremsung,** wenn man etwa eine Motorradlänge vor dem Gipfelgrat vom Gas geht und unmittelbar davor auskuppelt. Mit richtigem Timing und bei einer Ankunftsgeschwindigkeit von nicht mehr als etwa doppeltem Schritttempo wird gerade noch das Vorderrad über die Kante rollen und das Motorrad mit dem Dünengrat unter dem Motorblock mehr oder weniger waagerecht zum Stillstand kommen. Eventuellen Geschwindigkeitsüberschuss gleicht der in Alarmbereitschaft stehende Bremsfuß aus – natürlich bevor man die Kante mit dem Hinterrad überquert. Hat nur das Vorderrad den Grat erreicht, sollte man die Fuhre mit Muskelkraft in die Waagerechte ziehen.

Dünen-Downhill

Will man gar nicht oben anhalten, vollführt man die Dünengrat-Zielbremsung nicht bis zum Stillstand, sondern lässt – am elegantesten mit beiden Füßen auf den Rasten stehend – das Bike über den Grat kippen und gibt wieder Gas. Die folgende Steilabfahrt steht der Auffahrt in puncto Nervenkitzel in nichts nach. Erst muss man sich geradezu in das Gefälle stürzen und kräftig beschleunigen, um nicht im Weichsand der Fließzone über den Lenker zu gehen. Wenig später wird das „Achterbahngefühl" durch starkes Pendeln des Motorrades noch spannender. Schnell ist nämlich eine Geschwindigkeit erreicht, bei der auch spurstabile Endurofahrwerke zu pendeln beginnen: Die Bremswirkung des Sandes und das Gefälle komprimieren die Vorderradfederung, verändern Nachlauf und Radstand so sehr, dass starke **Geradeauslaufstörungen** auftreten. Nur mit der Hinterradbremse lassen sich diese wieder auf ein ungefährliches Maß absenken.

Schließlich lauern im Tal noch jede Menge „Kamelbuckel", harte, von meist unscheinbarer Vegetation gekrönte Sandhaufen, die das Motorrad katapultartig ausheben können.

Auch eine Art von Dünengraten, die weit gefährlicher ist als der höchste und steilste Hillclimbing-Sandberg, wartet vorwiegend in flacheren Regionen: Es sind die nur an manchen Stellen vorhandenen **Steilabbrüche** größtenteils abgerundeter Wellendünen. Bei „falscher" Fahrtrichtung und hohem Sonnenstand sind sie oft erst sichtbar, wenn man unmittelbar davor ist. Nicht selten vereitelt dann auch noch ein Gegenhang kurz nach einem solchen Abbruch jede Chance, nach einem Sprung im Sattel zu bleiben. Nur vorausschauende Fahrweise kann hier vor einem Absturz bewahren.

Dünenzeit

Auch die richtige Tageszeit ist ausschlaggebend für Dünenspaß ohne Reue. Nur am **frühen Vormittag oder späteren Nachmittag** sollte man abseits von Spuren – für die Geländeerkennung sind sie enorm hilfreich – unterwegs sein. Zu diesen Zeiten sorgt der Schattenwurf der kleinen wie großen Sandhügel für gute Sichtverhältnisse, verstecken sich die „Fallen" der Dünenmeere nicht in diffusem Gelb. Dazu gibt's abends ein Erlebnis, das das Enduro-„Dünen-Surfen" noch in den Schatten stellt: Bei Sonnenuntergang auf dem Gipfel eines riesigen Sandbergs zu sitzen, die Ruhe, die Weite, die fast außerirdische Fremdartigkeit und Ästhetik eines Ergs auf sich wirken zu lassen, schlägt einfach alles.

Sahara per Motorrad – Durchführung

Orientierung

In der Sahara sind Verkehrswege in der von Europa gewohnten Breite und Erkennbarkeit die Ausnahme. Die Mehrzahl typischer Wüstenwege sind **Pisten** – in des Wortes ursprünglicher und in der „zivilisierten" Welt nur noch beim Ski-Fahren zu findender Bedeutung. Sie sind also keine angelegten Fahrbahnen, sondern entsprechend den Gegebenheiten der Landschaft entstandene „Fahrbereiche". Auf solchen, oft sehr breiten und nur spärlich oder gar nicht markierten und beschilderten Wegen die gewünschte Route einzuhalten, erfordert die permanente Überwachung der Fahrtrichtung, also die Anwendung von Orientierungsmaterial und -technik. Noch mehr als auf normalen Sahara-Pisten ist dies auf den vielen kaum noch befahrenen Verkehrswegen aus der Kolonialzeit erforderlich – und natürlich bei der schönsten Form des Wüstenfahrens: auf Querfeldeinstrecken durch Dünengebiete. Mit dem heute für Sahara-Reisende selbstverständlichen „GPS" ist die Orientierung zwar einfacher als mit dem Kompass. Dennoch sollte man sich der Orientierungs-Schwierigkeiten in der Wüste bewusst sein und auch alternative Orientierungs-Techniken beherrschen.

Sahara per Motorrad – Durchführung

Hauptpisten: leicht zu unterschätzen

Zumindest in „Vor-GPS"-Zeiten haben sich mehr Leute beim Befahren der großen Transsahara-Hauptpisten verirrt – z. B. der südlichen Hoggar- und Tanezrouft-Route – als auf ausgefallenen Querfeldeinrouten. Auch heute kann man sich dort noch besonders leicht „verfransen". Das zum unbekümmerten und eher zügigen Drauflosfahren verleitende Wissen, „nur" auf einer Hauptpiste unterwegs zu sein, lässt zum einen die Blicke auf den Satelliten-Navigator selten werden. Zum anderen bewegt man sich gerade mit dem Motorrad lieber am Rande der nicht selten über zehn, in manchen Fällen bis zu über fünfzig Kilometer breiten Spurenbündel. Im Bereich der pisteninneren Spuren ist der Streckenzustand viel befahrener Hauptpisten nämlich besonders schlecht: Tiefe Spurrinnen, riesige Fech Fech-Felder und brutales „Wellblech" treiben einen in die Außenbereiche, wo es sich weit angenehmer fährt.

Macht das Hauptspurenbündel eine Kurve, driftet man am Rand einer solchen Riesenpiste jedoch leicht in eine falsche Richtung ab und merkt dies womöglich erst, wenn die letzten Spuren verschwunden sind. Die in mehr oder weniger großem Abstand zu findenden **Pistenmarkierungen** – Eisenstangen, T-Träger, Fässer, Steinpyramiden – sind ja auch nur im Bereich der zentralen Spurenbündel zu finden.

Genauso leicht gerät man „außen" auf eine andere, nicht auf der gewünschten Route liegende Piste. Üblicherweise zweigen schon etliche Kilometer vor und nach einer „Kreuzung" oder „Abzweigung" Spuren von der Hauptpiste ab, bündeln sich erst ebenfalls etliche Kilometer nach dem (nicht selten viele Quadratkilometer großen) „Delta" einer solchen Sahara-Kreuzung wieder.

In einem solchen Falle sollte man übrigens selbst mit GPS nicht der Versuchung nachgeben, **Abkürzungen** zu suchen. Denn selbst sanfte Hügelketten – zumindest sehen sie aus der Entfernung oft so aus – können sich aus der Nähe als materialmordende Felsbrockenhalden erweisen, scheinbare Ebenen als ein gefährlicher „Hürdenlauf" über Hunderte tiefer Abflussrinnen, der Rand eines Dünenhanges als eine mörderische Sprungschanzen-Serie über unter bestimmten Lichtverhältnissen nicht erkennbare Sicheldünen.

Spätestens in einer solchen Situation wird einem klar, dass der Verlauf jeder Sahara-Piste, auch wenn er erst einmal grundlos kurvig erscheint, sich an der möglichst einfachen Befahrbarkeit des Geländes orientiert.

Weil man darüber, welcher Weg der beste ist, verschiedener Ansicht sein kann, verzweigen sich Pisten auch regelmäßig vor fahrtechnisch schwierigen Passagen – z. B. vor Dünenstrecken oder tiefsandigen Trockenflussbetten – und natürlich vor den vielen kleinen Höhenzügen, mit denen die riesigen Ebenen der gar nicht so „platten" Sahara gesprenkelt sind. Hier verzweigen sich Pisten u. U. über längere Distanzen, und es heißt aufpassen: Entweder, dass man auf einer solchen „Umleitung" nicht auf eine unerwünschte Abzweigung gerät oder – im gegenteiligen Fall –, dass man an einer Abzweigung, die man benutzen will, nicht vorbeifährt – z. B. weil man

Sahara per Motorrad – Durchführung

auf der linken Seite um einen Höhenzug herumfährt, die gewünschte Abzweigung aber von der rechten Umfahrung wegführt. An diesem Beispiel zeigt sich auch, dass effektive Orientierungsarbeit nicht nur mit dem GPS, sondern unter ständiger Kontrolle der gefahrenen Route auf einer möglichst detaillierten Landkarte erfolgt.

Last not least können „Abkürzer" – vor allem, wenn sie sich im Endeffekt zumindest zeitlich als das Gegenteil herausstellen – dem nicht mit reichlichen Benzinreserven gesegneten Motorradfahrer den Treibstoff arg verknappen.

Nebenpisten: Ohne gute Orientierung geht nichts

Auch in der Sahara macht das Befahren von Nebenstrecken weit mehr Spaß als das der großen Hauptrouten. Die Streckenführung z. B. der historischen Kolonialpisten Algeriens ist landschaftlich meist überaus reizvoll. Das Fahren wird nicht von den unangenehmen Begleiterscheinungen der „ausgelutschten" Hauptpisten – „Wellblech" und Fech-Fech – verleidet, sondern ist Endurofahren im ursprünglichen Sinn. Die **Verkehrsdichte** ist auf Wüsten-Nebenstrecken natürlich besonders dünn. Nach-dem-Weg-fragen ist eine selten gegebene Möglichkeit, denn auch auf den bekanntesten und daher von routinierten Saharareisenden gerne befahrenen Routen (siehe Routenbeschreibung 1: „Gräberpiste")

kann man sich nicht einmal während der Sahara-Reise-Saison – Oktober bis April – darauf verlassen, dass jeden Tag jemand vorbeikommt. Auf ausgefallenen Strecken tendiert das wöchentliche, ja monatliche Fahrzeugaufkommen sogar gegen Null.

Bei der Orientierung ist neben der häufigen Kontrolle des GPS-gemessenen Standortes mit der Landkarte vor allem auch zu beachten: Alte **Kolonialpisten** – in den Detailkarten meist genau verzeichnet – sind vom Zahn der Zeit bis zur Unkenntlichkeit zernagt. Dünensand oder beim letzten Regen von den Wadi-Fluten herbeigespülter Schwemmton hat lange Abschnitte der ursprünglichen Pistenführung unsichtbar gemacht. Nicht selten trifft man auf in den Karten nicht verzeichnete Abzweigungen und Pisten. Sie entstehen z. B. auch durch geologische oder petrochemische Expeditionen, durch auf Jagd- oder Schmuggel-Fahrt befindliche Einheimische, aber auch durch Touristen-Gruppen: Schon eine Hand voll Fahrzeuge kann, wenn alle hintereinander fahren, in jungfräulichem Wüstengelände das Bild einer richtigen kleinen Piste prägen.

„Querbeet": Volle Navigation voraus!

Mit einer geeigneten und gut ausgerüsteten Enduro unter einem saharaerfahrenen und im Wüstengelände routinierten Fahrer – die entsprechenden Kapitel in diesem Buch behandeln diese Voraussetzungen – sind Reisen durch nicht von Pisten und Wegen erschlossene Sahara-Gebiete der „Siebte Himmel" des Wüstenfahrens. In der Regel handelt es sich dabei um die für Endurofahrer besonders reizvollen Dünenregionen der Sahara.

Erg-Durchquerungen sind heute zumindest orientierungstechnisch mit Hilfe des GPS relativ einfach. Das Fahren nach Satellitennavigation verhindert ein Verirren zuverlässig. Die Orientierung mit Karte und Kompass erfordert hingegen in Dünengebieten größte Sorgfalt und ist trotzdem unter ungünstigen Sichtbedingungen nicht absolut sicher.

Zur Minimierung von Risiken – mit zufälliger Hilfe von außen ist ja in einem Notfall nicht zu rechnen – sollte beachtet werden:

●Die Gruppe sollte aus drei, idealerweise aus vier **aufeinander eingespielten Fahrern** mit von der Geländegängigkeit ähnlichen Motorrädern bestehen (siehe Kapitel „Notfälle").

●Jedes Mitglied der Gruppe sollte über ein eigenes, mit allen der Landkarte oder Streckenbeschreibung entnommenen Wegpunkten programmiertes **GPS** verfügen.

●Ein zusätzlicher Sicherheitsfaktor ist es, wenn man vor Abfahrt auf eine einsame Querfeldeinstrecke eine Person, die in der Lage ist, eine Suche zu organisieren – z. B. auch eine örtliche Reiseagentur oder einen einheimischen Bekannten – über Route und den geplanten Termin der Rückmeldung informiert. Für den Ernstfall, also eine Rettungsaktion, sollten Uhrzeiten nach Einbruch der Dunkelheit vereinbart werden, an denen Signale – Raketen, Feuer – gesetzt werden.

●Ein **Satelliten-Telefon** ist in von jeder Zivilisation abgeschiedenen Gebieten der Sahara das einzige Mittel, Hilfe anzufordern. Ein normales Handy funktioniert in der ägyptischen, algerischen, libyschen und tunesischen Sahara nur im Bereich größerer Ortschaften (noch!), in den meisten anderen Saharastaaten gar nicht. Satelliten-Telefone sind teuer in der Anschaffung, und es herrscht eine gewisse Unsicherheit über die vom wirtschaftlichen Erfolg der Betreiber abhängige Funktionsfähigkeit. Über den aktuellen Stand des Satelliten-Telefon-Marktes und Möglichkeiten, ein Sat-Telefon für die Dauer einer Reise zu mieten, informiert z. B. der *Därr Expeditions-Service* in München, Tel. 089-282032).

Orientierungsgeräte

Kompass

Ein klassisches, mit ca. 50 bis 100 DM nicht teures, mittlerweile jedoch meist nur noch aus Sicherheitsgründen für den Fall eines GPS-Defekts mitgeführtes Orientierungsinstrument ist der mechanische Peilkompass. Für das **Einnorden,** also das zum Zwecke der Geländeerkennung erforderliche Ausrichten einer Landkarte, hat er auf seiner Grundplatte eine Skala oder ist gleich auf ein durchsichtiges „Geo-Rechteck" montiert. Eine Peilvorrichtung dient zum Anvisieren und damit

Sahara per Motorrad – Durchführung

Messen der Richtungs-Gradzahl von Gelände-Objekten. Nadel oder Rosette sind bei einem guten Peilkompass reibungsarm auf einem spitzen Edelstein gelagert. Das Gehäuse ist mit einem vibrationsdämpfenden klaren Öl feinster Viskosität gefüllt. Eine Einstellvorrichtung zum Ausgleich der so genannten **Kompass-Missweisung** – sie beruht auf dem Unterschied zwischen dem magnetischen und dem tatsächlichen Nordpol – findet sich ebenfalls. Diese beträgt in Libyen und dem Großteil Algeriens allerdings nur zwischen null und fünf Grad, ist also auf üblichen Sahara-Reiserouten zu vernachlässigen. Lediglich im äußersten Westen Algeriens, im nordwestlichen Mali, in Mauretanien und im tiefsten Süden Marokkos – Republik Westsahara – muss sie ausgeglichen werden.

Arbeitet man mit einem mechanischen Peilkompass, sollte man sich etwa zwanzig Meter vom Fahrzeug entfernen, um durch dessen Metall bedingte Missweisungen der magnetischen Kompassnadel auszuschließen.

Teurer, aber in der Handhabung bequemer sind **elektronische Kompasse,** die es in normaler Form oder eingebaut in Ferngläser gibt.

Positionsbestimmung per Kompass:

1) Zwei auf der Landkarte zu identifizierende Gelände-Objekte der Umgebung – am besten eignen sich natürlich Berge – werden mit der Visiervorrichtung des Kompasses angepeilt. Bei Prismen- oder Fernglaskompassen ist die Gradzahl direkt ablesbar. Bei Kompassen mit drehbarer Skala muss die Nadelspitze mit der Nordmarke in Deckung gebracht werden, bevor der Winkel über die Verlängerungslinie der Visiervorrichtung abgelesen werden kann.

2) Auf der eingenordeten (= nach Norden ausgerichteten) Karte werden die ermittelten Winkel in Form zweier von den angepeilten Punkten wegführenden Geraden mit Hilfe eines Geo-Dreiecks eingezeichnet. Schnittpunkt der beiden Geraden ist der Punkt, von dem aus die Peilung vorgenommen wurde, also der aktuelle Standort.

Eine Standortbestimmung ist in berglosen Sahara-Landschaften mit der beschriebenen Methode nicht möglich. Die erste Standpunktbestimmung auf einer Route sollte also in markanter Landschaft erfolgen. Andernfalls kann unter Überwachung des gefahrenen Kompass-Kurses anhand der Entfernung in regelmäßigen Abständen eine ausreichend genaue genaue Position bestimmt werden, bis man wieder in Regionen mit anpeilbaren und eindeutig auf der Karte identifizierbaren Geländeformen ist.

Weiterführende Literatur

●**Praxis Orientierung mit Kompass und GPS,** Reise Know-How-Verlag; Rainer Höh. Detaillierte Beschreibung aller Kompasstechniken, auch in Kombination mit modernen Navigationsmitteln.

Bevor es GPS gab, war die Orientierungsarbeit um Einiges anspruchsvoller

GPS-Satellitennavigations-Gerät

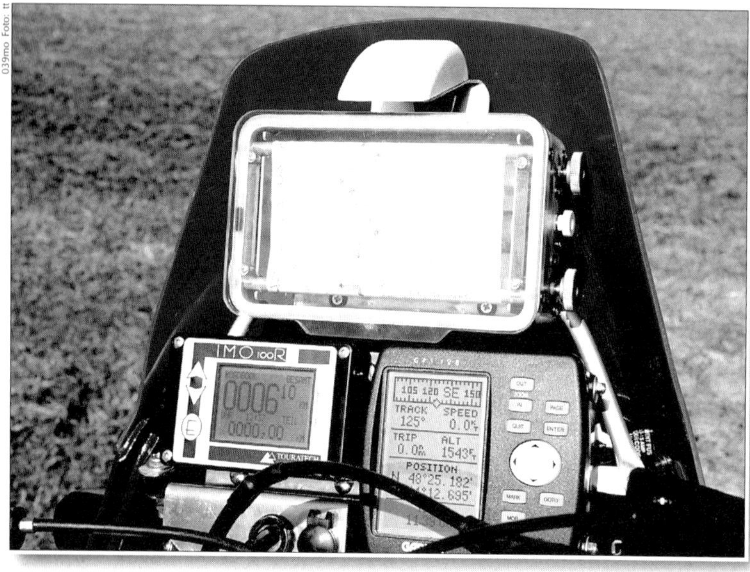

Mit Satelliten-Daten arbeitende **Orientierungs-Computer** sind bei für Fernreise und Rallye eingesetzten Geländemotorrädern mittlerweile Standard – kein Wunder bei einem Preis ab rund DM 300 für ein GPS, das keine Wünsche offen lässt und rund DM 700 für eines mit Groß-Display, das man auch während wackeliger Offroad-Fahrt gut ablesen kann.

Zum Funktionsprinzip des von den USA zu militärischen Zwecken installierten, aber für die zivile Nutzung freigegebenen **Global Positioning Systems** (GPS): Basis sind diejenigen der vielen um den Erdball rotierenden Satelliten, die ihre eigene Position per Funksignal an einen GPS-Satellitennavigator senden können. In diesen ist neben dem Empfänger ein kleiner Rechner eingebaut, der mit Hilfe der erhaltenen Satelliten-Positionen seinen eigenen Standpunkt genau berechnet – nach Abschaffung der vom US-Verteidigungsministerium bis 1999 gewollten „Ungenauigkeitsschaltung" nun mit einer Exaktheit, die sogar zum Wiederfinden eines verlorenen Taschenmessers – ein Beispiel aus dem wirklichen Leben – ausreicht!

Heutige GPS-Satelliten-Navigationsgeräte können zwölf Satelliten gleich-

GPS-Satellitennavigations-Gerät

zeitig empfangen, berechnen Positionsveränderungen damit so schnell, dass sie als hochexaktes Geschwindigkeits- und Wegstrecken-Messinstrument taugen. Neben aktueller Position, Geschwindigkeit, Wegstrecke und Uhrzeit zeigen sie die Höhe über dem Meeresspiegel und den gefahrenen Kurs. Mit computerspielähnlicher Display-Grafik – gewählt werden kann zwischen einer Kompassrose oder einer virtuellen „Fahrbahn" – machen sie es zum Kinderspiel, auf eine eingegebene Zielkoordinate zuzufahren oder einer ganzen Kette von Koordinaten (= Route) zu folgen. Muss geländebedingt von der direkten Fahrtrichtung abgewichen werden, berechnet und zeigt das GPS ohne sichtbare zeitliche Verzögerung die neue Richtung auf dem Display.

Auch andere nützliche Informationen gibt's in der Navigations-Funktion eines GPS, z. B. über die ETE, die *estimated time enroute*, also die geschätzte Fahrzeit. Sie wird unter ständiger Berücksichtigung von Geschwindigkeit, Richtung und Entfernung angezeigt. Oder über die VMG, die *velocity made good*, also das Tempo, mit dem man sich dem gewünschten Zielpunkt nähert. Im Idealfall ist es so hoch wie die Fahrgeschwindigkeit. Je größer die Abweichung vom direkten Kurs, desto größer der Unterschied zwischen SPD (Abkürzung für *speed*, also Geschwindigkeit) und VMG. Bei weiträumigen Umfahrungen von Hindernissen kann auch mal ein Minuszeichen vor den angezeigten VMG-Stundenkilometern auftauchen: Man entfernt sich vom Zielpunkt, statt auf ihn zuzufahren. Erfreulicher ist eine andere Nachricht des Displays: „Approaching" heißt es auf dem Bildschirm, wenn die geschätzte Fahrzeit (ETE) zum Zielpunkt nur noch eine Minute beträgt. Durchschneidet der Cursor schließlich eine waagrechte Linie über der virtuelle Display-„Fahrbahn", wird die gemeldete Annäherung zur Ankunft. Gut lässt sich's auch mit der **„Moving-Map",** der Landkartenseite navigieren. Hier zeichnet der GPS-Computer in einer zoombaren Landkarte die gefahrene Route ein. Auch alle gespeicherten Wegpunkte sind sichtbar. Mit dem Cursor (verschiebbar über die Pfeil-Wipptasten der Tastatur) markierte Punkte erscheinen als Entfernungs- und Kursangabe oben auf dem Display. Mit dieser Funktion lässt sich schnell und bequem die Vorgabe einer Routenbeschreibung oder eines Roadbooks umsetzen. Lautet sie z. B. „15 km mit Kurs 220° fahren", positioniert man den Cursor auf dem Display so, dass die angezeigte Entfernung 15 km und die Kursangabe 220° lauten. Danach drückt man „MARK", und der neue Punkt ist gespeichert. Danach drückt man „GOTO" und muss nur noch der virtuellen Fahrbahn oder der Kompassrose nachfahren.

Für die schnelle **Datenüberspielung** zwischen zwei GPS gibt's ein Verbindungskabel, für die Bearbeitung derselben im PC und das Ausdrucken von Daten und Karten die sehr gute und mittlerweile auch weitaus benutzerfreundlichere Software *„Quo Vadis"* des für sinnvolles Motorrad-Fernreise-

Sahara per Motorrad – Durchführung

und Rallye-Zubehör konkurrenzlosen Zubehör-Lieferanten und -Herstellers *Touratech*. „Quo Vadis" ermöglicht neben bequemer Daten-Verwaltung und Editierung auch eine geradezu traumhafte komfortable Navigations-Art: Das GPS wird an ein mit digitalisierten Sahara-Detailkarten geladenes Notebook angeschlossen. Diese Karten sind bei *Touratech* im Maßstab 1:500.000 für ganz Afrika und andere Gebiete der Erde auf CD erhältlich. Die Strecke wird dann permanent und in Echtzeit während der Fahrt auf der Karte eingetragen. Diesen Orientierungs-Luxus werden sich Enduristen auf Extremtour allerdings aus Gewichts- und Haltbarkeitsgründen nur selten gönnen. Allerdings denkt man bei *Touratech* über ein neues Orientierungs-Instrument (eine Mischung aus GPS und abgespecktem Notebook) nach, leicht und robust genug für die Montage an Lenker oder im Cockpit.

Bis dahin empfehlen sich für Motorradeinsatz im Gelände die Geräte des amerikanischen Herstellers *Garmin* – bei *Touratech* auch in einer „ausgegossenen", also vibrationsresistenteren Version lieferbar. Für die Montage im Cockpit eines Motorrades besonders empfehlenswert sind wegen des großen Displays und der auch mit Handschuhen während der Fahrt sicher zu bedienenden und beleuchteten Tasten die *Garmin* Geräte der 120er-Serie, Z. B. das *Garmin 126* mit integrierter Antenne und das *Garmin 128* mit externer Antenne. Aber auch die kleineren „Handheld"-GPS-Geräte wie *Garmin II plus* oder *Garmin*

etrax/summit sind für die Montage am Motorrad geeignet. Deren Stromversorgung sollte übrigens unbedingt über das Bordnetz erfolgen. Der Betrieb während der Fahrt über die innen liegenden Mignon-Batterien sorgt über kurz oder lang für Vibrationsschäden an der GPS-Elektronik. und defekt ist selbst das beste GPS nur unbrauchbarer Elektronik-Schrott.

Weiterführende Literatur
●**GPS-Outdoor-Navigation,** Reise Know-How-Verlag; Rainer Höh. Fundierter Praxisband zu Theorie und Praxis der Orientierung mit dem *Global Positioning System*.

Routen-beschreibung: Die „Gräberpiste"

Die so genannte „Gräberpiste" zwischen der ostalgerischen Provinzhauptstadt **Illizi** und der Oase **Bordj Omar Driss** ist eine der schönsten und abwechslungsreichsten Routen der Sahara. Wegen ihrer nicht übergroßen versorgungslosen Distanzen eignet sie sich gut für Motorradreisende.

Nachstehende Routenbeschreibung ist in der klassischen Ausführlichkeit von Routenbeschreibung der „Vor-GPS-Zeit" gehalten und führt von Illizi nach Bordj Omar Driss. Sie beinhaltet auch zwei Routen-Varianten – einmal die Strecke entlang des Erg Tifernine durch das Oued Mellene, zum anderen die Dünen-Direkt-Route vom Berg Gara Khanfoussa zur Oase Bordj Omar Driss.

Im Anschluss an die Routenbeschreibung finden sich die von mir im Januar 2000 in sinnvoller Dichte aufgezeichneten GPS-Koordinaten einer Befahrung der Strecke in umgekehrter Richtung, also von Bordj Omar Driss nach Illizi, und zwar über die Khanfoussa-Dünen-Direkt-Route und danach den klassischen Verlauf der „Gräberpiste" entlang.

Historisches

Die Route vom heutigen Bordj Omar Driss, dem ehemaligen (1898 gegründeten) Fort Flatters, über den in den Dünen gelegenen schwarzen Schuttberg Gara Khanfoussa und den Brunnen Ain el Hadjadj zum heutigen Illizi war von Anfang dieses Jahrhunderts bis in die frühen 30er Jahre der **Hauptverbindungsweg zu den Kolo-**

Sahara per Motorrad – Durchführung

nial-Festungen im Südosten des heutigen Algerien. Erstmals wurde die Route im Mai 1908 erkundet, und zwar von einer französischen Militärexpedition unter Leitung des Hauptmanns *Lapperine* – damals natürlich noch auf Kamelen. Dieses Unternehmen war der erste gezielte **Vorstoß der Kolonialmacht** in das von Tuareg beherrschte Gebiet des südostalgerischen Ajjer-Plateau (=Tassili N'Ajjer) und führte zur Gründung des Fort de Polignac – die heutige algerische Provinzhauptstadt **Illizi.** Zahlreiche Grabstätten auf dieser Strecke – islamische wie christliche – zeugen vom erbitterten Widerstand der Tuareg gegen die französischen Besatzer. Am Brunnen Ain el Hadjadj lassen sich die Kampfhandlungen jener Zeit ganz gut heraufbeschwören. In den Ruinen einer kleinen, hinter einer Steinsäule gelegenen Festungsanlage zeugen Patronenhülsen, Kugeln und Granatensplitter davon, vor allem aber ein **Friedhof.** Im Tagebuch-Eintrag des Soldaten *E. Raynaud-Lacroze* (im Originaltext enthalten in dem Buch *Forts Sahariennes des Territoires du Sud* von *Roger Delerive*, Verlag *Librairie Orientaliste Paul Geuthner)* ist ein besonders dramatischer Kampf in der Nacht des 13./14. Februar 1916 überliefert: Es geschah am Tag vor der geplanten Auflösung des kleinen Außenpostens. Die Reste der von Skorbut und Überfällen dezimierten Mannschaft des wieder aufgegebenen Fort de Polignac hatten sich kurz vorher zum gemeinsamen Rückzug eingefunden. Da wurde das „Fortin" (= kleines Fort) um Mitter-

nacht noch einmal von Tuareg angegriffen. Viele von den Soldaten, die fast zwei Jahre lang unter unvorstellbar harten Bedingungen in Ain el Hadjadj und Fort de Polignac gelebt hatten, mussten noch kurz vor der ersehnten Abreise ihr Leben lassen.

Zu einer für Automobile und Lastwagen befahrbaren Piste wurde die in der Frühzeit der Kolonialisierung nur von **Meharisten** (also Soldaten zu Kamel) benutzte Route übrigens erst 1935 ausgebaut, zu einem Zeitpunkt als Fort de Polignac – im Jahre 1919 wieder in Besitz genommen – schon etablierter Stützpunkt der Kolonialisierung war. Der Bau der Piste wurde im Bereich der zu durchquerenden Dünengebiete mit großem Aufwand betrieben. Die Überreste der Dämme und Trassen dienen heute, soweit nicht vom Sand verweht, als Orientierungshilfen.

Entfernung und Fahrzeit

Alle Kilometerangaben sind als Anhaltspunkte zu verstehen, da die gesamte Fahrdynamik eines Motorrades im Gelände zu größeren **Abweichungen** führen kann: Der beim Beschleunigen oft geringe Bodenkontakt des (den Tachometer antreibenden) Vorderrades, das ständige, da reflexhaft ablaufende Ausweichen auch vor kleinen Geländehindernissen, nicht zuletzt das Fahren neben der Piste lassen auf Langstrecken sogar die Tacho-Stände miteinander fahrender Motorräder weit voneinander abweichen. Die Angabe der Fahrzeit basiert auf ei-

Sahara per Motorrad – Durchführung

nem gemäßigten Reisetempo, vielen Stops und nicht mehr als täglich 5 Stunden „im Sattel".

● **Etappe 1:**
Illizi – Ain el Hadjadj
ca. 170 km; ca. 1½ Tage;
● **Etappe 2:**
Ain el Hadjadj – Khanfoussa
Variante 1: ca. 110 km, ca. 1½ Tage
Variante 2: ca. 190 km, ca. 2 Tage;
● **Etappe 3:**
Khanfoussa – Bordj Omar Driss
Variante 1: ca. 120 km, ca. 1½ Tage
Variante 2: ca. 90 km, ca. 1½ Tage

Fahrerische Anforderungen

Es handelt sich bei der beschriebenen Strecke um eine **fahrtechnisch anspruchsvolle Route** für im Gelände jeder Art, vor allem aber im Sand geübte Endurofahrer, bei denen Stürze wegen mangelnder Fahrtechnik so gut wie auszuschließen sind. Zahlreiche Dünen sind zu überwinden. Auch im ebenen Gelände führen große Teile der Strecke durch weichen und tiefen, von Spurrinnen zerwühlten Sand. Das Fahren in tiefen Sandspurrinnen muss daher „sitzen" (siehe auch Kapitel „Wüstengeländearten und Fahrtechnik")!

Orientierungs-Anforderungen

Sorgfältige Beachtung der Streckenbeschreibung, klare Sichtverhältnisse, guter Orientierungssinn und Übung im Umgang mit Kompass und Karten (I.G.N. Maßstab 1:200.000) sind Voraussetzungen einer erfolgreichen Be-

wältigung der Piste. Bei Staubdunst und Sandwinden ist im Erg Issaouane die Orientierungshilfe des Gara Khanfoussa in der Regel erst ab wenigen Kilometern Abstand auszumachen. Für die Direktroute vom Gara Khanfoussa nach Bordj Omar Driss (3. Etappe, 2. Variante) – eine reine Dünen-Querfeldeinfahrt ohne die Orientierungshilfen der Khanfoussa-Piste – Spuren, Stangen, Fässer, Trassenreste – wird die **Verwendung eines GPS-Satelliten-Navigationsgerätes** empfohlen und bei der Beschreibung vorausgesetzt.

Benzinversorgung

In der längsten der beschriebenen Varianten werden zwischen den Tankstellen in Illizi und Hassi bel Gebbour ca. 600 km zurückgelegt. 90 km vor Hassi bel Gebbour in der Oase Bordj Omar Driss besteht die Möglichkeit, sich bei Privatpersonen mit geringen Mengen möglicherweise sehr teuren Benzins zu versorgen; dies empfiehlt sich nur im Notfall.

Zur **Kalkulation** der erforderlichen Benzinvorräte siehe Kapitel „Reserven Gepäck und Beladung".

Wasserversorgung

Zwischen Illizi und Bordj Omar Driss gibt es in der Reihenfolge der Beschreibung folgende Möglichkeiten, Wasser nachzufassen:
● **Brunnen Hassi Issebilene**
ca. 50 km ab Illizi
N 26° 29' 19,9"/O 8° 1' 12,2"
relativ klares Wasser, nach chemischer Entkeimung trinkbar;

●**Brunnen Ain el Hadjadj**
ca. 170 km ab Illizi
N 26° 50′ 24,9″/O 7° 14′ 48,8″
relativ klares Wasser, nach chemischer
Entkeimung trinkbar;
●**Brunnen Tabelbalet**
ca. 370 km ab Illizi
N 27° 19′ 40″/O 6° 54′ 34,7″
trübes Wasser, nur nach Filterung und
chemischer Entkeimung trinkbar;
●**Wasserloch Touskerine**
ca. 376 km ab Illizi
N 27° 25′ 23,8″/O 6° 51′ 28,5″)
trübes Wasser, nur nach Filterung und
chemischer Entkeimung trinkbar.

1. Etappe:
Illizi – Ain el Hadjadj
(ca. 170 km)

Der Ausgangspunkt

Illizi ist Sitz der **Wilaya** (Regionalverwaltung) für das gesamte südöstliche Algerien. In der über 5000 Einwohner zählenden Kleinstadt findet man eine große Tankstelle, diverse Werkstätten und relativ gute Einkaufsmöglichkeiten, Cafés, Restaurants, einen Campingplatz (5 km südlich) eine Jugendherberge, ein Hotel, ein Hammam (Dampfbad), Bank, Post, Polizei, Zoll, ein (für afrikanische Verhältnisse) modernes Krankenhaus, einen Flughafen (25 km nördlich), die hiesige Nationalparkverwaltung der Tassili N'Ajjer-Region und mehrere Reisebüros, bei denen man Ausflüge in die Umgebung (per Geländewagen oder Kamel) buchen kann. Besonders zu empfehlen und zugleich ein **Anlaufpunkt,** wo man in Notfällen auf Hilfsbereitschaft

hoffen kann, ist die *Agence de Voyage Mezririne* (Besitzer ist einer der wenigen in Algerien an der Regierungsgewalt beteiligten Verteter des Tuareg-Volkes, der Parlamentsabgeordnete *Ahmed Zegri.*

Streckeneinstieg

Am Ende der das Städtchen Illizi in Südrichtung durchquerenden Hauptstraße (= Verlängerung der Teerstraße von In Amenas) biegt man vor der Kaserne des Ortes nach rechts auf die neue Straße nach Djanet ab. Etwa 250 m danach passiert man den unscheinbaren Friedhof der Stadt, biegt wenig weiter – auf Höhe von zwei großen Funkrelais-Antennenmasten – auf eine Piste nach rechts ab. Zwischen kleinen Dünen führt diese an den Vororten Illizis vorbei.

Etwa bei km 2 verlässt man sie und folgt den Spurenbündeln, die zwischen Tamarisken nach Westen führen. Nach den letzten dieser Nadelbäume (etwa bei km 3,5) knickt die Piste vorübergehend in Richtung NW bis N ab und steigt dann auf einen Geröllhang an. Immer wieder etwas ausfächernd verlaufen die Pistenspuren nun über die flachen, dunkle Anhöhe in Hauptrichtung 250°.

An einer deutlichen, von den bisherigen Abzweigungen gut zu unterscheidenden **Gabelung** (etwa bei km 8) rechts halten (die Spurenbündel nach links verlaufen sich etwa 10 bis 15 km weiter in einem Wadi). Durch schwarzes Geröllgelände kurvt die staubige, mit zahlreichen Fech-Fech-Rinnen und -Löchern garnierte Piste nun über den mal ebenen, mal welligen Untergrund. Vorsicht vor uneinsehbaren Stufen, tückischen Buckelserien und Steinbrocken ist vor allem bei flotter Fahrt geboten!

Bei einigen auto- bis hausgroßen Felsen passiert die Piste einen rechts gelegenen Tafelberg mit Steinsäule und erreicht bei km 18 den unmittelbar am rechten Pistenrand liegenden quaderförmigen **Markierungsstein** „I.G.N. 6". Er ist sozusagen die Garantie, dass man richtig gefahren und nicht auf eine der im Nahbereich von Illizi zahlreich vorhandenen Stichpisten zu Kamelweide- oder Holzsammelstellen geraten ist.

Steckenbeschreibung

Ab hier gehören alle weiteren Abzweigungen zur „Gräberpiste", sind lediglich Umfahrungen von Dünenpassagen oder den bei Regen unpassierbaren, zahlreichen Schwemmtonflächen. Auf dem meist feldwegschmalen Hauptstrang der „Gräberpiste" stößt man weiterhin auf die von den Franzosen angebrachten I.G.N.-Markierungsteine. Über einen kleinen Bergsattel nähert man sich den Mennkhour-Dünen, den südöstlichsten Ausläufern des Erg Issaouane.

Etwa bei km 25 verschwindet die mittlerweile sandigere Piste in einem ein bis zwei Kilometer breiten **Kleindünenfeld.** Eventuelle Autospuren lässt man einige Meter links liegen und quert das erste Dünenfeld der „Gräberpiste" schräg nach rechts in Richtung einiger großer Akazienbäume am Fuße des gegenüberliegenden Berges. Genussvoll kurvt man durch den unverspurten Sand zwischen den ein bis zwei Meter hohen Dünchen. Am Fuß des Berges stößt man kurz hinter den Bäumen (nicht zu dicht vorbeifahren: Stacheln!) wieder auf die Piste (km 27) und festeren Untergrund.

Steil und holprig erklimmt die Piste etwas weiter in einigen Kurven eine felsige Anhöhe. Noch steiler – zumindest optisch – geht es vom obligatorischen Fotostop an einem Aussichtspunkt am Ende der Anhöhe wieder hinunter – entweder geradeaus über eine wohl eher unfreiwillig entstandene Diritissima oder auf der Piste.

Etwa ab km 40 ist endgültig Fahrsicherheit in tiefen **Sandspurrinnen** gefragt. Bei der Querung des tiefsandigen Oued Tadjeradjeri (etwa km 47 und 48) gilt es in bis zu knietiefen Sand-Schienen durch Tamariskenwald zu kurven. Wer neben den Spurrinnen fährt, sollte erstens auf bis zu zwei Meter tiefe **Schwemmabbrüche** aufpassen, zweitens die Piste nicht aus den Augen verlieren: Der Ausstieg aus dem Wadi folgt einem rechtwinkligen Knick der Spur nach links und ist leicht zu übersehen!

Unmittelbar danach lauert am Ausgang des Wadis eine berüchtigte, von gelegentlichen Wasserfluten modellierte und evtl. von stecken gebliebenen Autos zusätzlich vertiefte **Bodenwelle,** die schon manchem Motorradfahrer zum Abflug verholfen hat: Einerseits ist Gasgeben gefragt, denn ein rund 50 m langer weichsandiger Anstieg folgt. Andererseits kann bei zu hohem Tempo eine unter dem Sand lauernde steinharte Schwemmkante für einen Kopfstand sorgen.

Über harte und wellige Piste geht es weiter in Hauptrichtung NW. Etwa bei km 57 passiert man eine schon seit langem sichtbare **Steinsäule.** Beiderseits der Piste finden sich wie schon vorher Gräber. Bei km 85 stößt man nach Durchqueren eines kleinen Dünengeländes linker Hand auf ein ausgedehntes **Gräberfeld.**

Die Piste führt immer wieder über ausgedehnte Schwemmtonebenen. Je nach Wind ist mit großer **Staubbehinderung** zu rechnen. Unbedingt ausreichenden Abstand halten, da sich ebene, flott befahrbare Stücke urplötzlich mit extrem holprigen abwechseln, steinharte Kanten, Stufen, Löcher und tiefe Spurrinnen lauern. Neben der Piste nur vorsichtig und langsam fahren: Dort sind solche gefährlichen Schwemmstrukturen noch nicht einmal von Fahrzeugen abgehobelt (siehe auch Kapitel „Wüstengeländeformen und Fahrtechnik").

Wegen der Nähe des Erg Issaouane ist die Piste auch immer wieder von kleinen Dünen bedeckt. Daran kann auch die an einigen Stellen zu findende, von den Franzosen in den 30er Jahren vorgenommene Pflasterung mit Steinplatten nichts ändern.

Ist die Piste wie z. B. bei der mehrere Kilometer langen Dünendurchquerung ab etwa km 98 gar nicht mehr erkennbar, heißt es in Hauptrichtung WNW weiterzufahren, evtl. im Bereich der möglicherweise vorhandenen Autospuren, bis der Pistenstrang wieder auftaucht.

Nach dem **Markierungsstein I.G.N. 33** (ca. km 134) biegt die „Gräberpiste" an der Nordspitze eines Bergzugs nach SSW ab. Rechter Hand taucht der größte Dünenfinger des Erg Issaouane auf, erstreckt sich fast 50 km weit in das Oued Samene hinein. Wir folgen erst einmal den Spuren der Piste parallel zu diesem Erg Samene. Nach Passieren des Markierungssteines I.G.N. 34 halten wir uns halb rechts und fahren auf die Dünen zu: Die vorerst **höchste und schwierigste Dünenpassage** erwartet uns (die nach Süden weiterführende Piste erreicht rund 15 km weiter das Tuareg-Dorf Tanarine).

Etwa bei km 140 ziehen die Spuren bei einigen großen Tamarisken nach rechts in einen Dünenkessel hinein, wo man ungefähr 1 km weiter das kaum 20 m lange Ende einer mit Steinen befestigten **Trasse** aus einer niedrigen Düne ragen sieht. Entweder fährt man nun in diesem Bereich mal auf, mal neben der alten Trasse durch freigewehte Senken, oder man quert den Mini-Erg einfach mehr oder weniger direkt in Richtung Westen (Luftdruck reduzieren). Schon nach nur 5 km hat man das riesige **Oued Samene** erreicht, durchquert auf hier besonders kantigem und buckligem Schwemmton mit z. T. gefährlichen Riesenauswaschungen (Luftdruck wieder erhöhen) das breite Tal in Richtung NNO.

Wegen des federbeinmordenden Geländes sollte man sich der im Westen aufragenden zerklüfteten Bergkette des **In Tirhaouine** vorsichtshalber nur langsam nähern. Ungefähr bei km

170 passiert man wieder ein Gräberfeld (mit einer aus Steinen bestehenden Nomadenmoschee) und erreicht kurz darauf den in der Nähe zweier grob gemauerter Wachhäuschen zwischen zwei großen Akazien (Stacheln!) stehenden Brunnen. Einige hundert Meter entfernt befinden sich auf einer Anhöhe im Westen (hinter einer Steinsäule) die Reste des alten „Fortin" **Ain el Hadjadj** – u. a. ein kleiner christlicher Friedhof (siehe „Historisches").

Das Brunnenwasser in wenigen Metern Tiefe ist relativ sauber. Damit dies so bleibt, sollte nach dem Wasserschöpfen die blecherne Abdeckung wieder auf die Brunnenummauerung gelegt und mit Steinen beschwert werden. Nicht vergessen, die Tiertränke aufzufüllen!

2. Etappe: Ain el Hadjadj – Gara Khanfoussa
(110 bzw. 219 km)

Variante 1: Östlich des Djebel Essaoui Mellene zur Khanfoussa-Passage (91 km)

Man verlässt den Brunnen (km 00) in Richtung Nordwesten – auf den Spuren, die den von der Steinsäule überragten Festungshügel an seiner rechten Seite passieren. Auf den folgenden Kilometern nach Westen oder Südwesten führende Spuren (Variante 2) lässt man links liegen und folgt der schon bald gut erkennbaren Piste.

Für die nächsten rund 25 km verläuft sie schmal und steinig – abschnittweise gepflastert – zwischen dem im Westen gelegenen Bergzug des Djebel Tahinaouine und den Dünen des Erg Issaouane im Osten. Einige von Akazien bestandene *Oueds* werden durchquert. Nach Passieren des Djebel Tahinaouine wird der Blick nach Westen nur noch durch den rund 10 km entfernten schwarzen Bergzug des **Djebel Essaoui Mellene** begrenzt. Im Norden taucht bei guter Sicht der von hier als Doppelbuckel erscheinende Bergzug am Brunnen Hassi Tabelbalet auf. Eine von unzähligen Spuren auf Kilometerbreite zerwühlte Ebene ist erreicht.

Entgegen seiner Optik ist der dunkle, sandig-kiesige Reg-Boden überall sehr weich und tief. Wer will, umfährt das Ganze in etlichen hundert Metern Abstand, muss allerdings noch mehr als auf der Hauptspur auf Auswaschungen, Gräben und Sprungschanzen achten. In den relativ breiten, aber gut halbmetertiefen Schienen der weichsandigen Hauptspur kommen spurrinnengeübte Motorradfahrer am besten voran. Die Möglichkeit, einige Kilometer weit rechts neben der Piste entlang der verlockend schönen Dünen des Erg Issaouane zu fahren, wird durch die im Bereich der Sandhänge fast durchgängig zu findenden, halbmeterhohen Windrippen behindert. Selbst wer aufpasst wie ein Wüstenfuchs, wird höchstwahrscheinlich irgendwann in eines der – je nach Lichteinfall oft nahezu unsichtbaren – **Sicheldünenfelder** hineingeraten – hoffentlich nicht zu schnell!

Der **Brunnen** von Tabelbalet, rund hundert Meter links der Piste, ist etwa bei km 70 erreicht. Die malerische große Palme rechts der Hauptspur wächst an einem übel riechenden Tümpel, in dem 1986 noch die Überreste eines toten Kamels herumtrieben. Uralte Akazien und einige Palmen überschatten das Areal um den gemauerten, im Gegensatz zu Ain el Hadjadj nicht abgedeckten Brunnen. Sein Wasser muss aufgrund der häufig darin treibenden Vogelkadaver vor Behandlung mit Desinfektionstabletten gefiltert werden. Im Gestrüpp der Palmen hausen gelegentlich einige schwach giftige **Schlangen** der Gattung Sandrenn-Natter (bleistiftdünn, nur schwach abgesetzter Kopf, 60 bis 80 cm lang). Reste eines kleines Forts sind zu entdecken. 100 bis 150 m rechts des Brunnens am Fuße ein gemauertes, christliches Grab und ein islamischer Friedhof.

Von der Mini-Oase schneidet man nach rechts ab, trifft einige hundert Meter weiter auf die Piste und folgt ihr entlang der Ostabdachung des **Djebel Ti-Issekfa** (dem Nordteil des Djebel Essaoui Mellene). Nach etwa einem Kilometer links am Hang ein präislamisches **Schlüssellochgrab.** Die trassierte Piste ist von den zwar seltenen, aber heftigen Regengüssen in dieser Gegend gezeichnet: Nach flott befahrbaren Abschnitten tauchen immer wieder metertiefe **Gräben und Auswaschungen** auf! Etwa 12 km nach Hassi Tabelbalet (insgesamt km 82) liegt linker Hand, etwa 100 m entfernt, in einem kleinen Palmendickicht das nur etwa einen halben Meter tiefe Wasserloch Hassi Touskirine. Auch hier lebt Kriechgetier im Gestrüpp! Rechts ne-

Sahara per Motorrad – Durchführung

ben der Palme eine Grube und die Reste eines schmiedeeisernen Kreuzes: Kein geplündertes Grab, sondern der Versuch von Nomaden, in dem harten Boden eine besser zugängliche Wasserstelle zu graben – mit den Resten des ehemals auf dem christlichen Grab in Tabelbalet befindlichen eisernen Grabkreuzes!

Ein kurzes Stück nach Hassi Touskirine macht die Piste eine Linkskurve, erklimmt das sandverwehte Nordkap des Berges und erreicht nach einigen kurvig-sandig-steinigen Kilometern den Einstieg zur **„Khanfoussa-Piste"** (insgesamt ca. km 91). Der Anblick ist ebenso beeindruckend wie beunruhigend: Nach einer kurzen Talfahrt wird die Piste von den hohen Dünen des wie eine riesige Barriere vor einem liegenden Erg Issaouane verschluckt!

Eine reizvolle **Alternative** zur Piste über den Berg ist, in der Linkskurve nach Hassi Touskirine geradeaus nach Norden weiter zu fahren – auf die Dünen des Erg Issaouane zu. Nach etwa 2 km sind diese erreicht, und es heißt nach einer kiesig-steinigen Senke am Fuß des Erg seinen ersten nach Süden ragenden Ausläufer zu überqueren, einen etwa dreißig Meter hohen und recht steilen, oben aber abgerundeten Sandbuckel. Bis hierher vielleicht noch vorhandene Spuren fehlen nun. Querfeldein fährt man die nächsten Kilometer an der Abdachung des Sandgebirges nach Westen. Aufpassen, dass man vor Dünen-Euphorie nicht eventuelle Sprungschanzen sowie die Kreuzung mit der, rund 4 km weiter vom Berg herunter- und in den rechts

liegenden Erg Issaouane hinaufführenden Piste verpasst! Wer auch nach links, zum „Djebel" schaut, kann die Trasse normalerweise nicht übersehen. Zu Fotozwecken empfiehlt sich übrigens, ein Stück der Piste auf den Berg hinaufzufahren: Etwas oberhalb des am westlichen Rand der Piste liegenden I.G.N.-Markierungssteines 61 ist der Ausblick am eindrucksvollsten.

Variante 2: Westlich des Djebel Essaoui Mellene zur Khanfoussa-Passage (187 km)

Vor Abfahrt vom Brunnen (km 00) sollte man sich von der Steinplattensäule der alten **Festungsanlage von Ain el Hadjadj** einen Überblick über das zu durchquerende Gebiet verschaffen. Da diese Variante wegen der bevorstehenden und unter Autofahrern berüchtigten **„Bachbettpiste"** nur selten befahren wird, sind höchstwahrscheinlich keine frischen oder nur undeutliche Spuren zu sehen, so dass man für die ersten paar Kilometer einfach in Richtung 260 bis 270°, also knapp Westen auf den **Bergzug des Djebel Tahinaouine** zufährt.

Nach rund 5 km stößt man an seinem Fuß (bei einer Schwemmtonebene mit Akazienbäumen) auf die ihn überquerende Piste, die nun steinig, steil und mit tief ausgewaschenen Gräben gespickt bergauf führt. Je höher man kommt, desto mehr lohnt sich ein Blick zurück auf den Erg Issaouane – insbesondere, wenn man diese Strecke am Nachmittag fährt.

Etwa bei km 10 stößt man wieder auf Reste kolonialer Befestigungsanlagen. 6 km weiter fährt man an einer Pistenverzweigung links – hinab zu einer noch einmal 6 km weiter entfernten Sandebene. Nun wird's wieder spannend: Die **Dünen des kleinen Erg Tahinaouine** müssen überquert werden. Folgt man den Spuren in südwestlicher Richtung, bis sie in den Dünen verschwinden, erreicht man die für Motorradfahrer schönste der vielen Passagen über den Erg (für Autos eher schwierig!). Am Fuß der ersten Dünen lässt man Luft ab, sondiert von einem der höheren Sandberge die Passage. Bei der Weiterfahrt hält man uns in Hauptrichtung SW.

Nach rund 10 km ist der Erg überquert (Luftdruck wieder erhöhen!), und man stößt auf seiner Westseite in der Nähe eines Holzpfahles mit Schild (etwa bei km 33 ab Ain el Hadjadj) wieder auf die alte **Kolonialroute** – wie auch die von rechts kommenden Spuren der weiter nördlich gelegenen Erg-Passagen.

Zwischen den gelben Dünen des Erg im Osten und den schwarzen Felsen der düsteren Bergkette des **Djebel Essaoui Mellene** im Westen führt die Piste erst über Schwemmton, danach auf Reg Richtung Süden. Etwa bei km 41 nähert sich die Piste den Abhängen der Berge und führt ab ca. km 59 in ein vegetationsreiches, sich allmählich verengendes Tal hinein. Bei km 60 knickt die Piste nach Westen ab, führt in einen Cañon des Djebel Essaoui Mellene. 10 km weit geht es nun durch ein, am besten mit einem wasserleeren Wildbachbett zu vergleichenden Pistenabschnitt in Trial-Tempo dahin. Dann tauchen am Talausgang die **Riesendünen des Erg Tifernine** auf, dessen Abhänge etwa bei km 75 erreicht sind

Die Querfeldein-Fahrt entlang der Ostabdachung des Erg Tifernine nach Norden ist ein Erlebnis besonderer Art: Über 100 km weit fliegt man geradezu über die gewaltigen Hänge des Sandgebirges und erlebt achterbahnähnliche Auf- und Abfahrten über die riesigen, abgerundeten Buckel des Erg-Randes. Bis zu 350 m überragt der Erg Tifernine das Oued Mellene, in dessen Talgrund – vor allem im südlichen Abschnitt – mehlweicher, unter einer dünnen Reg-Kruste verborgener Schwemmton-Staub das Fahren erschweren kann und für atompilzartige Staubwolken sorgt. Bleibt man dort stecken, sind „gasmaskenpflichtige" Entsandungs-Aktionen angesagt! An den Dünen fährt es sich weit besser.

Nicht nur, wer die Hänge des Sandgebirges über den unteren Bereich hinaus erklimmt, sollte allerdings das Gelände immer mit größter **Wachsamkeit** beobachten. Immer wieder tauchen vom Wüstenwind in die Dünenhänge eingebaute, mörderische Fallen auf: Mit hohem Tempo über einen plötzlich auftauchenden Grat oder Abbruch zu schießen, in einen Trichter oder Gegenhang zu fallen, kann das Ende bedeuten!

Nach etwa 110 traumhaften Kilometern erreicht man die Kreuzung mit der vom Djebel Ti-Issekfa herunterführenden Piste – den Einstieg der „Khanfoussa-Passage". Nach den letzten 10 Kilometern der Variante 1 er-

reicht man den Brunnen Hassi Tous-kirine, kann dort bei Bedarf vor Ein-fahrt auf die „Khanfoussa-Piste" die Wasservorräte ergänzen.

Khanfoussa-Passage, 1. Teil (ca. 20 km)

Nach der spätestens ab hier wieder obligatorischen Luftdruck-Reduzie-rung (für den Erg Tifernine war sie nicht nötig) wird man bei der Auf- und Einfahrt der „Khanfoussa-Passage" feststellen, dass die Sache bei weitem nicht so steil ist, wie sie aus der Ferne aussah. Der Sand gehört allerdings zur weichen Sorte. Im Sattel des Einstiegs wendet sich die Trasse nach rechts, um kurz darauf in der ersten von drei nicht hohen, aber etwas steilen und die historische Piste verschluckenden

Querdünen zu verschwinden. Nach der dritten Sprungschanze folgt man den Resten der Pistentrasse rechter Hand durch ein kilometerweites, rela-tiv ebenes Dünental nach Norden. Bei normalen Sichtverhältnissen ist der fla-che, teils dunkle, teils sandgepuderte Geröllberg des **Gara Khanfoussa** gut erkennbar. Es geht recht flott dahin: Vorsicht vor Windrippen, Sicheldünen, versteckten Graten, Löchern und Kes-seln – insbesondere bei ungünstigem Lichteinfall, wenn fehlender Schatten-wurf die Sandfallen unsichtbar macht.

Etwa bei km 4 seit Einfahrt gabelt sich die Route vor einer leicht rippigen Schräghangeinfahrt in ein engeres Dü-nental. Rechts halten – eventuell sicht-baren Spuren folgen –, dann noch ein kurzes Stück geradeaus und hinter der

Einfahrt scharf nach links ab. Wenige hundert Meter weiter ist ein tiefer Dünenkessel erreicht, den man per Enduro problemlos durchfährt. Mancher Autofahrer hat hier allerdings schon „alle Sünden abgebüßt".

Ab nun ist von der alten Piste praktisch nichts mehr zu sehen. Fehlen zudem jegliche Spuren, was nach stärkerem Wind der Fall sein kann, muss man navigieren. Genussvoll kurvt man nun über 10 km weit durch weite Täler zwischen hohen Dünen. Nur wenige steilere Auf- und Abfahrten sorgen für Achterbahn-Gefühle. An den tiefgelegenen Teilen der Passage sind die zu überquerenden Sandberge in der Regel abgerundet. Wer auch höher hinauf will, muss mit Dünengraten rechnen. Hat man die letzten sandigen Abhänge vor der den Khanfoussa umgebenden Senke erreicht, sollte man nicht gleich direkt zum Fuß des Geröllberges fahren, sondern im Sand der sanft gerundeten Kleindünen an seinem Westrand bleiben: Die felsenübersäte Ebene an seinem Fuß ist bei abgesenktem Luftdruck ein wahrer **Reifen-Killer!** An der nordwestlichen Seite des Berges trifft man etwa bei km 20 auf die gut sichtbare Fortsetzung der „Khanfoussa-Piste" – die Reste des dammartigen Trassen-Unterbaus der alten Kolonial-Route. Folgt man ihr nach rechts, erreicht man am Fuß des Berges den Beginn einer aufwärts führenden steinig-sandigen Stichpiste. Auf dem Khanfoussa findet man Reste einer kleinen Befestigungsanlage und andere koloniale Überbleibsel. Bei klarer Sicht ist der Aus-

blick über den Erg Issaouane vom Feinsten Auch bei Orientierungsproblemen empfiehlt sich die Auffahrt.

3. Etappe: Gara Khanfoussa – Bordj Omar Driss

Variante 1: Khanfoussa-Passage, 2. Teil (115 km)

km 00 = Beginn der Piste auf den Khanfoussa. Da der Anstieg auf die erste in Richtung Westen zu überquerende Düne im Bereich der alten Pistentrasse extrem weichsandig, eventuell auch tief verspurt ist, überquert man schon kurz nach dem Verlassen des Khanfoussa die Reste des Pistendammes und fährt rechts in fünfzig bis hundert Meter Abstand parallel zum Damm den ersten Anstieg hinauf. Dort, wo man die Düne (etwa bei km 2) überquert und die Trasse in ihr verschwindet, knickt die Route nach links ab. Man hält sich am rechten Rand der nachfolgenden Senke und vermeidet in Schräghangfahrt die Weichsandzone ihres Grundes. Mehrfach wechselt die Route im Laufe der nächsten 20 km ihre Richtung, schlängelt sich in riesigen S-Kurven durch gigantische Dünentäler. Eisenstangen, Fässer, die Reste der alten Kolonial-Piste und Spuren sind direkte Orientierungshilfen. Der Sand ist meist so weich, dass man nur an Bergab-Passagen zu Orientierungspausen anhalten sollte. Wo sich der Erg allmählich nach Westen öffnet und die Trasse der alten Piste fast durchgehend erkennbar wird, beginnt eine Zone gefährlicher, weil gut halbmeterhoher Sprungschanzen-Windrippen: So weit wie möglich auf der Piste bleiben! Etwa bei km 26 trifft man auf eine **Markierungsstange** in einem Betonsockel. Der Rand des Erg ist erreicht. Reifen-Luftdruck erhöhen!

Hinweis für „Irrfahrer":

Wer nach rund 25 km immer noch nicht die Trasse der Kolonialpiste vor Augen hat – auf Khanfoussa-Fahrten durchaus nicht selten –, ist in einer der riesigen Kurven zu weit von der Route der Hauptpassage abgedriftet. Kein Grund zur Panik, und man muss auch nicht unbedingt entlang der eigenen Spuren zurückfahren (es sei denn bei Verlust der/des Reisepartner/s; siehe dazu Kapitel „Notfälle"). Denn wenn man den Rand des Ergs erreicht hat (dieser ist dann gut zu erkennen), liegen im Westen keine Dünen mehr vor dem Fahrer, sondern nur noch die Reg-Ebene des Oued Igharghar mit ihren zahlreichen Spurenbündeln und Pistensträngen von Amguid nach Quattre Chemin, einem Kontrollposten zwischen Hassi bel Gebbour und Bordj Omar Driss. Man fährt die restlichen paar Kilometer bis dorthin einfach in Richtung Westen weiter, statt umzukehren. Je nachdem, wo man sich genau befindet, sind bis zum Ende des Erg Issaouane gar keine oder nur wenige (zudem recht niedrige) Dünenketten zu überqueren. In die Ebene des Oued Igharghar fährt man so weit hinaus, bis man eine deutliche Piste gefunden hat, der man nach Norden folgt.

Auch auf der normalen Route erreicht man das Qued Igharghar und

folgt dem Verlauf der Dünen nach Norden – und passt permanent auf die gefährlichen **Windrippenfelder** am Erg-Rand auf! Wer die nach wenigen Kilometern auftauchende, rund 5 km tiefe und 7 km lange Einbuchtung des Erg Issaouane nicht ausfahren will, schneidet über die Reg-Fläche (uneben!) ab – in gerader Linie auf den linken Rand der westlichsten Düne zu. Ab hier (insgesamt ca. km 36) geht es knapp 40 km weit und eher zügig über den Sand am Fuß der Dünen. Danach schneidet man ein weiteres Mal eine, diesmal gut 8 km durchmessende Einbuchtung des Issaouane ab und hält auf den linken Rand der im Norden liegenden großen Düne zu. Sie ist die Nordwest-Ecke des Erg Issaouane. An ihrer Nordseite (insgesamt ca. km 86) biegt man nach Nordosten ab und folgt den allmählich von der Amguid-Piste herüberkommenden Spurenbündeln in Richtung des „Schichttorten-Abbruches" von **Tinrhert.** Am Fuß der bröckligen Steilwand dieses geologischen Bilderbuches finden sich Versteinerungen und durchsichtige Glimmerplatten, kristalline Kalkformen aller Art sowie schöne Übernachtungsplätze in den angewehten Dünen. Rund 16 km nach Umfahrung der Nordwestecke des Erg Issaouane führen die Spuren direkt auf die Felswand zu, knicken dann im rechten Winkel nach rechts ab, um eine angewehte Dünenkette durch einen Einschnitt am Fuß des Abbruchs zu passieren. Ca. 4 km weiter kommt man – bereits auf einer Piste – an der Ruine des 1898, sechs Jahre vor Fort Flatters gegründeten, kleinen Bordj Temassinine vorbei, kurz darauf folgt die letzte Düne vor der Rückkehr in die Zivilisation. Vorbei an den Riesen-Maulwurfshügeln fossiler Tamarisken-Wurzelstöcke gelangt man zu den Ausläufern der Oase Bordj Omar Driss und rollt plötzlich auf eine Teerstraße! Rechts geht es in den Ort Zaouia Sidi Moussa. Dort startet auch die GPS-Wegpunkt-Kette am Ende dieser Routenbeschreibung. Links gelangt man zur Kreuzung mit der Straße zwischen Hassi Bel Guebbour (nach links) und Bordj Omar Driss (nach rechts).

Variante 2: Vom Khanfoussa durch den Erg Issaouane nach Bordj Omar Driss (ca. 115 km)

Nordnordöstlich des Gara Khanfoussa befindet sich ein in diesem Teil des Erg Issaouane auffallend großes *Gassi* (= Dünental). Das Nordende dieses knapp 25 km langen und 3 bis 4 km breiten Tales liegt ca. 32 km vom Khanfoussa entfernt, das Südende etwa 21 km. Die alte, 1908 auch von *Hauptmann Lapperine* auf seinem Weg zur Gründung von Fort de Polignac benutzte Meharisten-Route von/nach Fort Flatters, dem heutigen Bordj Omar Driss, führt über dieses Tal. Im *Gassi* liegt der **Brunnen** Hassi Touil (meist wasserarm oder trocken). Gewaltige Dünenketten liegen zwischen Hassi Touil und Gara Khanfoussa, dem Ausgangspunkt der Fahrt!

Schon die Umfahrung der Nordseite des Gara Khanfoussa ist mit einem gewissem Nervenkitzel verbunden. Zwischen dem Ende der alten, nach Westen führenden Trasse der „Khanfoussa-Piste" und der Schwemmtonsenke auf der Ostseite des Berges liegt eine hohe Dünenkette, die es in schwungvoller Auffahrt und achterbahnsteiler Abfahrt zu überwinden gilt.

Anmerkung: Die alternativ mögliche südliche Umfahrung des Khanfoussa samt Einstieg zum *Gassi* von Hassi Touill ist etwas länger und Bestandteil der GPS-Wegpunkt-Kette am Ende dieses Kapitels.

Routenbeschreibung:

Man folgt dem linken Rand der Reg- und Schwemmtonflächen, aus der Richtung dieser Routenbeschreibung gesehen also nördlich des Khanfoussa, trifft immer wieder auf viele historische, evtl. auch einige jüngere Fahrzeugspuren. Etwa bei Position 27°36,40' Nord/6°48,00' Ost dreht man von der bisherigen, grob Kurs 90° führenden Route nach Norden ab, sucht eine Einfahrt in die hier etwas niedrigeren Dünen. Rund 5 km weiter, etwas östlich einer freigewehten Senke von ca. 1 km Durchmesser wechselt man von Kurs N (0°) auf Kurs NNO (rund 44°). Noch einmal 5 km weiter dreht man auf Kurs 18°, erreicht nach einer weiteren Dünenpassage eine rund 6 km lange Sandebene. Man überquert die Fläche Kurs 0°, biegt vor einigen großen Dünenketten auf Kurs 90° ab, sucht sich einen Weg durch die nun folgende nordsüdlich verlaufende Dünenbarriere. Danach fährt man, Kurs 330°, nach links in das Dünental hinein, erreicht kurz darauf Position 27°46,29' Nord/6°51,25'

Sahara per Motorrad – Durchführung

Ost, von der man auf das Hassi Touil-*Gassi* hinunterschauen kann. Nach einer letzten Dünenhürde fährt man hinunter in die zerklüftete Schwemmton-Ebene. Etwa in Nordrichtung der Einfahrt in das Tal liegt auf seiner anderen Seite der gemauerte Brunnen Hassi Touil (Position: 27°48,75′ Nord/6°51,41′ Ost).

Für die nächsten rund 18 km folgt man der nordöstlichen Talseite Kurs 320°. Die relativ ebene Sandfläche sorgt mit vollbremsenden Weichsand-

passagen, hohen Windrippen und anderen Varianten des Themas „Sandfallen" immer wieder für Abwechslung in der an sich problemlosen Fahrt. Am Nordende des *Gassi* heißt es dann die Richtung wechseln: Kurs 10°! Etwa 8 km weiter sind wieder größere Dünen zu überqueren Die Position N 28° 2,57′/O 6° 46,52′ sollte in nicht allzu großem Abstand passiert werden. Man bleibt auf Kurs 8 bis 10°, blickt rund 4 km weiter von der letzten, in Steilauffahrt zu bezwingenden Dünenkette hinunter auf den Abbruch von Tinrhert, die Oase Zaouia Sidi Moussa – Nachbarort von Bordj Omar Driss. Das Abenteuer ist überstanden.

Die malerische Palme beim Brunnen von Tabelbalet wächst an einem von einem Kamelkadaver verseuchten Tümpel

GPS-Wegpunkte Khanfoussa-Direktroute und „Gräberpiste"
(Bordj Omar Driss – Hassi Touill – Khanfoussa – Ain el Hadjadj – Illizi)

Anmerkung: Bei der nachfolgend in Form einer GPS-Wegpunkt-Kette dargestellten Route handelt es sich insbesondere in dem Abschnitt im Inneren des Erg Issaouane um eine extrem einsame und fahrtechnisch schwierige, insgesamt also **gefährliche Route.** Die Befahrung sollte nur unter Beachtung aller in diesem Buch dargestellter Sicherheitsaspekte erfolgen. Für aus der Befahrung entstehende Notsituationen und Schäden übernimmt der Autor keinerlei Verantwortung.

GPS-Wegpunkte

KA01: N 28° 6' 20,4"/O 6° 45' 50,5"
(= Einfahrt in die Dünen westlich
von Bordj Omar Driss)
K02: N 28° 5' 58"/O 6° 45' 52"
K03: N 28° 4' 55,5"/O 6° 45' 31,5"
K04: N 28° 4' 28,6"/O 6° 45' 10,7"
K05: N 28° 4' 1,8"/O 6° 45' 7,8"
K06: N 28° 3' 37,2"/O 6° 45' 31,5"
K07: N 28° 0' 7"/O 6° 45' 22,9"
K08: N 27° 59' 54"/O 6° 45' 12,7"
K09: N 27° 59' 7,6"/O 6° 45' 4,6"
K10: N 27° 57' 48,1"/O 6° 45' 6"
K11: N 27° 56' 32,9"/O 6° 45' 8"
K12: N 27° 55' 21,7"/O 6° 46' 7,2"
K13: N 27° 54' 12,8"/O 6° 47' 36,6"
K14: N 27° 50' 55,2"/O 6° 49' 54,2"
K15: N 27° 48' 40,5"/O 6° 52' 3,2"
K16: N 27° 47' 16,5"/O 6° 54' 18,8"
K17: N 27° 6' 20,4"/O 6° 45' 50,5"
K18: N 27° 45' 50,2"/O 6° 55' 17,1"
K19: N 27° 44' 15,5"/O 6° 54' 38,2"
K20: N 27° 44' 30,5"/O 6° 54' 15,5"
K21: N 27° 43' 35,5"/O 6° 53' 59,2"
K22: N 27° 42' 17,4"/O 6° 52' 36,6"
K23: N 27° 41' 35,3"/O 6° 52' 30,3"
K24: N 27° 40' 49,9"/O 6° 51' 27,1"
K25: N 27° 40' 37,2"/O 6° 51' 35,3"
K26: N 27° 39' 59,8"/O 6° 50' 51,1"
K27: N 27° 39' 44,5"/O 6° 50' 30,7"
K28: N 27° 38' 50,5"/O 6° 50' 17,7"
K29: N 27° 38' 39,8"/O 6° 50' 31,1"
K30: N 27° 38' 26,3"/O 6° 50' 22,3"
K31: N 27° 38' 48,7"/O 6° 50' 7,5"
K32: N 27° 38' 24,3"/O 6° 50' 6,3"
K33: N 27° 38' 12,2"/O 6° 50' 15,4"
K34: N 27° 38' 0"/O 6° 49' 55,1"
K35: N 27° 37' 19"/O 6° 49' 46,8"
K36: N 27° 36' 55,4"/O 6° 50' 9,7"
K37: N 27° 35' 42,3"/O 6° 50' 27,9"
K38: N 27° 35' 18,2"/O 6° 50' 58,6"
K39: N 27° 33' 47,5"/O 6° 49' 47,9"
K40: N 27° 31' 44,4"/O 6° 47' 38,8"
K41: N 27° 30' 13,1"/O 6° 47' 18"

K42: N 27° 29' 18"/O 6° 47' 45,5"
K43: N 27° 27' 27,5"/O 6° 47' 16,2"
K44: N 27° 26' 29,5"/O 6° 47' 14,2"
K45: N 27° 26' 22,1"/O 6° 47' 52"
K46: N 27° 26' 47,6"/O 6° 49' 3,6"
K47: N 27° 26' 48,8"/O 6° 49' 56,4"
K48: N 27° 27' 4,1"/O 6° 50' 22,3"
K49: N 27° 26' 34,7"/O 6° 51' 52,8"
(= schöner Lagerplatz nach der Ausfahrt
aus dem Erg Issaouane)
G01: N 27° 25' 23,8"/O 6° 51' 28,5"
(= Wasserloch Touskerine)
G02: N 27° 19' 40"/O 6° 54' 34,7"
(= Brunnen und Fortin Tabelbalet)
G03: N 27° 5' 1,5"/O 7° 0' 28,6"
(= IGN-Markierungsstein Nr. 50)
G04: N 26° 52' 25"/O 7° 13' 7,7"
(= Abzweigung nach Amguid)
G05: N 26° 50' 24,9"/O 7° 14' 48,8"
(= Brunnen/Festung Ain el Hadjadj)
G06: N 26° 40' 41,2"/O 7° 19' 51"
G07: N 26° 37' 56,8"/O 7° 22' 28,5"
G08: N 26° 37' 22,5"/O 7° 22' 30,5"
G09: N 26° 36' 43,4"/O 7° 22' 46,8"
G10: N 26° 36' 20,5"/O 7° 23' 8,6"
G11: N 26° 36' 23,7"/O 7° 23' 50,3"
G12: N 26° 37' 12,9"/O 7° 23' 59,3"
G13: N 26° 39' 33"/O 7° 25' 3,1"
G14: N 26° 29' 19,9"/O 8° 1' 12,2"
(= Brunnen)
G15: N 26° 24' 13"/O 8° 7' 17,3"
G16: N 26° 24' 9,9"/O 8° 9' 47"
(= Lagerplatz an Dünen)
G17: N 26° 24' 59"/O 8° 10' 13,2"
(= steile Sandauffahrt)
G18: N 26° 24' 56,3"/O 8° 15' 0,2"
G19: N 26° 25' 32,5"/O 8° 16' 35"
G20: N 26° 27' 21,9"/O 8° 16' 35,3"
G21: N 26° 27' 37,1"/O 8° 19' 51,3"
G22: N 26° 30' 53,7"/O 8° 26' 46,9"
G23: N 26° 30' 34"/O 8° 28' 17,2"
G24: N 26° 30' 14,9"/O 8° 28' 30,5"
(= Jugendherberge in Illizi)
G 25: N 26° 39' 34,5"/O 8° 28' 35,1"
(= Beginn der Straße von Illizi nach Djanet)

Sahara per Motorrad – Durchführung

Übernachten in der Wüste

Einer der Hauptreize einer Sahara-Reise sind die Übernachtungen in freier Wüste. Nirgendwo sonst kann man angenehmer campieren als in der Ruhe, Einsamkeit und Sauberkeit der Sahara. Wenn man nachts unter dem planetariumsklaren Sternenhimmel einer mondlosen Wüstennacht neben einem knisternden Lagerfeuer sitzt, wird der Reiz der Sahara besonders fühlbar. Da weiß man dann wieder genau, warum man sich die Härte einer solchen Reise – manchmal tagsüber verflucht – überhaupt „antut".

Beachtet man einige Kleinigkeiten und ist gut ausgerüstet, wird das traumhaft schöne Erlebnis „Übernachten in der Wüste" auch durch nichts getrübt.

Schlafplatzsuche

In der Sahara ist man nicht auf Campingplätze angewiesen. Auch „Wildcamp"-Verbote oder eine Besiedlungsdichte, die jedes Übernachten im Freien zu einer illegalen Handlung oder zur „Ruhestörung" machen, gibt es hier nicht. Man wählt seinen Schlafplatz **nach ästhetischen Gesichtspunkten** aus: Herrlich geschwungene Dünen, malerische Felsgruppen, romantische Täler.

Schutz vor dem in der Wüste fast immer und überall wehenden **Wind** ist ein weiteres Kriterium bei der Suche nach einem guten Übernachtungsplatz. Dazu kommen noch eine Reihe von Punkten, die man aus Sicherheitsgründen beachten sollte:

044-mo Foto: tt

Sahara per Motorrad – Durchführung

• Nicht im **Bereich einer Piste** übernachten, selbst wenn diese etliche Kilometer breit ist! Man läuft sonst Gefahr, in die „Schusslinie" eines Nachtfahrers zu geraten: Einheimische Trucker sind in der Sahara nicht selten auch bei Dunkelheit unterwegs. Ist die Piste zu breit (im nördlichen Oued Igharghar etwa sind es fast 60 km), um sie zu verlassen, sollte man hinter einem Baum oder einem Hügel lagern.

• Die periodisch wasserführenden Flusstäler der Wüste, die *Wadis* oder *Oueds,* werden gelegentlich von richtigen **Flutwellen** durchflossen, die irgendwo in der Ferne durch einen heftigen Regenguss und das Zusammenfließen vieler kleiner Regenabflussrinnen entstanden ist. In Wadis daher nur an erhöhten Punkten campieren.

• Nicht zu dicht an **Wasserstellen** und Brunnen lagern: Nachts trifft sich hier großes wie kleines Getier auf einen Drink.

• Nicht in unmittelbarer Nähe von **Tierbauten** (Erdlöcher, Büsche, Bäume) übernachten.

Lagerfeuer

Ein Lagerfeuer ist für Motorradfahrer insbesondere im Saharawinter unentbehrlich – auch wenn man es nicht zum Kochen benutzt. Nach Einbruch der Dunkelheit fallen die Temperaturen so rasch, dass man es ohne die Wärme eines Feuers keine Stunde mehr außerhalb des Schlafsacks ertragen könnte. Da Feuerholz in der Sahara knapp ist, sollte man nicht mit dem für die Nomaden der Sahara lebenswichtigen Brennmaterial zum Spaß „Johannisfeuer" abbrennen. Von diesen Menschen kann man übrigens lernen, wie mit wenigen Knüppeln guten Brennholzes – tote Sahara-Akazien liefern das beste – ein lang brennender „Wüstenofen" zu entfachen ist. Folgendes sollte man beachten:

• Zum Anzünden eignet sich am besten trockenes Wüstengras, auf das man erst kleine, dann größere Zweige legt.

• Eine gute Glut ist wärmer und eignet sich besser zum Darumherumsitzen als hochlodernde Flammen.

• Den Abstand der Feuerstelle zu Motorrad und Lagerplatz so groß wählen, dass auch bei starkem und sich drehendem Wind keine Gefahr durch Funkenflug besteht.

• Keine noch lebenden Pflanzen verheizen. Erstens sind sie absolut unbrennbar. Zweitens ist es ein unverzeihlicher Naturfrevel, Pflanzen „umzubringen", die unter harten Wüstenbedingungen Jahrzehnte für ihr Wachstum benötigt haben. Das gilt für scheinbar abgestorbene Teile von Saharabäumen genauso wie für viele Busch- und Straucharten der Wüste. Letztere haben – wenn man nicht genau hinsieht – als normales Erscheinungsbild das einer abgestorbenen, verdorrten Pflanze.

• Ein Feuer immer auch zum Verbrennen nicht biologischer Abfälle – Verpackungen, Papier usw. – benutzen.

• Feuerstellen vor Weiterfahrt zur Sicherheit mit Steinen oder Sand vollkommen zuschütten.

Campingausrüstung

Nicht nur etliche Kilogramm, sondern auch der ja nicht gerade reichliche Stauraum stehen hier auf dem Spiel. Ein hochwertige Leichtgewichts-Campingausrüstung ist zwar nicht billig, passt aber in einen handelsüblichen Motorrad-Packsack und belastet das Motorrad mit nicht mehr als fünf Kilogramm, wenn das Zelt auf zwei Personen und damit zwei Motorräder aufgeteilt ist.

Zelt – für und wider

Erfahrungsgemäß benutzt man auf einer Saharareise mit z. B. zwanzig Übernachtungen unter freiem Himmel keine fünfmal das Zelt. Schließlich ist es ja gerade der Reiz einer solchen Reise, unter dem unbeschreiblich eindrucksvollen Wüstensternenhimmel zu schlafen. Sollte man das Zelt daher gleich zu Hause lassen? Jein! Für die Mitnahme eines Zeltes sprechen auf Saharareisen **Schutz vor Wind** und dem dann herumfliegenden Sand. Ebenso die deutliche Milderung der möglichen großen **Nachtkälte:** In den Monaten Dezember bis Februar sind minus 5° C, in höheren Lagen sogar noch tiefere Temperaturen keine Seltenheit. Ist es dazu auch noch windig, braucht man einen Extrem-Schlafsack, um nicht zu frieren. Auch **Regen** kommt öfter vor, als es das Klischeebild der trockenen Wüste vermuten lässt. Und übernachtet man zu wärmeren Jahreszeiten – z. B. bei einer Saharareise über Ostern oder im Herbst – in Gegenden, wo **Getier** wie Käfer, Spinnen, Skorpione, Schlangen und Mäuse sich wohl fühlt, also z. B. in einem malerischen Trockenflussbett oder einem vegetationsreichen Dünengebiet, bietet ein Zelt eine zwar dünne, aber ausreichend beruhigende Schutzschicht.

Sahara-Zelte

Für Wüstengelände am praktischsten sind frei stehende Kuppelzelte. Sie benötigen Heringe nur zum Abspannen, wenn es sehr windig ist. Sonst reicht das Gewicht der darin liegenden Dinge – Schlafsack, Liegeunterlage und ein Gepäckstück, um es am Wegfliegen zu hindern. Vereinfachend für den Aufbau ist, wenn das Unterzelt auch ohne Überzelt steht, denn dieses braucht man eigentlich nur bei Regen oder starkem Wind. Außer bei ausgesprochenen Billigzelten, die schon wegen ihrer schlechten Nahtverarbeitung nicht zu empfehlen sind, sind die Gestänge-Teile von Kuppelzelten heute durchweg mit Elastikkordeln verbunden und aus Leichtmetall, am besten aus eloxiertem oder lackiertem, das weder die Finger beim Aufbau, noch den Zeltstoff schwarz färbt. Eine ganze Menge möglichst langer und großflächiger Sand- oder Schnee-Heringe mit U- oder H-Profil sind erforderlich, wenn das Zelt auch bei Sturm auf Sandboden stehen bleiben soll – je nach Windstärke eine der härtesten Prüfungen für jedes Zelt. Mit acht mindestens 40 cm langen Sandheringen kommt man in der Regel aus, wenn man zusätzlich das Unterzelt am Boden rundherum so gut wie möglich mit Sand beschwert. Für den Fall eines Sandsturmes sollten unbedingt alle Moskitonetze durch Stoffbahnen verschließbar sein. Sonst wird der Sandsturm durch die Siebwirkung der Netze zum Staubsturm – im Zelt!

Schlafsack

Allgemein gilt: Ein Schlafsack heizt nicht, er reflektiert die Körperwärme und isoliert vor der Außenkälte. Begibt man sich völlig unterkühlt in den Schlafsack, dauert es umso länger, bis man sich wohlfühlt. Es empfiehlt sich, bei Kältegefühl vor dem Ins-Bett-Gehen einen kleinen Aufwärmungsdauerlauf zu unternehmen.

Wichtig für gutes Isoliervermögen eines Schlafsackes ist nicht nur die Dicke seiner Füllung und die isoliertechnisch korrekte Konstruktion und Verarbeitung der Füllmaterialkammern, der Nähte, Kapuze und Reißverschlussabdeckung, sondern auch seine **Größe.** Die sollte möglichst üppig sein. Nicht, weil das bequemer ist, sondern weil man dann nicht aufgrund von Beengtheit in Länge oder Breite die Bauschfähigkeit der für die Isolierung wichtigen Füllung zunichte macht, indem man sie mit den Extremitäten an der Schlafsackaußenhülle plattdrückt.

Zum Testen vor dem Kauf – im Ausrüstungsladen oder Sportgeschäft – legt man sich in den Schlafsack und zieht die Kapuze so weit zu, dass nur noch ein fünfmarkstückgroßes Loch über dem Gesicht offen bleibt – so wie man es „draußen" auch tun würde, wenn es richtig kalt ist. Nur wenn man dann immer noch nicht mit Kopf oder Füßen an den Schlafsackenden beengend stark anstößt, passt der „Pennbeutel"! Für einen 80-kg-1,85-m-Mann heißt das bei so gut wie jeder Schlafsackmarke: Zu klein! oder: Übergröße bestellen – auch wenn der „Fachverkäufer" sonstwas erzählt.

Ein **Inlett** aus Baumwolle – früher auch Jugendherbergsschlafsack genannt – verhindert Verschmutzung des Schlafsackes und damit die Notwendigkeit, ihn nach jeder Reise zu waschen. Jeder Schlafsack, ob mit superleichter, in Pflege und Lagerung anspruchsvoller Daunenfüllung oder mit einem „Innenleben" aus schwererer, aber unproblematischer Kunstfaserfüllung, verliert bei jedem Waschen ein bisschen seiner Funktionalität – auch wenn die Hersteller etwas anderes behaupten. Mit einem Inlett ist zudem das Material des Innenfutters nebensächlich. Selbst superleichtes, aber auf der Haut nicht angenehmes Nylon stört dann nicht mehr.

Der **Temperaturbereich** eines Schlafsackes für Saharareisen kann wegen der angenehmen Nachtkühle und der niedrigen Luftfeuchtigkeit auf Nummer Sicher gewählt werden, denn Schwitzen wird man in einer Saharanacht auch nicht in einem Schlafsack Marke „Arctic-Polar-Everest-Extrem", zumal man ihn ja nicht schließen muss, wenn es nicht kalt ist.

Mit einem Schlafsack, der für sich einen Temperatur-Komfortbereich von minus 5° C und einen Temperatur-Grenzbereich (=Extrembereich) von minus 15° C in Anspruch nimmt, ist man auf der sicheren Seite.

Liegeunterlage

Unter dem Aspekt guter Polsterwirkung, bester Isolierung vor Bodenkälte und geringen Platzbedarfs sind so genannte „selbstaufblasende" (zumindest bis 1 Atmosphäre Druck) **Isoliermatten** das Optimum. Es gibt sie von ultraleichten Ausführungen bis hin zu extra breiten, langen und dicken Super-Komfort-Matten. Am Lagerfeuer sollte man sich's mit einem solchen Komfort-Teil allerdings besser nicht bequem machen: Funkenflug, spitze Steinchen und Pflanzenstacheln machen der Bequemlichkeit schnell ein Ende. Fürs Grobe sind die ebenfalls gut isolierenden, nicht ganz so komfortablen, dafür aber nicht teuren Liegematten aus Schaumstoff oder Moosgummi besser geeignet.

Kocher

Für Motorradreisen durch die Sahara kommt logischerweise nur ein Kocher in Frage, für den man den Brennstoff nicht extra mitführen muss, also ein **Benzinkocher**. Wichtig ist, ein Fabrikat zu benutzen, das die Verwendung von verbleitem Kraftstoff erlaubt, denn „Bleifrei" ist zwar auch in der Sahara im Kommen, aber nur sehr langsam.

Sahara per Motorrad – Durchführung

Reportage: „Sandsturm und Sylvester"

1984 fuhr ich zusammen mit zwei Freunden auf der berühmt-berüchtigten Tanezrouft-Transsahara-Route von Algerien nach Mali. Es war erst meine dritte große Saharareise – nicht mehr von typischen Anfängerfehlern geprägt, nichtsdestotrotz recht abenteuerlich, wie der nachstehende Bericht zeigt. Deutlich macht er auch, dass sich trotz der vielen seit damals vergangenen Jahre eigentlich nichts verändert hat. Heute sind zwar die Enduros weit geländegängiger und daher die auf Sahara-Reisen wie -Rallyes gefahrenen Geschwindigkeiten höher. Doch grundsätzlich heißt es wie damals für den Motorradfahrer in der Sahara: Konfrontation und Harmonie mit den Schönheiten wie Härten der Sahara liegen unmittelbar nebeneinander.

Café Melancholie - was für ein ungewöhnlicher Name für eine schmuddelige Lehmhütte, eines jener Sahara-Cafés, wie man sie neben den großen Hauptpisten immer wieder findet. Schon mancher, der mitten in der endlosen Weite der algerisch-malischen Tanezrouft-Wüste den krakeligen Schriftzug gelesen hat, verstand ihn erst wenige Kilometer später, spürte die schwarze Stimmung, die Melancholie der Wüste, bis in die letzte Faser seines erschöpften Körpers - nach stundenlangem Schaufeln und Schieben beim Anblick seines hoffnungslos eingegrabenen Wagens. Denn nach tausend weitgehend problemlosen Pistenkilometern ist dieses Café das Tor zum Fegefeuer aller Tanezrouft-Bezwinger - und zur Hölle der Überladenen und Untermoto-

risierten, der nicht Allradgetriebenen und Schmalbereiften, der zaghaften Gasgeber und langsamen Schalter: Unmittelbar neben dem Café beginnt eine kilometerlange Zone bodenlos tiefen und mehlweichen Sandes.

Schon hundert Kilometer vorher, in dem Tuareg-Dorf Aguelhok, werden wir das erste Mal davor gewarnt. Je näher wir dem Sand kommen, desto häufiger halten uns Kinder und Halbwüchsige auf, bieten uns nach dramatischen Warnungen vor dem sable ihre Führerdienste an.

Am Café halten wir an, betrachten uns den Anfang der Sandfalle erst einmal in Ruhe. Für Autos zweifellos eine harte Nuss: Eine mehr als knietiefe Hauptspur schlängelt sich zwischen Büschen und kleinen Dünen eine bis zum Horizont reichende Steigung hinauf. Tausende anderer Spuren haben, so weit das Auge reicht, den Sand zerfurcht, unzählige Fahrzeuge ihn so zermahlen, dass man bei jedem Schritt bis an die Knie versinkt!

Vor dem Café Melancholie eine merkwürdige Fahrzeugschlange: Lastwagen, Lieferwagen und normale Pkw, manche nach Art der Bremer Stadtmusikanten übereinander geladen. Für das oberste Fahrzeug, witzeln wir, ist die Chance wohl am größten, Gao zu erreichen, die gelobte Stadt am Niger-Fluss, am Ende der Tanezrouft-Transsahara-Route und am Beginn des „schwarzen" Afrika. Zollnummernschilder machen deutlich, dass es sich hier um einen Konvoi so genannter „Autoschieber" handelt. Für sie ist die 1.500 Kilometer lange Tanezrouft-Piste

der vergleichsweise einfachste Weg, den lukrativen Gebrauchtwagenmarkt in den westafrikanischen Staaten Mali und Burkina anzufahren und dort in Europa nur noch zum Verschrotten taugende oder eben dort gestohlene Fahrzeuge in Bargeld zu verwandeln.

Ein Teil der Fahrer diskutiert sichtlich entnervt in lautstarkem Französisch die Chancen, durch den Sand zu kommen, der Rest palavert mit einer Gruppe in Lumpen gekleideter Kinder und Halbwüchsiger. Schließlich einigt man sich, dass Bezahlen besser ist als viel Zeit mit dem Ausgraben eingesandeter Autos zu verbringen. Der Führer, ein vielleicht zehnjähriger Junge, scheint jedoch alles andere als billig zu sein, denn die Gemüter erhitzen sich sichtlich. „Zumindest in der Wüste hauen noch die Schwarzen die Weißen übers Ohr", meint Chris beim Blick auf die zum Teil in erbärmlichem Zustand befindlichen Fahrzeuge der Autoschieber.

Eine Anzahl zerknitterter Banknoten wechselt den Besitzer, wandert in die Tasche eines größeren Jungen. Der Konvoi-Chef, ein von Alter wie Nationalität undefinierbarer Typ mit Rasta-Frisur, Palästinenser-Schal, marokkanischen Pluderhosen und der „freundlichen" Art eines Fremdenlegionärs mit bajonettbestückter Flinte im Anschlag verlädt den kleinen Führer rabiat in seinen Peugeot. Der Konvoi setzt sich in Bewegung und verschwindet in Richtung Westen parallel zum nördlichen Rand des Sandfeldes.

Wir trinken erstmal einen Tee, haben keine Probleme, den Vertretern des im Melancholie am häufigsten vertreten

Sahara per Motorrad – Durchführung

046mo Foto: tt

Gewerbes klarzumachen, dass wir für einen Führer keinen Platz haben. Wenigstens ein Cadeau, meint man allgemein, sei doch wohl fällig. Doch unseren Vorrat an kleinen Geschenken haben wir schon vor Tagen im Tuareg-Dorf Timiaouine an noch viel ärmere Teufel als diese hier verteilt und unsere wenigen Klamotten brauchen wir nun wirklich selber. Allerdings ist Wüstenkindern einfach nicht begreiflich zu machen, warum unsereins zwei Hosen haben muss. Die meisten von ihnen wären froh, wenn sie eine besäßen. Glücklicherweise fallen mir die Aufkleber eines Münchner Expeditionsausrüsters ein. Irgendwo in den Tiefen des Tankrucksacks muss das Päckchen liegen. Die Freude ist groß, vor allem, als einer der größeren Jungen den arabischen Schriftzug unter dem Konterfei des Wüstenfuchs-Logos entziffert. „Ashab Sahara" steht da: Freunde der Sahara. Zum Dank bekommen wir bei unserer Abfahrt einen Rat: „Monsieur, monsieur, allez luon à droit, toujours à droit!". Weit rechts der Piste halten also!

Sicherlich gut gemeint, doch wir halten uns nicht daran. Erstens ist unser Benzinvorrat nach einem verbrauchsintensiven „Rennen" mit der Grenzpolizei von Timiaounine - eine andere Geschichte - nicht mehr üppig. Zweitens haben wir für lange Umwege keine Zeit, denn in kaum sieben Stunden beginnt der 31. Dezember dieses Jahres, und es trennen uns noch immer vierhundert Pistenkilometer von knallenden Sekt- oder wenigstens Kronkorken, von einer Sylvester-Fete am breiten Nigerstrom. Drittens schafft auch das weichste

Sandfeld einem Geländemotorrad nur einen Bruchteil der Probleme, die dem Autofahrer das Leben schwer machen.

Wir reduzieren den Reifenluftdruck, denn mit nicht mehr als einem bar ist Traktion und Führung unserer breiten Desert-Pneus am besten. Dann fahren wir etwa fünfzig Meter zurück, wenden und beschleunigen, was das Zeug hält. Mit dem Schwung von gut 80 Stundenkilometern stürzen wir uns in die „Melancholie".

Der aufgewühlte Fech-Fech-Sand packt zu wie ein Bremsfallschirm, lässt dem vierten Gang nicht die geringste Chance, das fürs Aufschwimmen der Räder erforderliche Tempo zu halten. Mit Vollgas im Dritten „sägen" wir uns unsere eigene Spur durch das Chaos aus tiefen Sandrillen und den bei ausgiebigen Grab- und Wühlaktionen unzähliger Autos entstandenen Kratern und Senken. Schon bald merken wir, dass die Hauptspur der endlos breiten Sandpiste in einem riesigen Bogen nach rechts verläuft. Wir halten uns nun doch an die Empfehlung der Kinder und schneiden den Pistenbogen ab. Jetzt zwingen uns neben den durch menschliche Einwirkung entstandenen Hindernissen auch noch jede Menge Gestrüpp, Bäume und kleine Dünen zu zackigen Fahrmanövern. Wieder einmal macht sich neben unseren zweckmäßig und bewährt ausgerüsteten Motorrädern - umgebauten TTs - auch unsere spartanische Beladung bezahlt: Das „Tiefsandwedeln" macht so großen Spaß, dass wir beinahe enttäuscht sind, als wir die Sandzone durchquert haben und wieder über feste „Wellblech"-Piste rollen.

Sahara per Motorrad – Durchführung

Knapp fünfzig Kilometer kommen wir noch, dann steht die Sonne so flach, dass es Zeit wird, nach einem Platz für die Nacht zu suchen.

Der sonst in der Wüste meist für die Mühen des Tages entschädigende, eindrucksvolle Sonnenuntergang ist heute ein trauriges Schauspiel. Eine von staubschwangerer Luft milchkaffeefarbene, blasse Sonnenscheibe versinkt hinter der scheinbar endlosen Weite der Tanezrouft-Wüste. Vor uns wird die Piste von einer aus Eisenschienen bestehenden Brücke unterbrochen, ein regensicherer Wadi-Übergang, wie wir auf der Tanezrouft-Piste schon mehrere gesehen haben. Das verrostete und verbogene Monstrum setzt der trübtristen Atmosphäre das i-Tüpfelchen auf, eine Szenerie wie „nach dem Atomkrieg".

Am Rand des Oued Erachen verlassen wir die Piste, folgen dem Lauf des Trockenflusses für einige hundert Meter. Inmitten einer Ansammlung hausgroßer, bizarr verwitterter und aufgesprungener Felskugeln finden wir einen halbwegs gemütlichen, vor Sicht und eventuellem nächtlichem Verkehrsaufkommen geschützten Lagerplatz. Auf einem kleinen Feuer aus vertrockneten Wadi-Pflanzen kochen wir wieder einmal Spaghetti, heute à la Bolognese – mit als Bergsteigernahrung verkauftem dehydriertem Hackfleisch. Ganz allein sind wir übrigens nicht. Nicht weit von uns stehen zwei große weiße Kamele unter einer Akazie. Regungslos beobachten sie uns mit arrogant-majestätischem Gesichtsausdruck, bevor sie sich schließlich hinlegen. Offenbar werden wir nicht als Bedrohung empfunden.

Schon vor Sonnenaufgang verlassen wir unsere Schlafsäcke. Ein langer Fahrtag steht uns bevor: rund dreihundert Kilometer sind es auf der kürzesten Route noch bis Gao, sogar noch fünfzig mehr, wenn wir die angeblich bessere, weil weniger sandige der zwei existierenden Pisten nehmen. Sie führt an dem Tuareg-Dorf Bourem vorbei.

Chris entfacht mit der restlichen Glut von gestern Abend ein neues Feuer, denn selbst in der südlichen Sahara ist ein Sylvester-Morgen ziemlich kühl. Während wir unseren Kaffee schlürfen und eine Portion Müsli vertilgen, erhebt sich zusammen mit dem Sonnenball auch eine reichlich steife Brise. In Sekundenschnelle macht der aufgewirbelte Sand unser Frühstück zum „Plombenkiller". In Windeseile, im wahrsten Sinne des Wortes, packen wir unseren ganzen Kram zusammen und fahren zurück zur Piste. Die von Südwesten kommenden Windböen werden immer stärker, mehr und mehr Sand prasselt gegen unsere Helme. Am Ende einer langen Steigung bietet sich dann ein Bild, das uns vor bösen Vorahnungen schaudern lässt. Auf der weiten vor uns liegenden Ebene tobt ein riesiger Sandsturm. Wie braune Gewitterwolken hängen die Sandschwaden turmhoch in der Luft.

Die Tuareg-Siedlung Anefis kann nicht mehr allzu weit entfernt sein. Bis dahin müssen wir es noch schaffen. Wir ziehen unsere Sturmhauben über, setzen die Motorradbrillen sorgfältig darüber. Innerhalb weniger Meter Fahrtstrecke bricht dann das Inferno los. Wirbelnde, gelbbraune Schwaden

04-mo Foto: tt

verschlucken uns regelrecht. Wir kommen uns vor wie in einem riesigen Sandstrahlgebläse. Die Körner prasseln mit solcher Wucht auf uns ein, dass der schmale Streifen nackter Haut zwischen Jacke und Handschuhen wie Feuer brennt. Wir sehen so gut wie nichts, holpern im Schritttempo über die Piste. Der Scheinwerfer von Christophes XT ist, obwohl er dicht hinter mir fährt, kaum noch zu erkennen. Meine Beifahrerin Susanne dreht sich ständig um, passt auf, dass wir uns nicht verlieren.

Zum ersten Mal in meinem Leben bin ich dankbar, dass es „Wellblech"-Pisten gibt, denn ohne die groben, durch Autoverkehr entstandenen Querrinnen würden wir die Piste in kürzester Zeit verlieren. Nur mit Hilfe des Gerüttels können wir uns vorantasten, wird die

Blindfahrt nicht zur Irrfahrt. Rund dreißig Kilometer funktioniert das ganz gut. Dann verschwindet die Piste plötzlich in butterweichem Sand. Mit Schrittgeschwindigkeit - mehr ist wegen der Sichtweite von kaum fünf Metern nicht drin - rollen wir in die „Sandfalle". Ich kann gar nicht so schnell erschrecken, wie mir das Vorderrad von einer tiefen Spurrinne quer gestellt wird - und schon liegen wir im Sand. Chris fährt und fällt beinahe in uns hinein!

Das hat uns noch gefehlt: ein ähnliches Weichsandfeld wie das von „Melancholie", so weit wir erkennen können, allerdings dichter mit Gestrüpp

Ornamente des Durstes in der Sahelzone

und dürren Bäumen bewachsen. Jedenfalls ist bei dem sichtbedingten niedrigen Tempo kein Vorwärtskommen möglich. Auch „Durchfußeln" funktioniert nicht, denn der Sand ist zu weich. Der Hinterreifen baggert sich nur abwärts statt vorwärts.

Wenn wir im Sandsturm - wer weiß, wie lange er noch dauert - nicht ersticken wollen, müssen wir einfach riskieren, schnell genug zu fahren! Ich beschleunige in der Rinne, in der wir gestürzt sind, was das Zeug hält. „Aufstehen!", rufe ich Susanne zu, versuche, als schätzungsweise vierzig oder fünfzig Sachen erreicht sind, die in höchsten Drehzahlen brüllende TT aus der Spurrinne zu reißen. Es klappt: Nach einem haarsträubenden Schlenker und einem kleinen Sprung, erreichen wir neben der Hauptspur etwas weniger zerwühltes Gelände. „Chris ist dicht hinter uns", ruft mir Susanne zu, und die Höllenfahrt geht weiter. Mit Gasstößen versuche ich die Maschine trotz des für solche Blindflugverhältnisse viel zu hohe, für sichere Sandfahrt aber immer noch zu niedrigen Tempos halbwegs stabil zu halten und hoffe dabei, dass kein großes Loch, kein Felsbrocken unserer Kamikazefahrt ein schmerzhaftes Ende bereitet. Dichte Vegetation - offenbar fahren wir durch ein Wadi - sorgt für zusätzliche Schwierigkeiten. Immer wieder kann ich nur um Haaresbreite Büschen und Bäumen ausweichen. Ein Ast schlägt den rechten Lenker-Protektor ab, beide Spiegel sind nach innen gedreht. Meine Hand beginnt, höllisch zu schmerzen. Als wir kurz darauf nach einer Auffahrt plötzlich wieder harten Pistenboden un-

ter den Rädern spüren, die ersehnte Wellblech-Piste der Tanezrouft, sehe ich, warum: Ein fingerlanger, eisenharter Akazienstachel hat den nur noch an einem Kabelbinder baumelnden Griffprotektor durchbohrt. Ohne ihn hätte die Spitze des Dorns meine Hand nicht nur angekratzt, sondern durchdrungen.

Chris kommt und kommt nicht! Wir warten eine Minute, dann versuche ich, entlang meiner Spur zurückzufahren. Es ist nicht lange möglich, denn der Sturm hat sie bereits verweht. Wir halten an, hupen und rufen so laut wir können. Keine Antwort, kein Motorengeräusch, nur das Heulen und Mahlen des Sandsturms. Ein verfahrene Situation: Wir haben uns in dieser Hölle verloren und können weder vor noch zurück, ohne die Situation zu verschlimmern, denn wir wissen nicht: Ist Chris hinter uns oder vor uns?

Plötzlich: „Hörst du das?", ruft Susanne. Ganz weit entfernt ertönt kurz das „Ballern" des XT-Motors, aus welcher Richtung, können wir nicht feststellen.

„Vielleicht steckt er fest oder ist gestürzt". Ich hupe, was das Zeug hält - kein Geräusch ist mehr zu hören. Aus welcher Richtung kam es, verdammt noch mal! Wir können doch nicht einfach irgendwohin fahren.

Plötzlich taucht wie ein Phantom eine Gestalt in den Sandschwaden auf, rennt auf uns zu. Ein Kind - mit weit aufgerissenen Augen redet ein fast nackter, dunkelhäutiger Junge aufgeregt in der Tuareg-Sprache Tamaschek auf uns ein, deutet mit einem ausgestrecktem Arm in das diffuse Graubraun des Sturmes, mit dem anderen zieht er Susanne an der Hand. Gemeinsam laufen sie los. Ich wühle mich per Motorrad hinterher. Keine zweihundert Meter entfernt finden wir Chris. Ihm fällt ein genauso großer Stein vom Herzen wie uns. Die XT weigert sich allerdings standhaft zu laufen. Rasch finden wir heraus, dass es nur das nach einem sturzbedingten Kopfstand völlig versandete Zündschloss ist. Der Schlüssel lässt sich keinen Millimeter mehr drehen! Wir ziehen einfach die Kabel ab und zwirbeln sie zusammen. Nach einigen Tritten springt der Motor an.

Der kleine Junge ist nicht alleine. Inzwischen leistet uns eine gut zehnköpfige Kinderschar Gesellschaft - offenbar Nomaden. Völlig ungeschützt - sie sind allesamt nur spärlich bekleidet - leiden sie noch viel mehr als wir unter dem peitschenden Sandsturm. Doch die Neugier ist wohl größer als der Schmerz, und ihr Lager oder Dorf kann ja nicht weit sein.

Wir verlassen das sandige Wadi, tasten uns an seinem Rand entlang nach links, bis wir auf die ausgeprägte „Wellblech"-Spur der Pistenmitte stoßen.

Kilometer für Kilometer hoppeln wir im ersten und zweiten Gang voran. Unsere Augen tränen und brennen, Sand knirscht zwischen den Zähnen, die Brillengläser werden langsam blind. Unser einziger Wunsch ist, dass die Motorräder durchhalten und dass endlich das Dort Anefis auftaucht. Eigentlich müssten wir schon längst da sein. Über siebzig Kilometer zeigt der Tachometer seit heute früh. Sollten wir etwa doch auf der verkehrten Piste sein? Wir kämpfen gegen die aufsteigende Panik

an. Fünf Stunden in dieser Hölle zehren an unseren Nerven ebenso wie an den Körperkräften. Eine unerträgliche, drückende Hitze setzt ein, der berüchtigte Treibhauseffekt der von der Sonne aufgeheizten Sandwolken. Immer öfter müssen wir anhalten und trinken. Bald werden wir kein Wasser mehr haben.

Was ist das? Schemenhaft ist ein großes, dunkles Etwas im düstergelben Licht zu erkennen. Eine Hütte? Ich gehe darauf zu, berühre zwanzig Schritte weiter eine Wand aus getrocknetem, von Längsrillen durchzogenen Lehm, ertaste eine aus Ästen und Stroh geflochtene Türe. Nur mit Mühe kann ich sie gegen den innen wie außen dagegen gehäuften Sand einen Spalt aufdrücken. Im diffusen Licht erkenne ich eine Gruppe von Frauen, Kindern und Männern, in Lumpen gekleidete, ausgemergelte Menschen, die schweigend, im Licht eines kleinen Feuers, auf dem Lehmboden hocken. Manche haben sich Decken und Felle übergehängt, denn durch das Geflecht der Tür, ein verhängtes Fenster und das löchrige Strohdach pfeift der Wind, sorgt auch hier drinnen für einen leichten Sandsturm.

„Bonjour", grüße ich, „lebes?" Dumme Frage, doch in Afrika ist ein „Wie geht's?" unverzichtbar. Ein alter Mann mit tränenden, entzündeten Augen lacht mich aus zahnlosem Mund an. „Bonjour, lebes, lebes", krächzt er mit belegter Stimme, „asseyez vous". Wir quetschen uns durch den Türspalt, drücken das Teil, so gut es geht, wieder zu und setzen uns auf den Boden.

,,Ist das hier Anefis?" fragt Chris. ,,Nein, ihr seid in Tabankort", antwor-

Sahara per Motorrad – Durchführung

tet man uns. Wir müssen das Dorf Anefis im Sandsturm durchquert haben,
ohne es zu merken. Hier, in der Tuareg-
Siedlung Tabankort wäre uns das ja
auch fast passiert. Ich frage den alten
Targui, ob der Sandsturm wohl noch
lange dauern wird. „Inshallah!", so
Gott will, lautet die lakonische Antwort.
Erst nach einer längeren Pause erteilt
er mir eine unerwartet präzise Auskunft. Noch ungefähr fünfzig Kilometer, meint der Alte, da sei der „Vent de
sable", der Sandsturm, zu Ende. Ich
habe die falsche Frage gestellt, denn eine örtliche Begrenzung ist natürlich

viel logischer, viel vorhersehbarer als eine zeitliche. Wo kein Sand mehr ist,
kann auch kein Sandsturm sein.

Jedenfalls sind wir jetzt ganz nah an
der Gabelung der beiden Pisten nach
Gao. Zweihundert Kilometer sind es von
hier auf der kürzeren Strecke, vierzig
mehr auf der längeren bis in die große
Stadt am Niger-Fluss - wahrscheinlich
zu viel, um es unter diesen Bedingungen
und so erschöpft, wie wir inzwischen
sind, noch bei Helligkeit zu schaffen. Der
unbändige Wunsch, heute Abend auf
unsere beendete Saharadurchquerung
und auf den Beginn unserer Reise durch
Westafrika anzustoßen, treibt uns jedoch weiter. Nur wohin? Zwei Kilometer
müssten wir zurückfahren, meint der Alte, dann würden wir auf die Piste nach

Auf der 1.500 Kilometer langen
Tanezrouft-Transsahara-Piste

Agamor und Bourem stoßen, die längere der beiden Routen nach Gao. Über sie erreichen wir die Stadt heute wohl nicht mehr - schon deswegen, weil uns vorher höchstwahrscheinlich der Sprit ausgeht.

Eigentlich sind wir ja schon auf der richtigen, der kürzeren Piste. Zur Bestätigung hole ich aus dem Tankrucksack eine der sehr genauen Karten des französischen „Institute Géographique Nationale", das Blatt „Tabankort" heraus und frage den Alten nach dem nächsten Ort, der auf unserer Wunschstrecke liegt. Tabrichat heißt er - vielleicht ist es auch nur ein Brunnen -, etwa zwanzig Kilometer entfernt. Der Alte kennt den Namen: „Toujours tout droit!". Immer geradeaus also.

Draußen tobt der Sturm unvermindert. Es fällt schwer weiterzufahren. Schon bald merken wir, dass der „Nebel" über uns mit jedem weiteren geschafften Kilometer durchsichtiger wird, immer öfter eine blasse Sonnenscheibe durch die Sandschwaden schimmert. Der Wind wird schwächer, das Gelände immer weniger sandig. Schon bald wehen nur noch Staubböen über die Piste. Eine von wenigen dürren Bäumen und Büschen bestandene Savanne taucht auf, ersetzt das seit Wochen gewohnte Bild der Sand- und Steinwüste.

Der Wind hat aufgehört. Wir halten an, reißen uns Helm und Sturmhaube vom Kopf. Es ist erschreckend, wie wir aussehen: Vor Entzündung sind unsere Augen dunkelrot. Lippen und Nasen sind staubverkrustet und an vielen Stellen aufgesprungen. Wir wagen nicht, uns mit dem wenigen verbliebenen Was-

ser das Gesicht zu waschen. Augentropfen und Sonnenschutz-Creme bringen ein wenig Linderung. Auch der Hunger nagt. Seit dem vom Sandsturm abgebrochenen Frühstück haben wir nichts gegessen. Kekse aus der algerischen Sahara-Metropole Tamanrasset - wir nennen sie wegen ihrer staubtrockenen Konsistenz sonst „Fech-Fech-Kekse" - munden heute geradezu köstlich. Ausgestreckt liegen wir auf dem Boden, kämpfen mit dem Schlaf, als wir plötzlich ein näher kommendes Auto hören. Ein in der Sahara eher ungewöhnliches Fahrzeug braust mit hohem Tempo über die Piste, ein amerikanischer Geländewagen vom Typ Chevrolet Blazer. Wir haben es schon einmal gesehen, zusammen mit zwei deutschen Touristen, die wie wir im malischen Grenzort Tessallit auf die Abfertigung warteten. Ich springe auf, winke mit beiden Armen, will sie anhalten und um Wasser bitten, doch sie blinken uns nur an, fahren mit unverminderter Geschwindigkeit an uns vorbei. „Solche Schweine!", schimpft Chris, „ich dachte, in der Sahara hilft man sich gegenseitig!"

Fünfzig Kilometer nach Tabankort treffen wir auf die ersten Anzeichen menschlicher Besiedlung, den Brunnen von In-Tassit: Rinder, so dürr, dass man fast jeden Knochen sieht, drängen sich an einem nahezu ausgetrockneten Wasser-, oder besser gesagt Schlammtümpel. Kein Trinkwasser für uns, denn unsere Entkeimungstabletten können die dunkelbraune Dreckbrühe wohl kaum genießbar machen. Je länger wir in In-Tassit halten, desto deutlicher wird für uns, dass wir uns nun im

Elendsviertel Afrikas, der Sahelzone befinden. Ein zu Hause nur aus den Medien bekanntes Bild des Schreckens wird hier hautnahe, bedrückende Realität. Bis zum Skelett abgemagerte Menschen mit aufgeblähten Bäuchen, ein Heer von Fliegen auf Augen und Mündern, betrachten uns mir scheuem, zugleich traurigem Blick und betteln zaghaft um Essen, Kleidung, Zigaretten, Medikamente gegen ihre Schmerzen und Wunden. Eine tiefe Depression befällt uns. Wir fühlen uns als Touristen fehl am Platze in einer Gegend, wo eine unerbittliche Natur Mensch und Tier ums nackte Überleben kämpfen lässt, wo selbst das Wenige, das wir bei uns haben, unvorstellbarer Reichtum ist.

Drei Packungen Nudeln und Reis sind alles, was nach über vier Wochen Sahara noch von unseren Vorräten übrig ist. Ich gebe alles einer wahrscheinlich noch jungen, vom Gesichtsausdruck jedoch uralten Frau. Ein kurzes Lächeln erhellt ihr verhärmtes, eingefallenes Gesicht. Die Verpflichtung zu helfen wird mit jeder Sekunde stärker, die wir länger an diesem Ort des Elends bleiben. Nicht zuletzt wohl auch, weil uns das Verhalten der Autofahrer, die vorhin einfach an uns vorbeigebraust sind, hat spüren lassen, wie es ist, vergeblich um Hilfe zu bitten. Wir verteilen den Großteil dessen, was unser Gepäck an Kleidung und Medikamenten enthält. Die letzten, vielleicht hundertfünfzig Kilometer werden wir wohl auch mit dem, was wir am Leib haben, schaffen. Danach gibt's für uns und unser Geld ohnehin Nachschub in den Städten und Märkten Malis, einem für

die Menschen der Sahelzone räumlich wie finanziell unerreichbaren Schlaraffenland.

Wir müssen weiter, es ist schon spät. Zuvor bauen wir noch unsere Luftfilter aus. Bei ihrem Anblick erscheint es uns unglaublich, dass die Motoren überhaupt noch liefen: Das Luftfiltergehäuse ist zu einem Viertel mit Staub aufgefüllt, und die Schaumstoffelemente sind nichts anderes als sandige Klumpen. Wir klopfen sie aus, so gut es geht, denn Benzin wollen wir zur Reinigung nicht opfern. Dafür klingen unsere Tanks schon viel zu hohl.

Einige Kilometer weiter führt der Spurenstrang der Piste auf eine bis zum Horizont reichende Ebene aus getrocknetem Lehmboden. Das seit vielen Jahren ausgetrocknete Vallée du Tilemsi liegt vor uns - so weit das Auge reicht, nichts anderes als von einem Netzerk aus Rissen überzogener, vegetationsloser Schwemmtonboden. Wie ein riesiges Monument des Durstes wirkt diese bedrückend lebensfeindliche Einöde auf uns. Die Piste wird nun immer wieder durch hohe Kanten und tiefe Löcher unterbrochen. Am gefährlichsten sind jedoch für uns die vielen, mehr als einen halben Meter tief in den Boden gefrästen und zu steinharten „Schienen" getrockneten Lkw-Spurrinnen. Diese Strecke wird bei Regen nämlich zum Sumpf. Und wer mit seinem Fahrzeug danach durch die schnell wieder getrocknete und trügerisch feste Kruste an der Oberfläche bricht, hat schlechte Karten. Wegen der für uns gefährlichen Rinnen, ziehen wir es vor, hundert Meter neben den Spuren zu fahren. Mit achtzig bis hundert Sachen düsen wir über die endlose Fläche. Mumifizierte Rinder-Kadaver säumen die Strecke als makabere Wegweiser. Auf dem harten und ebenen Untergrund kommen wir jedenfalls gut voran, legen bis sechs Uhr abends hundertsiebzig Kilometer zurück.

Noch eine Stunde ist es bis zur Dunkelheit - das muss für die restlichen dreißig bis vierzig Kilometer nach Gao genügen. Wasser haben wir inzwischen so gut wie keines mehr. Hoffentlich reicht unser Benzin wenigstens bis zur Bourem-Piste, auf die wir etwa vier Kilometer vor Gao stoßen sollten. Ab dort dürften wir dann dank höherer Verkehrsdichte nicht allzu lange auf Hilfe warten müssen. Hier auf dieser gott- und menschenverlassenen Strecke jedoch fährt anscheinend außer uns niemand. Der „Blazer" war das einzige Fahrzeug, das wir getroffen haben!

Die nächsten zwanzig Kilometer hellen uns auch nicht gerade beim Benzinsparen: Ein Feld dicht bewachsener Kleindünen, durch das sich die tief verspurte Piste in engen Kurven hindurchschlängelt, lässt sich nun mal nicht mit geschlossenem Gasgriff bewältigen. Wären wir nicht so erledigt, könnten wir die wegen des weichen Sandes noch einmal recht rasante Kurverei über die Dünen, dieses Abschiedsgeschenk der Sahara, genießen. In unserem Zustand wird die Fahrt zur Quälerei. Die Kraft reicht einfach nicht mehr, um die Maschine zu beherrschen. Immer wieder fahren wir unfreiwillig aus den „Sandschienen" der Piste in die Botanik - in diesem Fall stattliche Kalotropis-Bäum-

chen mit fleischigen Blättern und großen grünen Früchten. Auf sauberen Fahrstil legt heute jedoch wohl keiner von uns mehr Wert. Die Hauptsache ist, dass wir nicht stürzen. Etliche Male fehlt dazu allerdings nicht viel.

Unvermittelt taucht hinter einer Düne eine kleine Karawane auf, gepflegt aussehende Tuareg hoch zu Kamel, gekleidet in tiefblauem Burnus, den Chech zu einem dicken Turban um den Kopf gewickelt. Gao kann nicht mehr weit sein. Ich bilde mir ein, das Wasser des Niger schon zu riechen. Das Dünenfeld wird von einem malerischen Palmenhain abgelöst, und einige hundert Meter weiter mündet unsere kleine Piste im spitzen Winkel in eine trassierte Wellblechpiste ein. Ein „Buschtaxi" mit hölzernem Aufbau, voll gestopft mit bunt gekleideten, dunkelhäutigen Frauen kommt uns entgegen. Aufgeregt winken und rufen sie uns zu, begrüßen uns mit lautem Zungenträllern. Die ersten Hütten und Häuser tauchen auf, dann sogar eine Kreuzung mit Verkehrszeichen. Es ist, als würden wir nach Jahren in der Wüste die Zivilisation erreichen. Kinder laufen neben uns her, rufen im Chor: „Le rallye, le rallye, le rallye". Sie glauben, wir gehören zur Paris-Dakar-Rallye. Die ist heute aber wohl noch in Paris und wird erst in ein bis zwei Wochen hier eintreffen, zumindest ein Teil ihrer Teilnehmer.

Die Tankstelle am Ortsanfang ist unser erstes Ziel, denn viel leerer dürfen unsere Spritbehälter wirklich nicht mehr werden.

Das Stadtzentrum: rote, flache Lehmhäuser, ungeteerte Straßen voller Autos,

Mofas, Kamele, Esel, Ziegen und schwarzhäutiger Menschen in den verschiedensten Trachten - nach der Ruhe und Einsamkeit der Sahara ein überwältigender Anblick. Gao ist Marktzentrum und Schmelztiegel für die vielen Stämme der Südsahara, der Sahelzone und Westafrikas. Hier lebt ein buntes Gemisch aus Tuareg, Bambara, Songhai, Haussa und Dogon.

Hotels in Mali haben nur selten europäischen Standard

Es wird gerade dunkel, als wir den Campingplatz der Stadt erreichen, ein von einem drei Meter hohen Maschendrahtzaun umgebenes Gelände. Es kommt uns wie ein riesiger, von Bettlern und Händlern umlagerter Hühnerstall vor. Touristenfahrzeuge und einige sichtlich wüstengeschädigte „Schieberautos" parken dort. Es wird geschraubt und gebastelt, was das Zeug hält. In Sichtweite der Fluss - tiefblau, breit und träge, wälzt sich der Niger dahin. Er ist so breit, dass das gegenüberliegende Ufer im Dunst verschwindet. Pirogen, die Hauptverkehrsmittel dieser 4.200 Kilometer langen Wasserstraße, treiben mit der Strömung. Weit draußen tuckert ein großes, flaches Frachtschiff vorbei. Der Fluss wirkt wie ein Ozean auf uns.

„Atlantide" heißt das große alte Hotel am Niger-Ufer. Keine Frage, dass wir es nach allem, was wir heute hinter uns gebracht haben, dem wenig einladenden Campingplatz vorziehen. Sterne hat das „Atlantide" keine verdient, wohl eher Kreuze. Dafür besitzt es ein Restaurant mit Bar. Dorthin führt unser Weg als erstes. Ein Bier zum Runterspülen des Sandes, ein weiteres gegen den Durst, ein riesiges poulet roti – ein zum Brathähnchen umfunktioniertes Perlhuhn – gegen den Hunger, dann noch mal ein Bier zum Entspannen.

Letzteres funktioniert so gut, dass wir den Jahreswechsel beinahe in unserem Zimmer verschlafen. Um zehn vor Zwölf wachen wir auf, rennen rüber ins Restaurant. Die Blazer-Fahrer, die wir vor einigen Stunden noch verdammt haben, begrüßen uns mit großem Hallo und spendieren Sekt aus ihren Vorräten. Es klärt sich auf, warum sie einfach an uns vorbeigefahren sind: Sie waren gar nicht auf die Idee gekommen, dass wir Hilfe brauchten, wollten einfach nur möglichst schnell nach Gao fahren – zum Sylvesterfeiern. Mein verzweifeltes Winken hatten sie für einen Gruß gehalten!

Im klimatisierten Geländewagen erlebt man die Wüste ganz offensichtlich wohl doch etwas anders als auf dem Motorrad.

Sahara per Motorrad – Durchführung

Rallyefahren in der Wüste

Dieses Kapitel widerspricht nur auf den ersten Blick dem Sinn dieses Buches. Zwar unterscheidet sich eine Motorradreise durch die Sahara von Fahrstil, Geschwindigkeit und Motivation entscheidend von einer Wüsten-Rallye. Doch kommen gerade im Rallye-Privatfahrerbereich die Mehrzahl der Teilnehmer nicht aus der Geländesport-Szene, sondern von der Extremreise-Schiene. Nicht wenige Enduroreisende haben nämlich, nachdem sie im touristischen Einsatz auf den Geschmack am „Wüstenfahren" gekommen sind, große Lust, sich an der Herausforderung einer Rallye zu messen und dabei vielleicht von ihrer Wüstenerfahrungen zu profitieren.

Mir ging es erstmals 1992 so. Seitdem habe ich viermal an der OPTIC-Tunesien-Rallye, einmal an der Dubai-Rallye und einmal an der Transdanubia teilgenommen. Es hat immer Spaß gemacht, ist aber sicher auch ein Grund dafür, dass ich es trotz meiner vielen Sahara-Reisen immer noch besonders genießen kann, „nur" touristisch durch die Wüste zu fahren.

Für alle, die die Wüste auch mal unter endurosportlichen Aspekten erleben wollen, nachstehend alles Wichtige zu Vorbereitung und Bewältigung.

Rallyefahren in der Wüste

„Erschwernisse"

Das Risiko

Aufgrund der sportlichen Notwendigkeit wie psychologischen Eigendynamik fährt bei einer Rallye so gut wie jeder Teilnehmer weit schneller, und das über weit größere Entfernungen, als er dies bei einer Reise – organisiert oder privat – tun würde. Die Ausfall-Statistik spricht daher eine eher abschreckende Sprache: Die durch Gesundheitsschäden und/oder Sturzdefekte am Motorrad bedingte **Ausfall-Quote** liegt bei einer professionellen Sahara-Rallye sehr hoch – im Extremfall, wie bei manchen Ausgaben der „Dakar-Rallye", über **80 %**, im Normalfall bei für Amateure besser geeigneten Wüsten-Rallyes wie OPTIC-Tunesien-Rallye oder Dubai-Rallye **zwischen 30 % und 50 %** – je nach aktuellem Schwierigkeitsgrad der jeweiligen Veranstaltung. Verletzungen mit schweren bleibenden Schäden oder gar Todesfolge sind im Laufe der Jahre leider zur Regel geworden. Bei lizenzfreien Rallyes liegt die Unfall-Quote aufgrund der deutlich kürzeren Gelände-Etappen zwar niedriger, ist aber im Vergleich zu einer Reise immer noch hoch.

Angesichts der hohen Verletzungsgefahr ist es beruhigend, dass die Versorgung von Verunglückten, der medizintechnische und -personelle Standard und die Schnelligkeit der Versorgung bei allen FIM-Rallyes normalerweise sehr gut ist. Ein umfangreiches Ärzte-Team, Notsender und Hubschrauber-Überwachung sorgen dafür.

Bei den wenigen existierenden, professionell organisierten Rallyes ist ausreichende **medizinische Versorgung** und die im Ernstfall lebenswichtige Luft-Assistenz ebenfalls gewährleistet. Siehe auch am Ende dieses Ratgebers das Kapitel „Welche Rallye?".

Fahren *und* Orientieren!

Bei einer Rallye wird die Möglichkeit, sicher und schnell Enduro zu fahren durch die erforderliche Orientierungsarbeit stark behindert. Die kontinuierlich Überwachung und Betätigung von Roadbook-Leser, Tripmaster, Kompass und/oder Satelliten-Navigationsgerät lenkt die Aufmerksamkeit vom reinen Fahren ab – und umgekehrt: Legt man den Schwerpunkt auf zügige Fahrt, passieren Richtungsfehler. Geht man bei der Orientierungsarbeit auf Nummer Sicher, verliert man Zeit – durch langsame Fahrt oder durch Stürze, weil man beim Blick auf den „Orientierungs-Klimbim" nicht konzentriert auf die Strecke schauen konnte.

Die Belastungen

Die Teilnahme an einer Rallye ist nur etwas für Leute, die bereit sind, ja es sogar reizvoll finden, sich physisch wie psychisch zu fordern, im Extremfall sogar an die Grenzen zu gehen. Denn es gibt wohl nur wenige Möglichkeiten für Menschen, sich freiwillig solchen Strapazen zu unterziehen, wie sie beispielsweise auf einer ultimativen Rallye wie der „Dakar" die Regel sind. Aber auch Veranstaltungen ohne übermenschliche Tagesetappen-Länge besitzen durchaus das Potenzial, die Teilnehmer ordentlich zu fordern – fahr- und orientierungstechnisch, klimatisch und tageszeitlich und natürlich durch die ganz persönlichen Umstände: Wer schon mal eine Nacht durchgeschraubt hat, um am nächsten Morgen 300 Kilometer durchs Gelände heizen zu dürfen, weiß, was ich meine.

Das liebe Geld

Rallye-Fahren ist selbst bei lizenzfreien Amateurveranstaltungen mit ihren vergleichsweise „geschenkten" Startgeldern kein billiger Spaß. Zum Kauf eines geeigneten Motorrades addieren sich eine mehr oder weniger umfangreiche Aus- und Umrüstung der Maschine, deren Wertverlust, bzw. ihre Restaurierungskosten nach dem Rallye-Einsatz, die mitzunehmenden Ersatz- und Verschleißteile und die Kosten für ein Minimum an technischer „Assistance", denn ganz ohne – 1992 bei der OPTIC-Tunesien-Rallye von mir praktiziert – ist man, wenn irgend etwas schief geht, „eine arme Sau".

Bei professionellen Rallyes ist wegen des enormen Aufwands der Veranstaltung das **Startgeld** unglaublich – zumindest für den Laien – hoch. Trotz der Vielzahl der Teilnehmer (bei der „Dakar" in der Regel über zweihundert Motorrad- und hundert Auto-Teilnehmer) beträgt es das Mehrfache einer von Dauer und Reiseziel vergleichbaren organisierten Reise.

Mit dem Startgeld ist es nicht getan: Dazu kommt die Miete des obligato-

rischen Notsenders und bei immer mehr Profi-Rallyes auch eines veranstaltereigenen Satelliten-Navigationsgerätes. Nicht selten sind auch noch Hotel-Übernachtungen, Benzin und Flüge separat zu bezahlen. Aus diesem Grund beträgt das Minimum-Budget für einen Privatfahrer bei der „Dakar"-Rallye – ohne Motorrad und Ersatzteile – ja auch rund **25.000 Euro** – wohlgemerkt bei einer Teilnahme in der Kategorie „Arme Sau".

An Preisgeldern gibt's selbst auf Profi-Rallyes für die – von männlichen und unter fünfzig Jahre alten Nicht-Werksfahrern unerreichbaren – „Treppchenplätze" nur Unkostenbeiträge.

Material-Sponsoring oder vergünstigter Bezug ist mit etwas Verhandlungsgeschick allerdings erreichbar. Cash-Sponsoring bleibt hingegen „Stars" und Rallye-Fahrern mit hohem „Vitamin-B-Spiegel" vorbehalten – oder eben einfach Glückssache.

Rallye-Vorbereitung

Papiere

Lizenz

Für die Teilnahme an einer von der **Intenationalen Motorsportbehörde (FIM)** anerkannten Rallye – in Frage kommen die Dakar-Rallye, die Ägypten-Rallye, die Marokko-Rallye, die Tunesien-Rallye, die Dubai-Rallye und die Master-Rallye – ist eine **Internationale Rallye-Lizenz** erforderlich, erstmals zu beantragen (unter Nachweis von Geländesport- oder großer Off-

Rallyefahren in der Wüste

road-Reise-Erfahrung) bzw. jährlich zu erneuern bei:

●**in Deutschland:**
DMSB, Waidmannstr. 47
D-60596 Frankfurt am Main
Tel. 069-633007-45

●**In Österreich:**
OSK, A-2524-Teesdorf
Tel. 02253/81600

●**in der Schweiz:**
FMS, 47 Rue de le 11eme Decembre
CH-1207 Genf
Tel. 022/7353440

Versicherungen

Unbedingt zu empfehlen ist der Abschluss einer für eine Geländesport-Veranstaltung und für die Dauer der Rallye gültigen, hoch bemessenen, infolge der Risikohöhe natürlich auch nicht billigen **Unfallversicherung** sowie einer **Reise-Rücktrittsversicherung.** Eine Rallye wird, was Letztere betrifft, wie eine Pauschalreise behandelt.

Fahrerische Fitness

Sicheres Fahrkönnen in jeder Art von Gelände, insbesondere auch in verspurtem Sand und in Dünen sollte eine selbstverständliche Voraussetzung sein. Wegen der körperlichen Anstrengungen empfiehlt sich als Vorbereitung neben dem Fahr-Training auch regelmäßiges Konditions-Training.

Technische Fitness

Generell ist zu empfehlen, das benutzte Motorrad vor der Rallye technisch

so gut wie möglich kennen zu lernen. Alle gängigen Wartungsarbeiten – Radausbau und Reifenwechsel, Kette spannen, Luftfilter-, Zündkerzen- und Bowdenzug-Austausch, Vergaser-Ausbau, Demontage von Tank(s), Cockpit und Orientierungsausrüstung – sollten auch alleine und unter ungünstigen Bedingungen durchführbar sein.

Orientierungs-Routine

Der Umgang mit den erforderlichen Orientierungsgeräten – Roadbook, Tripmaster, GPS – sollte vor der Rallye gelernt werden. Dazu kann man an einem (von verschiedenen Veranstaltern angebotenen) Training teilnehmen. Autodidaktisch funktioniert die Sache wegen ihrer grundsätzlichen Unkompliziertheit ebenfalls.

Fahrbekleidung

Das Beste vom Besten, insbesondere was Helm, Protektoren und Stiefel betrifft, ist für den Rallye-Einsatz gerade gut genug! Grundsätzlich gilt das im Kapitel „Bekleidung" zu Lesende.

Motorradwahl

Ein gutes Rallye-Motorrad kann man sich für eine mehr oder weniger große Stange Geld auch „von der Stange" kaufen. Bekannteste und renommierteste Lieferanten sind die Firmen *KTM* mit der seit vielen Jahren im Programm befindlichen, sehr ausgereiften und mit einem Preis von ca. 25.000 DM für ein konkurrenzfähiges Rallye-

motorrad günstigen *LC 4 Rallye*. Etwa 10.000 DM mehr legt man bei der Fa. *Touratech* hin, bekommt dafür aber auch die von Richard Schalber konzipierte, mit der zweifachen „Dakar"-Siegermaschine *BMW F 650 RR* weitgehend baugleiche Replica. Richtig ins Geld geht es bei den Zweizylindern: rund 45.000 DM muss man bei *WITEC* für einen Boxer-Radikal-Umbau *GS 1100/1150 Rallye* in vollem Ornat hinlegen, ebenso beim ältesten Spezialisten für *BMW*-Rallye-Motorräder, der Firma *HPN*.

Die Mehrzahl der Rallye-Teilnehmer baut sich ihr Fahrzeug der Wahl jedoch auf Basis einer Normal-Enduro selbst. Dafür ist es notwendig zu wissen, was ein Rallye-Motorrad für **Eigenschaften** besitzen muss:

● Grundsätzliche, auch unter Rallye-Bedingungen gegebene **Robustheit** und **Zuverlässigkeit.**
● Einen durchzugsstarken und kräftigen, aber auch in „kniffligem" Gelände gut dosierbaren **Motor.**
● Ein sowohl für langsame Trial-Passagen wie für dauerhaft schnelle Fahrt abgestimmte **Sekundärübersetzung.**
● Lange, schon in der Grundabstimmung eher straff als weich abgestimmte **Federwege.** Sie sind unverzichtbar, weil praktisch permanent Kanten, Stufen und Wellen mit hohem Tempo zu überfahren sind. Die Dämpfung sollte vorne und hinten in Druck- (Einfeder-

Die von Richrad Schalber (li.) entwickelte BMW F 650 Rallye

dämpfung) und Zugstufe (Ausfeder-dämpfung) einstellbar sein, damit das Fahrzeug an unterschiedliche Geländearten angepasst werden kann.

●Gute **Geradeauslaufeigenschaften.** Sie sind für typischen Rallye-Einsatz wichtiger als Handlichkeit. Besonders auf Sand-, aber auch auf Schlammstrecken fährt sich eine spurstabile Enduro leichter, sicherer und schneller. Ein Motorrad mit auf Wendigkeit getrimmter Fahrwerksgeometrie stresst hingegen vor allem bei höherem Tempo durch Längsachsenpendeln. Seine Vorzüge für enge Enduro-Singletrails oder Motocross-Kurse kommen im Rallye-Betrieb eher selten zum Tragen.

●Lenker, Hand- und Fußhebel, Felgen und Speichen, überhaupt alle **Anbauteile,** sollten von bestmöglicher Qualität sein.

●**Wartungs- und Demontage-Arbeiten** sollten einfach und rasch zu bewerkstelligen sein. Bitte kein Motorrad mit „Acht-Arme-mit-Saugnäpfen"-Schrauberfreundlichkeit!

●Thema **Gewicht:** Der Wunsch nach einem möglichst leichten Motorrad entsteht während einer Sahara-Rallye gelegentlich in der fahrtechnisch schwierigsten Form von Dünengebieten, im Bereich kleiner, sehr eng und steil zueinander stehender Sandberge, also wenn man mal feststeckt. Auf allen anderen Strecken ist jedoch das Gewicht des Fahrzeuges gegenüber seiner schwerpunktgünstigen Anordnung eher sekundär. Im Klartext: Eine relativ leichte Maschine mit einem schwerpunktungünstig, weil zu hoch sitzenden Großtank kann unhandli-

cher zu fahren und schwerer aufzuheben sein als ein dickbäuchiges „Rallye-Monster", bei dem von den mitgeführten 60 Litern Benzin etwa 50 schwerpunktgünstig unterhalb der Tank-Sitzbank-Linie untergebracht sind.

●Bei einem Motorrad-Typ, der von vielen Rallye-Teilnehmern benutzt wird ist die Wahrscheinlichkeit, ein benötigtes, aber nicht mitgeführtes oder schon verbrauchtes Ersatzteil aufzutreiben, höher als bei einem „Exoten".

Rallye-Ausrüstung

Orientierungs-Geräte

Roadbook

Die **Beschreibung der zu fahrenden Route** wird bei allen Rallyes als Roadbook ausgegeben: eine in der Regel fertige, bei lizenzfreien Veranstaltungen meist aus DIN-A-5-Blättern zusammenzuklebende „Schriftrolle". Diese kann mit Hilfe eines so genannten Roadbook-Halters, einer elektrischen Abwickelvorrichtung hinter einer Plexiglasscheibe – während der Fahrt kontinuierlich abgelesen werden kann.

Damit der Roadbook-Leser zuverlässig funktioniert, ist enges und geradliniges Aufwickeln des Roadbooks erforderlich. Das erfordert Sorgfalt, denn ein Roadbook für eine mehrere hundert Kilometer lange Tagesetappe kann zehn bis fünfzehn Meter lang sein. Bei unexaktem Einfädeln und Aufrollen kann eine solche, etliche Zentimeter dicke Rolle schnell zu einem Blockieren des Roadbook-Lesers führen.

Rallyefahren in der Wüste

Roadbooks sind bei allen Rallyes nach dem selben **Schema** aufgebaut: Auf der linken Seite des im Roadbook-Leser sichtbaren Blattausschnittes befindet sich ein Kasten. In diesem ist ein Richtungspfeil – gegebenenfalls mit Kreuzungen oder Abzweigungen –, dazu die Gesamt-Kilometerzahl seit dem Start und die Zwischen-Kilometerzahl seit dem letzten Richtungspfeil angegeben. Auf der rechten Seite des im Roadbook-Leser sichtbaren Blatt-Ausschnittes finden sich Piktogramme für den Streckenzustand (z. B. für: Buckel, Loch, Graben, kurviger Verlauf), ebenfalls für Gebäude, Zäune, Wegweiser, Bahnübergänge usw. Kleine Zeichnungen von markanten Geländeformen (z. B. hohen Dünen, frei

stehenden Bergen oder Taleinschnitten in einer Bergkette) sowie abgekürzte Kommentare (z. B. für: nach links, nach rechts, geradeaus, Buckel, Graben, Loch, Sprung, steil, Gefahr, Kontrollunkt, Tankstop usw.) ergänzen das Ganze. Schließlich sind dort auch noch Koordinaten-Angaben und Kompasskurse für die Benutzung des bei den meisten Rallyes vorgeschriebenen, zumindest empfohlenen Satelliten-Navigationsgerätes zu finden.

Bei Wüsten-Rallyes sind die Kommentare je nach Veranstalter nur in Französisch und/oder Englisch ange-

Die Troßmann-Husaberg 501 Rallye

geben. Deshalb und wegen der auch für Sprachkundige nicht immer verständlichen Abkürzungen empfiehlt sich, die dem Roadbook vorangestellte Liste der Kommentare zu lernen.

Vor dem Einfädeln sollte das Roadbook für die nächste Etappe durchgelesen und mit Leuchtmarkern so markiert werden, dass man es während der Fahrt besser ablesen kann. Auch das kann bei einem langen Roadbook sorgfältig gemacht fast eine Stunde in Anspruch nehmen: Bewährt hat sich, mit einem grünen Leucht-Marker den Streckenverlauf zu markieren. Man zieht also eine Linie von unten (= die Richtung, aus der man kommt) zur Spitze des Richtungspfeiles. So lässt sich mit einem Blick und ohne überlegen zu müssen erfassen, wo es an Abzweigungen, Kreuzungen, Gabelungen usw. langgeht. Mit einem gelben Marker sollte man wichtige Informationen auf der rechten Seite des Roadbooks markieren: Zeitkontrollen, Service- und Tank-Punkte, Koordinaten-Angaben, Kompasskurse oder sonstige außergewöhnlich wichtige Hinweise. Mit einer dritten Farbe (z. B. rot) sollten schließlich noch besonders gefährliche Streckensektionen – in der Regel markiert durch drei Ausrufezeichen – und die von der Organisation beim abendlichen „Briefing", der Streckenbesprechung, durchgegebene Änderungen angestrichen werden.

Zum leichteren Festkleben des täglich neuen Roadbooks kann man an den beiden Achsen des Roadbooklesers auch zwei DIN-A 5-Plastikfolien befestigen.

Tripmaster

Ein bei Rallyes unentbehrliches Zusatzinstrument, dessen Existenzberechtigung gegenüber einem normalen Kilometerzähler darin besteht, dass man die angezeigte Wegstrecke per Knopfdruck in 10-Meter-Schritten verringern und vergrößern kann. Genau das ist nämlich unentbehrlich, will man gezielt nach einem Roadbook fahren. Warum? Selbst wenn man den Tripmaster richtig geeicht hat – durch Eingabe des exakten Vorderrad-Durchmessers (= Antriebrad des Tripmaster-Gebers) – gibt es immer Differenzen zwischen der eigenen Wegstreckenanzeige und den Angaben des Roadbooks. Dieses ist nunmal mit dem Kilometerzähler eines anderen Fahrzeugs erstellt worden. Außerdem sorgen unterschiedliche Fahrweise und seitliche Abweichung für erhebliche – bis zu mehreren Prozent – Unterschiede in der Fahrtstrecke. Nur ein regelmäßiges Angleichen der Kilometerzahlen des Tripmasters an die Angaben im Roadbook kann verhindern, dass man z. B. an drei dicht hintereinander folgenden Abzweigungen nicht weiß, an welcher man abbiegen muss. Und auf die Spuren der Vorausfahrenden kann man sich nicht unbedingt verlassen – zurückhaltend formuliert!

Satelliten-Navigations-Gerät

Nicht nur für Querfeldeinstrecken finden sich in Roadbooks bei Wüsten-Rallyes auch noch Koordinatenangaben. Diese sind nur mit Hilfe eines Satelliten-Navigationsgerätes nutzbar, das zumindest bei Wüsten-Rallyes vorgeschrieben oder empfohlen ist. Es ersetzt nicht nur den Kompass, mit dem früher auf Rallyes die Querfeldein-Etappen gemeistert werden mussten. Es erlaubt, auf einfache und treffsichere Weise auf eine im Roadbook genannte Zielkoordinate zuzufahren, bzw. einer ganzen Kette solcher Kordinaten (= Route) zu folgen. Muss geländebedingt von der direkten Fahrtrichtung abgewichen werden, berechnet ein heutiges (gleichzeitig bis zu 12 der 26 am Himmel stehenden Global-Positioning-System-Satelliten empfangendes) GPS-Satellitennavigationsgerät innerhalb von Sekundenbruchteilen die neue Route und zeigt sie graphisch an – in Form von wandernden Pfeilen, einer Kompassrose oder einer virtuellen „Autobahn".

Die **Bedienung** eines modernen GPS ist mit dem mitgelieferten Handbuch kinderleicht erlernbar, zumal man für den Rallye-Betrieb ja nur das Eingeben von Koordinaten und das Durch-Scrollen des Benutzer-Menüs beherrschen muss. Nach GPS ist eigentlich einfacher zu fahren als nach einem Roadbook, dennoch empfiehlt sich etwas Übung vor der Rallye-Teilnahme. Für Rallyes viel benutzt werden die Geräte des amerikanischen Herstellers *Garmin,* was sich auch darin äußert, dass Spezial-Ausrüster (z. B. *Touratech)* dafür passende Motorradhalterungen anbieten. Die **Stromversorgung** eines GPS' empfiehlt sich übrigens über das Bordnetz des Motorrades. Der Betrieb über die bei den „Handheld-Geräten" innen liegende Mignon-Batterien ist nicht zu empfeh-

len, da es durch deren relativ lockeren Sitz zu Vibrationsschäden am Gerät kommen kann.

Für Rallye-Einsatz empfehlenswert sind wegen des großen Displays und der auch mit Handschuhen gut zu bedienenden beleuchteten Tasten *Garmin 126* und *128.*

Orientierungs-Ergonomie

Nichts ist während einer Rallye gefährlicher, als wenn man ständig den Weg aus den Augen lassen muss, weil man die drei wichtigsten Instrumente – Roadbook-Leser, Tripmaster und Satelliten-Navigationsgerät – im Blick behalten will. Die Orientierungsinstrumente müssen so angebracht sein, dass ihre Beobachtung vor allem in der häufigsten Fahrerposition, der stehenden, möglich ist, ohne dass man den Blick von der Strecke nehmen muss.

Eine **Montage am Lenker** ist also eine schlechte Lösung und sorgt für unnötig lange und damit gefährliche Unterbrechung der Streckenbeobachtung. Richtig untergebracht sind Roadbook-Halter, Tripmaster und Satelliten-Navigationsgerät in einem rahmenfesten **Cockpit** hinter einer kleinen Verkleidung. Halterungen dafür – so genannte Rallye-Vorbauten – fertigt man sich entweder selbst an oder kauft sie bei einem der darauf spezialisierten Hersteller (z. B. *Touratech).*

Vor der endgültigen Montage sollte man ausgiebig testen – im Fahren natürlich –, in welcher Höhe, in welchem Abstand und in welcher Ebene zum Blickfeld des Fahrers die Instru-

Rallyefahren in der Wüste

mernte am Vorbau optimal montiert werden. Wichtig: Der Tripmaster sollte direkt unter oder über dem Roadbook-Halter, und zwar auf dessen linker Seite angebracht werden: Die Kilometerangaben von Roadbook und Tripmaster liegen dann dicht und gut ablesbar zusammmen.

Unentbehrlich ist eine vom Lenkergriff zu betätigende **Fernbedienung** für Roadbook-Halter und Tripmaster. Die Betätigungsschalter sollten am linken Lenkergriff befestigt werden, und zwar so, dass man sie ohne große Veränderung der Handstellung betätigen kann.

Den Lenker des Motorrades sollte man übrigens so hoch montieren, dass Fahren im Stehen dauerhaft und unverkrampft möglich ist.

Technische Modifikationen

Tanks

Bei den meisten Rallyes mit Ausnahme der „Dakar" ist für Motorräder eine Reichweite von 150 bis 250 Kilometer vorgeschrieben. Diese ist allerdings für manche Etappen, z. B. Dünenstrecken, mit einem sehr hohen Verbrauch zu berechnen.

Ein Einzylinder von ca. 600 cm^3 zieht sich hier nämlich ohne Weiteres bis zu durchschnittlich zwölf Liter auf hundert Kilometer durch den Vergaser.

Von Fahreigenschaften und Gewichtsverteilung ist für Rallye-Einsatz folgende **Unterbringung des Benzins** bewährt: bei optimal tiefer Anbaulage bis zu 30 Liter in einem Front-(Haupt-)-Tank, bis zu 15 Liter in einem oder zwei Heck-(Zusatz-)-Tanks.

Beleuchtung

Wenn die vorhandene Lichtmaschine und Batterie stark genug sind, ist der Einbau von zwei **Hochleistungsscheinwerfern** in die Vorbau-Verkleidung zu empfehlen. Jede Nachtetappe – selbst wenn es nur der Flutlicht-Prolog in Nizza oder das abendliche Zuschauer-Spektakel in Dubai-City ist – verliert damit ihren Schrecken.

Bei verkleidungslosen Enduros kann man die serienmäßige H4-55/60 W-Birne durch eine H4-80/100 W ersetzen (erhältlich z. B. bei *Därr*, Tel. 089-282032). Vorsicht bei kleinen Scheinwerfern: Die Hitzeentwicklung kann bei Dauereinsatz den Reflektor beschädigen.

Bei allen *FIM*-Rallyes vorgeschrieben ist ein **zweites Rücklicht** mit 21-Watt-Beleuchtung, z. B. in Form einer Nebelschlussleuchte oder eines hochkant montierten Motorradblinkers). Das Zusatzlicht muss an der höchsten Stelle des Motorradhecks angebracht und bei Ausfall sofort repariert werden. Andernfalls droht Strafzeit.

Reifen

Privatfahrer, bei denen es nicht so sehr auf das letzte Quäntchen „Grip" ankommt wie bei den um Sieg fahrenden Rallye-Profis, müssen bei weitem nicht so oft Reifen wechseln wie diese, zumindest bei Benutzung des sehr robusten Standard-Rallye-Reifens, des *Michelin Desert*. Er hält auf einer etwa 50 PS starken Enduro auch bei Rallye-Fahrstil eine ganze Weile, ehe größerer Profilverlust ein Wechseln ratsam macht. Auf dem Hinterrad kann je

nach dem Anteil steinigen Geländes von einer Fahrbarkeit um die 2.000 ausgegangen werden, auf dem Vorderrad rund 1.000 km mehr.

Fährt man in den Reifen Moosgummi-Wülste statt Schläuche, ist ein „Platter" auszuschließen. Dafür erhöht sich wegen der nur etwa einem Luftdruck von 0,8 Atü entsprechenden Weichheit dieses Schlauchersatzes die Gefahr von **Felgenschäden**. Die Reifen sind mit „Bip Mousse" übrigens erheblich schwieriger zu montieren (siehe dazu auch Kapitel „Technik").

Rückspiegel

Vor allem auf Sahara-Rallyes spricht *eines* für den Anbau eines Rückspiegels: die Teilnahme der unglaublich schnellen Werks-Rallye-Autos. Für einen Motorradfahrer ist es jedes Mal ein Schock, verbunden mit hohem Sturzrisiko, wenn er bei bereits sehr hohem Eigentempo von einem Rallye-Auto überholt wird und urplötzlich nur noch eine weiße Wand vor sich sieht, höchstens noch von einer meterlangen Turbo-Stichflamme durchbohrt.

Will man sich nicht dauernd umdrehen müssen, hilft nur ein Rückspiegel, am besten ein stabiler und gutes Blickfeld gewährender Klappspiegel, wie er an den *Husqvarna*-Enduros verbaut wird; nicht einer jener wackligen und mit Planglas ausgestatteten Alibi-„Rasierspiegel", wie sie ebenfalls im Zubehörhandel angeboten werden.

Die WITEC-BMW R 1100 GS Rallye

Rallyefahren in der Wüste

Handprotektoren

Nicht nur für Rallye-Einsatz sind **umlaufende Hand-Protektoren** wichtig. Bei der Montage sollte man auf möglichst großen Abstand zum Handhebel achten. Nachteil dieser Protektorenart ist nämlich, dass man bei Stürzen nach vorne nicht immer die Hand rechtzeitig herausbringt, was oft zu komplizierten Handgelenksverletzungen führt.

Rallye-Motorschutz

Dieses mittlerweile zur Standardausrüstung jedes Rallye-Motorrades zählende und allen nur denkbaren Eigenbau-Varianten vorfindliche Teil hat, außer den Motor vor Steinschlag und Aufsetzen zu schützen, noch eine weitere Funktion: In einem oder zwei angeschraubten oder -geschweißten Behältern an schwerpunktgünstiger und leicht zugänglicher Stelle kann man Bordwerkzeug, Ersatzteile oder die vorgeschriebene Wasser-Notreserve transportieren.

Rallye-Gepäck

Trinkwasser

Neben oben erwähntem Not-Wasservorrat ist für Rallye-Einsatz mittlerweile bewährter Standard der „Camelbag", ein über einen Schlauch während der Fahrt zu benutzender Trinkrucksack. Je nach Rallye und klimatischen Bedingungen kaufe man ihn in den Größen 1,5 bis 3 Liter.

Werkzeug

Unumgänglich ist, ein Werkzeugpaket dabei zu haben, das für auf der Strecke zu erwartende Reparatur- und Improvisationsarbeiten ausreicht. Am besten verstaut man es im Rallye-Motorschutz. Es sollte aus Teilen bester Qualität bestehen, keinerlei überflüssige und nur möglichst kleine und leichte Werkzeuge enthalten. Zwei Reifenmontierhebel, eine Handluftpumpe oder alternativ einige Druckluftpatronen gehören natürlich dazu. Ein kleiner Kettentrenner ist die einzige Chance, eine gerissene Kette zu reparieren, ohne Speichenschlüssel und griffige Zange kann man keine Speiche aus- und einbauen.

Ersatzteile

Entscheidend für den Erfolg einer Rallye-Teilnahme ist nicht, was im Veranstalter- oder Service-Lkw liegt, sondern was man während der Etappe mit sich führt. Zum Ersatzteiltransport eignet sich am besten eine stabile Leder- oder Kunststofftasche („Fenderbag"), die hinter der Sitzbank auf dem Rahmenheck befestigt wird – unbedingt „wellblechfest"! Keine Vorwürfe muss man sich machen – auch wenn man trotzdem liegen bleibt –, wenn man Folgendes dabei hat. Denn mehr geht einfach auf einer Rallye nicht:

- je 1 Reifenschlauch vorne und hinten
- je 2 Speichen jeder Art
- 1 Kettenglied und 2 Ketten-Schlösser
- 1 Zündkerze und 1 Kerzenstecker
- 1 Regler
- einige Sicherungen
- 1 Scheinwerfer-Birne
- 1 Kupplungszug, 1 Gaszug
- 1 Kupplungshebel mit Halterung

- 1 Schalthebel
- rasch abbindender, benzin-, öl- und hitzebeständiger Kleber
- Klebeband
- viele Kabelbinder und Draht
- 1 m isoliertes Kabel
- 1 m Benzinschlauch (zum Umfüllen)
- 1 stabiler, mindestens 3 m langer Spanngurt (auch zum Abschleppen)

Notfall-Ausrüstung

Neben dem beim Veranstalter zu mietenden Notsender – etwa doppelt so groß und so dick wie dieses Buch – müssen bei FIM-Wüsten-Rallyes eine Alu-Rettungsfolie, ein Handkompass, ein Erste-Hilfe-Set, ein Feuerzeug und ein (Signal-) Spiegel mitgeführt werden. Dazu kommt das bei der abendlichen Fahrerbesprechung ("Briefing") ausgegebene Proviant-Paket. Empfehlenswert ist auch ein kleines Signal-Raketen-Abschussgerät.

Transport: Als Behältnis für die Notfall-Ausrüstung und im Fenderbag nicht untergebrachte Ersatzteile bietet sich ein kleiner, aber von Tragsystem und Verarbeitung erstklassiger **Rucksack** an. Empfehlenswert ist der *Dainese "Techno City"* mit seinem integriertem Rückenprotektor. Ein Rucksack bietet zudem noch Stauraum für Bekleidung, die man bei Hitze loswerden will oder bei Kälte und Regen benötigt.

Rallye-Ergonomie

Die möglichst bedienungsfreundliche Auslegung eines Rallye-Motorrades und die individuelle Anpassung an seinen Fahrer ist entscheidend für Kondition und Sicherheit. Zu berücksichtigen ist insbesondere, dass man bei einer Rallye weit mehr im Stehen fährt als im Sitzen!

Lenker

Unbedingt sollte daher der Lenker mittels Abstandshülsen so hoch montiert und in Position gedreht sein, dass man weite Strecken in unverkrampfter Haltung stehend fahren kann.

Der Abstand der Lenkerenden von den Fußrasten muss dazu so groß sein, dass die Arme bei nur ganz leicht abgewinkelten, also in Grundstellung am Tank angelehnten Knien, nicht völlig ausgestreckt sind.

Sitzbank

Nicht nur für am Sitzfleisch Empfindliche zu empfehlen ist ein Aufpolstern der Sitzbank. Hauptvorteil: das Aufstehen fällt dann viel leichter, weil der Übergang von sitzender in stehende Fahrhaltung ohne großen Kraftaufwand funktioniert. Natürlich sollte man es nicht übertreiben und mit den Zehen noch zum Boden kommen – außer man findet das Auf- und Absteigen à la *Gaston Rahier* (mehrfacher "Dakar"-Sieger, 1,62 m klein) so cool, dass man den vollständigen Bodenverlust in Kauf nimmt.

Rallye-Ablauf

Eine Rallye setzt sich aus, im Rahmen einer Maximalzeit zu fahrenden Verbindungsetappen und auf Zeit zu fahrenden Sonderprüfungen zusammen.

Rallyefahren in der Wüste

Letztere nehmen normalerweise den überwiegenden Anteil der Gesamtstrecke ein und finden im Gegensatz zu den Verbindungsetappen ausschließlich offroad statt. Gestartet wird in 30-Sekunden-Abständen in der Reihenfolge des am Ende des Vortages gültigen Gesamt-Klassements, manchmal auch in Massenstarts.

Zwischen Start und Ziel liegen mehrere Kontrollpunkte, an denen man seine am Start erhaltene Stempelkarte zeigen muss. Bei Fehlen eines Kontrollpunkt-Stempels sind Strafzeiten fällig! Überschreitet man die für eine Verbindungsetappe oder eine Sonderprüfung festgelegte Maximalzeit, erhält man ebenso Strafzeiten. Nachtanken und Hilfe von außen (z. B. vom Service-Team) ist auf Sonderprüfungen außerhalb der dafür vorgesehenen Servicepunkte nicht erlaubt, ebenso das Benutzen einer anderen als der im Roadbook beschriebenen Strecke. Bei Zuwiderhandlung drohen trafzeiten oder sogar Disqualifikation.

Ist man erfolgreich ins Ziel gelangt, muss man zwei Dinge erledigen, bevor man, sofern Zeit bleibt, zum geselligen oder kulinarischen Abschnitt des Tages übergehen kann: Das Motorrad muss sorgfältig **überprüft und gewartet,** die im Lauf des Tages entstandenen Schäden müssen **repariert** werden. Zweitens müssen die beim – meist abendlichen – „Briefing" ausgegebenen Änderungen zusammen mit den üblichen Farbmarkierungen im **Roadbook** eingetragen, das Ganze dann in den Roadbook-Leser eingerollt werden. Je nach Anzahl der im Roadbook angegebenen GPS-Wegpunkte kann auch das Eingeben der Route in das GPS in Arbeit ausarten. Gegen gutes Geld kann man sich die „Points of day" allerdings auch von der Organisation aufspielen lassen.

Rallye-Fehler

Bei einer Rallye passieren immer wieder unerwartete Dinge, die für erhebliche Änderungen im Kassement sorgen. Überraschende technische Probleme, ein Sturz oder Steckenbleiben im Tiefsand, eine Regenerationspause bei körperlicher Überanstrengung oder eine Hilfeleistung für einen in Schwierigkeiten geratenen Teilnehmer sind nun mal kaum vermeidbar. Über Zeitverluste wegen solcher Ereignisse ärgern sich höchstens die Ehrgeizigsten. Zeit zu „verschenken" hat allerdings auch kein Amateur. Folgende Fehler lassen sich vermeiden:

- **Unnötige Irrfahrten** wegen falscher Tripmaster-Kalibrierung und zu seltenem Nachjustieren; wegen eines schlecht markiertes oder schlampig aufgewickeltes Roadbooks; durch blindes Vertrauen auf die Spuren der Vorausfahrenden; durch Übersehen von Kontrollpunkten.
- **Unnötige Stops,** weil das Trinkwasser während der Fahrt nicht erreichbar ist.
- **Unnötige Strafzeiten** wegen Durchfahren in verkehrter Richtung oder Auslassen von Kontrollpunkten; durch Geschwindigkeitsüberschreitung bei Ortsdurchfahrten.
- **Schlechte Fahrzeugvorbereitung:** abgefahrene Bereifung; falscher Luft-

druck; falsch eingestellte Federung; nachlässige Wartung.

Rallye-Taktik

Als Privatfahrer ohne berechtigte Hoffnungen oder Ambitionen auf ein Top-Ergebnis hat man die besten Chancen auf einen persönlichen Rallye-Erfolg, wenn man:

- permanent unter seinem Limit fährt und dadurch Stürze und die damit verbundenen Zeitverluste vermeidet;
- keine Orientierungsfehler begeht;
- darauf achtet, dass man genug Schlaf findet, um jeden Morgen fit zu sein.

Mit dieser Taktik stehen die Chancen auch bei anspruchsvollen und langen Rallyes gut, sich unspektakulär, aber kontinuierlich nach vorne zu arbeiten. Insbesondere auf einer Wüsten-Rallye ist die Zeit nämlich ein zuverlässiger Verbündeter. Jeder weitere Tag, den man das Ziel in Wertung erreicht, sorgt wegen der vielen unfallbedingten und technischen Ausfälle für eine Verbesserung im Klassement.

Welche Rallye?

Als engagierter Endurofahrer kann man schon mal von der Königin aller Rallyes, der „Dakar", träumen. Und wenn man tatsächlich das dazu erforderliche Geld ausgeben kann und will, auch mitmachen. Die Chancen, das Minimum-Motorradteilnehmer-Budget von je rund 10.000 Euro für Startgeld und Nebenkosten in den Sand zu set-

zen, sind für Privatfahrer allerdings weit höher als die, ins Ziel zu kommen.

Für fahrerisch, konditionell und orientierungstechnisch routinierte Amateure sind unter den zur Rallye-WM zählenden *FIM*-Rallyes zwei Veranstaltungen besonders zu empfehlen. Erstens die vier Renntage zählende und außer von viel Sand von luxuriösem Ambiente geprägte, in den Vereinigten Arabischen Emiraten stattfindende *U.A.E. Desert Challenge* („Dubai-Rallye"). Zweitens die nach der „Dakar" **älteste Wüsten-Rallye,** die sieben Renntage zählende „OPTIC-Tunesien-Rallye". Beide sind mit einem Budget von um die 5.000 Euro bezahlbar und stehen dem „großen Rallye-Flair" einer „Dakar" kaum nach.

Wer keinen Wert darauf legt, mit der versammelten Welt-Elite im selben Wettbewerb zu starten, wer nicht mehr Geld für eine Rallye als für eine gleich lange Urlaubsreise ausgeben will und wer außer in der Sahara auch in Europa gern Sand fährt, der ist bei folgenden Amateur-Rallyes richtig: Mit großer Routine organisiert, dazu vom sportlichen und/oder fahrtechnischen Anspruch reizvoll, sind die durch Polen und Tunesien führenden Rallye-Veranstaltungen **„Berlin-Breslau"** und **„München-Karthago".** Ebenfalls ein teils morastiges, teils äußerst sandiges Enduroschmankerl ist die durch Österreich, Tschechien, Slowakei und Ungarn führende **„Transdanubia".** Bei ihr ist man auch auf einer „Schwer-Enduro", zumindest einer fahrwerkstechnisch modifizierten, kein bemitleideter Exot, denn erstaunliche viele, natürlich

Rallyefahren in der Wüste

überwiegend geländeroutinierte Fahrer nehmen an dieser einwöchigen, von Fahrspaß und Rallye-Feeling sehr attraktiven Veranstaltung auf ihren *BMWs, Afrika Twins, Elefants* usw. teil.

Infos über Wüsten-Rallyes

Lizenz-Rallyes

Sahara:
● Dakar-Rallye: www.dakar.com
● OPTIC-Tunesien: www.npo-rallye.com
● ORPI-Marokko: www.npo-rallye.com
● Ägypten-Rallye: www.rallyofegypt.com
Arabische Wüste:
● Dubai-Rallye:
www.uaedesertchallenge.com
Asiatische Wüsten und Steppen
● MASTER-Rallye: www.master-rallye.com

Lizenzfreie Rallyes

Sahara:
● München-Carthago:
www.breitengrad.com
● El Chott (Tunesien): www.elchott.de
Europa (mit reichlich Sand):
● Berlin-Breslau: www.breitengrad.com
● Transdanubia: Tel. 08324-2876

Rallye-Reportagen

Der Reiz, die Wüste einmal aus einer ganz anderen Perspektive zu erleben, zu sehen, wo man sich als erfahrener Sahara-Reisender bei einer Sahara-Rallye einordnen kann, waren 1992 für mich Grund, bei einem „Wüsten-Marathon" mitzufahren. Als Privatfahrer nahm ich an der „OPTIC-Tunesien-Rallye" teil. Die erste der beiden nachstehenden Reportagen erzählt davon.

Sechs Jahre später – bei meiner vierten Teilnahme an einer Wüsten-Rallye – hatte ich die Gelegenheit, einmal nicht als Privatfahrer, sondern in einem professionellen Team starten zu dürfen – wieder bei der OPTIC-Tunesien-Rallye. Leider lief die Ausgabe 1998 dieser eigentlich auch für Anfänger geeigneten Rallye unerwartet tragisch ab: Die im Verhältnis zu den Vorjahren deutlich anspruchsvollere Streckenführung, die hohe Zahl der Neulinge und ungewöhnlich extreme klimatische Verhältnisse sorgten für eine Katastrophe. Die zweite der beiden nachstehenden Reportagen macht die Risiken und Schattenseiten des Rallye-Sports überdeutlich.

1992: Mein erster Wüsten-Marathon

Die Idee

31. Dezember 1991. Europa empfängt uns, das alte Jahr verlässt uns - mit Graupelschauern und trübtristem Winterwetter. Auch hinter unserem Geländewagen kein schöner Anblick - vor allem nicht nach fünf Wochen Sahara-

sonne: Die Sand-„Patina" der zwei Motorräder auf dem Anhänger ist schon nach hundert Autobahn-Kilometern schmutzig grau übertüncht. An der letzten Raststation vor der französisch-italienischen Grenze wechsle ich auf den Beifahrerplatz. Ein Moto verte bringt mich zurück nach Afrika, denn es ist Rallye-Zeit für Frankreichs Endurofahrer. Fast das ganze Heft besteht aus „Paris-Kapstadt"-Berichterstattung.

„Lieben sie die Wüste? Haben Sie 15.800 Francs, zehn Tage Urlaub und eine Enduro? Warum fahren Sie nicht mit bei der 11. Tunesien-Rallye, der „Paris-Dakar" für den Privatfahrer?", steht in einer hübschen, ganzseitigen Anzeige zu lesen. Schiff, Unterkunft, Verpflegung im Startgeld mit drin - so einfach ist das? Am 6. April beginnt im nördlichen Tunesien die erste Sonderprüfung der „Mini-Paris-Dakar". Am 3. April ist die letzte meiner für die Saison 91/92 organisierten Saharareisen zu Ende. „Sandra, was hältst du denn davon, wenn wir mal selbst an einer Pauschalreise in die Wüste teilnehmen? Die Franzosen hätten da was Interessantes im April."

Unser „Prolog"

5. April 1992. Gegen zehn Uhr morgens fahren mein Reise- und Rallye-Partner Franz Pamminger und ich von unserem Hotel im tunesischen Badeort Sidi Bou Said ab - zum nahen La Goulette, dem Hafen der tunesischen Hauptstadt. Es fährt sich ungewohnt auf den hohen Stollen nagelneuer Deserts. Die alten waren besser für Asphalt geeignet - zumindest nach 6.000 Sahara-Kilometern.

Vorgestern Mittag hatte unsere Reisegruppe mitsamt Begleitauto und drittem Reiseleiter im Fährschiff Habib Richtung Europa abgelegt. Eineinhalb Tage mussten für Franz und mich genügen, um unsere von der langen Reise etwas mitgenommenen Motorräder auf Vordermann zu bringen, moralisch unterstützt von Sandra, die für die drei Tage bis zum Rallye-Start extra nach Tunesien geflogen war - als Betreuerin und Ersatzteillieferant, nicht als Teilnehmerin: „Eine Nummer zu groß" war ihr letzlich der Geländesport-Einstieg in Form einer Sahara-Rallye erschienen - auch wenn sie „nur" sieben Tage und 2.500 km lang ist.

Ganz so einfach wie in der Moto Verte-Anzeige war der Weg bis zu unserer Startaufstellung übrigens nicht - angefangen bei den Rennlizenzen über die Sondergenehmigung, ohne Prolog starten zu dürfen, bis hin zur Aus- und Umrüstung der Motorräder. Auch unsere anfängliche Hoffnung, die nicht unerheblichen Kosten selbst einer so „kleinen" Rallye durch ein wenig Sponsoring zu reduzieren, mussten wir bald aufgeben. Eine Reportage über das Unternehmen, ein für den Fall meiner Zielankunft in Aussicht gestelltes Buchprojekt ist das Einzige, was vielleicht einen Teil der Kosten ersetzen könnte. Wenn ich ins Ziel komme - etwas, dessen Wahrscheinlichkeit ich noch nicht im Geringsten abschätzen kann.

Kein Schiff erwartet uns in La Goulette, dafür die Nachricht, dass die Rallye-Fähre mit allen Fahrzeugen mindestens zehn Stunden Verspätung habe, alle Teilnehmer per Flugzeug angereist und

schon im Hotel in Hammamet seien. Die Organisation erwarte uns, heißt es, in dem 80 km entfernten Ort zur technischen Abnahme und Einweisung.

Als Sandras Taxi endlich mit Gepäck, Reservereifen und unseren Ersatzteilkisten eintrifft, laden wir in das Auto unseres Informanten um. Hinter einem tunesischen Polizei-„Krad" geht es mit Blaulicht und Sirene durch das Verkehrsgewühl der arabischen Metropole – Jubeln und Winken von allen Seiten. Wir können es gar nicht fassen: So ein Empfang nur für uns zwei – die Rallye scheint in ihrem Gastgeberland große Popularität zu genießen. Als wir im Club-Mediterranée-Hotel von Hammamet einlaufen, bin ich so aufgeregt wie seit meiner „Rumpelstilzchen"-Kin-

dertheater-Premiere nicht mehr. Vor und in dem Rezeptionskomplex der weitläufigen Anlage brodelt es geradezu vor Geschäftigkeit. Dabei sind die Teilnehmerfahrzeuge - 106 Motorräder und 73 Autos in Wertung, 59 Lkw als Begleitfahrzeuge - ja noch gar nicht da. Unzählige Menschen, darunter nicht wenige prominente Rallye-Gesichter - gleich auf den ersten Blick entdecke ich den Ex-Motorrad-Star und jetzigen Auto-Piloten Gaston Rahier - gehen ein und aus, erzeugen ein französisch-italienisch-spanisch-englisches Sprachgewirr. Überall T-Shirts, Windjacken, Mützen und Taschen im NPO-Design, stickerbenähte Enduro-Kombis, Helme und Overalls in knallbunten Sponsor-Farben. Wir parken direkt vor dem

Haupteingang, kommen keine Sekunde dazu, uns in der allgemeinen Hektik verloren, in unseren saharaverstaubten Enduro-Klamotten deplatziert zu fühlen. Einige Mitglieder eines in knallrote Overalls gekleideten Teams laufen vorbei und begutachten den ungewöhnlichen „Look" meiner mit einem 40-Liter-Tank, aber ohne die dazugehörende Verkleidung ausgerüsteten Maschine: „We heard you are coming directly from Sahara with your Gilera", spricht mich einer von ihnen in italienisch akzentuiertem Englisch an. „If you have any problems, come to us – Team Gilera. See you and good luck!". „Mille grazie, good luck for you too!", radebreche ich zurück.

Noch mit dem Ausladen unserer Sachen beschäftigt, sind wir plötzlich umringt von einer Schar ebenso charmanter wie hübscher junger Damen, Mitarbeiterinnen der Organisation. „Ich glaub', ihr seid gut versorgt hier", sagt Sandra lachend zu Franz, während ihr ein hagerer, braun gebrannter und nicht sehr groß gewachsener Mann mit Funkgerät eine unserer Taschen abnimmt. Es ist Cyril Neveu, der Chef. Mit einem „Bienvenu!" drückt er uns kurz die Hand und verschwindet gleich wieder im Getümmel. Eigentlich fängt die Sache recht erfreulich an.

Es gibt einiges zu tun, bevor wir endlich an den drei, neben einem gigantischen Swimmingpool geparkten Hubschraubern der NPO vorbei in unseren Bungalow gehen können: „Abnahme" des Motorrades mit Markierung aller wichtigen Fahrzeugteile und Anbringung der Startnummern, „Abnahme"

des Fahrers mit Überprüfung von Lizenz, Nennung und persönlichen Daten, Ausgabe von Teilnehmer-Armband, Startnummern-„Lätzchen", Notsender und Roadbook für die morgige erste Wertungsetappe.

Bis wir endlich umgezogen in der Bar sitzen und mit dem deutschen Team dem Briefing von Neveu lauschen, ist es später Nachmittag. Erst gegen Mitternacht, erfahren wir, wird das Schiff einlaufen und gegen 23 Uhr der allgemeine Aufbruch - in Reisebussen - nach La Goulette stattfinden. Sehr angenehm, dass uns diese Nachtfahrt - mittlerweile bei leichtem Nieselregen - erspart bleibt.

Die deutsche Mannschaft, der wir uns locker angeschlossen haben, besteht aus sechs in der Motorradwertung fahrenden „Piloten", dem „Ba-Di-He-Ro"-Team mit der bereits wettbewerbserfahrenen Konferenzdolmetscherin Barbara Thiel, einzige Frau der deutschen Equipe und auf einer Suzuki DR 350 unterwegs, dem Restaurantbesitzer und Hobby-Crosser Dietmar „Didi" Gossner auf seiner Honda Dominator, dem Teamchef, Koch und Bankier Hermann Hahn auf seiner Ungarn-Rallye-erprobten HPN-BMW und last not least dem Apotheker Robert Schäfer, der wie Franz und ich ohne Wettbewerbserfahrung und nur durch seine Begeisterung für die Sahara zu dieser Rallye gekommen ist. Zwei Mechaniker nehmen den vieren das Schrauben ab und transportieren in ihrem mit Werkzeug und Ersatzteilen voll gestopften Klein-Lkw auch unsere beiden Kisten . Der Paris-Dakar-Veteran Jürgen Steinmetz mit seinem

Rallyefahren in der Wüste

Beifahrer Hans-Erwin Schmitt *in einem Gespann, der schwedische Geländesport-Profi* Hans Svensson *und der deutsche Favorit* Jürgen Mayer *auf* Honda *und* KTM *bilden mit ihren Mechanikern und Service-Autos die beiden anderen deutschen Teams. Unser persönliches Gepäck laden wir bei* Horst Godel, *Ex-Motorrad-Rallyefahrer und deutsche „Außenstelle" der* NPO *ein. In einem Mercedes-Geländewagen ist er zusammen mit dem Motorsport-Journalisten* Sven Markurt *als inoffizieller Betreuer der drei deutschen Teams dabei.*

Als Sandra, Franz *und ich um halb zwölf nach einem fürstlichen Abend-Diner in der ausgestorbenen Bar sitzen, fühle ich, deutlicher als während der Hektik des heutigen Tages, eine eigenartige Mischung aus Vorfreude und Angst.*

„Passt auf euch auf", sagt Sandra *nur, spürt, was in mir vorgeht. Morgen früh wird sie das Flugzeug nach Deutschland nehmen.*

Die Rallye
1. Tag:
Hammamet - Hachachina, 475 km

Schon am Start fängt es zu regnen an. Der Feldweg wird zu einer Mischung aus Schmierseife und Sekundenkleber. Beinahe stürze ich, weil das schlammverklebte Vorderrad unter dem niedrigen Schutzblech blockiert. Es dauert ewig, bis ich die Schrauben unter der Lehm-„Pampe" lösen und den Kotflügel demontieren kann. Die ersten Autos kommen, können nicht vorbei.

Ab jetzt lege ich ein Tempo vor, das für fliehkraftbedingte Selbstreinigung der Reifenstollen sorgt, und nehme Kurven mehr quer als längs - manchmal auch pendelnd wie ein Glockenschwengel. Ein paar Kilometer weiter wartet Franz. *Er hat einen Ausrutscher zum Glück unbeschadet überstanden. Es geht in die Berge - endlich felsiger Untergrund.*

Der erste Citroen *erwischt uns „kalt". Mir bleibt beinahe das Herz stehen. Ab jetzt kommt der Rückspiegel zum Einsatz, bis die T-1-„Monster" vorbei sind. Wolkenbruchartige Hagelschauer prasseln vom Himmel. Die Wassertiefe der vielen kleinen Furten nimmt zu. In einer - es ist eher schon eine Flussdurchquerung - erwischt* Franz *in der undurchsichtigen, reißenden Brühe einen großen Felsen mit dem Vorderrad und stürzt. Fast drei Stunden versuchen wir, den Zylinder seiner* Honda *leer zu pumpen. Vergeblich - es bleibt nur der „Camion Balai". Noch ist die Rallye nicht zu Ende, versuche ich* Franz *aufzumuntern, denn einen Abbruch wegen Panne hat jeder Privatfahrer gut. Wenn wir die* Honda *heute Nacht reparieren können - das wäre doch gelacht, bei einer Hitec-Werkstatt im „Schlafzimmer"! - geht's morgen früh auf die zweite Etappe!*

Deutlich schneller als bisher fahre ich weiter, muss mich sputen, wenn ich nicht wegen Sollzeitüberschreitung disqualifiziert werden will. Zum Glück erlaubt der weiche Motoreinsatz meiner Gilera *auch in Schlamm und Matsch zügige Fahrt. Es hagelt immer stärker. Wie verschneit sieht die Piste schon aus. Ich bin durchgeweicht bis auf die*

Haut, doch die Minuten für's Anziehen der Regenkombi könnten die entscheidenden sein.

In einem Waldstück passiert es dann. Nur aus dem Augenwinkel sehe ich den faustgroßen Brocken von einem Hügel fliegen, einen Jungen davonlaufen. Der Schlag bringt mich fast zu Fall. Es zischt und dampft vor meinem rechten Knie: Der Kühler-Einfüllstutzen ist „abgeschossen". Aus!? Ein kurzes Vergnügen - auch für ein Rallye-Debüt. 60 km bis zum Ende der „Speciale" - eine Dreiviertelstunde bis zur Disqualifizierung. In Windeseile klebe ich das Loch mit Isolierband zu, binde einen Spannriemen darüber, rase los. Als Letzter komme ich ins Ziel. Der Zeitnehmer schaut auf meine Karte: „O.k. Gerade noch rechtzeitig."

Es ist kaum noch Wasser im Kühler, doch der Motor ist nicht zu heiß - dank Dauerregen. Ein italienischer Motorradfahrer holt einen Weinkorken aus seinem Service-Auto und klebt ihn mit „Dirko" in mein Kühlerloch. „Grazie, ciao!" Noch 236 km Teerstraße bis zum Biwak in Hachachina. Ab Einbruch der Dunkelheit wird es die Hölle: Jede der vielen Ortsdurchfahrten wird zum Spießrutenlauf durch wahre Stein-Bombardements. Rechts und links der Straße stehen ganze Gruppen, auf Dächern und Bäumen sitzen noch mehr der meist jugendlichen „Steiniger". Noch nie habe ich bei meinen vielen touristischen Fahrten durch Tunesien eine solche Eskalation dieses in Tunesien durchaus üblichen, sonst aber bei weitem harmloseren „Lausbuben-Sports" erlebt. Es muss das Gefühl sein,

wegen unserer hohen Geschwindigkeit sicherer als sonst vor Verfolgung, einer eventuellen Tracht Prügel zu sein. Ich hänge mich an einen Service-Lkw an und fahre in Ortschaften in seiner Deckung - einen Meter dichtauf. Sein Blech dröhnt unter dem Steinhagel wie ein Trommelwirbel! Wo um Gottes Willen bin ich da hineingeraten?

Das Biwak bei Nacht, 1. Teil: Eine riesige Wagenburg aus Autos, Motorrädern und Zelten, aus dröhnenden Stromaggregaten und gleißenden Scheinwerferbatterien. Blaue Schweißflammen, Hämmern, Sägen, Bohren und Feilen an allen Ecken und Enden. Im Bauch riesiger Lkw Werkstätten und Ersatzteil-Depots, die jeder Werksniederlassung Ehre machen würden. Kaum ein Auto übrigens, das noch ganze Scheiben, das keine Beulen im Blech und faustgroße „Durchschüsse" in den Kohlefaser-Karosserien hat. Auch Motorradfahrer wurden durch Steinwürfe verletzt, einer sogar mit einem Luftgewehr angeschossen!

Erst spät abends kommt Franz. Der „Camion Balai" hat ihn nur 10 km mitgenommen und bis zur nächsten „Assistance" gebracht. Dort haben sie die Honda auf den Kopf gestellt und wieder zum Laufen gebracht.

Es wird drei Uhr morgens, ehe wir uns in die Schlafsäcke verkriechen können, alle Reparaturen und Wartungsarbeiten erledigt sind und das Roadbook für morgen markiert und aufgerollt ist. Wenigstens können wir eine Dreiviertelstunde länger schlafen als die anderen. Wir starten auch morgen wieder als Letzte.

Rallyefahren in der Wüste

2. Tag:
Hachachina -Douz (409 km)

Die längste Sonderprüfung der Rallye erwartet uns heute. Trotz nur weniger Stunden Schlaf sind wir beide optimistisch - einfach gut drauf, denn endlich geht es in die Wüste!

Die Sonne scheint, es ist warm, und wir lassen Honda und Gilera recht flott rennen, überholen schon auf den 100 km bis zur Assistance Nr. 1 Dutzende der vor uns gestarteten Teilnehmer. Vor allem in den immer wieder auftauchenden langen Sandspurrinnen „stechen" wir, was unsere Maschinen hergeben, an ganzen Pulks mehr oder weniger „herumeiernder" Motorradfahrer vorbei. Das Fahren macht solchen Spaß, dass wir prompt einen Kontrollpunkt übersehen. Erst als Franz 2 km weiter plötzlich neben mich fährt, hupt und auf das Roadbook deutet, merke ich, dass wir zu weit sind. Über mit harten Büschen bewachsene Sandbuckel fahren wir neben der engen Piste zurück - auf ihr zu fahren wäre gefährlich und ein Grund zur Disqualifikation.

Dann ist es da, das erste Dünenfeld. Bei seinem Anblick hüpft mir das Herz. Nur etwa 20 km ist es lang, nicht hoch, und dicht mit Vegetation bewachsen. Im Formationsflug kurven wir stehend über die zehn, fünfzehn Meter hohen, sanft geschwungenen Sandberge in Richtung des angegebenen Kompasskurses, sehen von den Dünengipfeln immer wieder das Chaos in den weichsandigen Tälern - Dutzende von wühlenden, stecken gebliebenen Motorrädern.

Kurz nach dem Dünenfeld ist nahe der tunesisch-algerischen Grenze der zweite Assistance-Punkt der heutigen Etappe erreicht - an der „Kreuzung" der Rallye-Route mit einer vom Städtchen Nefta zur Grenze führenden Teerstraße. Ich warte auf Franz, den ich auf den letzten Kilometern aus den Augen verloren habe, und esse in aller Ruhe meinen Notproviant. Die an der Teerstraße wartenden Team-Mechaniker können einfach nicht verstehen, dass ich auf diese Art Zeit verschwende. Doch noch hat mich der Ehrgeiz nicht gepackt. Es macht nur einfach „tierischen" Spaß, so flott durch die Wüste zu fahren.

Am Westufer des Salzsees Chott el Djerid geht es weiter nach Süden. Topspeed auf tischebenen, harten Flächen, die sich mit glitschiger Salz-„Schmierseife" abwechseln. Die ersten Autos überholen mich. Sie müssen mehr als 200 „Sachen" drauf haben: Ich fahre 140 und glaube zu stehen, wenn sie vorbeifahren! Erst als die Gilera auf einer feuchten Salz-Ton-Fläche beängstigend zu pendeln beginnt, drehe ich das Gas wieder zu. Ich bin heilfroh, als der Südrand des Salzsees erreicht ist und nach steinigen Streckenabschnitten eine schmale, enge und kurvige Piste in Richtung Osten beginnt. Auf ihr sind Franz und ich in unserem Element, denn „Schienenpisten" sind unsere Spezialität.

Eine wahre Lust ist es, durch die knietiefen Sandspurrinnen zu „sägen", in den Kurven regelrechte „Anlieger" zu fahren - und schon den „Dreier" in der Hunderterstelle des Tripmasters zu haben, obwohl es erst früher Nachmittag ist. Etliche Kilometer lang leiste ich mir ein kleines Duell mit einem kurz zuvor überholten Italiener - ebenfalls auf einer Gilera 600. In einer engen Rechts-Links-Kombination zwischen großen Dattelpalmen sehe ich ihn im Rückspiegel schwungvoll „absteigen", halte sofort an. Doch er rappelt sich schon wieder aus dem Sand, streckt den Daumen nach oben und ruft lachend: „Anda amico, vengo subito! (Fahr, mein Freund. Ich komme gleich!)". Das nenne ich Sportsgeist! Zehn Minuten nach Franz und mir kommt er ins Ziel.

Morgen geht's zur Sache, erfahren wir im Biwak nahe bei der Oase Douz. Kurz, aber heftig, sagt Cyril Neveu im Briefing, sei die morgige Etappe - zumindest ihre erste Hälfte. Ich kenne die Gegend: Dünen der eher schwierigen Art - klein, weich und steil.

3. Tag:
Douz - Ksar Ghilane - Bordj Chebaba - Ksar Ghilane 209 km

Wir sind ausgeschlafen, haben ausgiebigst gefrühstückt - es kann losgehen! 28 km südlich von Douz verlässt das Roadbook und damit wir den Bereich der gut erkennbaren Pisten, nochmal 30 km weiter verschwindet die Piste mehr und mehr unter kleinen Sicheldünen, dunettes, wie sie das Roadbook nennt. Die Ostseite des größtenteils im nahen Algerien liegenden Erg Orientale ist erreicht. Ab Kilometer 70 wird es dann ernst, gibt das Roadbook nur noch Hinweise wie etwa „Franchir le cordon des dunes. Cap moyen 90/100 (überqueren Sie die Dünenketten. Mittlerer Kurs 90 bis 100°)" oder -

besonders hilfreich - Tipps wie „Cherchez le plus façile passage (suchen Sie die leichteste Passage)" und „Serpentez dans le Dunes. Visez deux mammelons au loin (Schlängeln Sie sich durch die Dünen. Peilen sie zwei brustwarzenähnliche Hügel an)".

Schon einmal habe ich vor Jahren mit einem Freund von der Seite Ksar Ghilanes her versucht, die direkte Route nach Douz zu befahren. Damals kehrten wir kurz hinter einer alten römischen Festung um, kaum 5 km von der Bilderbuch-Oase entfernt: Mit Gepäck war die Strecke einfach nicht zu schaffen. In der Tat sind die vor uns liegenden Dünen nicht gerade einfach zu befahren: Sie sind zwar nur ein paar Meter hoch, aber extrem weichsandig, vor allem aber so eng zusammenstehend, dass man in den trichterförmigen Senken dazwischen kaum Schwung für die nächste Steilauffahrt nehmen kann. Die beste Möglichkeit, hier gut voran zu kommen, ist schlicht und einfach „obenbleiben", nicht in tiefe Trichter zu fahren und immer an den windzugewandten, härteren Seiten der Dünengrate entlangzukurven - und das so schnell, wie es der wilde Sand-„Slalom" erlaubt. Nach ein, zwei anfänglichen „Einsandern" sind wir wieder in Übung. Es klappt so gut, dass wir geradezu euphorisch werden, vor allem, als wir nach etwa 15 km - mitten in einem unbeschreiblichen Chaos eingesandeter Autos und Motorräder - plötzlich merken, dass wir das gesamte Feld „von hinten aufgerollt" haben.

Sogar Cyril Neveu selbst ist zugange und hat seinen Hubschrauber auf einer

Rallyefahren in der Wüste

der wenigen größeren Dünen gelandet. Immer wieder fährt er Motorräder aus Dünentrichtern und „parkt" sie für die - meist vollkommen erledigten - „Piloten" auf dem nächsten Dünengrat. Als ich ihn fahren sehe, wird mir klar, warum er die Rallye Paris-Dakar fünfmal gewonnen hat.

Neben dem Helikopter halten wir an, wollen uns das „Schauspiel" wenigstens noch ein paar Minuten ansehen. Unmittelbar nach uns kommt einer der beiden Gilera-Prototypen aus den Dünen - Startnummer 1: Es ist Franco Picco, erster Werksfahrer der Italiener und der Führende im Gesamt-Klassement. Er späht in die Dünen. Luigi Medardo, Nummer Zwei im Gilera-Team, ist noch nicht zu sehen. Sollten wir etwa ganz vorne sein? Tatsächlich sind keinerlei Spuren mehr vor uns! Allerdings nicht für lange, denn bald werden wir erst von Picco und Medardo, kurz darauf einem weiteren Dreier-Pulk überholt. Startnummer 60 - Jürgen Mayer ist auch dabei! Danach kommt erst mal nichts mehr. Als ich auf Höhe der alten Römerfestung den Palmenhain Ksar Ghilanes am Horizont auftauchen sehe, könnte ich jubeln, sehe unseren Triumph schon vor Augen: 6. und 7. könnten wir werden, wenn auf den letzten 5 km alles gut geht.

Es soll nicht sein. Kurz darauf knalle ich in einen Dünentrichter, dass vom Vorderrad nichts mehr zu sehen ist. Franz steckt offenbar ebenfalls fest, einige hundert Meter entfernt. Viel zu viele Minuten dauert es, bis wir uns gegenseitig aus den Sandfallen befreit ha-

ben. Gut ein Dutzend Motorradfahrer hat uns inzwischen überholt. Zu allem Überfluss stirbt die Gilera kurz darauf auch noch sang- und klanglos ab: Ich muss auf Reserve schalten! Sie springt und springt nicht an! Ich bekomme den Rest des - unter dem Niveau der Benzinpumpe liegenden - Sprits einfach nicht hochgepumpt. Mehrmals muss ich zwischen zig Tritten auf den Kickstarter absetzen, bin so erschöpft, dass es mir schwarz vor Augen wird. Erst nach unzähligen Tritten brüllt der Einzylinder plötzlich los. Ich kann vor Erschöpfung kaum fahren auf den ersten Metern. Nie wieder Rallye ohne Elektrostarter! Wir tanken beide an der Assistance von Ksar Ghilane. Auch der durchsichtige 19l-Tank der Honda ist beinahe leer! Mein Riesen-„Fass" hatte ich wegen der nur 209 km der heutigen Sonderprüfung gestern Abend nur halb gefüllt - großer Fehler! Sage und schreibe rund fünzehn Liter sind auf den bisherigen 105 km durchgelaufen!

Die zweite Hälfte der heutigen Etappe sollte später von unserem Fotografen Sven den passenden Namen „Deppenschleife" erhalten, ist ein eher langweiliger 105 km-Rundkurs über sandverwehte Geröllpisten, den wir in nur eineinhalb Stunden hinter uns bringen.

Weder Badihero-Team noch ihr Auto oder die Mechaniker sind da, als Franz und ich am frühen Nachmittag in Ksar Ghilane eintreffen. Horst und Sven im Geländewagen allerdings schon - trotz dreier „Platten" auf dem Pistenteil der für die Service-Fahrzeuge vorgeschriebenen Strecke, der in El Hamma beginnenden Schotter-Autobahn der „Pipeli-

OSSmo Foto: tt

ne-Piste". Gemeinsam fahren wir erst-mal zur Quelle der hübschen, weit verzweigten Palmen-Oase und liegen mindestens eine Stunde im heißen, schwefelhaltigen Wasser.

Als wir später zum Tanken aus der Oase fahren, richtet das Badihero-Team gerade seinen Lagerplatz ein – am Rand von Ksar Ghilane, denn der tiefe Sand der Zufahrtspiste stellt den nur zweiradgetriebenen Lieferwagen des Teams vor unlösbare Probleme. Die Stimmung ist eher mäßig. Nicht nur, weil die beiden Mechaniker vom Geholper der „Pipeline"-Piste etwas gestresst sind, sondern auch, weil von ihrem Team nicht mehr viel übrig ist: „Didi" ist, wie übrigens auch die beiden Gespannfahrer Jürgen und Erwin, in den

Dünen ausgeschieden und Barbara so fertig mit Kraft und Nerven, zudem auch sturzblessiert, dass sie bereits ganz am Anfang der „Deppenschleife" das Handtuch geworfen, sich – wie Hermann schon gestern - für einen Abbruch der Rallye entschieden hatte. Nur Robert ist noch übrig. Doch nur für ihn auf materialmordenden Pisten noch weiter nach Süden fahren, das wollen die beiden Badihero-Mechaniker anscheinend nicht. Für uns heißt das, dass auch wir hier unsere Kisten abladen müssen.

Der Autor bei seiner ersten Rallye-Teilnahme (1992 OPTIC-Tunesien-Rallye)

Zum Glück gibt es noch den von der NPO für die Privatiers gecharterten 6x6-Lkw des Expeditions- und Rallye-„Spediteurs" Hans Dieter Schwingg. *Er und sein Beifahrer* Wolfgang *werden heute Nacht noch mehr zu tun kriegen. Sie müssen mit ihrem hochgeländegängigen Laster etliche in den Dünen havarierte Autos und Motorräder bergen.*

Als Franz und ich gerade unseren zweiten Reifensatz aufziehen, trifft die schlimmste Nachricht ein: Der so sympathische Schwede Hans Svensson, *Teamgefährte von Jürgen, der heute übrigens Dritter war, ist auf der so genannten „Deppenschleife" schwer gestürzt und hat sich Schulter, Schlüsselbein und Rippen gebrochen.*

4. Tag:
Ksar Ghilane - El Borma, 309 km

Das gestrige Briefing von Cyril Neveu *war deutlich: Orientierung ist heute gefragt. Zu viert wollen wir den Tag meistern:* Robert *ist mit von der Partie - und* Barbara. *Nach einem weiteren Bad in der Quelle von Ksar Ghilane konnten wir ihr den „Handtuchwurf" gestern doch noch ausreden. Zum Glück hatte sie den Kontrollpunkt von Ksar Ghilane nach ihrer gestrigen Aufgabe nochmal von Süden her durchfahren und dadurch statt Disqualifizierung nur Strafzeit kassiert - für das Auslassen eines Kontrollpunkts auf der „Deppenschleife".*

Ab Kilometer 20 beginnt eine reine Querfeldein-Etappe durch die wunderschöne, aber mit scharfkantigen Steinen garnierte Vordünenlandschaft am

Ostrand des Erg Oriental. Ich fahre voraus, habe die Kompassfunktion meines Satelliten-Navigationsgerätes aktiviert. Für die ersten Kilometer lasse ich auf der digitalen Kursanzeige genau die Gradzahlen erscheinen, die das Roadbook „empfiehlt", dann wird mir das Geholpere zwischen den Sandpassagen zuviel. Da das Gelände näher am Fuß des Erg wesentlich angenehmer zu befahren sein dürfte, halte ich erst schräg auf die riesigen Dünen zu, fahre dann an ihrem Fuß entlang. So müssten wir eigentlich automatisch auf den laut Briefing schwierig zu findenden Kontrollpunkt stoßen, über den das Roadbook vermerkt: „Bei zwei großen, einzelnen Bäumen am Fuß des Erg".

Ein Hochgenuss, endlich mal über unverspurtes Dünengelände zu fahren! In schnurgerader Linie schweben wir über die Buckel flacher „Pfannkuchen"-Dünen, über makellose Sandebenen und finden uns auf einmal inmitten einer riesigen, weitverstreuten Kamelherde wieder. Was für ein Bild: Vier einsame Motorräder, die in dieser phantastischen Landschaft inmitten Hunderter von Kamelen über den Sand „fliegen".

Robert überholt mich kurz, deutet fragend aufs Roadbook und ruft: „Jetzt müsste doch langsam das 'gefährliche Felsgefälle' kommen!". „Das ist ein paar Kilometer da drüben!", schreie ich zurück, „Wir kürzen ab!". Ausnahmsweise - und hoffentlich! Doch ich bin mir wirklich zu 99% sicher.

Plötzlich sehe ich sie, die beiden großen Akazien - und der Abkürzer hat sich offensichtlich gelohnt: Gerade erst fahren die Führenden, Picco, Medardo *und* Olivier *an der Zeitkontrolle neben dem NPO-Jeep los!*

Das Gelände scheint auf der Road-book-Strecke nicht gerade einfach gewesen zu sein. Obwohl wir laut Tripmaster nicht einmal 10 km abgeschnitten haben, liegen jetzt 53 der vor Barbara gestarteten Motorradfahrer hinter uns!

Vom Kontrollpunkt führt die Strecke wieder nach Osten und wird mit jedem Kilometer, den sie sich von den Dünen entfernt, mehr und mehr zu einer erkennbaren Piste. 70 km halten wir unsere Position ganz gut, werden in dieser Zeit von höchstens einem Dutzend Fahrer „aus der schnellen Truppe" überholt. Der Letzte von ihnen sorgt in Sichtweite der Militärgarnison von Bordj Bourguiba für einen längeren Stopp: Zehn Meter hinter einer quer zur Piste verlaufenden Ausspülung liegt er, scheint den Graben übersehen zu haben. Dabei ist die Stelle im Roadbook mit zwei Ausrufezeichen vermerkt. Auch ein typisches Sahara-„Warnschild" - für Afrika-Unerfahrene allerdings nicht sehr aussagekräftig - weist darauf hin: ein verbeultes Fass.

Der Franzose ist bei Bewusstsein, hat starke Schmerzen in der Schulter. Eine Welt scheint für ihn zusammenzubrechen. Er will es einfach nicht wahrhaben, dass die Rallye für ihn zu Ende ist, und wehrt sich mit schmerzersticktem Protestgeschrei dagegen, dass wir seinen Notsender aktivieren. Erst als Robert ihm mit Apotheker-Ruhe erklärt, dass man mit gebrochenen Knochen nicht mehr Rallye fahren kann, beruhigt er sich, bittet uns sogar, noch ein Foto von ihm zu machen.

Bordj Bourguiba wird uns noch viel mehr Zeit kosten: Wir folgen nämlich dummerweise blindlings einem nach rechts abbiegenden T-2-Auto und merken erst nach etwa 50 km, dass die Route unmöglich stimmen kann. Wir müssen umdrehen und zum Bordj zurückfahren. Schon von weitem sehen wir Soldaten von den Mauern winken und nach Osten deuten: Nur ein paar hundert Meter sind wir zu früh nach rechts abgebogen!

Nicht weit nach Bourguiba erreichen wir den Point d'Assistance *der heutigen Sonderprüfung, Barbara, Robert und Franz müssen dringend tanken. Rund 60 km folgen wir dann einer schnellen, gut erkennbaren Piste nach Süden, bis wir auf einmal mitten durch das kleine, stacheldrahtverrammelte Mini-Fort Bordj Jenein hindurchfahren. Freundlich winken uns Soldaten in Tarnanzügen zu - ein eigenartiges Gefühl für mich. Auf einer Reise durch die Sahara meidet man solche Orte besser. Nach dem Bordj knickt das Roadbook im rechten Winkel von Süden nach Westen ab. Endlich wieder in Richtung Erg Oriental - heute sogar mitten hinein. Ich kann es mir noch kaum vorstellen: In der sonst für Touristen streng verbotenen „Stadt des schwarzen Goldes", im legendären Ölbohrzentrum El Borma, soll unser Biwak sein.*

Bei Kilometer 240 verschwindet die Piste roadbook-gemäß in den Dünen. Es heißt, einfach so lange querbeet nach Westen zu fahren, bis die Pipeline auftaucht. Nicht nur wir, sondern wohl auch alle anderen glauben nach 15 km, uns schon wieder verfahren zu haben.

Rallyefahren in der Wüste

Erst fünfzig Meter davor ist das nur armdicke Röhrchen endlich zu sehen. Wie ein dickes Kabel liegt die Mini-Pipeline im Sand. 8 km hüpfen wir neben dem Rohr von einer Sicheldüne zur nächsten, bis das Ziel endlich auftaucht. Mehr als die Hälfte der Rallye liegt hinter uns - vielleicht kommen wir doch nach Djerba, ins Ziel. Es wäre zu schön, um wahr zu sein.

Auf einer eigenartigen Mischung aus Schotter-Autobahn und Dünenpiste führt die Verbindungsetappe zwischen immer riesigeren Sandbergen in den Erg hinein. Dann plötzlich Teerstraße, kurz danach eine Art Stadt: Moderne Häuser, ummauerte Industrie-Areale, Zypressen- und Eukalyptus-Bäume, eine Schranke mit Passkontrolle: Wir sind in El Borma, bedeutendstes Ölbohrzentrum Tunesiens und Algeriens - und schon habe ich einen Nagel im Vorderrad! Auf direktem Weg „eiere" ich zur Tankstelle und anschließend in das ein paar Kilometer außerhalb eingerichtete Biwak.

Unser Sanitätereinsatz und der Riesen-Verfahrer haben uns im heutigen Klassement weit nach hinten befördert - auf die Plätze 49 bis 54. Hauptsache, wir sind noch dabei - gewiss keine Selbstverständlichkeit: 15 Ausfälle waren es heute. Nur noch 62 „kleine Negerlein" sind nach vier Tagen von 106 übrig!

5. Tag:
El Borma - Remada, 368 km

Als wir zur mit Abstand faszinierendsten Sonderprüfung dieser Rallye star-

ten, ahne ich noch nicht im Geringsten, dass ich fast die Häfte der 368 km mit der Angst fahren werde, jeden Moment statt eines Motors nur noch Schrott unter mir zu haben.

Keine halbe Stunde kann ich mich über die phantastische Streckenführung freuen: „Luftlinie" geht es durch die Welt der Riesendünen auf der algerisch-tunesischen Grenzlinie nach Süden - ein Rausch aus Geschwindigkeit und Sand, ein „Dünentrip", der süchtig nach den sanften Bergriesen der Wüste machen kann. Dann spüre ich sie urplötzlich auf meinem rechten Bein, die Hitze kochenden Wassers, sehe den Dampf, höre das Zischen. Es ist nicht die Lötnaht, mit der mir der Chefmechaniker des „Chartres"-Teams den Einfüllstutzen wieder befestigt hat - nach jenem grauenvollen ersten Rallyetag. Es ist der kleine Schraubdeckel, der das Wasser des erhitzten Motors aus dem Kühler sprudeln lässt, weil seine Druckfeder gebrochen ist.

Ein Teufelskreis: Rase ich mit hundertzehn Sachen durch die „Achterbahn" der Erg Orientale-Dünen, wird der Motor heiß. Fahre ich langsamer, passiert wegen des weichen, spurenzerwühlten Sandes genau dasselbe. Ich schicke Barbara und Robert weiter, will ihnen durch meine Probleme nicht die herrliche Route dieser Sonderprüfung versauen. Franz bleibt dennoch - ich bin ihm mehr als dankbar.

Am südlichsten Punkt der Rallye, unweit des tunesisch-algerisch-libyschen Grenz-Dreiecks, ist unser gesamtes Trinkwasser durch den Kühler gejagt und der Motor wieder so heiß, als wolle

Rallyefahren in der Wüste

er platzen. Auch alle Autos haben uns inzwischen überholt. Ich bin irgendwie demoralisiert und nahe daran, auch Franz weiterfahren zu lassen, mich in den Sand zu hocken und zu hoffen, dass es der Camion Balai tatsächlich auch bis hierher schafft.

Was dann auf einmal mit dem Geräusch eines Schiffsdiesels über eine Düne tuckert, ist etwas ganz anderes: ein museumsreifer, ballonbereifter Lastwagen mit algerischer Nummer und einem Dutzend dunkelhäutiger Männer darauf. Beinahe nostalgische Gefühle überkommen mich, als ich sie sehe, in ihren Djellabah-Hemdgewändern, den Chech um den Kopf gewickelt. Auf einmal ist die Sahara keine Rennstrecke mehr, sondern so, wie ich sie kenne - und liebe: ein weites, ruhiges Land, be-

wohnt von Menschen, die nicht wissen, was Hektik ist.

Sie können uns kein Wasser geben, haben selbst nur wenig dabei, aber 10 km hinter den Dünen soll eine kleine Bohrstation sein. Wir folgen den Spuren des Lkw und erreichen den vielleicht einsamsten Arbeitsplatz der Welt, einen winzigen Bohrturm, eine Baracke mit drei Tee kochenden Männern und - ich traue meinen Augen kaum - einer schlafenden Katze. Während ich das Wasser in den Kühler fülle, kommt mir die rettende Idee: Ein Ausgleichsbehälter muss her! Ich binde meine Feldflasche vor dem Tank fest und lege den Kühler-Überlaufschlauch hinein.

Das WITEC-Rallye-Team

Kurz nach dem Punkt, wo uns der Laster begegnet war, knickt die Rallye-Route im rechten Winkel nach Osten ab. Ab jetzt muss gegen die Ketten der Dünen gefahren werden, ist eine Überquerung der riesigen Sandberge nur noch an ihren Einschnitten möglich. Schon bald haben wir das Feld eingeholt und stoßen in der ersten schwierigen Passage auf eine „Sandschlacht", die der vom dritten Tag kaum nachsteht. Erst 130 km nach El Borma erreichen wir den Rand des Erg, treffen kurz vorher schon Barbara und Robert. In Bordj Jenein schließt sich der Kreis unseres Abstechers in den vom Tourismus unberührten Süden Tunesiens.

50 km vor dem Ziel wird unserem Fünfer-Konvoi – auch die kleine Französin Marianne haben wir in den letzten Dünen des Erg Orientale noch aufgepickt – das Benzin knapp. Ich habe noch am meisten, will schon ans Umfüllen gehen, als das Wunder geschieht: Ein italienischer T-2-Teilnehmer hält seinen Toyota an und verteilt einige Liter Sprit, während sein Beifahrer und ich wie die Luchse nach einem Hubschrauber ausspähen: Unerlaubt nachzutanken bedeutet Disqualifikation! Durch eine „Wildwest"-Landschaft aus Schluchten, Pässen und Bergen gelangen wir ins Städtchen Remada – zurück in die Zivilisation.

Als wir abends im Biwak beim – wie üblich exzellenten – Essen sitzen und die eingeflogene Rock-Band der NPO einen „Gassenhauer" nach dem anderen schmettert, kommt mir der heutige Tag unwirklich vor, ein Traum, dessen erster Teil eher ein Alptraum war.

6. Tag:
Remada – Ksar Ghilane, 280 km

Trotz der fahrtechnisch einfachen, wenn auch auf den letzten 100 km nervtötend holprigen Strecke, fahren wir relativ langsam, lassen uns nur begrenzt auf das Risiko ein, das die vielen Vollgasabschnitte der heutigen Etappe in sich bergen. Nicht nur fahrerisch, auch landschaftlich herausragend ist ein spektakulärer Serpentinenpass über die einzige Bergkette Südtunesiens, die Montagne des Ksour. Der Rest der Etappe ist – zumindest im Vergleich zur gestrigen Traumstrecke – eher langweilig: Steppenlandschaft, einige Felder dicht bewachsener Kleindünen und schnurgerade Highspeed-Pisten, auf denen die T-1-Boliden ihren 300 Pferdestärken die Sporen geben. Mittlerweile ist es Routine für uns, vorsorglich aus der Spur zu fahren, wenn im Rückspiegel zwei winzige Lichter vor einer kleinen Staubwolke auftauchen: Nur Sekunden dauert es auf den langen Geraden, bis daraus eine aufgeblendete Scheinwerfer-Batterie und ein wahrer „Atompilz" wird, bis wir plötzlich mittendrin sind im für Motorradfahrer lebensgefährlichen „White Out". Keine Routine ist allerdings, dass sich einer der uns überholenden Prototypen nur hundert Meter weiter in einer plötzlich auftauchenden Kurve überschlägt. Noch bevor sich die Staubwolke gelegt hat, klettert der Pilot aus dem auf dem Dach liegenden, hochbeinigen Rallyegeschoss, ein nicht mehr ganz junger Franzose. „Das ist der Schlesser", sagt Franz: Jean-Louis Schlesser, einer der Stars im Rallye-Sport. Er ist unver-

letzt, bleibt ganz ruhig, erzählt uns achselzuckend, dass er schon seit 100 km ohne Bremsen fahre. Vergeblich versuchen wir, den Wagen wieder auf die Räder zu hieven. „Merci!", sagt er ein wenig deprimiert, „Fahrt nur, ich werde auf ein Auto warten".

Als wir am frühen Nachmittag wieder in der heißen Quelle von Ksar Ghilane liegen, sind wir überglücklich. Nur noch ein Tag trennt uns vom Ziel!

7. Tag:
Ksar Ghilane – Djerba, 281 km

Man sollte es nicht für möglich halten: Ein kleine Ungenauigkeit im Roadbook sorgt am letzten Tag dafür, dass sich fast alle der verbliebenen 52 Motorradfahrer total verirren. Vielleicht war auch gar nicht das Roadbook schuld, sondern einfach das trügerische Gefühl, schon „so gut wie im Ziel" zu sein. Auch sonst sorgt auf der „Magnet" der nahen Zielflagge auf der Strecke, die eher einer Bergprüfung als einer Saha-

ra-Rallye ähnelt, für Zwischenfälle: Dreimal „fliege" ich aus engen Kurven und komme jedes Mal nur knapp am Sturz, am Scheitern meines zweiten Zieles vorbei: die 2.500 Rallye-Kilometer ohne Sturz hinter mich zu bringen. Robert hat diesbezüglich weniger Glück. Als einer von zwei Motorradfahrern, die sich heute nicht verfahren haben, stellt er an der ersten Zeitkontrolle fest, dass er in Führung liegt! Verständlich, dass sein Ehrgeiz da mit aller Kraft zuschlägt, was zu einem kapitalen Sturz führt und ihn um den Sieg der Sonderprüfung bringt. Immerhin Dritter wird er, umso erstaunlicher, als später im NPO-Lazarett ein Mittelfuß-Bruch festgestellt wird.

Als ich nach einer letzten, geradezu berauschenden Sandfahrt am Strand des Golfes von Bou Grara durch die Zielflagge brause, bin ich den Tränen nahe, freue mich über meinen ganz persönlichen „Sieg" bei meinem ersten, vielleicht nicht letzten „Wüstenmarathon"!

Rallyefahren in der Wüste

1998: Die Wüste verzeiht keine Fehler!

2. April, Prolog in Nizza

Mein Flieger dreht noch eine Ehren-runde über Nizza. Tolle Aussicht. Ir-gendwo da unten hätte ich vor einer Viertelstunde zur technischen Abnahme antanzen sollen. Doch so genau, wie es die ordnerfüllenden Anweisungen des OPTIC-Veranstalters zu Hause glauben ließen, geht es vor Ort nicht zu. Kein Wunder: Bei 200 Motorrad- und über 70 Autoteilnehmern hat die Organisati-on alle Hände voll zu tun, wenigstens so etwas Ähnliches wie eine technische und personelle Abnahme in der vorge-sehenen Zeit auf die Reihe zu kriegen. Trotzdem komme ich mir gegegenüber den drei anderen WITEC-Piloten Wer-ner Haubold, Peter Sperlich und Tho-mas Czölder schon beinahe blöd dafür vor, dass ich so auf die Einhaltung der zahlreichen FIM-Vorschriften - z. B. be-züglich Sicherheitsausrüstung - ge-drängt habe. Als Rallye-Erfahrenster unseres Teams erschien mir das aber als Teil meiner Aufgabe. Bei der Abnah-me jedenfalls wird so gut wie nichts kontrolliert. Dafür muss jeder Teilneh-mer einen Orientierungstest bestehen. Der ist allerdings auf Kindergarten-Ni-veau. Fahren wir eigentlich zu einem „Stoppelfeld-Enduro"?

Zumindest heute Abend tun wir das - beim Prolog einige Kilometer außer-halb der Stadt. Riesige Gasballons be-leuchten den frisch geschobenen 1,5-km-Kurs. Die Zuschauer toben, als wir paarweise und in rund einer Minute Fahrzeit um das raffinierte Gewinkel

aus engen Kurven, Tunnel und kleinen Brücken fliegen - wohl auch, weil das „Löwengebrüll" der 1100er-Zweizylin-der für Abwechslung im Sound-Einerlei der das Starterfeld beherrschenden KTMs und XRs bringt.

3. April, Sardinien

Nach einer Nacht „Titanic-Feeling" - ohne Untergangsangst natürlich - auf dem zwölfstöckigen Luxusdampfer Na-poleon Bonaparte rollt der gut 600-köpfige und aus mehr als 400 Renn- und Service-Fahrzeugen bestehende Rallye-Tross in Nordsardinien an Land. Trotz Eiweißschock - den Scampi-Ber-gen beim abendlichen Gala-Buffet konnte ich einfach nicht widerstehen - freue ich mich auf die erste Sonderprü-fung. Bescheidene 70 Kilometer sind es zwar nur, die uns zwischen zwei je 150 Kilometer langen Verbindungsetappen im Landesinneren erwarten. Die sind dafür vom Feinsten. Fahrerisch, weil mit allerlei Enduro-Leckereien wie lan-gen Wasserdurchfahrten und triali-stisch angehauchten Einlagen gespickt. Landschaftlich, weil das Genargentu-Gebirge im zentralen Sardinien an Schönheit kaum zu überbieten ist. Ge-treu meiner Aufgabe - Ankommen! - bringe ich die Elfhunderter problemlos und im vorderen Mittelfeld durch das eher einzylinderfreundliche Terrain. Bei den anderen drei WITEC-Fahrern läuft es nicht ganz so problemlos: Tho-mas Czölder durchbricht am Etappen-ende nicht nur das Ziel, sondern infolge eines kapitalen „Abfluges" auch seinen rechten Arm. Peter Sperlichs top-twen-ty-verdächtiger Fahrweise beugt sich der Kardan seines Motorrades. Und weil der Ort dieses Geschehens für Assistance-Lkw unerreichbar ist, bergen ihn von der Organisation beauftragte sardinische Streckenposten. Auch Sperlich *ist damit aus dem Rennen, bevor es überhaupt angefangen hat.* Werner Haubold *hat noch einmal Glück: Sein Motorrad fliegt aus der Kurve und liegt einige Meter unterhalb in einer Schlucht. Mit meinem Bergegurt bekommen wir die Wuchtbrumme wieder auf den Weg zurück. Gedämpfte Stimmung also im Team* WITEC. *Dafür setzt sich nach der Prolog-Euphorie - Vorjahres-Zweizylinder-Klassensieger* Peter Sperlich *war bei dem Acker-Sprint ziemlich weit vorn dabei - die Erkenntnis durch, dass es noch eine Menge Kilometer bis ins Ziel dieser Tunesien-Rallye sind - etwa dreißigmal so viel, wie wir bisher gefahren sind. Das schon jetzt um ein Dutzend Fahrer reduzierte Starterfeld zeigt, dass das auch andere unterschätzt haben.*

4. April, Sardinien

War schon die erste Sonderprüfung auf Sardinien ein fahrerisches Highlight, so setzt die zweite noch eins drauf. Nicht nur, weil die heutige Speciale *mit* 135 Kilometern *doppelt so lang ist wie die gestrige, sondern vor allem, weil sie auch offroad-verwöhnten Enduristen Strecken bietet, die an fahrerischem Reiz wie landschaftlicher Schönheit kaum zu überbieten sind. In einem großen Nationalpark, normalerweise für den öffentlichen Verkehr unzugänglich, gelangen wir in eine faszinierende Bergwelt. Durch tief einge-*schnittene Täler und Schluchten, entlang schroffer Berggrate und über hohe Gipfel geht es mal zügig, mal technisch anspruchsvoll auf Pisten, Wegen und Pfaden hinunter an die Südküste. Mein Motorrad wird mir immer vertrauter, meine Fahrweise immer frecher. Ein nicht ganz gewollter Langzeit-Drift in einer über 100 km/h schnellen Schotterkurve - entstanden aus einem Kräftemessen mit einem schnellen Zweitakt-Quad - bringt mich wieder auf den Boden der Realität zurück und überzeugt mich vollends vom spurstabilen Fahrwerk der* WITEC. *Am Ziel empfangen uns motorsportbegeisterte Sardinier mit landestypischen Köstlichkeiten, Olivenpaste, Käse und Wein.*

Im Gegensatz zu gestern herrscht abends geradezu euphorische Stimmung in unserem Team. Trotzdem gehen wir früh in die Betten unseres komfortablen Strandhotels in Cagliari, Sardiniens südlichster Metropole, denn morgen heißt es schon um 6.00 Uhr am Hafen sein, zum zweiten Teil unserer Schiffsreise nach Afrika. Auch unsere „Assistance" Uta Baier, Thomas Eckart, Rudi Willner *und nun auch* Peter Sperlich, *der im Gegensatz zu* Thomas Czölder *bis zum Rallyeende bei uns bleiben will, müssen heute noch keine Nachtschicht einlegen. Denn außer normalen Wartungsarbeiten und dem Wechseln der Bereifung ist nicht viel zu machen an den beiden verbliebenen* WITECs. *In Tunesien dürfte sich das wohl ändern.*

5. April, Tunis – Le Kef

Dem zweiten Teil unserer luxuriösen Schiffsreise folgt am späten Nachmittag

Rallyefahren in der Wüste

ein denkbar negatives Kontrastpro-
gramm: Während Zoll- und Polizeiab-
fertigung im Hafen von La Goulette/Tu-
nis noch zügig und locker vonstatten
gehen, sorgt die neuerdings für ausländische Fahrzeuge erforderliche „Ver-
kehrsgenehmigung" für das Vorstadium einer Massenschlägerei zwischen
Behörden und Rallye-Teilnehmern: Pro
Fahrzeug gut zehn Minuten dauert die
umständliche Prozedur, zieht sich Stunde um Stunde hin. Kurz vor dem endgültigen Eklat gelingt es dem tunesischen Motorsportverband, die Behörden vom Unsinn dieser Bestimmung -
zumindest für eine Rallye - zu überzeugen. Im Chaos der Ausfahrt - schon
längst ist es dunkel - werden dann
auch noch zwei Teilnehmern die Motorräder gestohlen.

Der wirkliche Horror ist jedoch die
200 Kilometer lange Verbindungsetappe nach Südwesten: Ein Spießrutenlauf
durch das lebensgefährliche Verkehrs-
chaos einer der meistbefahrenen Straßen Tunesiens, der von Tunis nach Le
Kef. Geblendet von den fast ausnahmslos zu hoch eingestellten Scheinwerfern
der entgegenkommenden Fahrzeugko-
lonnen, werden wir bei den zahlreichen
Ortsdurchfahrten auch noch aus der
Dunkelheit mit Steinen bombardiert.
Werner Haubold wird von einem
faustgroßen Brocken am Kopf getroffen. Mit Grausen denke ich zurück an
meine zweite Tunesien-Rallye: Ein Stein
hatte mich damals an der Schläfe erwischt, mit solcher Wucht, dass mein
Helm auf zehn Zentimeter Länge auf-
platzte und ich schlagartig das Bewusstsein verlor. Mit über 100 km/h war ich

damals zu Sturz gekommen, wurde erst
nach mehreren Überschlägen durch eine Kaktushecke gestoppt. Dass mir dabei außer einigen Rippenbrüchen nichts
passierte, schrieben die Ärzte meiner
durch die Bewusstlosigkeit bedingten
Entspannung zu.

Jedenfalls kann und will ich erstmal
nicht weiterfahren. Zusammen mit
dem deutschen Honda-Fahrer Michael
Jung setze ich mich in ein Straßen-Re-
staurant, um einige Stunden zu warten
- in der Hoffnung, dass nachts die
Menschen von den Straßen verschwinden. Der sympathische Wirt bestätigt,
dass unsere Entscheidung richtig war.
Als wir gegen 22.00 Uhr weiterfahren,
sind die „Bürgersteige hochgeklappt".
Ohne weitere Schwierigkeiten - von der
Eiseskälte und dem extrem rutschigen
Straßenbelag einmal abgesehen - legen
wir die restlichen 150 Kilometer durch
das nächtliche Nordtunesien zurück,
erreichen gegen Mitternacht das erste
Rallye-Biwak auf einem Berg unweit
der Stadt El Kef.

6. April, Le Kef – Sabria

Morgens erstmal ein kleiner Schock:
Meine beiden Tripmaster streiken. Schöne Aussichten für die heutige, 270 Kilometer lange Sonderprüfung. Laut „Briefing" soll sie auch, was die Orientierung angeht, hohe Ansprüche stellen.
Gerade noch rechtzeitig vor meiner
Startzeit kriege ich das Problem hin -
dank Willi Rampf, BMW-Rallye-Beob-
achter im Team Schalber: Der Magnet-
geber am Vorderrad hatte sich verdreht.

Die Sonderprüfung führt uns fernab
jeglicher Ortschaften durch das Berg-

land entlang der tunesisch-algerischen Grenze nach Süden - zum Teil auf Verkehrswegen, die wohl schon lange kein Fahrzeug mehr gesehen haben und wegen der Regenfälle dieses Frühjahrs in abenteuerlichem Zustand sind.

Dritter Kontrollpunkt, zugleich Assistance-Möglichkeit für unser Service-Team: Sprung über die Straße, Daumen hoch in Richtung WITEC-Truck und weiter. Im Bergland von Gafsa bin ich plötzlich wie zu Hause: Pisten, die ich schon gefahren bin. Logisch: Ich werde leichtsinnig, hänge mich, statt weiter konzentriert zu navigieren, an einen französischen KTM-Piloten, dessen Tempo mir liegt. Dreißig Kilometer vor dem Ziel dann die Gewissheit: Was wir fahren, hat mit dem Roadbook herzlich wenig zu tun. Und nun? Umkehren oder per GPS querbeet über die Berge? Letzteres. Wir passieren einen Grenzposten - von Westen! War schön, mal wieder in Algerien gewesen zu sein. Die tunesischen Zöllner sind anderer Meinung. Doch Rallyefahren entschuldigt vieles. Im Ziel ein kleiner Trost: Fast vier Kilometer gespart.

Es ist früher Nachmittag. Ich hab's eilig, ins Biwak zu kommen: Über 200 Kilometer noch - für die WITEC heißt das endlich mal wieder fünfter Gang. Am Rand der Sahara laufe ich auf unseren Truck auf. Mit Tempo 80 kommt man also auch ganz gut voran, jedenfalls dann, wenn man nicht mal zum Pinkeln anhält.

Das Biwak liegt so öd und ungünstig in einer windgepeitschten Staubwüste am Südrand des Salzsees Chott el Djerid, dass man an der Organisation zweifelt. Fünf Kilometer weiter gäbe es im Windschatten der Palmenoase Sabria geradezu ideale Lagerplätze. Mittagessen gibt's zum Glück bis 16.00 Uhr. Ich trinke Unmengen, denn seit dem Verlassen des Berglandes ist es heiß geworden.

Die WITEC-Werkstatt hat heute bis Sonnenaufgang mit Werners und meinem Motorrad zu tun: Wartung, Reifen, Gabel, Lenkkopflager, Kupplung. Ich bin froh, nicht wie auf meinen bisherigen Rallyes selbst reparieren zu müssen. So bleibt nach dem leckeren Abendessen des französischen Kochteams, nach Briefing, Markieren des Roadbooks, Eingeben der GPS-Punkte und ein paar kurzen Gesprächen mit Freunden und Bekannten noch genug Zeit für mentale Vorbereitung und ausreichenden Schlaf: sechs Stunden - was will man mehr bei einer Rallye! Morgen geht's ans Eingemachte: Zwar sind es von El Faouar nach El Borma auch „nur" rund 300 Kilometer Sonderprüfung. Das Ganze allerdings bei einer Streckenführung, die ich mit gehörigem Respekt betrachte - weil ich sie größtenteils kenne.

7. April, Sabria – Borma

Die ersten Kilometer werden zu einer Belastungsprobe der heftigen Art, denn die Dünen am Südrand des Chott el Djerid bestehen aus mehlfeinem und bodenlos tiefem Fech-Fech-Sand. Von der ungewöhnlichen Hitze, die seit gestern Mittag herrscht, ist das Zeug so ausgetrocknet, dass mir die WITEC trotz abgesenktem Reifenluftdruck mindestens zehn Mal in dem weißen Puder versackt, als wären Hohlräume unter der

Rallyefahren in der Wüste

Oberfläche. Jetzt hilft nur Eines: Nerven bewahren und mit den Kräften haushalten. Immer wieder muss ich das bis zu den Zylindern feststeckende Motorrad ausgraben, umlegen und am Lenker um die eigene Querachse zerren, bis das Vorderrad bergab zeigt. Kurze Pause, am Schlauch des „Camelbag" saugen, bis der Puls wieder ruhiger wird, und nebenbei die Löcher mit den Händen zuschaufeln. Dann das Schwerste: die 210 Kilogramm wieder in die Senkrechte hebeln. Es muss beim ersten Mal klappen, denn die Anstrengung ist übermenschlich, braucht alle meine Kraft. Ich bin gottfroh über die Hunderte von Stunden, die ich in den letzten Monaten im Fitness-Center meines Wohnortes verbracht habe.

Auch den Einzylindern geht es nicht besser. Mit dem Aufheben tun sie sich allerdings weit leichter. Werner Haubold kämpft bis zur völligen Erschöpfung mit den Tücken des Fech-Fech-Sandes. Sein rettender Engel ist der deutsche Suzuki-Fahrer Michael Jung. Er hilft dem völlig Entkräfteten, die WITEC wieder flott zu machen.

Als der Sand endlich nach rund zehn Roadbook-Kilometern seine Farbe von Weiß auf Gelb wechselt, könnte ich jubeln, wäre ich nicht völlig am Ende mit meinen Kräften. In den anschließenden „normalen" Dünen regeneriere ich mich jedoch schnell wieder. Die WITEC geht mit ihrer endlosen Kraft, ihren breiten Reifen und ihrem souveränen Dünenfahrwerk so souverän über die

Sandberge, als wären sie geteert. Ich lasse das Roadbook Roadbook sein und fahre von einem Kontrollpunkt zum nächsten nach GPS. Schon bald ist das Ksar, die alte römische Festung unweit der Oase Ghilane, erreicht. Wie in Trance fliege ich entlang einer Kamelspur über die Dünen, erreiche den Assistance-Punkt trotz der Stunden, die ich am Anfang dieser Sonderprüfung verloren habe, bereits um 14.00 Uhr. Am kurz darauf folgenden Tankpunkt gibt es unglücklicherweise keinen Sprit mehr. Um die zwanzig Rallyefahrer brutzeln in der Sonne und warten auf den nächsten Tank-LKW. Ich habe zum Glück am Assistance-Punkt nachgetankt - nicht nur angedenk des wichtigsten Rallye-Mottos „Was-man-hat-das-hat-man", sondern weil sich die WI-TEC auf 150 Kilometer 24 Liter Sprit genehmigt hat.

Der zweite Teil der Sonderprüfung führt über endlose, mal mehr, mal weniger verdünte Schotterpisten nach Süden. Die Hitze ist barbarisch, die Landschaft könnte trostloser nicht sein. Ich bin auf der ganzen Strecke alleine, fahre wieder sehr viel querfeldein und in direkter GPS-Linie von Kontrollpunkt zu Kontrollpunkt. Nur nicht stürzen! Nichts schlimmer, als in dieser menschenfeindlichen Einöde mit gebrochenen Knochen im Dreck zu liegen. Das Ziel: Noch ist keine Entspannung angesagt, denn es trennen mich weitere 80 Kilometer materialverschleißende Lkw-Piste vom Biwak: die Zufahrt zu einem der trostlosesten Orte dieses Planeten, der Ölbohrstadt El Borma im Innern des Großen Östlichen Erg.

35 Kilometer davor läuft der letzte Tropfen Sprit durch die Vergaser - während eines apokalyptisch wirkenden Sonnenuntergangs. Ein Rallye-Auto hält hinter mir am Rand der gut fünfzig Meter breiten Piste - Sandra und Claudio vom italienischen Tecno-Team. Sie haben keine Scheinwerfer mehr, ich kein Benzin. Wir helfen uns gegenseitig aus.

8. April 1998, Borma – Borma

Selbst nachts ist es kaum kühler geworden. Nach Luft hechelnd liege ich auf dem Schlafsack. Das mich sonst so rasch einschläfernde Brummen der Stromaggregate hat nicht gewirkt. Der wenige Schlaf war alles andere als regenerativ. Dabei haben es Werner und ich noch gut gegen die vielen Privatfahrer, die die halbe Nacht damit beschäftigt waren, die Schäden der letzten Sonderprüfung zu beseitigen.

Es ist tierisch heiß. Unverständlich, dass die Organisation bei diesen Temperaturen den Start nicht vorverlegt, sondern sogar nach hinten verschiebt. Als wir statt wie geplant um 7.00 erst um 9.00 Uhr auf die „Königsetappe" dieser Rallye geschickt werden, die 300 Kilometer lange Dünenrundfahrt im Süden von El Borma, glüht die Luft bereits, der Wind wird immer stärker: ein Sandsturm?

Die ersten siebzig Kilometer kenne ich: eine Sandautobahn auf der tunesisch-algerischen Grenzlinie, angelegt von Militärpatrouillen und Ölbohr-Trucks. Danke liebe WITEC: Mit 130 Sachen bringst du mich bei Dreiviertelgas durch das bodenlose Spurengewühl. Die meisten „Eintöpfe" pfeifen schon bei 100 aus dem letzten Loch. Am Kontrollpunkt 1 nach Osten. Ab jetzt geht's quer zu den gewaltigen Dünengebirgen, die uns umgeben und die im zunehmenden Sandsturm immer undeutlicher werden. Ein heißer Föhn weht von Süden, macht jedes Anhalten fast unerträglich. Mein GPS fällt aus. Toll! Ich hänge mich an die deutschen KTM-Fahrer Oliver Puckert und Bernd von Osten an. Gemeinsam ballern wir die Monsterdünen rauf und runter, kommen ebenso zügig wie problemlos voran. An jedem Kontrollpunkt - insgesamt fünf - kippen wir literweise Wasser in uns hinein. Die Hitze dörrt den Körper schneller aus, als man aus dem dünnen Schlauch des „Camelbag" trinken kann. Wieder fahren wir weite Strecken abseits des Hauptspurenbündels der anderen Rallye-Fahrer. Alleine hätte es unter diesen Bedingungen wohl keiner von uns gewagt. Gegen Mittag sind wir im Ziel.

Auf der anschließenden Verbindungsetappe - wieder eine dieser Highspeed-Ölbohrer-„Autobahnen" - bekomme ich von einem unsichtbaren Buckel einen solchen Schlag aufs Hinterrad, dass ich etliche Meter auf dem Vorderrad fahre und mich um Haaresbreite überschlage. Wieder zahlt sich das gute Fahrwerk aus und die Tatsache, dass ich konstant weit unter meinem Limit (und dem der Maschine) bleibe: Ankommen, mehr will ich schließlich nicht!

Im Biwak, wie üblich am denkbar ödesten Platz auf einer sturmgepeitschten Ebene vor den Toren der „Stadt", herrscht Chaos: Der Wind hat Zelte weggeweht, die Hitze ist abartig - und

Werners Motorrad sieht aus wie ein Schrotthaufen. Er selbst liegt lethargisch und mit schmerzverzerrtem Gesicht in der Ecke unseres Lkw-Vorzeltes. Direkt nach der Zieldurchfahrt hatte er sich überschlagen. War's derselbe Buckel, der mich ausgehebelt hat? Werners Gas-Hand sieht aus, als wäre sie zwischen Vorschlaghammer und Amboss gekommen. Wird er morgen fahren können?

Auch ansonsten ist das Zweizylindersterben fortgeschritten: Ingo Zahns HPN hat ihr Getriebe vernichtet und die beiden Cagivas sind schon seit gestern aus dem Rennen. Halbzeit ist jetzt gerade: Drei Sonderprüfungen in Tunesien sind gefahren, drei liegen noch vor uns. Morgen vielleicht die Härteste, denke ich nach Analyse des Roadbooks.

Immer stärker, immer heißer weht der Schirokko von Süden her: 47° C im Schatten zeigt das Thermometer! Bei Sonnenuntergang sind noch immer nicht alle Rallye-Fahrer zurück. Im Hauptzelt des Fahrerlagers spielt die Rallye-Band den Song Knocking on heaven's door. Er wird zur makabren Ouvertüre einer unfassbaren Nachricht: Drei Teilnehmer starben heute in den Dünen südlich von El Borma - an Austrocknung und Herzversagen!

Ich glaube meinen Augen nicht zu trauen, als ich den Leichnam des französischen Nissan-Piloten René Girard auf einem Feldbett vor dem Ärztezelt liegen sehe. Das kann, das darf doch nicht wahr sei! Unfalltod - so hart es klingt - ist Rallye-Risiko, denn wer hier mitfährt, „klopft" nun mal „ans Himmelstor" - zumindest leise. Aber das!?

Die beiden anderen Toten sind der französische Yamaha-*Fahrer* Emanuel Pouchot *und der belgische* Suzuki-*Fahrer* Adrien Patrick. *Noch vor zwei Tagen hat er bei uns nach einem Wellendichtring für seine* Suzuki *nachgefragt, weil* Michael Jung, *der sich dem* WITEC-*Team mittlerweile angeschlossen hat, ebenfalls* Suzuki *fährt.*

Abends kocht die Gerüchteküche: Noch mehr Vermisste in den Dünen? Was ist wirklich passiert? Genaues weiß nur die Organisation, und die hüllt sich in Schweigen.

9. April, Borma – Ksar Ghilane

Tränen - nicht nur bei Rallye-Organisator Cyril Neveau *während des auf heute Morgen verschobenen Briefings. Die sechste Sonderprüfung dieser Rallye wird um hundert Kilometer gekürzt, der Rest als Verbindungsetappe gefahren. Als ich sie hinter mir habe, die letzten sechzig Kilometer mit einem von der scharfkantigen Felspiste gekillten Vorderreifen, weiß ich, dass diese Etappe ohne Neutralisation noch mehr Opfer gefordert hätte.*

Biwak in der Touristenoase Ksar Ghilane: Vor lauter geladenen Gästen und Besuchern sind kaum noch Rallyefahrer im großen Hauptzelt des Biwaks zu sehen. Eine Stimmung wie auf dem Oktoberfest. Ich komme mir vor wie im Krieg. Da kümmern ein paar Tote auch kein Schwein.

10. April, Ksar Ghilane – Douz

Vorletzte Etappe: Das Roadbook verrät, dass die „OPTIC" 1998 quasi gelaufen ist. Keine besonderen Schwierigkei-

ten mehr auf der letzten, wieder rund 300 Kilometer langen Sonderprüfung. Doch wie es für eine Wüsten-Rallye typisch ist, kommt wieder mal alles ganz anders - zumindest für mich. Zwanzig Kilometer nach dem Start das übliche Schild „Fotopoint". Normalerweise ein Grund, vorsichtig zu sein - hier nur eine Dunette auf der Schotterpiste - ein Sprunghügelchen, hinter dem die Köpfe der Fotografen herausschauen. Gas auf, und die WITEC *fliegt wie gewohnt perfekt ausbalanciert und ohne irgendwelche Kopf- oder Hecklastigkeit vom Grat. Die Landung: Kladong! Ein Schlag geht durch die Maschine, und ich habe das Gefühl, gegen eine unsichtbare Wand gesprungen zu sein. Mit blockiertem Hinterrad schlittere ich auf einen großen Kamelgrasbuckel zu, fahre fast noch den französischen Fotografen* Alain Rossignol *über den Haufen.*

Nichts geht mehr: Die Schaltung ist genauso blockiert wie das Hinterrad. Kardan oder Getriebe? Ich drücke den Starter, lasse die Kupplung kommen. Es ist, als stünde ich auf der Hinterradbremse. Mit Ruckeln, Hin- und Herschieben gelingt es mir schließlich, einen Gang einzulegen, den zweiten oder dritten. Anfahren ist wieder möglich. Noch zwölf Kilometer zum Kontrollpunkt 1: Wenn ich mir dort den Stempel hole und dann Luftlinie zum Kontrollpunkt 3 - zugleich Assistance-Punkt der heutigen Etappe - fahre, spare ich rund achtzig Kilometer. Für den ausgelassenen Kontrollpunkt 2 bekomme ich zwar drei Stunden Strafzeit aufgebrummt, doch wenn ich es bis zu unserem Lkw schaffe, kann mir das WI-

TEC-*Schrauber-Team ein neues Getrie-be einbauen. Vielleicht bleibe ich doch noch im Rennen.*

Alle Taktik und Hoffnung ist um-sonst: Ein paar Kilometer weiter tut es noch einmal einen Schlag. Ich ziehe die Kupplung, um das Schlimmste zu ver-hüten. Das war's also.

Ich verewige den Standort der Ma-schine im „Satnav", klemme mir diesen und den sündteuren Veranstalter-Not-sender unter den Arm und mache mich auf den Rückmarsch zum „Fotopoint". Hoffentlich sind die Burschen noch da, denn ich habe keine große Lust, den lie-ben langen Tag neben der maladen WI-TEC in der Sonne zu braten. Und bis der Lumpensammler-Lkw kommt, dürf-te es eine Weile dauern – ganz zu schweigen davon, dass der nicht auf di-rektem Weg ins Biwak fährt.

Der französische Fotograf Alain Ros-signol *nimmt mich jedoch mit, nach-dem er die letzten Autos abgelichtet hat. Er fährt – gelinde gesagt – recht zügig. Aber schließlich ist er ja auch schon zehn „Dakars" mit seinem eigenen Au-to mitgefahren, nicht in Wertung, aber auf derselben Strecke und alles andere als langsam. Heute ist er besonders schnell, nicht nur wegen der 150 Sa-chen, mit denen er die „Pipeline-Piste" entlangbrettert, sondern auch, weil ich ihn zu dieser schnellen, aber welligen Offroad-Autobahn über eine erst vor kurzem neu geschobene Trasse von Straßenqualität lotse.*

Im Biwak südlich von Douz lange Ge-sichter: Auch Werner hat technische Probleme, liegt 80 Kilometer vor dem Ziel mit abgerissenem Kardan. Ein

Jammer, denn der Sieg in der Zweizy-linderklasse wäre ihm gewiss, wenn er nur ins Ziel kommen könnte. Es gibt nichts zu verlieren..! Drei Stunden spä-ter ist Werner mit starken Schmerzen in der Hand, aber neuem Kardan im Biwak. Warten auf die Ergebnisliste. Es klappt: Er ist drauf!

11. April, Douz – Tozeur

Mit Alain *und Vollgas zum Ziel der letzten* Speciale. *Nur 190 Kilometer - wir kommen gerade rechtzeitig, um* Richard Sainct, *gefolgt von Vorjah-ressieger* Fabrizio Meoni *und dem „ewigem" Beinahe-Sieger* Jordi Arca-rons *einfahren zu sehen – vor der „Starwars"-Filmkulisse einer „außerir-dischen" Stadt.*

Ein schwerer Unfall trübt die Freude – zumindest für diejenigen „Finisher", die etwas davon mitbekommen: Ein tu-nesischer Teilnehmer wird mit lebensge-fährlichen Verletzungen ausgeflogen.

Abends Siegesfeier im Club Med-Ho-tel *der Oase Tozeur. Einerseits bin ich gut drauf, freue mich für* WITEC *und* Werner Haubold: *Ein Sieg in der „Kö-nigsklasse" ist gerechter Lohn für viel Mühe und Geld. Andrerseits stellt sich die Melancholie ein, die ich schon von anderen Rallye-Siegesfeiern kenne. Nicht weit weg die diesmal so unerbitt-liche Wüste – hier nur hohles Blabla, verschwenderischer Luxus, aufgesetzte Fröhlichkeit, professionelle Coolness. Ein schwer zu verdauender Gegensatz.*

Rallyefahren in der Wüste

Notfälle auf Wüstenreisen:

Vermeidung und Bewältigung

Trotz der großen Popularität von Sahara-Reisen, trotz des heute sehr guten Informations-, Vorbereitungs- und Ausrüstungsstandes von Wüstenfahrern geraten doch gelegentlich Reisende in lebensbedrohliche, schlimmstenfalls sogar tödliche Notsituationen. Solche Unglücke sind in der Regel heute eher durch Unfall oder technischen Defekt des Fahrzeuges verursacht als durch die vor dem Zeitalter der Satellitennavigation häufigste Notsituation, das Verirrtsein. Grundsätzlich gilt: Auch erfahrene und gut ausgerüstete Motorradreisende sind unter den Bedingungen einer Saharareise nicht zu hundert Prozent sicher vor einem Notfall – erst recht natürlich Wüstenneulinge. Probleme können immer auftreten, vermeidbar ist allerdings, dass irrationales Verhalten die Situation verschlimmert. Nachstehend daher ein Ratgeber zur Bewältigung und vor allem Vermeidung von Notfällen – zum Teil speziell auf die Bedingungen einer Motorradreise zugeschnitten, zum Teil aber allgemeingültig für alle Saharareisenden.

Zurücklassen eines Verletzten oder Kranken

Vorbeugung

Grundsätzlich sollten Motorradfahrer auf Routen mit extrem dünner Verkehrsdichte bzw. ohne Verkehrsaufkommen in einem **Konvoi** von wenigstens drei, besser sogar vier Motorrädern unterwegs sein. Ein transportunfähiger Verletzter muss dann nicht in jedem Fall allein zurückgelassen werden. Ein Mitglied der Gruppe kann ihn betreuen, während der/die andere/n Hilfe holen. Ein leicht Verletzter oder der Fahrer einer ausgefallenen Maschine kann auf dem **Beifahrersitz** eines Reisepartners weiterfahren, das Gepäck wird auf die Maschinen der anderen verteilt.

Bewältigung

In bestimmten Situationen kann es allerdings auch trotz eines Dreierkonvois erforderlich sein, einen transportunfähigen Kranken oder Verletzten allein zurückzulassen, z. B., wenn **Nahrungsmittel oder Trinkwasser** (siehe dazu auch Kapitel „Wasserreserven") bis zum Eintreffen von Hilfe nicht für den Kranken und die Helfer ausreichen würden, oder wenn es aufgrund der gesamten Umstände (z. B. besonders weite, einsame oder schwierige Strecke) zu riskant wäre, den Hilfe Holenden allein fahren zu lassen. Folgendes muss in einem solchen Fall unbedingt gewährleistet sein:

● Bestmögliche Versorgung von **Verletzungen** (siehe dazu auch Kapitel „Medizinischer Ratgeber");

● Ausreichend **Medikamente,** insbesondere Schmerzmittel;

● Geschützter **Lagerplatz:** Er sollte sicher vor Flutwellen (möglich nach Regenfällen in Wadis!), Steinschlag (nah an Felswänden!) und eventuellen Verkehrsteilnehmern (direkt auf Pistenspuren!) sein;

● Effektiver Schutz vor **Hitze und Kälte** (Zelt, Schatten durch Baum oder Felsblock, reflektierende Rettungsfolie, der wärmste vorhandene Schlafsack);

● Reichlich **Trinkwasser.** Ein Kranker braucht mehr als ein Gesunder: im Winter mindestens 3 Liter täglich, im Herbst und Frühjahr 5 Liter. Im Zweifelsfall sollte(n) der (die) Hilfeholer vor Abfahrt einen ausreichenden Wasservorrat von der nächstgelegenen Versorgungsmöglichkeit (Brunnen, Wasserloch, *Guelta*) herbeiholen;

● Ausreichend **Nahrung;**

● **Signalausrüstung:** Leuchtpatronen mit Abschussgerät, einige Liter Benzin zum Anzünden eines Motorrad-, besser noch Autoreifens (sie sind auch auf einsamen Pisten häufig zu finden; ihr Material hat den Vorteil starker und lang andauernder Rauchentwicklung und hellen Feuerscheins!);

● Als **Waffe** zum Schutz gegen Tiere geeignetes Instrument: Reifenmontierhebel, Messer, einige Steine als Wurfgeschosse usw.;

● **Licht:** Taschenlampe, Batterien;

● **Feuerzeug/Zündhölzer;** falls möglich, kleine Feuerstelle mit Brennholzvorrat einrichten;

- Lektüre, Landkarte, Walkman etc. zur **Unterhaltung** und Bekämpfung von Depression und Panik;
- Die Lagerstelle sollte idealerweise an einer **markanten Stelle** liegen, damit sie auch bei schlechter Sicht wiedergefunden werden kann. Ist dies nicht möglich (z. B. in Dünengebieten), garantiert nur die exakte Positionsbestimmung ein Wiederfinden. Die mit einem Satelliten-Navigationsgerät gespeicherte Position sollte für den Fall von Datenverlusten durch z. B. Stromausfall oder Defekt zusätzlich aufgeschrieben werden;
- Mit dem Zurückgelassenen **Zeiten vereinbaren** (Uhrenvergleich nicht vergessen!), an denen er Signalpatronen abschießt, z. B. ab Dämmerung zu jeder halben Stunde drei Leuchtkugeln. Falls technisch und vom Zustand des Verletzten her sinnvoll, sollte man das Motorrad so parken, dass der Scheinwerfer möglichst steil in den Himmel leuchtet. Bei Dunkelheit hat der Lichtstrahl wegen des Staubgehalts der Wüstenluft laser-ähnliche Wirkung;
- Zur Vorbeugung von Benzinknappheit sollte/n der/die Hilfe Holende/n vor der Abfahrt aus der Maschine des Zurückgelassenen **nachtanken.**

Nach Erreichen der nächsten Ortschaft kommt es vor allem darauf an, möglichst rasch effektive Hilfe zu organisieren. Der Hilfe Holende sollte sich also nicht bei Polizei oder Militär mit dem Ausfüllen von Formularen und der Aufnahme eines Unfall-Protokolls aufhalten. Ist der Unfallort sehr abgelegen und nur mit geländegängi-

gen Fahrzeugen erreichbar, wendet er sich am besten an eine der in größeren Orten meist vorhandenen **Reise-Agenturen.** Diese sind spezialisiert auf das Befahren schwieriger und abgelegener Pisten (im Gegensatz zu den lokalen Behörden, deren Personal meist aus anderen Landesteilen kommt), besitzen die entsprechenden Fahrzeuge und Ortskenntnisse und sind geübt in der Durchführung von Rettungsaktionen, da sie auch bei offiziellen Suchaktionen von der Polizei beauftragt werden. Der Preis für die Miete eines Geländewagens mit Fahrer/Führer liegt zwischen 1.000 und 1.500 französischen Francs pro Tag oder dem Gegenwert in Landeswährung (diese **Bergungskosten** werden in der Regel von Auslandskranken- oder Reiserückholversicherungen erstattet).

Besteht die Möglichkeit oder ist sicher, dass der Zurückgelassene ernsthaft krank oder verletzt ist (z. B. Verdacht auf innere Verletzungen, offene Brüche, Auskugelungen, schwere Verbrennungen, Schlangenbiss, Vergiftung usw.), muss dem Hilfstrupp ein **Arzt** angehören. In den meisten Saharastaaten ist allerdings die **Qualifikation** des medizinischen Personals nicht in jedem Fall ausreichend für eine effektive Behandlung, zumal auch die Materialausstattung der Krankenhäuser mangelhaft sein kann. Gute medizinische Versorgung ist meist im den Hospitälern von Städten mit oder nahe bei **petrochemischer Industrie** gewährleistet (wegen der Arbeitsunfälle).

Der Hilfe Holende sollte sich in jedem Fall kurz auf dem Campingplatz oder im Hotel (so vorhanden) des Ortes vergewissern, ob unter den Touristen nicht ein Arzt (Rettungssanitäter, Krankenpfleger) zu finden ist, evtl. auch ein **Dolmetscher,** falls er selbst die landesübliche Sprache nicht beherrscht.

Unter glücklichen Umständen beteiligt sich die **Armee** oder private Organisationen mit Flugzeugen und Hubschraubern an der Such- bzw. Rettungsaktion. In diesem Fall kann es nützlich sein, die **internationalen Verständigungszeichen** zu kennen: Beide Arme nach oben: Ja (optisch das „Y" von „Yes"); Ich brauche Hilfe, bitte landen. Rechter Arm nach unten, linker Arm nach oben: Nein (optisch das „N" von „No"); Ich brauche keine Hilfe, nicht landen.

Fahrzeugausfall

Vorbeugung

Dass alle Fahrzeuge eines Motorrad-Konvois ausfallen, passiert in der Regel nicht gleichzeitig, sondern zeitlich versetzt: durch irreparable Defekte, durch Fahrzeugaufgabe in extrem schwierigem Gelände oder durch Fahruntauglichkeit infolge Verletzung, mit Abstand am häufigsten aber durch **Treibstoffmangel,** z. B. wenn die Gesamtlänge einer versorgungslosen Strecke oder der Durchschnittsverbrauch zu niedrig geplant wurden oder Umwege aufgrund von Such- oder Irrfahrten die Kalkulation durcheinander gebracht haben.

Bewältigung

Eine der Grundregeln für Notfälle in der Sahara lautet: **Bei dem (den) Fahrzeug(en) warten, bis Hilfe eintrifft.** Sie gilt, solange Ort, Jahreszeit und Umstände das Eintreffen anderer Menschen in einer Zeitspanne erwarten lassen, die man mit den vorhandenen Nahrungsmittelreserven, vor allem aber Wasservorräten überleben kann. Auf Querfeldeinstrecken weitab jeder Piste besteht hingegen keine begründete Hoffnung auf Hilfe von außen, so dass jeder Tag, den man mit Warten verbringt, eine Verschwendung wertvollen Trinkwassers wäre.

Schwierig einzuschätzen kann die Lage auf selten befahrenen Pisten sein, z. B. touristisch interessanten, aber verkehrstechnisch bedeutungslosen Strecken. Hier geht das Fahrzeugaufkommen spätestens ab Anfang Mai und bis Ende September gegen Null und ist schon einen Monat davor oder danach extrem dünn: Die Wartezeit kann auch zu dieser Zeit durchaus **über eine Woche** betragen. Im Zweifelsfall sollte man sich hier für einen Marsch entscheiden, wenn eine Versorgungsmöglichkeit mit dem vorhandenen Wasser zu Fuß erreichbar ist: eine Siedlung, Hauptpiste, Straße oder sichere Wasserstelle (idealerweise sollte man sie auf der Herfahrt selbst überprüft haben, denn selbst in der Landkarte eingezeichnete Brunnen der Sahara sind gelegentlich ausgetrocknet).

Die Entscheidung für ein Verbleiben am Fahrzeug kann auch dann tödlich enden, wenn man am äußersten, sel-

ten befahrenen Rand einer (teilweise über 50 km!) breiten Hauptpiste liegen bleibt.

Auch auf Pisten oder Spurenbündeln, die bei petrochemischen Recherchen oder bei Irrfahrten mehrerer Fahrzeuge entstanden sind, ist mit Hilfe kaum zu rechnen.

Wenn man sich nun entschlossen hat, loszumarschieren – glücklich, wer dafür geeignete Schuhe und einen guten Rucksack dabei hat –, sind eine Reihe von Punkten unbedingt zu berücksichtigen:

● Immer entlang der eigenen **Spuren** zurückgehen, nicht „abkürzen". Einzige Ausnahme: eine sichere Wasserversorgungsmöglichkeit auf der weiterführenden Strecke, die deutlich näher liegt als die Letzte, die man auf der bisherigen Strecke passiert hat.

● Nicht während **hoher Tagestemperaturen** laufen. Von Anfang April bis Ende Oktober sollte man zwischen etwa 10 Uhr 30 und 16 Uhr 30 möglichst bewegungslos im Schatten liegen. Wer es orientierungsmäßig sicher bewältigen kann (helles Mondlicht, deutlich erkennbare eigene Spuren, eindeutige Piste, Satelliten-Navigationsgerät), spart viel Wasser, wenn er nachts marschiert. Bei großer Hitze ist dies die einzige Möglichkeit, den Teufelskreis aus hoher Anstrengung und hohem Wasserverbrauch zu durchbrechen.

Abschuss einer Signalrakete (Sichtweite bei Dunkelheit in der Ebene: ca. 30 km)

•Nicht mehr als ca. 15 Liter **Wasser** mitschleppen, sonst bewirkt der Wasservorrat das Gegenteil dessen, wofür er gedacht ist.

Ausrüstungsgegenstände:
•Erste-Hilfe-Ausrüstung: Verbandszeug, Desinfektionsmittel, Medikamente;
•Orientierungs-Ausrüstung: Satelliten-Navigationsgerät, Kompass, Detailkarten, Routenbeschreibungen, Fernglas;
•Leichter und nahrhafter Proviant: Müsli, Vitamintabletten, Elektrolytpulver, „Energieriegel" usw;
•Signal-Ausrüstung: Leuchtpatronen und Abschussgerät; etwas Benzin zum Anzünden von Reifen, die man im Bereich von Pisten häufig finden kann (starke, lang andauernde Rauchentwicklung und heller Feuerschein!);
•„Brunnen-Ausrüstung": Wasserentkeimungsmittel, Seil, Schöpfbehälter;
•Schutz gegen Hitze und Kälte: Alu-Rettungsfolien und Schlafsack;
•Kopfbedeckung, Sonnenschutz.

Verirrt

Klar, solange der inzwischen für jede Wüstenfahrt zur Standardausrüstung gehörende Satellitennavigator funktioniert, kann das Thema „verirrt" abgehakt werden. Anders sieht es aus, wenn der elektronische Führer – aus welchem Grund auch immer – nicht (mehr) zur Verfügung steht. Da rettet es im günstigsten Fall die Reise, im ungünstigsten das Leben, wenn man sich mit dem Thema „Orientierung un-

ter Sahara-Bedingungen" intensiver befasst hat, als beim Fahren lediglich den Angaben auf dem GPS-Display zu folgen.

Vorbeugung

Bei **schlechten Sichtverhältnissen,** etwa durch Staubdunst und Sandwinde, fallen die künstlichen Orientierungshilfen im Bereich von Pisten (Stangen, Schienen, Fässer, Reifen, Autowracks Blechhütten, mit Steinen, Strohballen und Maschendraht befestigte Trassenreste, Spurenbünden) ebenso aus wie die natürlichen des Geländes (Bergketten, Dünenzüge, Zeugenberge, Vegetationsketten von Wadis). In diesem Fall ist eine Weiterfahrt in die gewünschte Richtung nur mit Hilfe eines Kompasses oder eines Satelliten-Navigationsgerätes möglich (siehe Kapiel „Orientierung")

Gerade Letzteres erhöht allerdings grundsätzlich die Gefahr, sich mit dem Notfall-Thema dieses Kapitels auseinandersetzen zu müssen, denn wenn der „Satnav" in einer Gegend ausfällt, in die man sich ohne das Gerät nie gewagt hätte, wird die Situation prekär. Darum folgende Regeln:
•Regelmäßig die nach „Satnav" gefahrene **Route in der Karte verzeichnen,** damit man dem Gerät nicht ausgeliefert ist und im Falle des Ausfalls nicht vor dem Problem einer aufgrund schlechter Sichtverhältnisse unmöglichen Initial-Kompass-Positionsbestimmung steht.
•Für Strecken mit schwieriger Orientierung, z. B. lange Erg-Durchquerun-

gen, sollten in einer Motorradfahrer-gruppe unbedingt mindestens zwei Satelliten-Navigationsgeräte existieren.
●Das Orientierungsgerät muss nicht nur stoßfest, rüttelsicher und möglichst sturzgeschützt am Motorrad befestigt sein. Es darf auch nicht über eingelegte und während der Fahrt durch ihre Vibrationen die Elektronik zerstörende Mignon-Zellen mit Strom versorgt werden, sondern nur per Kabel über das Bordnetz. Besonders robust sind *Garmin*-Satellitennavigationsgeräte, die von der Firma *Touratech* (07728-92790) mit Silikon ausgegossen wurden.

Bewältigung

Hat man sich vollkommen verfranst, weil z. B. das GPS kaputt ist und man mit Kompass und Karte einfach keine Positionsbestimmung mehr hinbekommt, gibt es nur eine zu verantwortende Lösung: die **eigenen Spuren** mit größter Sorgfalt **zurückverfolgen,** bis man wieder weiß, wo man ist und anhand sicher auf der Karte zu identifizierender Gelände-Objekte eine Positionsbestimmung durchführen kann. Auf keinen Fall sollte man der Versuchung nachgeben, „abzukürzen". Wegen der ungewohnt riesigen Dimensionen der Sahara-Landschaft wird man gerade in gebirgen Gebieten viele Kilometer sinnlos herumfahren, um immer doch wieder vor unfahrbaren Passagen zu stehen. Alles, was bei blindwütigem und panischem Darauflosfahren herauskommt, ist eine Verschlimmerung der Situation – bis hin zu der Unmög-

lichkeit, die eigenen Spuren zurückzuverfolgen, weil man nicht mehr weiß, welche von den vielen Spuren vor oder zurück führt!

Wassermangel

Vorbeugung

Insbesondere auf selten befahrenen und langen Nebenstrecken ist das Problem „Wasser" nicht leicht zu bewältigen – in puncto Sicherheit wie auch, was das Gewicht betrifft.

Grundsätzlich gilt: Wo im Notfall nicht auf Hilfe durch Dritte gehofft werden kann, summiert sich der Trinkwasservorrat aus der benötigten Menge für die längste versorgungslose Etappe plus dem Wasser für den vermuteten Zeitraum, den ein Verunglückter warten muss, bis der Reisepartner Hilfe geholt hat.

Da kommt einiges zusammen. Man sollten daher keine Möglichkeit, die Wasserbehälter aufzutanken, auslassen und die Benzinvorräte so kalkulieren, dass auch Brunnen, Dörfer oder *Gueltas,* die etwas abseits liegen, angefahren werden können. Ein Entkeimungsfilter, Desinfektionstabletten, ausreichend Brunnenseil (30 m) und ein Schöpfgefäß (Falteimer) sollten dabei sein.

Kommt es zu Trinkwassernot aufgrund unglücklicher Umstände, beispielsweise Wasserverlust durch Beschädigung der Transportbehälter, ist die einzig vernünftige Lösung, zur nächstgelegenen Wasserversorgungsmöglichkeit, also gegebenenfalls auch zurückzufahren.

Ist das Wasser knapp, sollte man auch keinerlei Experimente mehr wagen und immer auf der leichtesten und am stärksten frequentierten Route weiterfahren.

„Verlust" des Reisepartners

Nichts leichter, als sich bei gemeinsamer Motorradfahrt auf Saharastrecken zu verlieren: Man ist mit dem Gelände beschäftigt, Rückspiegel sind keine (mehr) am Lenker, oder man sieht vor Gerüttel nichts darin. Und je schwerer das Gelände, desto abwegiger der Gedanke an den oder die Hinterherfahrenden.

Vorbeugung

● Grundsätzlich **in Sichtweite** fahren. Muss wegen der Pistenbeschaffenheit hintereinander oder wegen eventuell starker Staubentwicklung in größerem Abstand gefahren werden, sollte der jeweils Vorausfahrende spätestens dann anhalten, wenn er die Staubwolke seines Hintermanns auch in übersichtlichem, ebenen Gelände nicht mehr erblickt.

● An **Abzweigungen** und vom Aspekt der Orientierung her kniffligen Teilstücken sollte der Vorausfahrende ebenso auf seinen Reisepartner warten wie an oder nach fahrtechnisch schweren Passagen.

● Für den Fall, dass man sich doch verliert, muss eine für alle gültige **Regelung** vereinbart werden. Diese sollte sinnvollerweise lauten, dass an dem Punkt, an dem alle das letzte Mal gemeinsam angehalten haben, gewartet wird, und dass auf dem Weg dorthin zurück keinesfalls „abgekürzt", sondern entlang der eigenen Spur zurückgefahren wird!

Bewältigung

Ist ein vermisster Reisepartner so lange nicht zum vereinbarten Treffpunkt zurückgekehrt, dass mit einer Panne oder einem anderen, seine Fortbewegungsmöglichkeit verhindernden Zwischenfall zu rechnen ist, muss er systematisch gesucht werden. Vor Abfahrt sollte für ihn eine deutlich erkennbare Nachricht (ein „Steinmännchen" oder ein in den Boden geritzter, großer Kreis mit zwischen Steinen festgeklemmtem Zettel mit Nachricht und weiteren Anweisungen) hinterlassen werden. Wurden vor Reisebeginn die oben erwähnten Vereinbarungen getroffen, können bei der Suche nach dem Vermissten grobe Fehlfahrten erst einmal ausgeschlossen werden. Der (die) Sucher sollten zuerst davon ausgehen, dass der Vermisste sich im Bereich der planmäßigen Route befindet, aber durch das Gelände verdeckt ist (Vegetation, Senken, Hügel, Felsen, Düne usw.). Es muss immer damit gerechnet werden, dass der Vermisste sich aufgrund einer (Sturz-) Verletzung gerade nicht selbst bemerkbar machen kann.

Skorpionstich, Schlangenbiss

Skorpione

Diese zur Gattung der Spinnentiere gehörenden Gliederfüßler existieren in der Sahara in knapp zwanzig Arten. Sie sind nachtaktiv und verstecken sich tagsüber unter Steinen, in Höhlen oder anderen Schlupfwinkeln.

Sie sind **nicht aggressiv** und stechen einen Mensch nur dann mit ihrem Schwanzstachel, wenn sie wirklich bedroht werden, etwa durch Anfassen, versehentliches Darauftreten oder Daraufsetzen. Auch der Stich der besonders giftigen Arten, der **Dickschwanz-Skorpione** (lat. *Androctonus;*

am giftigsten *Androctonus australis:* Scherenspitzen und Schwanzende dunkel, Rest des Tieres hell) ist in der Regel für einen gesunden Menschen guter Konstitution **nicht tödlich.** Wurde überhaupt bei dem Stich Gift abgegeben (was nicht unbedingt der Fall sein muss, da es drei bis vier Wochen dauert, ehe ein entleerte Giftblase wieder aufgefüllt ist), treten als **Symptome** starke Schmerzen, Übelkeit und Schweißausbruch auf, bei schwereren Vergiftungen auch Lähmungen und Krämpfe.

Vorbeugung

Um das eh schon geringe Risiko, von einem Skorpion gestochen zu werden, weiter zu minimieren, sollte man in der Dämmerung und nachts

06i4am Foto: tt

Notfälle auf Wüstenreisen

06.1mo Foto: tt

nicht barfuß gehen, zumindest, wenn man nicht sieht, wo man hintritt (Taschenlampe benutzen!). Zelteingänge sollten geschlossen, Schlafsäcke zusammengerollt bleiben, solange man sie nicht benutzt. Im Freien liegende Rücksäcke und Taschen sollten über Nacht ebenfalls geschlossen sein, Schuhe und andere **Kleidungsstücke** auf dem Motorrad deponiert und vor dem Anziehen grundsätzlich ausgeschüttet werden.

In vegetationsreichen Wadis, dem bevorzugten **Biotop** von Skorpionen, sollte vorsichtshalber im Zelt genächtigt werden. Dass ein unter freiem Himmel schlafender Mensch in seinem Schlafsack nächtlichen Skorpion-„Besuch" erhalten könnte, ist allerdings Unsinn. Möglich ist allerdings, dass z. B. seinen Arm bewegt, der aus dem Schlafsacks ragt, und damit einen gerade vorbeilaufenden Skorpion berührt oder erschreckt.

Man sollte einen im Bereich des abendlichen Lagerplatzes entdeckten Skorpion **auf keinen Fall erschlagen,** sondern einfangen (Gefäß darüber stülpen, Landkarte o. Ä. zwischen Gefäß und Boden schieben, hochheben und umdrehen). Lässt man das Tier in hundert Metern Entfernung wieder laufen, ist eine eventuelle Gefahr wirksam beseitigt, ohne dass ein faszinierendes Wüstenlebewesen sinnlos getötet wurde.

Eine Hornviper auf Spurensuche

Schlangen

Die einzigen für den Menschen gefährlichen Schlangen der Sahara sind die in zwei Arten dort vorkommenden Vipern. Die **Hornviper** wird etwa 60 cm lang, wirkt aber kurz und plump, weil ihr Körper im Verhältnis zur Länge recht voluminös ist. Der deutlich abgesetzte Kopf ist dreieckig. Die Augen besitzen senkrechte Pupillen und sind meist von zwei kleinen Hörnern überragt. Die **Avicenna-Viper,** vom Laien allgemein als „Sandviper" bezeichnet, hat schräg sitzende Augenlider und keine Augenhörnchen. Sie ist von ihrer „Statur" her geringfügig schlanker und nur etwa halb so groß wie eine Hornviper.

Beide Schlangen leben in **Dünengebieten** und anderen sandigen Wüstenregionen. Etwa von Anfang April bis Ende Oktober entfalten sie ihre größte Aktivität zur Zeit der Abenddämmerung und in den ersten Nachtstunden. Tagsüber liegen sie versteckt und vor der Sonne geschützt unter Steinen, im Sand eingegraben, in verlassenen bzw. von ihnen geplünderten Nagetierbauten oder zwischen Baum- und Strauchwurzeln. In den kalten Wintermonaten verlagert sich die Aktivität der Schlangen, wie die aller wechselwarmen Tiere der Wüste, in die letzten Sonnenscheinstunden jeden Tages.

Beide Schlangen bekommt man im Gegensatz zu ihren charakteristischen, im Sand gut sichtbaren Spuren nur sehr selten zu Gesicht, da sie in der Regel vorher die Flucht ergreifen, aufgeschreckt durch die Erschütterungen

Notfälle auf Wüstenreisen

der menschlichen Schritte. Ihr Biss ist für den Menschen **lebensgefährlich,** Afrikaner überleben ihn nur selten, gesunde, gut konstituierte Europäer auch nur bei Verabreichung von Schlangenserum und/oder rascher und effektiver Erstversorgung.

Vorbeugung

Erst wenn ein Mensch in den so genannten Fluchtkreis einer Schlange eindringt (bei Vipern je nach Art und Größe ca. 3 bis 5 m Radius) und sich weiterhin bewegt, fühlt sie sich bedroht. Horn- und Avicenna-Viper reagieren dann äußerst aggressiv und beißen blitzartig zu, verfolgen einen sich rasch entfernenden Menschen aber nicht.

Im Prinzip gelten die gleichen Vorsichtsmaßnahmen wie bei Skorpionen. Dazu folgende **Empfehlung:** In Dünengebieten und Wadis nicht rennen oder springen (z. B. von einem Felsen herunter), fest auftreten, sich nicht direkt an Büschen oder Bäumen auf den Boden oder unbesehen auf einen großen Stein, Baumstamm usw. setzen. Beim Feuerholzsammeln festes Schuhwerk (Motorrad-Stiefel) und Handschuhe anziehen, in abgestorbenem Gezweig und Gehölz erstmal herumstochern, um eine eventuell darin versteckte Viper (natürlich auch anderes Getier) zu vertreiben. Bei hohen Temperaturen sollte man auch in einem großflächigen, vor direkter Sonneneinstrahlung geschützten Platz mit einer Viper rechnen. Vor einem Mittagsschläfchen im Schatten eines großen Baumes, Felsens oder alten Bau-

werks also immer erst gründlich „auskehren"! (Meine persönliche Erfahrung mit einer Sandviper ist in meinem Buch „Wüstenzeit – Sahara grenzenlos", Verlag Frederking & Thaler, beschrieben).

Bewältigung

Falls vorhanden, sollte sofort **„Nordafrikaserum"** injiziert werden (Firma *Pasteur,* Frankreich; bestellbar in Apotheken; Lieferzeit 3 Wochen; ca. 180 DM). Ständige Kühlhaltung (8° C) muss gewährleistet sein. Da auch die kleinsten erhältlichen Kühlboxen eine Menge Platz benötigen, kommt das Serum für Motorradfahrer (auch wegen der bei richtigem Verhalten sehr geringen Gefahr eines Skorpionstiches oder Schlangenbisses) kaum in Frage. Ohne Serum ist schnellste(!) **Erste Hilfe** die einzige, möglicherweise lebensrettende Maßnahme:

- Patienten psychisch und physisch **beruhigen** (Aufregung und Bewegung beschleunigen den Blutfluss und so das Eindringen des Gifts in den Körper).
- Den betroffenen Körperteil (sichtbar sind zwei punktförmige Wunden von etwa Stecknadelkopfgröße) **tieflagern** (vom Herzen abwärts) und möglichst rasch an der betroffenen Extremität etwas oberhalb der Bissstelle eine **Blutstauung** anlegen: mit einem Tuch oder einem Riemen so fest abbinden, dass das betroffene Glied blau wird (nicht weiß! Alle zehn bis zwanzig Minuten den Stau kurz lösen).
- Den gestochenen/gebissenen Körperteil **kühlhalten** (z. B. in feuchte Tücher wickeln).

●Die Stich-/Bisswunde vorsichtig (!) mit einem sauberen Skalpell, einer Rasierklinge oder einem scharfen Messer ein wenig vergrößern. Durch leichte Massage den **Blutaustritt fördern.** Die Wunde nicht mit dem Mund aussaugen: Vergiftungsgefahr über Zahnfleischwunden oder durch Schlucken! Eventuell mit einer in „Schlangenbiss-Sets" enthaltenen Saugpumpe Blut absaugen.

●Schnellstmöglich **ärztliche Versorgung organisieren.**

●Den Betroffenen Wasser oder schwachen Tee **trinken** lassen. Kein Kaffee, kein Alkohol!

Überfall

Von allen auf einer Saharareise denkbaren Notsituationen ist dies die unwahrscheinlichste. Sie als eine für Wüstenfahrten generell denkbare Gefahr abzuhandeln, tut daher eigentlich der überwältigenden Gastfeundschaft und Hilfsbereitschaft der Menschen der Saharastaaten Unrecht. Das zu wissen, nützt allerdings dem, der wirklich in eine Überfall-Situation gerät, wenig. Auszuschließen ist ein solcher Zwischenfall durch bestmögliche Information über die Verhältnisse auf der gewählten Route – und natürlich den bewussten Verzicht auf „krisentouristische" Risikofreudigkeit.

Vorbeugung

Unsichere Gebiete meiden

In der Sahara sind grundsätzlich und seit vielen Jahren dauerhaft als unsicher zu betrachten die wegen ihrer Länge praktisch unüberwachbaren **Grenzen des Staates Algerien** mit den Staaten **Niger, Mali und Mauretanien** sowie die **Grenzgebiete Libyens** mit **Niger und Tschad.** Der Grund besteht in den Auswirkungen des komplizierten, mal mehr, mal weniger deutlichen, in jedem Fall andauernden Konfliktes zwischen den Bewohnern des Sahararaumes, z. B. den Tuareg, und den (durchweg von Angehörigen nicht sahariensischer Bevölkerungsgruppen gebildeten) Regierungen der von ersteren durchstreiften bzw. bewohnten Staatsgebiete. Die riesigen schwer zugänglichen und von den Behörden eines Staates bestenfalls stichprobenartig patrouillierten Grenzregionen dienen logischerweise Rebellen, Paramilitärs, Freischärlern usw. als Rückzugsgebiet. Touristen, die in solchen, landschaftlich oft besonders reizvollen Gegenden unterwegs sind, laufen Gefahr – wie etliche Fälle in den letzten Jahren gezeigt haben – überfallen zu werden. Fahrzeuge – hier sind natürlich nur Geländewagen und nicht Motorräder gefragt – aber auch Ausrüstung, Wertgegenstände und Geld wechseln dann, je nach Verhalten der Überfallenen, unter Gewaltandrohung oder auch gewaltsam den Besitzer. Es gab Fälle, wo so etwas unter Ausstellung einer „Quittung" über „Konfiszierung zum Zwecke der Unterstützung des Befreiungskampfes der So-und-so-Guerilla", ablief und die Überfallenen in Fußmarschreichweite des nächsten, Versorgung gewährenden Ortes abgesetzt wurden oder sogar ein Fahrzeug behalten durften. Es gab Fälle, wo die Betroffenen Todesangst erleiden mussten, aber zumindest mit dem Leben davonkamen. Und es gab auch Fälle, in denen die Überfallenen getötet wurden – ob infolge ihrer Gegenwehr oder aufgrund der Radikalität der Banditen, ist nicht bekannt.

Begleitung durch Einheimische

Zwischen November 1978 und März 2001 habe ich bislang 35 Saharareisen mit dem Hauptreiseziel Algerien, 9 mit dem Hauptreiseziel Libyen sowie 7 Reisen, bei denen es zusätzlich durch die Ténéré im Niger und die Tanezrouft in Mali ging, unternommen. Kein einziges Mal kam es zu einer auch nur überfallähnlichen Situation! Eine Gruppe mit Gewehren und MPs bewaffneter Zivilisten trafen wir nur einmal an der algerisch-nigerischen Grenze zwischen Tam und Djanet. Da diese sich aber darauf beschränkten, mit unserem einheimischen Reisebegleiter und Führer zu plaudern und Tee zu trinken, zerstreuten sich unsere Befürchtungen rasch. Erst danach erfuhr ich von Mohamed auf meine Frage, dass der bewaffnete junge Mann, mit dem er sich so angeregt unterhalten hatte, der steckbrieflich gesuchte Anführer einer gefürchteten Tuareg-Befreiungs-Guerilla ist – und ein Familienmitglied. Daraus lässt

sich folgern: Für Reisen durch Gebiete, bei denen „Feindkontakt" nicht völlig auszuschließen ist, empfiehlt sich, einen einheimischen Führer zu engagieren. Die Frage, ob dieser seriös ist, stellt sich übrigens zumeist genau dort, wo das größte Überangebot an „Reiseagenturen" und Führern besteht, in Libyen, aber auch – für Reisen in die Sperrgebiete des tiefen Südens – in Tunesien. In Algerien und im Niger habe ich auf meinen vielen Reisen noch nie schlechte Erfahrungen mit einheimischen Führern gemacht.

Bewältigung

Wird man wirklich überfallen, hat oberste Priorität, die körperliche Unversehrtheit – die eigene wie die der Mitreisenden – zu bewahren. Gegenwehr und Panik werden sind hier mit hoher Wahrscheinlichkeit die falsche Reaktion. Merke: Auf der Seite der Banditen ist Skrupellosigkeit mit krimineller Routine und starkem Selbstbewusstsein kombiniert. Gute Chancen, dagegen zu bestehen, hätte höchstens der „Sahara-Betriebsausflug" einer Elite-Kampfeinheit à la GSG 9. Jeder Normalmensch zieht – todsicher – den Kürzeren!

Verhalten in einer Überfallsituation

●Ruhe bewahren! Nicht herumrennen, nicht schreien, sondern bewegungslos und mit schulterhoch erhobenen offenen Händen stehen bleiben. Panische Mitreisende mit ruhigen, aber deutlich gesprochenen Worten ebenfalls zu diesem Verhalten bringen.

- In keinem Fall irgendwelche Waffen oder zur Gegenwehr geeignete Gegenstände aufnehmen oder gar einzusetzen versuchen.
- Den Anweisungen der „Banditen" – z. B. der Aufforderung, Fahrzeugschlüssel oder Geld herbeizuholen – unbdingt folgen.
- Ist Ruhe in die anfangs besonders prekäre Situation eingekehrt, versuchen, mit dem Wortführer der Banditen ein Gespräch zu beginnen. Die strategische Qualität und die Erfolgsaussichten, die Situation entscheidend zu verbessern, hängen von der Ruhe, Ausstrahlung und taktischen Begabung desjenigen ab, der versucht, die „Verhandlungen" zu führen. Und natürlich von seinen Sprachkenntnissen. Normalerweise ist Französisch angesagt. Wer selbst noch so bescheidene Kenntnisse in Tamaschek oder Arabisch besitzt, hat noch bessere Aussichten, für eine plötzliche Situationsverbesserung zu sorgen.
- Eines ist klar: Der Verlust von Geld, Wertgegenständen und Ausrüstung ist verschmerzbar. Es geht darum, das oder die Fahrzeuge zu behalten. Relativ erfolgversprechend könnte sein: Die tatsächlich vorhandene, hochgespielte oder vorgetäuschte Krankheit eines Reisemitglieds („Wir müssen schnellstmöglich ins Krankenhaus"), oder die Behauptung eines bevorstehenden Fahrzeugdefekt („Probleme mit dem Auto: zu schwach, hoher Ölverbrauch, Kupplung rutscht usw., weiß selbst nicht, ob ich noch bis ..... komme").

Reportage: „Feuer"

Dieser Tatsachenbericht schildert die prekärste Notsituation, in die ich auf meinen vielen Sahara-Reisen geraten bin. Während einer zusammen mit einem Freund im Frühjahr 1994 durchgefülrten Algerien-Reise kam es dazu: Mitten in einer der unzugänglichsten Gegenden der algerischen Sahara – im Inneren des Sandgebirges Erg Tifernine – fing eines der beiden Motorräder Feuer, machte durch die folgende Explosion auch das zweite irreparabel fahruntüchtig. Mein Reisepartner und ich hatten nur eine Chance zu überleben: Wir marschierten mehrere Nächte – tagsüber war es zu heiß – zu einem Nomadenbrunnen.

Der folgende Tatsachenbericht schildert die dramatischen Erlebnisse.

Prolog

Vielleicht stimmt doch, was uns der alte Tuareg-Führer Abdelkader vor unserer Abfahrt von In Salah erzählt hat: Noch nie soll jemand den Erg Tifernine überquert haben. Nicht einmal Kamele könnten ihn passieren. Zu weich sei der Sand, zu steil die Dünen im höchsten aller Sandgebirge. Er hatte recht. Wir hätten die Geschichte nicht als Herausforderung, sondern als Warnung verstehen sollen!

Der erste Tag

Seit heute Vormittag sind wir in einem der einsamsten und unzugänglichsten Gebiete der Erde, seit heute Mittag als

06-4dm Foto: tt

„Schiffbrüchige" in einem Meer ohne Wasser. Eines unserer beiden Motorräder ist nur noch qualmender Schrott, das andere fahruntüchtig. Mindestens drei Tagesmärsche trennen uns vom nächsten Brunnen, kaum mehr als zwei vom letzten Schluck Wasser. Warum alles passiert ist? Genau wissen wir es nicht und können es jetzt auch nicht mehr feststellen: Vorboten des Desasters waren wahrscheinlich ein im Sand versunkener Seitenständer, auslaufendes Benzin und ein überhitzter Motor, die Ursache ein am Auspuff des Motorrades entflammter Schal oder Handschuh, vielleicht auch Marios Jacke.

Als wir auf unserer Aussichtsdüne die Katastrophe bemerken, ist es jedenfalls schon zu spät: Marios umgefallene Maschine brennt lichterloh, Flammen schlagen über dem Gepäck zusammen. Dann die Explosion: ein dumpfer, ohrenbetäubend lauter Schlag, eine dreifach mannshohe, schwarzgelbe Feuersäule, durch die Luft sirrende Metallteile! Ich werfe mich in den Sand, rapple mich gleich wieder auf, renne den Hang hinunter, vorbei an rauchenden Plastiktrümmern und brennendem Gepäck. Ein Dutzend Schritte neben einem qualmenden Feuerpilz liegt mein Motorrad im Sand - gesprenkelt mit zahllosen brennenden Flecken auf Reifen, Kotflügel, Sitzbank, Verkleidung und Gepäck: durch die Detonation herumgeschleudertes Benzin! Der Tankrucksack steht in Flammen, aus dem geschmolzenen Kanister der rechten Tanktasche rinnt Wasser, verdampft zischend am heißen Motor. Sand! Mit Händen und Füßen schütten und

schaufeln wir wie die Berserker unser einziges Löschmittel auf das Feuer. Ewigkeiten scheinen zu vergehen, bis alle Brandherde auf den Motorrädern, auf dem überall verstreut herumliegenden Gepäck erstickt sind. Erschöpft hocken wir im Sand.

„Verdammt, verdammt, verdammt!". Mario flucht nur leise vor sich hin. Tränen stehen in seinen Augen. Von seinem Gepäck und Motorrad ist nichts mehr zu retten. Alles, aber auch alles ist verbrannt, geschmolzen, verkohlt oder durch die Explosion zerfetzt. Auch seine Papiere sind zusammen mit der Jacke ein Raub der Flammen geworden.

Es stinkt nach Benzin. Der Tank meiner flachliegenden Maschine! Nicht noch einmal! Wir springen auf, zerren mein Motorrad aus dem Sandhaufen, unter dem es halb begraben ist, in die Senkrechte. Die ganze rechte Seite der Honda sieht aus wie nach einem Treffer aus einem Flammenwerfer. Mein Tankrucksack muss einen ganzen Spritschwall abbekommen haben. Er ist vollkommen verbrannt. Fotoapparat, Taschenlampe und Peilkompass - alles nur noch verkohlter Schrott in einem Berg blättriger Asche: Das waren einmal die Landkarten!

Einmal, zweimal, dreimal trete ich den Kickstarter durch: nichts! Noch einmal... und noch einmal... Kein Muckser entspringt dem Motor. Sie muss einfach laufen, sie muss! Mit einem Ruck reißt Mario das völlig verschmorte Plastikteil des Seitendeckels ab. „Das war's dann wohl", ist alles, was er sagt. Ich beuge mich über die Sitzbank und schaue in das Rahmendreieck meines

Motorrades. Es muß brennendes Benzin hinter den Seitendeckel geflossen sein: Der Luftfilterkasten hat ein faustgroßes Brandloch. Die darüberliegende „Elektronikbox" der Zündung sieht aus wie ein kleines Kohlebrikett!

Die Reserve-Zündbox! Sie war auf Marios Maschine. Vielleicht ist sie nur weggeschleudert worden und hat die Explosion überlebt. Fieberhaft suchen wir nach der Weichplastikschachtel mit den Elektrik-Ersatzteilen. In etwa dreißig Meter Entfernung befördere ich sie ans Tageslicht - ein Klumpen zerflossenen Kunststoffs und herausragender Drähte. Es ist endgültig: Wir besitzen keinen fahrbaren Untersatz mehr! Wie ein Fieber spüre ich Panik in mir aufsteigen, lähmend und wild zugleich: Diesmal könnte es aus sein!

Alles war seit In Salah hervorragend gelaufen: Problemlos hatten wir die Strecke nach Amguid in zweieinhalb Tagesetappen hinter uns gebracht und vor Erreichen des Dorfes sogar den kleinen Erg davor überquert - ein traumhaftes Erlebnis, das die Idee wachsen ließ, das zwischen hier und Illizi gelegenen Sandgebirge des Erg Tifernine zu befahren. Nur: Woher das Benzin für einen solchen Dünentrip nehmen? Die sechzig in In Salah aufgetankten Liter reichen bis Illizi nur ohne Extratouren. Als wir Abdelkaders Brief bei seinen Amguid-Verwandten abgeben, sehen wir ein 200-Liter-Fass im kleinen Garten stehen. Ob da wohl Benzin drin ist? Ja, es ist. Freudig nehmen wir das Angebot an, unsere mittlerweile ziemlich leeren Tanks aufzufüllen: Die Fahrt vom Brunnen Hassi Ntsel nach Osten, querbeet durch das „Dreieck der Riesendünen", ist jetzt beschlossenen Sache.

Benzin - wie unwichtig ist auf einmal alles, was nicht zum Trinken geeignet ist. Ein kleiner Plastikkanister und der in meine Endurojacke eingearbeitete Wasserbeutel sind alles, was wir noch haben - und die Chance, gesucht zu werden: Das Telex, das ich vor unserer Abfahrt von In Salah nach Illizi schickte, könnte unsere Rettung bedeuten:

„Lieber Ahmed, sind heute in In Salah eingetroffen. Morgen brechen wir auf, werden über Oued Habadra und Amguid nach Illizi fahren, spätestens in einer Woche ankommen. Herzliche Grüße. Thomas". Die Antwort hatte gelautet: „Wir freuen uns auf Euren Besuch. Hoffentlich bleibt Ihr ein paar Tage, denn am 15. Oktober heiratet mein Bruder Bilal. Bis bald. In Freundschaft Ahmed".

Übermorgen Abend ist die Woche um. Spätestens am Morgen danach wird Ahmed mit einem Suchtrupp starten. Hoffentlich! Er kennt mich nach unseren gemeinsamen Reisen, weiß, daß ich eine vereinbarte Zeit nicht zum Spaß überschreite - schon gar nicht auf einer so einsamen Strecke. Nein, kein Zweifel: Sie werden uns suchen. Es muss einfach so sein, ist unsere einzige Hoffnung! Wenn alles gut geht, wenn nicht frische Spuren anderer Motorradfahrer auf dem ersten, befahreneren Abschnitt der „Gräberpiste" für Verwirrung sorgen, sind die 370 Pisten-Kilometer von Illizi nach Hassi Ntsel ein „Klacks" für Ahmed, auf jeden Fall problemlos an einem Tag schaffen. Am Brunnen müßte er auf unsere Spuren, die markanten Abdrücke der Desert-Reifen, stoßen und ihnen über die Tonfläche des Oued Tifernine nachfahren, bis sie im Dünensand verschwinden. Dann allerdings wäre Schluss - selbst wenn unsere Spuren im Erg noch sichtbar wären. Auch ein so guter Dünenfahrer wie Ahmed könnte ihnen dort nicht mehr folgen: Zu hoch, zu steil und zu eng sind die Sandberge im Südteil des Erg Tifernine, waren selbst mit unseren leichten Enduros nur schwer zu überqueren.

Wo wir jetzt sind, kann uns jedenfalls nichts und niemand finden - kein Suchtrupp, keine anderen Touristen, auch keine Nomaden, denn die nehmem Abdelkaders Geschichte sicherlich ernst. Wir müssen Ahmed entgegenlaufen!

„Wo ist der 'Satnav'?!". Ohne das kleine Gerät sind wir verloren, bleiben nur die Spuren unserer Herfahrt als Orientierungshilfe für den Rückmarsch - und die können schon in ein paar Stunden unsichtbar sein, vom Wüstenwind verweht. Kurz vor der Explosion hatte ich das Gerät auf unserem Aussichtspunkt noch in der Hand, um unsere jetzige Position zu speichern. Zum Glück, sonst wäre der Satelliten-Empfänger im selben Zustand wie der restliche Inhalt des Tankrucksacks! Ich muss ihn beim Löschen verloren, versehentlich eingegraben haben. Auf halbem Weg zum Gipfelgrat unserer Aussichtsdüne finde ich das taschenrechnergroße Gerät. Nur die Antenne ragt aus dem Sand!

Ich rufe die in Hassi Ntsel genommene Position ab. 51,8 km ist der Brunnen von unserem jetzigen Standpunkt entfernt. Eigentlich gar nicht so weit! Aber es sind Luftlinien-Kilometer, zwei Drittel davon in einem Erg, dessen Dünen so hoch und steil sind, dass ich mir nur die Strapazen eines Fußmarschs, nicht aber seine Länge vorstellen kann. Der Tageskilometerzähler meines Motorrads! Er müsste die zu laufende Entfernung eigentlich halbwegs richtig anzeigen: 219 km! Das kann nicht stimmen - ich habe vergessen, in Hassi Ntsel auf Null zu stellen. Mit einem Montiereisen zerschlagen wir das zu einer braunen, undurchsichtigen Masse verkohlte Plastikglas von Marios Tachometer. Auch die Skala darunter ist angeschmort, doch ablesbar: 94,7 km, fast die doppelte Luftliniendistanz! Dabei waren wir dank „Satnav" relativ geradlinig gefahren. Das LCD-Display zeigt schon kleinste Kursabweichungen an.

Fast 100 km müssen wir laufen, wahrscheinlich gut siebzig davon im Erg! Zwei, vielleicht auch drei Tage brauchen wir bis zum Rand des Dünengebirges, bis zur Schwemmtonebene des Oued Tifernine, dem ersten Punkt, wo man uns finden, wo nur ein Regen die Spuren unserer Motorräder verwischen kann. Nochmal ein Tag mehr bis zum Brunnen Hassi Ntsel - oder dem Eintreffen Ahmeds. Nur wenn wir nachts marschieren und die hohen Tagestemperaturen dieses ungewöhnlich heißen Oktobers bewegungslos im Schatten überdauern, haben wir eine Chance, mit dem Rest unseres Wassers so lange zu überleben. Sieben Liter sind es noch - auf der bisherigen Reise haben wir an einem Tag mehr verbraucht! „March' ou crev' (Marschier' oder Krepier)", ein Lied aus einem alten Film über die

Notfälle auf Wüstenreisen

Fremdenlegion, kommt mir in den Sinn. Es passt nur zu gut zu dem, was vor uns liegt.

Wir haben bei der Graberei viel Energie und Körperflüssigkeit verbraucht, müssen uns endlich vor der Sonne schützen. Ich packe das Zelt aus meiner versengten Camping-Rolle. Trotz eines großen Loches spendet die Überplane, aufgespannt zwischen meinem Motorrad und zwei Sandheringen, genügend Schatten. Bewegungs- und wortlos liegen wir auf dem Rücken. Wir wissen beide, auch ohne es auszusprechen, dass wir unseren Energieverbrauch ab jetzt auf ein Minimum reduzieren müssen - zumindest so lange, bis die Sonne untergeht.

Um sechs Uhr wird es endlich spürbar kühler. Der Sonnenball steht nur noch eine Handbreit über dem Horizont. Wir können beginnen, das zusammenzupacken, was wir für den Marsch brauchen.

Die Liste existiert seit Stunden in meinem Kopf. Viel darf es nicht sein, denn jedes Kilogramm verringert unsere Chancen, durchzukommen. Mein Grundsatz, nie ohne Rucksack in die Sahara zu reisen, macht sich nun tatsächlich bezahlt - ein kleiner Trost, zumindest für den von uns beiden, der das mit dick gepolsterten Hüft- und Schultergurten ausgerüstete Behältnis gerade schultern darf. Der andere muss mit einer von Spanngurten zusammengehaltenen Rolle vorlieb nehmen. Von Marios Rucksack ist nichts Tragbares mehr übrig, ebenso wenig von seinen Turnschuhen. Die Bade-„Schlappen", die ich ihm geben könnte, sind für lan-

ge Märsche noch weniger geeignet als seine Cross-Stiefel, doch barfuß würde der Sand seine Füße schon bald mit riesigen Blasen verzieren. Wenigstens kann er in die Motorrad-„Botten" nicht so leicht hineinrieseln wie in meine nur knöchelhohen Trekking-Schuhe.

Die erste Nacht

Als die Sonne zur Hälfte hinter den Sandbergen im Westen des Erg Tifernine versunken ist, brechen wir auf, folgen den Spuren unserer Motorräder nach Osten. Wo sie hinter dem nächsten Dünengrat verschwinden, werfen wir einen letzten Blick zurück auf das Bild der Verwüstung hinter uns. Den Anblick werden wir im Leben nicht mehr vergessen - auch wenn es noch länger dauern sollte als die nächsten paar Tage.

Gegen Mitternacht ist der noch etwas magere, schon am frühen Nachmittag aufgegangene Halbmond hinter den Dünen versunken. Es wird so dunkel, dass wir die Motorradspuren ein paar Mal verlieren, vor allem, wenn sie über freigewehte Senken führen, sich nur leicht in den dort harten Boden gedrückt haben. Immer öfter können wir den Reifenabdrücken nur mit der Taschenlampe folgen. Doch lieber das, als schon jetzt einen der beiden, für den Betrieb des „Satnav" erforderlichen Akkusätze zu verbrauchen. Mit einem läuft das Gerät bei Dauerbetrieb nur etwa vier Stunden - tagsüber, ohne Display-Beleuchtung. Das Auftanken im kleinen Solar-Lader dauert hingegen 14 Stunden, eine ganze Sonnenscheinperi-

ode! Noch haben wir die „Ariadne-Fäden" unserer Motorradspuren. Noch ist es windstill - ungewöhnlich zu einer Jahreszeit, wo das Temperaturgefälle vom Tag zur Nacht so hoch ist wie jetzt. Geradezu kühl ist es geworden, schätzungsweise kaum 15 Grad. Was für ein Gegensatz zur Gluthitze des vergangenen Tages! Wenigstens ein bisschen Glück im Unglück.

„Lass uns endlich was trinken", krächzt Mario hinter mir, „ich kann bald nicht mehr!". Mir geht es genauso, doch keiner von uns hatte gewagt, seit dem Verlassen unseres Unglücksplatzes auch nur einen Tropfen Wasser anzurühren. Wir lassen uns gegen den Dünenhang fallen, mittlerweile todmüde von der kräftezehrenden Sand-Stap-

ferei. Schluckweise, das Wasser lange im Mund hin und herrollend, trinken wir erst den Rest der Elektrolyt-Lösung in meinem Jackentrinkbeutel, dann zwei große Becher aus dem Kanister. Als kleinen „Snack" gibt's eine Handvoll Müsli dazu, der einzige, weil relativ zu seinem Gewicht nahrhafteste Proviant, den wir außer Vitamin- und Mineralsalztabletten mit auf den Marsch genommen haben: Zwei Kilo Körner und Rosinen, keine Delikatesse, aber genug, um notfalls ein bis zwei Wochen zu überdauern - wenn wir den Brunnen erreichen.

Wüstenmärsche kosten viel Kraft

Wir tauschen den Rucksack. Was für eine Wohltat, nur mehr das leichte Bündel aus Zelt, Proviant und dem unverbrannten Schlafsack auf dem Rücken zu haben. Für Mario ist es erst einmal umgekehrt: Unser Wasservorrat drückt auf seine Schultern - und die Rauchsignal-„Ausrüstung": einer der beiden, zum Glück nicht in die Luft geflogenen Fünf-Liter-Blechkanister mit Benzin und unsere Reservereifenschläuche!

Nach einer halben Stunde Marsch relativiert sich das Tragegefühl: Die dünnen Spannriemen schneiden schmerzhaft in die Schultern. Mario hat mit dem Rucksack keine Schwierigkeiten mehr. Bis jetzt auch keine großen mit den Stiefeln: Nur eine wund gescheuerte Stelle auf dem Rist des rechten Fußes. Ein großes Pflaster beseitigt das Problem vorerst.

Erst um halb fünf Uhr morgens ist er dann zum ersten Mal da - der „tote Punkt". „Ich kann nicht mehr", reißen mich Marios mehr geächzte als gesprochene Worte aus meiner Lethargie, der erste Satz seit einer Stunde. Im Umdrehen sehe ich ihn zu Boden fallen. Als ich bei ihm bin, ist er schon eingeschlafen. Ich nehme ihm den Rucksack ab, rolle die Alu-Folie aus und Mario darauf, decke uns beide mit dem Schlafsack zu. Die Kälte macht es ein wenig leichter, aufs Trinken zu verzichten.

Der zweite Tag

Was mich aus dem letzten einer Reihe von Albträumen aufweckt, ist seine Fortsetzung in der Realität: Wie tausend Nadeln trifft das Sandstrahlgeblä-se der Sturmböen mein Gesicht, brennt in den Augen, knirscht zwischen den Zähnen. Das einzig Gute: Wir sind geweckt worden, denn längst ist die Sonne aufgegangen, steht als blasse Scheibe hinter den riesigen Sandfahnen der Dünenkämme. Schon sind die Vorboten der Hitze zu spüren. Hätte ich doch nur heute Nacht das Zelt aufgebaut!

Der Wind ist so stark, dass unser Zelt, Marke „freistehende Kuppel" - platt auf den Boden gedrückt wird. Keine Chance, es zu verankern: Selbst die halbmeterlangen U-Profile der Sandheringe werden von der wild peitschenden Plane im selben Moment wieder herausgezogen, in dem Mario sie mit seinen Stiefeln in den Sand rammt. Verzweifelt knien wir auf dem Zelt und schieben mit beiden Armen Sand darauf. Erst als wir es rundherum eingegraben haben und der Nylonstoff durch das Gewicht des Sandes zum Zerreißen straff gespannt ist, kann das Gestänge die Form des Zeltes halten, scheint es dem Wind zu widerstehen. Während Mario unser Gepäck hineinwirft, fädle ich die „Rettungsdecke" zwischen Über- und Unterzelt. Außen können wir die reflektierende Folie bei diesem Sturm nicht befestigen, und ohne sie würden wir unter der dunklen Zeltplane im eigenen Saft kochen.

37,6 Luftlinien-Kilometer sind es laut „Satnav" noch bis Hassi Ntsel. Wir müssen heute Nacht rund dreißig Kilometer durch die Dünen gestapft sein! Mario verzieht das Gesicht zu einem matten Grinsen, als ich ihm die Peilung zeige. „Wir schaffen es. Du wirst schon sehen", sagt er mit von durstkratziger

Ódónó Foto: tt

Stimme entstelltem Optimismus. Ein dünnes Blutrinnsal läuft aus seiner an vielen Stellen aufgesprungenen Unterlippe, und blaue Ringe umschatten seine tiefliegenden Augen. Ich sehe bestimmt nicht besser aus, fühle mich wie ein ausgetrockneter Schwamm. Ich nehme ein Stück Haut meiner rechten Handoberseite zwischen linken Zeigefinger und Daumen und ziehe daran. Nur langsam glätten sich die Falten wieder, ein sicheres Zeichen für hohen Wassermangel. Auch dunkle Färbung des Urins wäre ein solches Indiz, doch zum Pinkeln haben wir unserem Körper wohl nicht genug Flüssigkeit zugeführt. Es ist ein Teufelskreis: Wir müssen unser Wasser so rationieren, dass es noch einmal zwei Tage reicht. Wenn wir das tun, sind wir aber höchstwahrscheinlich zu schwach, um den Rest der Strecke in dieser Zeit zu schaffen. Schon bald „singt" uns das mahlende Heulen des Sturms, das schleifende Prasseln der Sandböen wieder in den Schlaf.

Als ich aufwache, ist es ruhig und windstill. Im Zelt herrscht unerträgliche Hitze. Ich bekomme kaum Luft, habe das Gefühl, ein großes Stück Holz statt einer Zunge im Mund zu haben. Mario röchelt im Schlaf wie ein Erstickender. Schweißtropfen ziehen glänzende Spuren durch sein staubverkrustetes Gesicht. Der Zeltboden ist zentimeterhoch mit feinstem Sand bedeckt. Es ist merkwürdig hell. Sollte das Überzelt.....? Der Reißverschluss am Eingang klemmt. Mit einem Ruck reiße ich ihn auseinander. Ein kleiner Sand-

Das Ende des Ergs ist in Sicht

„Wasserfall" rieselt herein, ein angenehm kühler Luftzug ist zu spüren.

„Mario, wach auf! Schnell raus hier!" Ich rüttle ihn, doch er ächzt nur. An den Beinen ziehe ich ihn aus dem Zelt, bzw. dem, was davon übriggeblieben ist. Das Überdach ist weg, ebenso die Alu-Folie. Meterhohe Dünen haben sich um unseren Lagerpatz gebildet. Es ist nicht kühl hier draußen - kann es gar nicht sein, am frühen Nachmittag - es ist nur nicht so gnadenlos heiß wie in unserer „Zeltsauna". Ich schütte ein wenig Wasser zwischen Marios aufgesprungene Lippen und benetze seine heiße Stirn. Dann versuche ich, das Zelt aus dem neu entstandenen Dünentrichter zu heben, um es als Schattenspender auf die Seite zu legen. Doch es steht fest wie einbetoniert, hängt offenbar an den Resten des Überzelts. Je mehr ich ziehe, desto mehr kommt von der grünen Plane zum Vorschein: Sie ist nicht weggeflogen, sondern nur an zwei Zeltecken abgerissen und umgeklappt. Ein kleiner Sandberg liegt auf ihr - und auf dem Knäuel der Alu-Folie. Allah sei Dank!

Marios scheint ordentlich Fieber zu haben, fragt, was „jetzt schon wieder los ist" - und hat natürlich auch unerträglichen Durst. Wir trinken jeder fast einen Liter. Dann warten wir im Schatten des Zeltbodens auf den Abend und seine Kühle.

Die zweite Nacht

Gegen drei Uhr morgens zeigt das Display „Battery low" an und schaltet kurz darauf die Skalenbeleuchtung aus. Ich setze den zweiten Satz Akkus in das GPS ein. Wenn die auch leer sind, bleibt uns nur noch der Reststrom aus den Taschenlampen-Batterien.

Wir sind ganz gut vorangekommen bis jetzt, trotz des Fehlens jeglicher Spuren, trotz zunehmender Erschöpfung. Wir reden kaum mehr miteinander, stapfen nur wortlos hintereinander her, wechseln bei Erreichen jedes neuen Dünengrates den Rucksack, trinken einen Schluck und warten mit dem Abstieg, bis wir wieder ruhig atmen können. Solange der heute schon etwas kräftigere Halbmond am Himmel steht, schalte ich den „Satnav" nur auf erhöhten Punkten ein und suche in der von kaltem „Neonlicht" beschienenen Erg-Landschaft den nächsten auf Kurs Hassi Ntsel gelegenen Zielpunkt. Es ist immer eine Dünenspitze - was denn sonst, eine von vielen. Nur mit größter Konzentration gelingt es bei solchen Sichtverhältnissen, den „Zielpunkt" nicht aus den Augen zu verlieren. Einmal Wegschauen, Stolpern oder Stürzen - schon muss das GPS wieder aktiviert werden. Manchmal liegt mehr als eine halbe Stunde zwischen zwei Dünenpassagen. Wir wechseln uns ab, können nicht ständig beide auf die Richtung aufpassen und brauchen die geistigen Ruhepausen des „Nur-Hinterher-Laufens".

Nach dem Monduntergang können wir nur noch bei Satnav-Dauerbetrieb auf Kurs bleiben, kommt für den jeweils Vorauslaufenden eine neue psychische Belastung hinzu: das deprimierend langsame Schrumpfen der Entfernungsangabe auf dem LCD-Display!

Als um halb sechs die ersten Dünenkonturen vor dem sich langsam rötenden Himmel sichtbar werden, bin ich am Ende. Kurz vor Erreichen eines Grates lasse ich mich einfach fallen, will nur noch schlafen. Meinetwegen auch sterben - im Moment ist mir alles egal.

Marios Schrei mobilisiert die letzten Energien, die noch in mir stecken. „Juhu!", ruft er plötzlich, mit sich beinahe überschlagender Stimme. „Wir haben's geschafft!" Auf allen Vieren krabble ich die letzten Meter im Zeitlupentempo durch den watteweichen Sand unterhalb des Dünenkammes. Dann sehe ich sie auch, beleuchtet vom diffusen Licht des ersten Morgengrauens: eine weite, bis zum Horizont reichende Ebene. Wir haben das Ende des Erg Tifernine erreicht. „Wie weit noch, Mario?", flüstere ich, bringe keinen richtigen Ton heraus. „25,3..., nur noch geradeaus..., endlich Schluss mit der Schinderei!"

Der dritte Tag

Nur noch knapp 26, vielleicht 27 km zu laufen - weit weniger, als wir in jeder der letzten beiden Nächte marschiert sind - unter den denkbar mühsamsten Bedingungen! Trotz aller Müdigkeit verspüren wir beide den Wunsch, weiterzugehen - bis zum Brunnen. Doch das wäre Selbstmord: In einer Stunde setzt die Hitze ein. Wir sind ausgedörrt bis zum Umfallen und haben noch zwei oder drei Zentimeter Bodensatz in unserem Wasserkanister.

Also wenigstens noch die Motorradspuren finden, nur ein kleines Stück in

die Ebene rauslaufen, weg von diesem gottverdammten Erg! Wir torkeln und fallen den Dünenhang hinunter, stapfen über die flachen Hügel der letzten Erg-Tifernine-Ausläufer in die Ebene hinaus. Unberührt ist sie, soweit das Auge reicht. Wahrscheinlich sind wir an einer ganz anderen Stelle in das Dünenmeer hineingefahren.

Das Oued Tifernine: Ein Tausende von Quadrat-Kilometern großes Netzwerk aus feinen Erdreich-Rissen - so gleichmäßig, dass es schon wieder schön aussieht: Ornamente der Dürre - ästhetisch und bedrückend zugleich. Ob unsere Motorradspuren nördlich oder südlich von hier verlaufen? Es hat keinen Zweck, danach zu suchen, könnte uns das entscheidende Quäntchen dessen kosten, was wir für die letzte Etappe brauchen, aber kaum noch haben: Kraft und Wasser. Langsam löst sich der letzte Schatten auf. Mehr und mehr Sonnenstrahlen gleißen über die Kämme der hinter uns liegenden Dünenketten - höchste Zeit, Schluss zu machen. Ich lasse den Zeltsack auf den Boden plumpsen und drehe mich noch einmal um die eigene Achse. An einer winzigen, dunklen Erhebung nördlich, beinahe schon nordöstlich unseres Standpunktes bleibt mein Blick hängen. Mario sieht sie auch: „Mensch, das könnte doch das Kamel sein, an dem wir vorbeigekommen sind!" Eine Viertelstunde später bauen wir ein Stück neben dem mumifizierten Kadaver das Zelt auf - auf den Spuren unserer Motorräder!

Trotz aller Müdigkeit kann ich nicht einschlafen. Es ist die Angst, kurz vor dem Ziel doch noch kapitulieren zu müssen. Unser Wasser reicht einfach nicht aus, um noch einmal sieben oder acht Stunden zu marschieren, auch nicht nachts. Bis heute abend werden wir die letzten paar Schlucke, die noch im Kanister schwappen, aufgebraucht haben und werden uns trotzdem vor Flüssigkeitsmangel kaum mehr auf den Beinen halten können.

Wir haben nur das Unterzelt aufgebaut, die Rettungsfolie darüber gelegt und beide Eingänge weit geöffnet. Kein Lüftchen bringt Erfrischung. Es ist windstill - jetzt, wo uns selbst ein Sturm nicht stören würde, weil weit und breit kein Sand aufgewirbelt werden könnte. Wenn ich die Augen öffne, sehe ich durch den Zelteingang neben mir das tote Kamel. Es liegt da, als wäre es im Schlaf gestorben, im Sitzen einfach umgekippt. Kein Schakal hat an dem Kadaver gezerrt und gefressen. Die vollkommen vegetationslose Sterilität dieser Schwemmton-Ebene lockt keine Tiere an. Ob das Kamel verdurstet ist? Vielleicht kannte es Abdelkaders Geschichte nicht und kam wie wir zu schwach aus dem Erg Tifernine, um es bis zur nächsten Wasserstelle zu schaffen.

Ich frage mich, ob wir nicht einfach liegenbleiben sollen, warten bis Ahmed uns holt. Morgen Nachmittag könnte er da sein. Eine Nacht und einen Tag ohne zu trinken - eigentlich sollte der Mensch das überleben. Doch es ist schon der dritte Tag, dass wir viel zu wenig Flüssigkeit uns nehmen. Wenn wir morgen doch nicht gerettet werden, wenn Ahmed erst in zwei Tagen kommt, oder gar nicht...? Nein, wir müssen weiterlaufen, bis zum schön-sten Ort, den ich mir vorstellen kann, zum Brunnenloch von Hassi Ntsel.

Die dritte Nacht

„Wach auf, Thomas! Es ist schon mitten in der Nacht, wir müssen los", höre ich eine Stimme, die mit der Marios keinerlei Ähnlichkeit mehr hat. Der Prügel in meinem Mund ist noch trockener und härter geworden. Mein ganzer Rachen scheint aus Holz zu bestehen. Wasser! Wenigstens einen Schluck. Mit zitternden Fingern drehe ich an dem Plastikdeckel, lasse zwischen meine schmerzhaft spannenden Lippen laufen, was noch in dem Kanister drin sein mag. Ich schmecke nichts, spüre nur die Kühle des Wassers, den Schmerz des Schluckens. Erschrocken setzte ich ab. Nicht alles, um Gottes willen nicht alles trinken! Ich schaue Mario an. „Ist schon o. k., Thomas, ich hab' schon 'nen Schluck gehabt", flüstert er. Es ist 11 Uhr abends. Ich weiß nicht mehr, wie lange ich heute früh noch wach gelegen bin, doch eines ist sicher: Wir haben mindestens 14 Stunden geschlafen. Langsam packen wir zusammen. Könnte uns jemand sehen, hätte er ein gespenstisches Bild vor seinen Augen: Zwei sich in Zeitlupe bewegende „Zombies" und ein im Mondlicht unheimlich grinsendes Kamelskelett. Unser Erschöpfungsschlaf hat zunichte gemacht, was das Solar-Ladegerät den ganzen Tag über geleistet hat. In den vier Stunden, die die Akkus seit Einbruch der Dunkelheit darin verblieben sind, haben sie den aufgetankten Strom wieder abgegeben - ins Nichts: Der

Notfälle auf Wüstenreisen

„Satnav" ist tot. Zum Glück versinkt der Mond erst spät hinter dem Horizont. Keine hohen Dünen, keine Berge rauben uns Minuten seines wertvollen Lichts. Etwa eine halbe Stunde können wir den im harten Boden nur schwach sichtbaren Motorradspuren mit dem Strahl meiner Taschenlampe folgen. Dann sind die beiden Batterien endgültig leer. So sehr wir uns auch konzentrieren, das Licht reicht selbst unter dem sternklaren Wüstenhimmel nicht aus, die Reifenabdrücke sichtbar zu machen. Wir lassen uns hinfallen, wo wir gerade sind. Verzweifelt und apathisch zugleich schaue ich in die Nacht. Die tief am Horizont stehenden Sterne flackern in den Verzerrungen der Atmosphäre. Wäre doch nur ein menschliches Licht darunter!

Phantasiere ich schon, beginne zu sehen, was ich mir wünsche? Oder ist da wirklich ein Stern, der erst aufgeht, dann wieder unter, dann wieder auf? Ich rüttle Mario - wie tot liegt er auf der Erde -, ziehe ihn in eine sitzende Haltung. Wort- und bewegungslos starrt er in die Dunkelheit und röchelt plötzlich aufgeregt: „Das ist was..., ein Feuer oder ein Scheinwerfer!" Fieberhaft suche ich im Rucksack nach dem kleinen Schussstift und schieße zwei „Signalpatronen" in den Himmel. Nur zu gut kenne ich ihren bescheidenen Leuchtradius. Unser Signal-Abschussgerät ist kaum mehr als ein Spielzeug. Schon in ein paar Kilometern Entfernung wird der vermeintlich taghelle Leuchtball von jeder Sternschnuppe an Leuchtkraft übertroffen. Wir müssen einen wirklichen „Feuerzauber" veranstalten, wenn

wir gesehen werden wollen! Mit letzter Kraft baue ich das Zelt auf, werfe die Motorradschläuche hinein und den Schlafsack oben darauf. Dann schütte ich das ganze Benzin aus dem kleinen Kanister darüber und schieße aus etwa zwanzig Meter Abstand eine Leuchtpatrone auf die Nylonkuppel ab. Wie „damals" - es scheint Ewigkeiten zurückzuliegen, dass Marios Motorrad explodierte - schießt die Stichflamme in den Himmel und rast hinter ihrer grellroten, wabernden Rauchwolke her. Kurz darauf beginnt das Zelt von innen heraus Feuer zu fangen, verändert sich vom Miniatur- „Atompilz" zur Fackel. Der müsste eigentlich weit zu sehen sein. Noch immer tanzt das winzige Licht am Horizont, nicht heller, aber schneller als zuvor: Ist das ein Blinken? Einmal, zweimal, dreimal. Rasch hintereinander schieße ich vier Signalpatronen in den Himmel. Wieder ein schnelles Flackern - nun ist es eindeutig: Sie haben uns gesehen! Mit einem unbeschreiblichen Gefühl der Erleichterung fallen wir uns um den Hals.

Lange Minuten später ist unser Feuer fast erloschen, brennen und qualmen nur noch die Schläuche. Zum ersten Mal hören wir ein Motorengeräusch und können den tanzenden Punkt vor uns allmählich als zwei Lichtquellen, zwei Scheinwerfer ausmachen. Ich beginne damit, die restlichen Signalpatronen abzuschießen, eine nach der anderen, in Minutenabständen. Im Schein der letzten Leuchtkugel sehe ich endlich einen Wagen. Geblendet starren wir in die schnell größer werdende Lichtflut der beiden Scheinwerfer. Immer lauter

*wird das sonore Brummen. Zehn, fünf-
zehn Meter vor uns kommt das Auto
mit blockierenden Rädern zum Stehen.
Aufgewirbelter Staub treibt durch das
Licht. Beide Wagentüren öffnen sich,
die Silhouetten zweier Männer in langen Gewändern und Chech zeichnen
sich vor dem Wagen ab. Einer hält ein
Gewehr in der Armbeuge, gibt einen er-
schrockenen Ausruf in Tamaschek von
sich. Als ich vor ihnen stehe und den
entsetzten Ausdruck in ihren Augen sehe, wird mir klar, dass wir wohl nicht
mehr sehr lebendig aussehen. „Merci,
Ahmed, merci Bilal!", ist alles, was ich
herausbringe.*

*Meine Freunde Ahmed und Bilal wa-
ren heute Nachmittag in Illizi aufgebro-
chen, wollten uns eigentlich nur etwas
entgegenfahren - sozusagen zur Be-
grüßung. Als sie 150 km nach Illizi immer noch nicht auf unsere Spuren ge-
stoßen waren und auch die Bewohner
des an der „Gräberpiste" liegenden
Dorfes Tanarine, nichts von uns gesehen hatten, war ihnen klar, dass wir
höchstwahrscheinlich Probleme hatten.
Sie begannen uns zu suchen.*

Notfälle auf Wüstenreisen

Medizinischer Ratgeber

(für die 5. Auflage überarbeitet und mit Abbildungen von Helmut Stark)

Hinweis: Trotz größtmöglicher Sorgfalt ist es nicht ausgeschlossen, dass sich bei der Bearbeitung und Erstellung dieses Textes Fehler eingeschlichen haben. Nach geltender Rechtsprechung muss jegliche Haftung für alle sich eventuell daraus ergebenden Folgen ausgeschlossen werden. Die angesprochenen Behandlungen und Therapieempfehlungen sind als Notfallmanagement gedacht. Die Angabe der Dosierungen von Medikamenten bezieht sich auf einen durchschnittlichen Erwachsenen. Unbedingt zu beachten sind die Anweisungen der Beipackzettel, besonders die Maximaldosierung. Einige der Maßnahmen sind nach deutschem Recht Ärzten vorbehalten. Sie werden trotzdem angeführt, da in abgelegenen Gebieten der Transport zu einem geeigneten Arzt eventuell unmöglich sein kann oder zu lange dauert. Auch für diese Fälle muss jegliche Haftung ausgeschlossen werden. Produktnamen sind als Beispiele ohne Wertung zu sehen. Die Medikamente werden auch mit ihrem Wirkstoff benannt, da der in Deutschland eingeführte Titel im Ausland unbekannt sein kann.

Medizinische Vorbereitung

Haben Sie **körpereigene „Schwachstellen"**, wie Allergien, Asthma, Diabetes oder Bluthochdruck? Dann sind ein oder mehrere Besuche bei Ihrem Hausarzt unerlässlich. Gehen Sie in die **Beratungsstellen**, zum Beispiel der Tropeninstitute, und lassen Sie sich einen detaillierten **Impfplan** erstellen. Nehmen Sie von den für Sie notwendigen **Medikamenten** einen **ausreichenden Vorrat** mit. Verlassen Sie sich auch bei Reisen in ein medizinisch gut versorgtes Land, wie zum Beispiel Thailand, nicht auf die Qualität und Verfügbarkeit der für Sie lebenswichtigen Medizin. Trinken Sie keinen **Alkohol,** wenn Sie Medikamente eingenommen haben! Fahren Sie nicht Motorrad unter Medikamenteneinfluss – insbesondere, wenn im Beipackzettel auf verminderte Reaktionsfähigkeit hingewiesen wird. Sollten Sie Lust auf ein Erlebnis der besonderen Art haben, dann gehen Sie vor einer langen Reise nicht zum **Zahnarzt.** Die Zahnwurzelbehandlung beim Bader im Busch wird sicher zu den unvergesslichen Eindrücken zählen! Unbedingt an den Abschluss einer weltweit gültigen Kranken- und Krankenrückholversicherung denken.

Impfungen

Ungefähr **8 bis 10 Wochen vor Reiseantritt** sollten Sie Ihren Hausarzt oder einen Tropenarzt besuchen und einen Impfplan speziell für das von Ihnen besuchte Land erstellen. Der lange Vorlauf ist deshalb notwendig, da zwischen einigen Impfungen ein längerer Abstand eingehalten werden muss.

Bei Impfungen unterscheidet man grundsätzlich zwischen **aktiver und passiver Impfung.** Bei der aktiven Impfung werden dem Körper abgeschwächte Krankheitserreger zugeführt. Der Körper reagiert mit der Bildung von spezifischen Abwehrstoffen und speichert diese Informationen. Bei Bedarf stehen diese Abwehrstoffe zur Verfügung. Bei der passiven Impfung werden dem Körper schon fertige Abwehrstoffe gespritzt, die mit der Zeit (meist nach drei Monaten) ihre Wirkung wieder verlieren. Dafür wirken diese Abwehrstoffe sehr schnell. Die dritte Möglichkeit der Ansteckungsverhinderung ist die Chemoprophylaxe. Dies ist keine Impfung. Stattdessen führt der Patient dem Körper über längere Zeit ein Gegenmittel der Krankheitserreger zu. Dies kommt zurzeit nur bei Malaria in Frage.

Reiseunabhängige Impfungen

Dieser so genannte **„Basisimpfschutz"** sollte vor der Reise kontrolliert und gegebenenfalls aufgefrischt werden.

Tetanus (Wundstarrkrampf)

Die Krankheitserreger kommen vor allem in der Erde vor. Jeder Sturz mit **Hautabschürfungen** birgt das Infektionsrisiko in sich. Nach der zweiten in einem Abstand von vier Wochen verabreichten Impfung besteht ausreichender Schutz. Die dritte Impfung nach einem Jahr bietet 99-prozentige

Immunität für fünf bis zehn Jahre. Liegt die letzte Impfung länger als fünf Jahre zurück, sollte vor einer längeren Reise der Impfschutz aufgefrischt werden.

Poliomyelitis (Kinderlähmung)

Verbreitet wird diese Krankheit durch **mangelnde Hygienezustände** und über kleine **Tröpfchen** von Mensch zu Mensch (ähnlich wie Grippe). Es handelt sich dabei nicht, wie der Name vermuten ließe, um eine Kinderkrankheit. Erwachsene erkranken ebenso daran. Die Krankheit verläuft bei ihnen schwerer. Meist hinterlässt sie Schäden an Muskulatur und Nerven. Der Impfstoff ist einfach zu schlucken und bietet Schutz für etwa zehn Jahre. Die Schluckimpfung sollte nicht gleichzeitig mit einer Typhusimpfung verabreicht werden.

Diphtherie

Verbreitet sich durch **Tröpfcheninfektion.** Durch konsequente Impfung schien die Krankheit ausgerottet. Durch die „Öffnung" der Grenzen nach Osten ist sie aber auch wieder bei uns auf dem Vormarsch. Nach einer harmlos aussehenden **Halsentzündung** werden durch die Giftstoffe der Bakterien Herz und Nerven geschädigt. Der Impfstoff kann in einer Kombination mit Tetanusimpfung verabreicht werden.

Röteln

Diese Krankheit, die über Tröpfcheninfektion übertragen wird, ist für Erwachsene nicht gefährlich. Die Viren können jedoch bei **Schwangeren** das

Medizinischer Ratgeber

ungeborene Kind befallen. Schwerste Schädigungen bis zur Totgeburt sind möglich. Aus diesem Grund sollten sich Frauen unbedingt gegen Röteln impfen lassen. Eine Impfung gibt Schutz für mehrere Jahrzehnte.

Die **Kosten** dieser Basisimpfungen werden in der Regel von der Krankenkasse übernommen. Anders sieht die Kostenübernahmebereitschaft der Kassen für die Impfungen gegen Tropenkrankheiten aus. Meist müssen sie von Ihnen selbst getragen werden.

Pflichtimpfungen für Fernreisen

Als so genannte Pflichtimpfungen für Fernreisen galten früher die gegen Pocken, Cholera und Gelbfieber.

Pocken
Die WHO hat Pocken für **ausgerottet** erklärt, so dass diese Impfung heute nicht mehr verlangt wird.

Gelbfieber
Stechmücken übertragen diese sehr gefährliche Krankheit, vor allem in Mittel- und Südamerika und in Äquatorialafrika zwischen den 18. Breitengraden (südlich und nördlich). Die Impfung bietet 99-prozentige Sicherheit für circa zehn Jahre. Sie muss mindestens zehn Tage vor der Einreise erfolgt sein. Eine **Bescheinigung** der verabreichten Impfung verlangen nicht nur die gefährdeten Einreiseländer, sondern auch viele andere Staaten, wenn vorher ein Infektionsgebiet besucht wurde. Auch eine Zwischenlandung wird oft als Einreise gewertet!

Cholera
Übertragen wird diese Krankheit vor allem durch **verunreinigtes Wasser**. In Gebieten mit temporär schlechtem hygienischen Standard, etwa nach Naturkatastrophen und in Flüchtlingslagern, hat sich die Cholera wieder vermehrt ausgebreitet. Sie kommt nun gehäuft in Südamerika, Afrika, Asien und dem ehemals russischen Teil Europas vor. Es gibt zurzeit keinen wirklich befriedigenden Wirkstoff gegen diese schwere Darmerkrankung. Einige Länder verlangen dennoch eine Impfung. Sie besteht aus zwei Injektionen im Abstand von maximal vier Wochen. Den **effektivsten Schutz** bieten konsequente Hygienemaßnahmen, besonders Wasserhygiene.

Empfehlenswerte Impfungen

Sie können sich noch gegen eine Reihe weiterer Krankheiten immunisieren lassen. Hierzu müssen Sie Ihr **individuelles Risiko** selber abschätzen. Für drei Wochen Cluburlaub in der Dominikanischen Republik gelten anderen Risikofaktoren als für eine Durchquerung von Irian Jaya.

Hepatitis A + B ("Gelbsucht")
Während die Hepatitis A durch **Schmier- und Tröpfcheninfektion** und durch **verunreinigtes Wasser** übertragen wird, kann die Hepatitis B nur durch **direkten Kontakt mit Blut** oder anderen Körpersäften verbreitet werden. Entzündet sich die Leber und kann ihre Funktion nicht mehr vollständig erfüllen, kommt es zur so genannt-

ten Gelbsucht (Ikterus). Gegen Hepatitis A gibt es zwei Impfmöglichkeiten. Die **Passivimpfung** mit Gammaglobulinen verschafft ausreichenden Schutz für circa drei Monate. Der Wirkstoff der **aktiven Impfung** wird in drei Spritzen (die ersten beiden im Abstand von zwei Wochen, die dritte nach spätestens einem Jahr) verabreicht und gewährt für zehn Jahre Schutz. Gegen die gefährlichere Hepatitis B gibt es mehrere Impfstoffe, die sehr guten und je nach Körperreaktion sehr langen Schutz bieten. Vor der Impfung sollte durch eine **Blutuntersuchung** kontrolliert werde, ob eventuell schon eine Immunität vorliegt. Seit neuestem gibt es einen Kombinationsimpfstoff gegen beide Formen der Leberentzündung.

Typhus

Diese bakterielle Darminfektion wird durch **mangelnde Hygienestandards** übertragen. Eine Schluckimpfung bietet 95-prozentigen Schutz vor der Erkrankung. Zur Polioimpfung muss ein Abstand von zwei Wochen eingehalten werden. Während der Impfung dürfen keine Antibiotika oder Malariamittel eingenommen werden. Drei Tage nach der letzten Einnahme darf mit der Malariaprophylaxe begonnen werden.

Japanische Enzephalitis (Hirnhautentzündung)

Stechmücken übertragen diese Krankheit, an der 30 Prozent der erkrankten Personen sterben. Sie kommt in ländlichen Gebieten in Südostasien und im Westpazifik vor; die meisten Krankheitsfälle werden aus **China** gemeldet. Der **Impfstoff ist in Deutschland nicht zugelassen,** wird aber über internationale Apotheken oder Tropeninstitute importiert. Es wird im Abstand von zwei Wochen geimpft; der Schutz beginnt aber erst vier Wochen nach der zweiten Impfung. Ein zeitlicher Abstand zu anderen Impfungen ist nicht erforderlich

Tollwut

Es gibt für diese durch **Tierbiss** oder **Kratzwunden** übertragene Krankheit keine Behandlung. Durch Lähmung der Atemmuskulatur verläuft die Krankheit meist tödlich. Jedes **verhaltensauffällige Tier** (Verlust der natürlichen Scheu, aggressives Verhalten) sollte als tollwutverdächtig angesehen werden. Durch umsichtiges Verhalten kann ein Risiko sehr vermindert werden. Trotzdem empfiehlt die WHO eine Impfung gegen Tollwut bei Reisen in besonders gefährdete Gebiete, insbesondere, wenn keine medizinische Versorgung vor Ort gewährleistet ist. Tollwut ist die einzige Impfung, die auch noch nach erfolgter Übertragung angewendet werden kann. Allerdings ist die Chance, dass der kühl zu lagernde Impfstoff in Ländern der Dritten Welt zur Verfügung steht, sehr gering.

Meningokokken-Meningitis (Hirnhautentzündung)

Manche Länder verlangen bei Einreise aus bestimmten Staaten des tropischen Afrika, Indien, Nepal und den Golfstaaten einen Nachweis über eine erfolgte Impfung.

Medizinischer Ratgeber

FSME
(Frühsommer-Meningokokken-Encephalitis; Hirnhautentzündung)

Diese auch in Europa und Deutschland auftretende Krankheit wird durch den **Biss der Zecke** übertragen. Gefährdet sind alle, die gerne durchs Unterholz streifen und in Sumpfgebieten unterwegs sind. Einen fast 100-prozentigen Schutz bieten die drei Injektionen (die ersten beiden im Abstand von 2 Monaten, die dritte nach einem Jahr).

Impfungen und Schwangerschaft

In der Schwangerschaft sollten Frauen mit allen Medikamenten sehr zurückhaltend sein. Absolut nicht geimpft werden darf eine Schwangere gegen Röteln, Masern und Tuberkulose. Nicht empfehlenswert sind die Impfstoffe gegen Diphtherie, Hepatitis A, Japanische Enzephalitis, Typhus und Tollwut (außer bei Kontakt mit erkrankten Tieren). Impfungen gegen Tetanus, Polio und Hepatitis B gelten als unbedenklich.

Impfungen und Kinder

Kinder sind keine kleinen Erwachsenen! Alle Impfungen und Medikamente müssen speziell auf sie ausgerichtet sein. Lassen Sie sich unbedingt von Ihrem Kinderfacharzt beraten.

Impfungen durch Chemoprophylaxe

Die Chemoprophylaxe ist keine Impfung im eigentlichen Sinne, da **keine Immunität** erworben wird. Durch die Einnahme von Medikamenten ist im Blut ein Mittel gegen die Krankheitserreger permanent vorrätig. Chemoprophylaxe ist zurzeit nur für **Malaria** relevant. Gegen diese Krankheit gibt es keine Impfung. Mittlerweile sind in zahlreichen Gebieten die Krankheitserreger **(Plasmodien) resistent,** das heißt unempfindlich, gegen die Medikamente geworden. **Daten zur Resistenzsituation** werden jährlich von der **WHO** gesammelt und Empfehlungen zur Malariaprophylaxe herausgegeben. Jährlich erkranken hundert Millionen Menschen Malaria, wovon zwei Prozent (= zwei Millionen) sterben. Verbreitet wird die Krankheit durch den Stich der **Anopheles-Mücke.** Man unterscheidet **vier Arten von Malariaerkrankungen:** zwei Arten der Malaria tertiana (Dreitagesfieber), Malaria quartana und die Malaria tropica (Falciparum-Malaria).

Malaria tertiana und quartana

Die Arten der Malaria tertiana und die Malaria quartana sind relativ **gut therapierbare Erkrankungen,** die bei früher und konsequenter Behandlung ausheilen. Selten kann es auch noch nach Jahren zu Rückfällen kommen. Der Begriff „Dreitages-" beziehungsweise „Viertagesfieber" ist missverständlich, da sich der Krankheitsverlauf selten an die klassischen Medizinbücher hält. Durch Mehrfachinfektion kann der beschriebene Verlauf (erster Tag Fieber, ein beziehungsweise zwei Tage fieberfrei, nächster Tag Fieber) verwischt werden. Zusätzlich kommt es zu Schüttelfrost, Kopf- und Gliederschmerzen.

Malaria tropica

Die Malaria tropica ist eine **lebensbedrohliche Erkrankung.** Die **Sterblichkeitsrate** liegt bei **20 Prozent.** Im Ausland wird diese Art der Malaria nach dem Erreger als Falciparum-Malaria bezeichnet. Im Verlauf der Krankheit kann es zu höchstem Dauerfieber oder auch zu körperlichem Verfall ohne Fieber kommen.

Durch das lange symptomfreie Vorstadium (**Inkubationszeit** bis zu 35 Tage) kann der Ausbruch der Krankheit auch noch nach Rückkehr in malariafreien Zonen erfolgen. Aus diesem Grund ist es wichtig, dass die vorbeugenden Medikamente noch mindestens vier Wochen nach der Rückkehr eingenommen werden.

Bei einer hochfieberhaften Erkrankung während der Reise in Malaria-Gebiete ist immer auch an eine Malaria-Erkrankung zu denken. Eine sichere Klassifizierung der Krankheit ist nur nach einer labortechnischen Untersuchung des Blutes möglich. Im Zweifelsfall muss so behandelt werden, als wenn Malaria tropica vorliegt. Die Ärzte in Malariagebieten kennen meist die in ihrem Gebiet verbreitete Malariaform. Mit einem **Schnelltest** im Taschenformat (**MalaQuick**) kann man sich schon während der Reise mehr Sicherheit (circa 90 Prozent) verschaffen, ob man an Malaria erkrankt ist oder nicht. Dies heilt zwar nicht den fieberhaften Infekt, gibt aber einen Anhalt auf die Therapiemöglichkeiten.

Malaria-Prophylaxe

Chinin

Das älteste Malariamittel ist zur Prophylaxe nicht geeignet, wird aber zunehmend wieder in der Therapie eingesetzt.

Chloroquin (*Resochin* u.a.)

Für Zone A-Gebiete geeignet. Keine Auswirkungen in der Schwangerschaft und der Stillzeit bekannt; Vorsicht bei Nieren- und Lebervorerkrankungen. Sollte nicht auf nüchternen Magen eingenommen werden. Nebenwirkungen können Appetitlosigkeit, Erbrechen, Durchfall, Schlafstörungen und Schwindel sein.

Proguanil (*Paludrine* u.a.)

Nur in Kombination mit Chloroquin in Zone B, eventuell Zone C. Nicht auf nüchternen Magen einnehmen; nicht zur Therapie geeignet. Keine Auswirkungen in der Schwangerschaft und der Stillzeit.

Sulfadoxin/Pyrimethamin (*Fansidar*), Sulfalen/Pyrimethamin (*Metakel*)

Wegen schwerer Nebenwirkungen werden beide Medikamente nicht mehr zur Prophylaxe eingesetzt. Weil häufig Resistenzen bestehen, wird das Mittel nur noch in Afrika zur Behandlung verwandt. Nebenwirkungen sind

Medizinischer Ratgeber

Übelkeit, Erbrechen, Kopfschmerzen und Hauterscheinungen. Keine Anwendung für Schwangere, Stillende und Kinder.

Mefloquin (*Lariam* u.a.)

Das Standardmittel für Zone C. Auch zur Behandlung, eventuell als so genanntes Stand-by Medikament zur Behandlung einer akuten Malariaerkrankung geeignet. Nicht bei Schwangerschaft und während der Stillzeit einnehmen. Vorsicht bei Herz-, Leber-, Nierenerkrankungen. Als Nebenwirkungen werden Schwindel und Konzentrationsschwäche, Herzrasen, Kopf- und Gliederschmerzen, Übelkeit, Erbrechen, Sehstörungen, Depressionen und Durchfall beschrieben. Psychische Erkrankungen können durch Einnahme von Mefloquin verstärkt oder ausgelöst werden. Andere starke Nebenwirkungen sind möglich.

Halofantrin (*Halfan* u.a.)

Hochwirksames Therapeutikum für Hochresistenzgebiete, nicht zur Prophylaxe geeignet. Nicht in Schwangerschaft und Stillzeit einnehmen. Nebenwirkungen sind Herzrhythmusstörungen, Übelkeit, Durchfall, Schwindel und Kopfschmerzen. Nur unter ärztlicher Überwachung einnehmen.

Doxycyclin (*Vibramycin* u.a.)

Dieses Antibiotikum wurde bisher bei Atemwegsinfekten angewandt und wird neuerdings auch als Zone C Medikament eingesetzt. Kann nicht in der Schwangerschaft und in der Stillzeit eingesetzt werden.

Welche Prophylaxe angewendet werden muss, hängt von der Reiseroute, der Reisezeit, der Art der Reise und der eigenen Risikobereitschaft ab. Zuverlässige Informationen über die Art und Einnahme der Malaria-Prophylaxe sind bei den Tropeninstituten beziehungsweise -ärzten rechtzeitig vor der Reise zu erfragen.

Malaria-Therapie

Am besten durch einen Tropenmediziner. Bei Beginn der ersten Symptome Malaria-Schnelltest (MalaQuick) vornehmen, auch bei erstem positiven Test nach 6 Stunden einen zweiten Test machen. Ist dieser ebenfalls positiv, ist der Aufbruch zum nächsten Arzt zu organisieren. Beginnen Sie gleichzeitig mit der Malaria-Behandlung nach Vorschrift (Beipackzettel).

Vermeidung von Mückenstichen

- Helle, stichfeste und den Körper bedeckende Kleidung tragen
- Mosquitonetze verwenden
- Insekten abwehrende Mittel (*Autan, No-Bite* usw.) auf freie Hautstellen, Kleidung und Moskitonetz auftragen
- So genannte Mosquito-Coils (=Räucher-Spiralen) verwenden

Medizinische Ausrüstung

Reiseapotheke

Der Inhalt der Reiseapotheke richtet sich immer nach dem Volumen- und Gewichtsangebot der Reiseart, dem Vorwissen und den persönlichen Eigenarten des Anwenders. Bedenken Sie, dass sich die **Haltbarkeit von Medikamenten** bei Wärme ganz erheblich verkürzt und dass **sterile Wundverbände und Instrumente** vor Durchnässung geschützt werden müssen (sonst sind sie nicht mehr steril).

Die Reiseapotheke wird in vielen Fällen, allein auch schon auf Grund der mangelnden Diagnosemöglichkeiten, nur eine überbrückende Hilfe sein.

Sind Sie im Platzangebot sehr eingeschränkt, wie bei einer Motorradtour, nehmen Sie die Medikamente **ohne die Verpackungen** mit. Vergessen Sie aber die **Beipackzettel** nicht. Recht gut bewährt hat sich die Aufbewahrung in stapelbaren, luftdichten (das heißt auch staubdichten) Plastikboxen (Tupperware oder ähnliche).

Medikamente

Zusätzlich zu den Medikamenten, die Sie eventuell regelmäßig einnehmen müssen, empfehle ich als Grundausrüstung für eine Motorradreise mit Expeditionscharakter:

- **Allergien:** *Fenistil* (Dimentinden)
- **Augentropfen:** *Berberil* (Tetryzolin-HCL)
- **Desinfektionsmittel:** *Mercuchrom* Lösung (Mebromin) 15ml, Wasserstoffperoxid
- **Durchfall:** *Immodium* (Loperamid) 10 Tabl.; *Perenterol* (*Saccharomyces bulardii*) 20 Kaps.; 30 Kohlekompretten, *Elotrans*

Medizinischer Ratgeber

●**Entzündungen/Antibiotikum:** *Vibramycin* (Doxycyclin) 8 Tabl.; *Baktrim Forte* (Cotrimoxazol) 20 Tabl.
●**Beruhigungsmittel:** z. B. bei Erregungszuständen, schmerzhaften Behandlungen, *Valium* 5mg (Diazepam) 20 Tabl.
●**Fieber:** *Ben-U-Ron* 500 (Paracetamol) 10 Tabl.
●**Gelenkschmerzen, Prellungen:** *Voltaren* (Diclofenac) 20 Tabl.
●**Malaria:** nach Empfehlung der Tropeninstitute *MalaQuick* (Schnelltest)
●**Mückenschutz:** *Autan, NoBite* o. Ä.
●**Prellungen:** *Dolobene* Gel (Heparin-Natrium)
●**Schmerzen:** gegen leichtere Schmerzen *Novalgin*-Tropfen (Metamizol-Natrium) 20ml, *Aspirin* (Acetylsalicylsäure) 20 Tabl.; gegen starke Schmerzen *Tramal*-Tropfen (Tramadol-HCL), *Valoront*-Tropfen (Tilidin-HCL) 10 ml (Achtung: u. U. gefährliche Nebenwirkungen)
●**Stiche, Juckreiz:** *Soventol* Gel (Bamipinlactat), *Fenistil* Gel (Dimentinden)
●**Übelkeit, Erbrechen:** *Paspertin*-Tropfen (Metoclopramid) 30ml;
●**Wundsalbe:** *Bepanthen* (Dexpanthenol)

Verbandsmaterial

●**Brandwundenverbandtuch:** 120 x 80 cm
●**Dreieckstücher:** 3 St.
●**Elastische Binden:** 8 cm breit 2 St.
●**Heftpflaster:** nicht elastisch, festklebend (Leukoplast), 1,25 cm + 2,5 cm breit (kann auch als Tape verwendet werden)
●**Klammerpflaster:** Steristrips, 10 St.
●**Mullbinden:** 8 cm breit 4 St.
●**Schienung:** SAM-Splint (ummantelte Aluminiumschiene)
●**Skalpell:** gerade Klinge, 2 St.
●**Wundgaze:** steril, entzündungshemmend, Sofratüll (Framycetinsulfat) 5 St.

Tape-Material
●**Verbandpäckchen:** mittelgroß, 5 St.
●**Wundschnellverband:** Pflaster, Hansaplast, 3 cm + 6 cm breit
●**Wundverband:** steril 4-seitig haftend (*Cutiplast steril*), 7,5x5 cm, 10 St.
●**Zellstoffmullkompressen:** 10 x10 cm, ca. 10 St.

Sonstiges

●**Fieberthermometer:** elektronisches, weil kein Quecksilber auslaufen kann
●**Halsmanschette:** „Stiffneck"
●**Latexhandschuhe:** 10 St. (sauber verpackt)
●**Pinzette:** steril oder sehr sauber verpackt
●**Provisorische Zahnfüllung:** *Cavit*
●**Rettungsdecke:** pro Person 1 St.

Spielen Gewicht und Platz keine entscheidende Rolle (zum Beispiel mit Begleitauto) kann zusätzlich noch mitgenommen werden:

Medikamente
●**Grippe, Erkältung:** *Locabiosol* (Fusafungin), Teebaumöl 10 ml, *JHP*-Tropfen
●**Husten:** *ACC 600 mg* (Acetylstein) 10 Tabl.; *Codipront* Tropfen (Codeinphosphat) 20 ml; *Apothuss* (Homöopathisch)
●**Koliken, Bauchkrämpfe:** *Buscopan* (Butylscopolaminiumbromid) 10 Tabl.
●**Sodbrennen, Magenübersäuerung:** *Maalox* (Magnesiumhydroxid)
●**Entzündungen:** *Isocillin* (Penicillin)

Verbandmaterial
●**Beatmungsmaske**
●**Brandwundenverbandtücher** in verschiedenen Größen
●**Drahtgitterschienen:** Kramerschienen 2-3 St. in verschiedenen Längen
●**Dreiecktücher:** 3 St.
●**Elastische Binden:** 3 St.
●**Mullbinden:** 5 St.
●**Rucksackverband**
●**Zellstoffmullkompressen:** 10 St.

Blutdruckmesser

Stethoskop

Zusätzlich können vorsichtshalber **steril verpackte Spritzen und Nadeln** mitgenommen werden. Vor allem in asiatischen Ländern kommt man damit aber schnell in den Verdacht, drogensüchtig zu sein. Ich empfehle daher die Spritzen und Nadeln nicht zu verstecken, sondern sie mitten in der Apotheke zu verpacken und somit deutlich als medizinisches Material zu kennzeichnen.

Krankheitsbilder

Auf Reisen werden Sie große Schwierigkeiten haben, eine zweifelsfreie, sichere Diagnose zu stellen. Mit diesem Problem sind Sie nicht alleine. Auch die besten Ärzte sind im Nirgendwo ohne Röntgengerät und Blutlabor allein auf das Fachwissen, die intuitive Spekulation und das symptomorientierte Reagieren angewiesen. Die folgende Aufzählung der Krankheits- und Verletzungsbilder und deren Behandlung orientiert sich an den **Symptomen** (Krankheitszeichen), wobei sich eine Krankheit oder Verletzung selten an die Lehrbücher hält. Nur in wenigen Fällen können Sie eine echte Behandlung und Heilung der Krankheit oder Verletzung erreichen. Gehen Sie daher **patientenorientiert** vor. Geht es ihm mit dem, was ich mache, besser, bleibt alles beim Alten oder verschlimmert sich der Zustand? Oft können Sie nichts oder nur wenig tun, außer Schmerzen zu lindern und den Transport zu einer medizinischen Station oder einem Krankenhaus zu organisieren. Diese Hilflosigkeit bringt Sie in gewaltigen Stress. Lassen Sie aber den Verletzen oder Erkrankten nicht alleine (oder nur in Notfällen, siehe Kapitel Notfälle), er ist mindestens so hilflos wie Sie, fühlt sich aber sehr viel einsamer. Menschliche **Zuwendung,** Händchenhalten zum Beispiel bei Schmerzen, Reden oder Ähnliches ist eine wichtige und effektive Patientenbetreuung.

Medizinischer Ratgeber

Reisekrankheit

Rhythmische, schlingernde und ruckartige Bewegungen können eine Störung des Gleichgewichtsorgans bewirken und zu Übelkeit und Erbrechen führen.

Behandlung

Frische Luft, das Knabbern von **kleinen Mahlzeiten** zwischendurch kann Linderung bringen. Setzen Sie sich in Fahrzeugen möglichst auf die **vorderen Sitze.** Halten Sie sich auf Schiffen an Deck auf und betrachten Sie einen fernen Punkt am Horizont. Vermeiden Sie Alkohol und fettes, belastendes Essen. Gehen Sie gut ausgeschlafen und ohne Stress die Reise an.

Das homöopathische Mittel *Cocculus D12* kann helfen. In Fällen heftigen Erbrechens verabreichen Sie *Paspertin*-Tropfen. Viele andere Mittel und Pflaster gegen Reisekrankheit haben zum Teil schwere Nebenwirkungen und sollten nur bei sehr starken Beschwerden eingenommen werden.

Durchfall

Die häufigste Reisebeeinträchtigung ist Durchfall oder Diarrhoe. An sich ist eine „forcierte Darmpassage" eine normale Reaktion des Körpers auf etwas, das er nicht verträgt. Dies kann ungewohntes Essen sein, Bakterien, die wir mit jeder Nahrung aufnehmen, oder neue Lebensgewohnheiten. Spätestens

nach zwei bis drei Tagen sollte sich der Darm auf die veränderten Verhältnisse umgestellt haben. Essen Sie nach dem Grundsatz: **Peel it, boil it or forget it** (Schäle es, koche es oder vergiss es)! Werden Sie eingeladen, sind Sie aus Taktgefühl gezwungen, Kompromisse einzugehen. Ein Hinweis auf einen verdorbenen Magen hilft, Ihre Gastgeber nicht zu beleidigen.

Vorbeugung

Konsequente **Trinkwasserhygiene!** Alle Getränke und Eiswürfel sind nur so sicher wie das zur Zubereitung verwendete Wasser! Trinken Sie ausreichend. Auch Austrocknung kann eine Diarrhoe auslösen. Wenn Sie Trinkwasser in Flaschen kaufen, achten Sie auf ein unbeschädigtes Siegel. Öffnen Sie nur die Flasche und achten Sie auf einen unbeschädigten Flaschenboden. Unbedenklich sind Glasflaschen internationaler Erfrischungsgetränkehersteller (zum Beispiel *Coca Cola*). Der Alkoholgehalt von Drinks oder Cocktails hat keine ausreichende keimtötende Wirkung! Sind Sie sich unsicher, kochen Sie das Wasser ab (mindestens fünf Minuten). Weitere Möglichkeiten bieten das Filtern durch einen **Keramikfilter** (*Katadyn*) und die **chemische Entkeimung** (*Micropur*). Würzen Sie Ihr Essen scharf. Der Magen reagiert mit vermehrter Säurebildung und tötet damit Keime ab. Essen Sie keine rohen Gerichte (Fisch, Muscheln, Tartar, Salat). Konservendosen dürfen beim Öffnen nicht zischen, sonst haben sich Faulgase im Inneren gebildet.

Grundsätzliche Behandlung

Trinken Sie viel (mindestens 3 Liter/ Tag, bei körperlicher Belastung mehr). Trinken Sie *Elotrans* oder Mineraldrinks, um den Verlust von Mineralsalzen zu ersetzen. Bei Verdacht auf verdorbenes Essen erbrechen, wenn noch sinnvoll; 5-8 Kohlekompretten 5x täglich. Bei fehlender Möglichkeit, dem Entleerungsdruck nachzugeben (zum Beispiel Busreise), 2 Tabletten *Immodium* 1 Std. vor Abfahrt (ist keine Behandlung!, „lähmt" die Darmtätigkeit und verzögert die Ausscheidung, nicht mehr als 6 Tabletten/Tag). Anfangs nichts essen, später leichte Kost, zum Beispiel Zwieback oder trockene Kekse. *Perenterol* hilft, wieder eine gesunde Darmflora aufzubauen. Hält die Diarrhoe länger als **vier Tage** an und ist auch keine Besserung zu spüren, entwickeln Sie Fieber, sollte, falls keine labortechnische Untersuchung möglich ist, mit einer **Antibiotika-Behandlung** begonnen werden (*Baktrim*). Schnellstmöglich Arzt aufsuchen! Blutigschleimige, geleeartige Stühle sind ein Warnzeichen für **Geschwüre** im Dickdarm. Mögliche Erkrankungen sind Ruhr, ausgelöst durch Amöben, Würmer oder Shigellen. Arzt aufsuchen! Begleitet den Durchfall hohes **Fieber** (> 39°C) könnten die **Erstsymptome einer Malaria** vorliegen. Malariaschnelltest, Arzt aufsuchen! Gefährliche Auslöser von Durchfällen sind **Ruhr, Typhus** und **Cholera.** Hinweise sind schwerste, erbsenbreiartige (Typhus) oder reiswasserartige (Cholera) Durchfälle. Sichere Diagnose und Behandlungsmöglichkeit bieten sich nur in medizinischer Infrastruktur (Krankenhaus).

Kreislaufkollaps, Schock

Beide Krankheitsbilder sind Zeichen eines akuten Kreislaufversagens. Während beim Kreislaufkollaps keine organische Schädigung vorliegt und auch nicht zu erwarten ist, ist der Schock eine **schwerwiegende Blutverteilungsstörung,** aus der der Körper ohne Hilfe nicht mehr heraus kommt. Es werden lebenswichtige Organe unwiederbringlich geschädigt, und der Patient stirbt möglicherweise an den Folgen. Die **Anzeichen** sind sehr ähnlich. Der Patient ist blass und kaltschweißig, verwirrt, eventuell bewusstlos oder nur schwer aufzuwecken. Als häufigste **Ursachen** für einen Schock werden großer **Blutverlust** oder schwere **allergische Reaktionen** (Unverträglichkeit) beschrieben.

Behandlung

Legen Sie den Patienten im Schatten auf den Boden. Bewahren Sie ihn vor Auskühlung. Heben Sie die Beine etwas an, damit den wichtigen Organen im Körper mehr Blut zur Verfügung steht. Ist er **bewusstlos,** drehen Sie ihn in die **stabile Seitenlage.** Beobachten und überwachen Sie den Patienten ständig! Lassen Sie den Patienten etwas trinken, allerdings nur, wenn er bei Bewusstsein ist.

Bauchschmerzen

Da sich im Bauchraum eine ganze Reihe von Organen befinden, die Schmerzen verursachen können, ist es auch für einen versierten Gastroenterologen (Bauchspezialist) oft schwierig, eine Diagnose zu stellen. Grundsätzlich ist die **Bauchdecke** bei entspannter Lage (Beine angewinkelt) leicht eindrückbar. Ist sie dauerhaft **bretthart angespannt,** liegt mit hoher Wahrscheinlichkeit eine **Reizung oder Entzündung des Bauchfells** vor (Peritonitis).

Krampfartige Schmerzen

Häufig werden Bauchkrämpfe durch **Blähungen,** verursacht durch ungewohnte Kost, hervorgerufen. Lokale Wärme, leichte Bauchmassagen und das Ignorieren des mitteleuropäischen Anstandes schaffen Erleichterung.

Koliken sind Krämpfe in Hohlorganen, meist der Gallen-, oder Harnblase und der ableitenden Gänge. Ursache ist das Zusammenklumpen von Salzen, der so genannten **Gallen- oder Nierensteinen.** Der Patient geht vor Schmerzen „die Wände hinauf". Er schwitzt vor Anstrengung, eventuell erbricht er. Von außen lässt sich nur wenig dagegen unternehmen. *Buscopan* lindert die Schmerzen. Er sollte viel trinken (kein Alkohol!), vielleicht geht ein Stein durch eine Nierenspülung von selber ab. Krankenhaus aufsuchen!

Schmerzen im linken Oberbauch (unter dem Rippenbogen, eventuell verbunden mit leichter Atemnot) können ein Anzeichen für eine **Magen-**schleimhautentzündung sein. Ursache hierfür können reizende Getränke (Kaffee, Alkohol, zu kalte Getränke), Viren oder Bakterien, verdorbene Speisen, Stress und Medikamente sein. Meist kennt der Patient die Symptome durch seine Krankheitsvorgeschichte. Verdorbene Speisen können durch Erbrechen ausgeschieden werden. Ansonsten helfen ein bis zwei Tabletten *Maalox* zwischen den Mahlzeiten, die überschüssige Säure im Magen zu binden. Alle reizenden Getränke und Speisen für einige Tage meiden. *Buscopan* kann die Schmerzen lindern. Ziehender, schneidender Schmerz im rechten Unterbauch könnte eine **Blinddarmreizung** sein. Alle reizende Speisen und Getränke meiden. Oft vergehen diese Schmerzen wieder. Trotzdem bei nächster Gelegenheit Arzt aufsuchen und ein Blutbild machen lassen. Sollte sich der Appendix (Wurmfortsatz) entzünden, kommen noch mäßig hohes Fieber und Bauchkrämpfe hinzu. Charakteristisch ist die relative Schmerzlosigkeit beim Eindrücken der Bauchdecke und Schmerzen beim schnellen Loslassen des Druckes (nicht immer). Der Patient darf sich nicht anstrengen und muss zur Operation in ein Krankenhaus. Ist dies nicht möglich, Antibiotika geben (Doxycyclin). **Lebensbedrohlich** wird der Zustand, wenn die **Bauchdecke bretthart** wird und die **Schmerzen für kurze Zeit nachlassen.** Möglicherweise ist der Blinddarm durchgebrochen und das Bauchfell entzündet. Schnellstmöglicher Transport in das nächste Krankenhaus!

Brennende Schmerzen beim Wasserlassen, meist verbunden mit trübem, eventuell blutigem Urin weisen auf einen Harnwegsinfekt hin. Der Patient verspürt fast ständigen Harndruck, auch wenn „es nur tröpfelt". Ursachen sind allgemein mangelnde Hygiene oder Kontakt mit infizierten Gegenständen (Handtücher). Behandlung: Viel trinken, eventuell 2x täglich 1 Tablette *Baktrim* für 5 Tage.

Kopfschmerzen

Meist haben Kopfschmerzen keine organische Ursache und sind lediglich Ausdruck von Überforderung, Stress, Übermüdung und Wetterumschwung. **Alarmsignale** sind **Bewusstseinstrübung, einseitige Pupillenveränderung, Nackensteife oder Krampfanfälle.** Dann schnellstmöglicher Transport in ein Krankenhaus (am besten mit neurologischer Abteilung).

Behandlung

„Normaler" Kopfschmerz:
Aspirin, bis zu 3x täglich; auszuschließen sein muss eine Verletzung, etwa durch Sturz (siehe auch Kopfverletzungen).

Migräne:
Meist einseitiger heftiger Kopfschmerz, der stark beeinträchtigt. Für Ruhe und Schatten sorgen. Der Patient kennt zumeist seinen Zustand und hat die geeigneten Medikamente stets bei sich.

Hirnhautentzündung (Meningitis):
Äußert sich durch vernichtende Kopfschmerzen, die sich bis in den Nacken ziehen. Diese **Nackensteife** macht es unmöglich, das Kinn auf die Brust zu ziehen. Ursache können Insektenstiche (Zecken, Mücken) sein. Gleichzeitig tritt **hohes Fieber** auf. Behandlung: siehe Kapitel Fieber; eine Stabilisierung des Kopfes mit einer Halskrause wirkt manchmal entlastend; ein kühles feuchtes Tuch, in den Nacken gelegt, ist oft sehr angenehm. Unverzüglicher schonender Transport ins Krankenhaus. Auch zu lange Sonneneinstrahlung auf den ungeschützten Kopf kann ähnliche Symptome hervorrufen (Sonnenstich, siehe dort).

Fieber

Fieber ist eine **natürliche Reaktion** des Körpers **auf eine Entzündung.** Der gesamte Organismus steht in Alarmbereitschaft. Meist ist es ein harmloser grippaler Infekt, verursacht durch Zugluft oder Klimaanlagen. Nach ein paar Tagen Bett (Schlafsack-)ruhe ist der Körper wieder in Form. Fieber kann aber auch ein **Warnzeichen** für eine schwerwiegende Infektion sein. Eine sichere Diagnose werden Sie in der Wüste kaum stellen können.

Behandlung

Bettruhe, viel trinken (mindestens 3 Liter/Tag). Wenn das Fieber über 39°C steigt, versuchen Sie mit feuchten Wa-

Medizinischer Ratgeber

denwickeln die Temperatur zu senken. Wenn das nicht hilft, geben Sie zunächst *Aspirin* (2 Tabletten), und warten Sie einen Tag ab. Tritt keine Besserung ein, verabreichen Sie *Ben-U-Ron 600* (nicht mehr als 4 Tabletten/Tag). Unter Umständen Antibiotikagabe, zum Beispiel Doxycyclin.

Ein grippaler Infekt dauert unbehandelt 14 Tage, behandelt zwei Wochen. Dies soll ausdrücken, dass Sie Ihrem Körper Zeit geben sollen und müssen, den Infekt auszukurieren. Ist dies nicht möglich, dann können Sie mit einem Lokalantibiotikum (*Lokabiosol*) die Keime an Ort und Stelle bekämpfen. Sie tun aber sich und Ihrem Immunsystem keinen Gefallen, wenn Sie das erste Nasentröpfeln mit Antibiotika behandeln. Im Falle von Entzündungen im Rachen-Halsbereich und den Bronchien können Sie mit Teebaumöl gurgeln beziehungsweise *JHP*-Tropfen inhalieren. Die ätherischen Öle fördern die Schleimlösung. Bei **plötzlich ansteigendem hohem Fieber Arzt aufsuchen** und die Ursache finden; in Malariagebieten, wenn kein schneller Transport zu einem Tropenmediziner möglich ist, Malariaschnelltest durchführen. Eventuell mit Malaria-Behandlung beginnen (siehe dort).

Gelbsucht (Hepatitis)

Wenn die Leber entzündet ist, dann kann sie ihrer Arbeit nur eingeschränkt nachkommen und die Abfallprodukte der zerfallenden roten Blutkörperchen

abtransportieren. Als Folge lagern sich Abfallprodukte des Farbstoffs in der Haut ab und rufen die gelbe Färbung hervor. Besonders gut ist dies in den **Bindehäuten der Augen** zu erkennen. Ein Teil des Farbstoffes wird über die Nieren ausgeschieden und färbt den **Urin braun.** Der Patient fühlt sich angeschlagen, müde und „grippig". Gelegentlich treten Schmerzen im rechten Oberbauch auf.

Behandlung

Ruhe, wenig Medikamente, viel trinken lassen, Arzt aufsuchen und Blutlabor-Untersuchung vornehmen lassen. Da es sich um eine langwierige Rekonvaleszenz handelt (mind. 6 Wochen), Reise ab- oder unterbrechen.

Verbrühungen, Verbrennungen

Erste und wichtigste Maßnahme bei Verbrennungen und Verbrühungen jeglicher Schwere ist **Kühlen.** Zum einen bewirkt das Kühlen eine Schmerzlinderung, zum anderen verhindert es die weitere Zerstörung von Körperzellen. Vor dem Aspekt des Kühlens tritt auch die Infektionsvermeidung in den Hintergrund. Kühlen Sie lange und ausgiebig (20 Minuten). Bei großflächigen Verbrennungen müssen Sie bei dem Patienten mit einem **Schock** und Kreislaufkollaps (siehe dort) rechnen. Sofern der Patient bei Bewusstsein ist, sollte er so viel wie möglich trinken, um den Flüssigkeitsverlust auszugleichen. Zur Schmerztherapie dürfen Sie in diesem Fall zu den stärksten Mitteln greifen, die Sie haben (zum Beispiel *Valoron* 30 Tropfen + *Valium* 2 x 5mg). Decken Sie Verbrennungen ab dem zweiten Grade nach dem Kühlen steril ab. Die Haut kann sich ablösen und/oder Blasen sich öffnen. Öffnen Sie aber Brandblasen nicht selbst, Sie können dadurch schwere **Infektionen** provozieren. Solange die Hautoberfläche intakt ist (Grad 1 + 2), können sie eine längerfristige Kühlung mit Brandwundengel (*Soventol*) erreichen. Nässende Wunden heilen schneller mit einer sterilen Auflage „Sofratüll" unter dem Verband. Verbrennungen ab dem dritten Grad beziehungsweise großflächige Verbrennungen ab dem zweiten Grad (zum Beispiel ein gesamter Unterschenkel) gehören so schnell wie möglich ins Krankenhaus.

Die häufigste Art der Verbrennung dürfte der **Sonnenbrand** sein. Sonnenbrand ist eine großflächige Verbrennung der Hautoberfläche, manchmal sogar mit Blasenbildung. Das entspricht dem 1. bis 2. Grad. Der Patient kann Fieber entwickeln, Schüttelfrost bekommen. Kühlen Sie den verbrannten Körperteil, indem Sie ihn in feuchte Tücher wickeln. Eine Feuchtigkeitscreme mindert die Hautreibung. Das beste Mittel gegen Sonnenbrand jedoch ist, ihm vorzubeugen. Tragen Sie längärmelige Kleidung, lange Hosen, halten Sie sich im Schatten auf, verwenden Sie Sonnenschutz für den Kopf und benutzen Sie

Sonnencreme mit hohem Lichtschutzfaktor. Die Haut „merkt" sich jeden Sonnenbrand, und mit jedem Male nimmt die Hautkrebsgefährdung zu.

Erkrankungen durch Überhitzung

Sonnenstich

Durch Einstrahlung der Sonne auf die Kopfhaut und in den Nacken werden die Häute des Gehirns und des Rückenmarks gereizt. Es machen sich die Zeichen wie bei einer Meningitis (Benommenheit, Kopfschmerzen, Nackensteife) bemerkbar.

Behandlung

Patient mit erhöhtem Oberkörper in den Schatten legen, aber vor Auskühlung schützen. Viel trinken lassen, für Ruhe sorgen. Gegen Kopfschmerzen *Aspirin* geben. Einen kühlen, feuchten Lappen in den Nacken legen. Bessert sich der Zustand nicht innerhalb von 24 Stunden, Arzt aufsuchen! Vermeidung ist der beste Schutz: Vermeiden Sie lange Spaziergänge in der Mittagssonne, schützen Sie Kopf und Nacken. Einen Sonnenstich kann man sich unabhängig von der Umgebungstemperatur holen!

Hitzschlag

Durch schwülfeuchte Umgebung kann der Körper sich nicht mehr durch Schwitzen kühlen. Der gesamte Tem-

Medizinischer Ratgeber

peraturregelkreis gerät durcheinander. Der Patient hat erst eine hochrote, später eine graue Gesichtfarbe. Er klagt über Übelkeit, Schwindel und Kopfschmerzen und wird langsam schläfrig, und sein Bewusstsein trübt sich. Er hat eine heiße, trockene Haut.

Behandlung:

Kleidung öffnen, den Patienten an einen schattigen Ort bringen und ihn eventuell in feuchte Tücher wickeln.

Hitzeerschöpfung

Der Patient hat durch Schwitzen bei Anstrengung in großer Hitze mehr Flüssigkeit verloren, als er ersetzt hat. Im Anfangsstadium äußert sich dies in Unkonzentriertheit (Sturzgefahr), Aggressivität, Sehstörungen, Übelkeit, Müdigkeit, manchmal Durstgefühl. Später wird er apathisch, das Bewusstsein trübt sich und er wird bewusstlos.

Behandlung

Bringen Sie den Patienten an einen kühlen Ort. Öffnen Sie seine Kleidung. Wenn der Patient bei Bewusstsein ist, soll er in kleinen Schlucken mindestens zwei Liter Flüssigkeit (am besten Mineraldrink) zu sich nehmen.

Bei Bewusstlosigkeit Arzt aufsuchen! Zur Vorbeugung kann nur dringend eine gut erreichbare Wasserflasche empfohlen werden, aus der man auch als Motorradfahrer immer wieder einen Schluck nehmen kann (zum Beispiel durch so genannte „Camelbag"-Trink-rucksäcke).

Krankheiten durch Ungeziefer

Flöhe, Läuse, Würmer und ähnliche „Haustiere" sind keine Probleme von exotischen, weit entfernten Ländern (fragen Sie eine Kindergärtnerin). Meist sind die Auswirkungen nur lästig, peinlich und juckend. Manche Tiere übertragen aber gefährliche Krankheiten.

Flöhe

Flöhe können durch ihre große Sprungkraft leicht den Wirt wechseln. Ausgiebiges Waschen auch der Kleidertaschen vertreibt diese Plagegeister. Rattenflöhe können **Fleckfieber** oder gar **Pest** übertragen. Sandflöhe bohren sich durch die Fußsohlenhaut und verursachen schmerzhafte Entzündungen. Bei deutlichem Befall kommt man um den Einsatz von **Insektiziden,** wie *Lindan,* nicht herum.

Läuse

Läuse sind langsamer, aber hartnäckiger. Einfaches Waschen beeindruckt sie wenig. Der Einsatz von *Lindan* oder anderen **pyrethrinhaltigen Insektiziden** ist meist notwendig. Sie können Krankheiten wie **Pest** oder **Fleckfieber** übertragen. Kopfläuse fühlen sich nur in der Kopfbehaarung wohl, Kleiderläuse nisten bevorzugt in den Nähten der Kleidung. Übertragen werden sie durch direkten Kontakt, aber auch durch Bettwäsche in „lausigen" Ho-

tels. Filzläuse (die so genannten „Sack-
ratten") werden in der Regel durch In-
timkontakte übertragen. Sie nisten in
der Schambehaarung.

Wanzen

Der Kot der Wanzen in Süd- und Mit-
telamerika kann die **Schlafkrankheit**
übertragen. Sonst sind diese Tiere für
großflächige **Hautquaddeln** verant-
wortlich. Sie leben meist in den Betten
sehr einfacher Quartiere.

Zecken

Zecken kommen überall auf der Welt
vor. Bevorzugte Landstriche sind Seen-
und Moorgebiete und dichtes Unterholz. Sie lassen sich auf einen möglichen Wirt herabfallen und ernähren
sich von dem Blut. Tragen Sie daher
lange Ärmel und lange Hosen. Der
Stich ist schmerz- und reizlos. Zecken
können **Meningitis** (FSME, Impfung)
und **Borrelliose** übertragen. Entdecken Sie eine Zecke, die sich festge-
saugt hat, bestreichen Sie den Ze-
ckenkörper mit Öl oder Spucke (die
Zecke atmet über den Körper und löst
unter Atemnot ihre Kiefer) und drehen
Sie sie mit einer Pinzette aus der Haut.
Quetschen Sie den Körper der Zecke
nicht zusammen, damit der Magenin-
halt nicht in Ihre Wunde kommt. Versuchen Sie auch den Kopf der Zecke
zu entfernen, da sich sonst die Bissstelle entzünden kann.

Milben

Die Krätzmilbe bohrt juckende und
sich leicht entzündende Gänge in die
Haut. Die Rattenmilbe, die in Australi-
en und Südostasien vorkommt, kann
eine Art von **Fleckfieber** übertragen.
Bei der Bekämpfung kommen Sie um
giftige Insektizide nicht herum.

Bilharziose, Schistosomiasis

Die Bilharziose wird hervorgerufen
durch die in einer Wasserschnecken-
art heranwachsenden Larven von
Würmern der Gattung Schistosoma.
Die Zekarien bohren sich in die Haut
und reifen im menschlichen Körper zu
Würmern heran. Manche Arten bevorzugen den Darm, andere die Blase
und den Harntrakt. Im fortgeschrittenen Stadium breiten sich die Zekarien
auch in der Leber aus. Die Eier werden
mit Urin und Stuhl wieder ausgeschieden. Langsam fließendes oder stehen-
des Gewässer (Reisfelder), auch klares
Wasser, sind bevorzugte Verbreitungs-
gebiete. Kurzer Wasserkontakt reicht
für eine Ansteckung aus. Eine Ansteckung von Mensch zu Mensch ist
nicht möglich. Sie schützen sich am
besten vor der Ansteckung, wenn Sie
das **Baden in verdächtigen Gewäs-
sern vermeiden.** Die Inkubationszeit
beträgt mindesten vier Wochen bis einige Jahre. Mit dem Mittel *Praziquan-
tel* ist eine völlige Ausheilung möglich.

Medizinischer Ratgeber

Amöben

Amöben sind einzellige Lebewesen, die durch **verunreinigtes Trinkwasser** aufgenommen werden. Im Darm verursachen sie Krankheitszeichen, die von einer normalen Diarrhoe nicht zu unterscheiden sind. Klarheit kann hier nur eine **Stuhluntersuchung** bringen. Gefährlich wird die Erkrankung, wenn sich die Amöben in der Leber festsetzen und unter Umständen ein Abszess bilden. Bei blutigschleimigem Stuhl, verbunden mit heftigen Schmerzen im rechten Oberbauch, sollte man auch eine Untersuchung in dieser Richtung anstrengen.

Würmer

Die meisten Würmer nimmt der Patient mit verseuchtem Essen auf. Hakenwürmer dringen über Wunden oder nackte Füße in den Körper. Manche Wurmarten können gefährliche Krankheiten auslösen. Sicherheit kann aber nur eine **Stuhluntersuchung** bringen. Fühlen Sie sich nach einer Reise matt und abgeschlagen, haben Sie öfters unerklärlichen Durchfall und nehmen Sie bei guter Kost ab, dann lassen Sie eine Stuhluntersuchung machen.

Unfall! Was tun?

Zuerst einmal: Ruhe bewahren! Sichern Sie die Unfallstelle ab. Gewinnen Sie Überblick! Nicht nur bei einer Rallye, auch im Konvoi mit mehreren Fahrzeugen ist die Gefahr des „Unfalls nach dem Unfall" groß. Begeben Sie sich daher nicht selbst in Gefahr. Hilfe ist nur dann erfolgreich, wenn sie bei einem Verletzten ankommt. Transportieren Sie den Verletzten aus einer Gefahrenzone.

Sofortmaßnahmen

Der Mensch braucht Sauerstoff (Luft), Blut und eine Pumpe (Herz), die das Blut in Körper transportiert. Wenn der Patient nicht mehr atmet, **beatmen** Sie ihn. Stillen Sie heftige **Blutungen.** Hat der Patient keinen Pulsschlag mehr, beginnen Sie mit **Herzdruckmassage!**

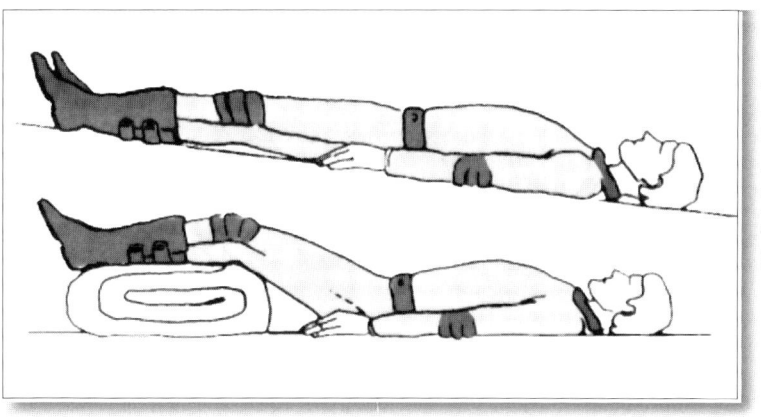

Medizinischer Ratgeber

Schocklagen

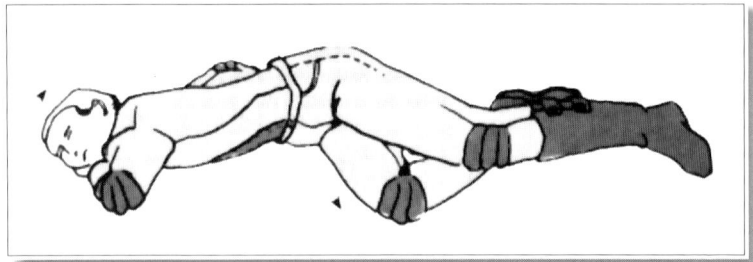

Bringen Sie Bewusstlose in die **Stabile Seitenlage**. Hat der Patient Blut verloren und ist bei Bewusstsein, lagern Sie ihn in der Schocklage. Schienen Sie erst im Anschluss Brüche, verbinden Sie Wunden, geben Sie Medikamente.

Bewusstlosigkeit

Die Bewusstlosigkeit ist keine Krankheit, aber ein **lebensbedrohlicher Zustand.** In der Bewusstlosigkeit kann der Patient sich nicht mehr selbst mit Husten, Würgen, Schlucken oder Niesen schützen. Kaugummis, Bonbons, die (dritten) Zähne, Erbrochenes, Blut oder die eigene in Rückenlage zurückfallende Zunge können die Luftröhre verschließen. Entfernen Sie alles, was die **Atmung** behindern kann. **Überstrecken Sie den Kopf,** damit der

Stabile Seitenlage

Abnehmen des Helms bei einem verletzten Motorradfahrer

Zungengrund angehoben wird und der Atemweg wieder frei ist. In der **Stabilen Seitenlage** kann alles Flüssige aus dem Mund- und Rachenraum abfließen. In dieser Lagerung ist der Mundwinkel der tiefste Punkt des Körpers. Wenn der Helm den Abfluss von Blut und/oder Erbrochenem behindert, ist die Gefahr des Erstickens nicht gebannt. Also muss der Helm vorher abgenommen werden. Gehen Sie bei der Helmabnahme eines Bewusstlosen entschlossen, aber sehr behutsam vor. Es könnten eventuell Halswirbel verletzt sein.

Helmabnahme

Einem bewusstlosen Motorradfahrer muss der Helm mit Rücksicht auf eine **mögliche Halswirbelsäulenverletzung** so schonend wie möglich abgenommen werden. Dazu sind zwei Helfer nötig. Helfer A kniet am Kopf, Helfer B kniet seitlich des Halses.

•**Phase 1:** Helfer A stabilisiert den Kopf; Helfer B öffnet das Visier und nimmt eventuell die Brille des Bewusstlosen vom Kopf.

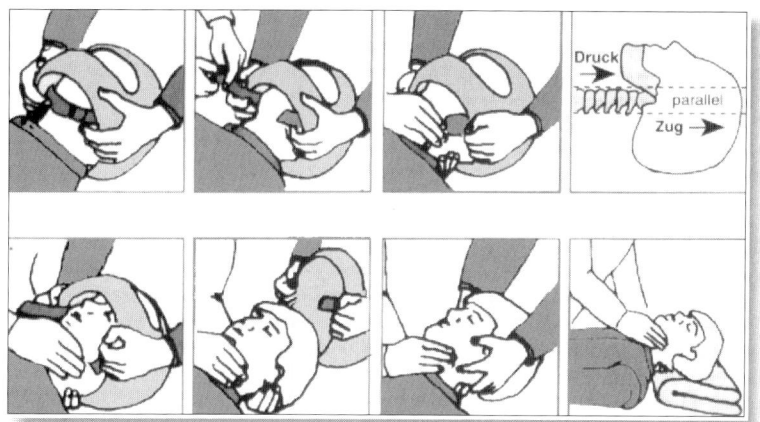

•**Phase 2:** Helfer B übernimmt mit einem „Gabelgriff" einer Hand das Hinterhaupt. Mit der anderen Hand stabilisiert er beidseitig den Kinnwinkel unter Zug Richtung Kopf.

•**Phase 3:** Helfer A öffnet den Kinnriemen (wenn nötig, mit einer scharfen Schere durchtrennen), bei einem Klapphelm den Kinnbügel.

•**Phase 4:** Nach Verständigung mit Helfer B zieht Helfer A den Helm seitlich auseinander und zieht ihn vorsichtig in kleinen Bewegungen vom Kopf.

•**Phase 5:** Helfer A legt den Helm weg und übernimmt den Kopf am Hinterhaupt mit leichtem Zug. Helfer B überprüft Atmung und Puls und dreht den Verletzten langsam und vorsichtig in die Stabile Seitenlage. Helfer A folgt mit dem Kopf des Bewusstlosen der Bewegung und stabilisiert Kopf und Halswirbelsäule. Helfer B kontrolliert permanent Atmung und Pulsschlag.

Medizinischer Ratgeber

Verletzungen

Im Falle des Falles wird es dem Verunfallten an einer oder mehreren Stellen weh tun. Nehmen Sie die Klagen des Verunfallten auf jeden Fall ernst! Schwere Verletzungen können auch von Profis auf den ersten Blick übersehen oder falsch eingeschätzt werden. Lassen Sie sich Zeit mit der Untersuchung! Eine sichere Diagnose werden Sie in vielen Fällen nicht stellen können, Sie können aber erkennen, ob die Verletzung ernst ist und im Krankenhaus behandelt werden muss oder ob Sie nach ein paar Tagen Ruhe weiterfahren können.

Prellungen

Wohl die häufigste Verletzungsart. Direkt nach dem Sturz scheint alles in Ordnung. Alsbald verstärkt sich der Schmerz an der Sturzstelle und der Patient wirkt „angeschlagen". Je nach Einblutung bildet sich ein mehr oder weniger großes **Hämatom** („blauer Fleck"), das sehr schmerzhaft und bewegungseinschränkend sein kann.

Behandlung

In der Anfangsphase **kühlen,** damit die Einblutung vermindert wird. Zusätzlich tritt eine Schmerzlinderung ein. Stellen Sie verletzte Gliedmaßen ruhig und lagern Sie sie hoch. Gele mit Heparin-Natrium (*Dolobene*) fördern die Resorption. **Keine Massage!** Nach drei Tagen, wenn der „blaue Fleck" schon grün bis schwarz wird, kann mit milder Wärme die Durchblutung und damit der Abbau des Hämatoms beschleunigt werden. Bei schweren Prellungen kann die **Schmerzbehandlung** im Vordergrund stehen: *Voltaren* (max. 250 mg/Tag). Eine Art Prellung stellt der blaugeklopfte **Fingernagel** dar. Dabei kommt es zu Einblutungen in das Nagelbett, was manchmal zu großen Schmerzen führen kann. Eine **Entlastungsbohrung** durch den Nagel kann den Druck vom Nagelbett nehmen. Dazu nehmen Sie einen dünnen Draht, erhitzen ihn über dem Feuerzeug rot glühend und bohren dann über dem blauen Fleck durch den Nagel. Diese Behandlung ist für den Patienten völlig schmerzfrei, und er wird erleichtert sein, wenn das angestaute Blut ausströmt.

Bänderdehnung

Bei einer Distorsion wird ein Gelenk über das von den Bändern und Gelenkkapseln begrenzte Maß hinaus bewegt. Manchmal „hüpft" das Gelenk auch aus der Führung und in der nächsten Bewegung wieder an den angestammten Platz. Beliebter Ort für diese Verletzungsart ist das **Sprunggelenk** („Umschnaggeln"); bei Motorradfahrern auch das **Daumengrundgelenk** (Hängenbleiben bei einem Überschlag). Im ersten Moment nach dem Ereignis empfindet der Verletzte die Schmerzen als so stark, dass er das Gelenk nicht belastet. Passiv ist die Bewegung unter Schmerzen möglich (im

Gegensatz zur Luxation, siehe dort). Es kann sich ein Hämatom (blauer Fleck) bilden.

Behandlung

Wie bei der Prellung steht am Anfang die **Schmerzbekämpfung** und das **Begrenzen der Einblutung** im Vordergrund. Kühlen Sie das betroffene Gelenk und stellen Sie es ruhig. Lagern Sie die verletzte Gliedmaße hoch. Geben Sie Schmerzmittel, *Voltaren* (maximal 250mg/Tag) oder eventuell *Tramal*-Tropfen (bis zu 40 Tropfen/Tag)

Wenn es die Schmerzen zulassen, untersuchen Sie das Gelenk ausgiebig in allen Bewegungsrichtungen. Nehmen Sie dabei ein gesundes Gelenk zum Vergleich. Gönnen Sie dem Gelenk mindestens 24 Stunden Ruhe. **Bandagieren** Sie das Gelenk mit einer elastischen Binde, um es ruhig zu stellen. „Schläft" die Extremität ein, stellt sich ein Gefühl wie Ameisenlaufen ein oder wird die Hand oder der Fuß blau oder weiß, dann ist die Bandage zu eng beziehungsweise das Gelenk ist angeschwollen, so dass die Blutzirkulation behindert ist. Öffnen Sie die Binde und wickeln Sie sie neu. Müssen Sie am nächsten Tag weiterfahren und kommen mit der elastischen Bandage nicht in Handschuh oder Stiefel, können Sie das Gelenk zum Stabilisieren tapen (siehe dort). Von **Punktionsversuchen** an Gelenken ist **dringend abzuraten.** Die Gefahr einer Gelenksinfektion mit irreparablen Schäden ist einfach zu groß.

Medizinischer Ratgeber

Luxation (Ausrenkung)

Springt ein überdehntes Gelenk nicht mehr in seine ursprüngliche Lage zurück (siehe Distorsion), spricht man von einer Ausrenkung oder Luxation. Die beiden gelenkbildenden Teile der Knochen sind gegeneinander verschoben. Die Funktion dieses Gelenkes ist naturgemäß nicht mehr möglich. Das Gelenk kann aktiv nicht mehr bewegt werden. Auch passiv gibt es einen federnden Widerstand. Untersuchen Sie dieses Gelenk genau und vergleichen Sie es mit einem gesunden. Sie werden auffällige Unterschiede feststellen. Am häufigsten sind das Schultergelenk, Sprunggelenk, die Finger- und Zehengelenke und die Kniescheibe ausgerenkt. **Bänder, Sehnen, Nerven und Blutgefäße,** die um das Gelenk gelagert sind, können durch diese Fehlstellung extrem gedehnt oder abgeklemmt und dadurch **geschädigt** werden. Ein luxiertes Gelenk muss aus diesem Grund so schnell wie möglich wieder eingerenkt (reponiert) werden. Der Patient hat meist relativ wenig Schmerzen. Er hält das luxierte Gelenk in einer Schonhaltung und lässt niemanden an sich heran. Sollten Sie sich in Gebieten mit medizinischer Infrastruktur befinden und innerhalb von einer Stunde ein Krankenhaus erreichen können, dann überlassen die endgültige (Röntgen-) Diagnose und das Reponieren den Ärzten. Können Sie die Zeitvorgabe nicht erfüllen, sollten Sie zumindest den Versuch des Einrenkens wagen. Im nächstgelegenen Krankenhaus sollte unbedingt eine **Kontrolluntersuchung** gemacht werden, da Begleitverletzungen wie Brüche, Bänder- oder Gelenkkapselrisse nicht auszuschließen sind.

Einrenk-Vorbehandlung

Der Patient hat Schmerzen beziehungsweise das Einrenken ist schmerzhaft. Darum bekommt er zunächst starke **Schmerzmittel** (je nach Stärke bis zu 20 Tropfen *Valoron* oder *Tramal*). Damit der Muskelzug, gegen den Sie das Gelenk ziehen müssen, nachlässt, geben Sie ihm noch *Valium* (5 bis 10 mg). Vorsicht, Valium hat starke Nebenwirkungen! Geben Sie ihm nicht gleich auf einmal 10 mg, sondern warten Sie die Wirkung einer Tablette ab! Bis die Valiumtabletten wirken, **kühlen** Sie das Gelenk. Der Patient wird von *Valoron* und *Valium* müde werden und sich nicht mehr so stark wehren.

Einrenken Schultergelenk

Meist luxiert der Gelenkkopf des Oberarmes mittig nach vorne in Richtung des Brustmuskels. Außen an der Schulter tasten Sie statt der fleischigen Kugel des Deltiodeusmuskels eine eindrückbare Mulde. Die Schulter sieht eckiger und schmaler aus.

Vorgehen: Beginnen Sie mit der vorher beschriebenen Schmerzbehandlung. Wenn sich der Patient langsam unter der Wirkung der Medikamente zu entspannen beginnt, legen Sie ihn auf den Boden. Setzen Sie sich so daneben, dass Sie Ihren Fuß (idealerwei-

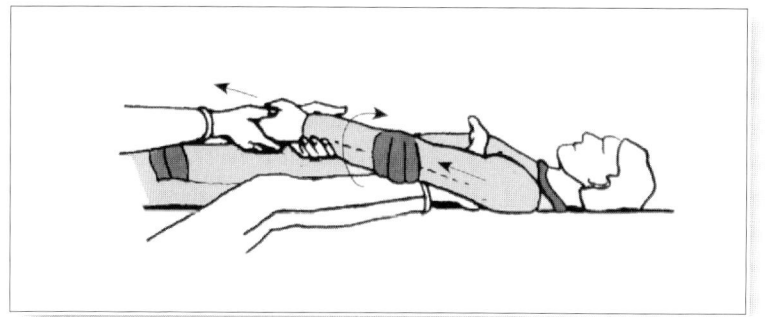

se desodoriert und ohne Motorrad-stiefel) in die Achsel der luxierten Schulter schieben können. Jetzt beginnen Sie langsam an dem Arm zu ziehen. Sie werden mit Ihrer Fußsohle fühlen können, ob die Gelenkkugel sich bewegt.

Lassen Sie sich Zeit. Nur langsam werden die Muskeln den Widerstand aufgeben. Wenn sie merken, dass die Muskeln loslassen, versuchen Sie die Handfläche des Patienten nach oben und anschließend wieder nach unten zu drehen. Mit einem „kugeligen" Geräusch flutscht der Gelenkkopf wieder in die Pfanne. Der Patient hat schlagartig wesentlich weniger Schmerzen und wirkt erleichtert. Der Patient könnte den Arm jetzt wieder voll bewegen. Da die gelenkführenden Strukturen aber stark gedehnt sind, ist eine erneute Luxation sehr wahrscheinlich. Die Schulter muss für mindestens eine Woche **ruhiggestellt und am Körper fixiert** werden. Schnellstmögliche Röntgenkontrolle ist unerlässlich.

Einrenken Sprunggelenk

Am Sprunggelenk ist durch eine enge, starke und lückenlose Bändermanschette der **Zeitdruck** bei der Reposition (Einrenkung) besonders groß. Selten luxiert ein Sprunggelenk ohne eine gleichzeitige Fraktur (Bruch) eines Knöchels, fast nie ohne einen Bänderriss. Eine länger andauernde Ausrenkung hat massive **Durchblutungsstörungen und Nervenschäden** des Fußes zur Folge. Stabiles **Schuhwerk mit Knöchelschutz** (Crossstiefel, hohe Wanderschuhe) kann diese Verletzung zumeist verhindern.

Vorgehen: Vor- und Schmerzbehandlung wie oben beschrieben. Mit langsamem Zug am Fuß versuchen Sie das Bein zu „verlängern". Um das Sprunggelenk wieder in das zangenartige Gelenk des Knöchels einzurenken, bewegen Sie den Fuß unter dieser Zugbewegung langsam hin und her.

Ausgangsposition beim Einrenken eines ausgekugelten Schultergelenks

Medizinischer Ratgeber

Nachdem das Gelenk eingerenkt ist, **kühlen** Sie es lange und ausgiebig. Lagern Sie den verletzten Körperteil hoch, **bandagieren** Sie ihn und veranlassen Sie baldmöglichst eine Kontrolluntersuchung durch Röntgen.

Einrenken von Fingern und Zehen

Durch „Hängenbleiben" ist die Chance der Luxation eines Zehen- oder Fingergelenkes recht groß. Naturgemäß wird die Diagnose durch die fehlende „Fleischumhüllung" einfacher fallen. Eine Besonderheit ist das Daumengrundgelenk, das ein Sattelgelenk mit großem Bewegungsausmaß ist. Ist dieses Gelenk dauerhaft lädiert, ist die Beeinträchtigung extrem groß.

   Vorgehen: Vor- beziehungsweise Schmerzbehandlung wie oben beschrieben. „Verlängern" Sie den Finger bzw. die Zehe unter langsamen Zug. **Kühlen** Sie das Gelenk nach dem Einrenken und **fixieren** Sie den Finger bzw. die Zehen, indem Sie sie an das benachbarte Glied tapen. Lagern Sie die verletzte Gliedmaße hoch. Den Daumen bandagieren oder tapen Sie in für den Patienten angenehmer Stellung.

Einrenken der Kniescheibe

Durch schräge Gewalteinwirkung kann die Kniescheibe nach außen oder innen geschoben werden. Der Sehne des großen Oberschenkelmuskels (*Quadrizeps femoris*) fehlt nun das Widerlager. Die Funktion des Kniegelenkes und damit des gesamten Beines

ist eingeschränkt (abgesehen von den Schmerzen).

   Vorgehen: Vor- beziehungsweise Schmerzbehandlung wie oben beschrieben. Strecken Sie das Bein langsam durch, manchmal „flutscht" die Kniescheibe von alleine an ihren richtigen Platz. Gelingt dies nicht, dann helfen Sie mit sanftem Druck nach.

Bänderriss

Wird ein Gelenk überdehnt, dann reißen die führenden und das Bewegungsausmaß begrenzenden Strukturen. Die Bänder sind zähe, unelastische **Gewebestränge, die die Skelettknochen miteinander verbinden und halten.** Reißt ein solches Band, fehlt dieser Halt; das Gelenk ist instabil und nur noch zum Teil funktionstüchtig. Im Gegensatz zur Bänderdehnung (siehe dort) ist die Abrissstelle oft fast schmerzfrei. Untersuchen Sie das betroffene Gelenk in allen Bewegungsrichtungen sehr sorgfältig. Nehmen Sie dabei ein gesundes Gelenk zum Vergleich. Oft können Sie die Instabilität ohne Schmerzen für den Patienten auslösen. Betroffene Bänder sind häufig die **Kreuzbänder im Kniegelenk,** die **Seitenbänder im Sprunggelenk,** die **seitlichen Bänder der Handgelenke** und das **Schultereckgelenk.**

   Behandlung: Wieder heißt es in der Anfangsphase **kühlen,** um die Schwellung zu begrenzen. **Schmerzmittel** können bei Bedarf gegeben werden. Bei Gelenken mit wenig umgebendem Haut- und Muskelgewebe, wie am

Sprunggelenk, werden Sie ein sich schnell vergrößerndes Hämatom sehen. Stellen Sie das Gelenk durch **Bandage oder Tapen** (siehe dort) ruhig. Lagern Sie die verletzte Gliedmaße hoch. Gewissheit über die Diagnose lässt sich lediglich durch eine Röntgenuntersuchung erlangen. Außerdem wird die Zeit der Ruhigstellung (mind. 6 Wochen) oder Operation meist den Rahmen des Urlaubs sprengen; Arzt oder Krankenhaus aufsuchen, eventuell Urlaub abbrechen.

Knochenbrüche (Frakturen)

Der Knochen ist ein kleines Wunderwerk der Statik. Mit einem optimal geringen Aufwand an Material und Gewicht ist ein Maximum an Stabilität und Festigkeit erreicht. Wirkt eine zu große Gewalt auf den Knochen ein, dann bricht er. Die ursprüngliche Stabilität ist nicht mehr gegeben, und der Patient hat mit einem Mal ein Gelenk an einem Ort, wo er es nicht brauchen kann. Der Patient wird in der Umgebung der Bruchstelle Schmerzen, vielleicht auch große Schmerzen, haben. Diese kommen weniger vom Knochen – der hat nur wenige Schmerzrezeptoren – als vielmehr von der den Knochen umhüllenden **Knochenhaut.** Die ist, ähnlich wie die Rinde an einem Baum, ein wichtiger Bestandteil der Regenerationsfähigkeit des Knochens. Wer sich schon einmal das Schienbein angeschlagen hat, kennt einen Teil dieser Schmerzen. Die scharfkantigen Bruchränder schaben und reißen – manchmal hörbar – an dieser schmerzempfindlichen Haut.

Vor- und Schmerzbehandlung

Keine Panik! Auch wenn Sie durch die Schmerzensschreie des Verletzten in Stress geraten. Sie helfen ihm am besten durch Ruhe und Besonnenheit.

Bei massiven Schmerzzuständen greifen Sie wieder zum Stärksten, was Sie in Ihrer Apotheke haben (wann, wenn nicht jetzt?). Geben Sie *Valoron*- oder *Tramal*-Tropfen. **Kontrollieren Sie immer wieder die Durchblutung** der Extremität. Lassen Sie sich helfen. Der Patient weiß in vielen Fällen sehr gut, wie er gelagert werden möchte.

Unterarm-/ Unterschenkelfraktur

Eine erstaunliche Schmerzerleichterung bringt ein **kontinuierlicher Zug** an der Extremität. Die Knochenbruchstücke werden auseinander gezogen und reizen die Knochenhaut nicht mehr. Dann wird das Bein/der Arm in dieser Stellung **fixiert.** Dies kann mittels Zeltstangen, Montierhebeln, Holzbrettern oder am besten durch biegsame Kramerschienen oder den SAM-Splint und elastische Binden und Mullbinden geschehen. Kontrollieren Sie immer wieder die Durchblutung Werden die Finger/Zehen blau oder weiß? Eine Unterarmfraktur bekommt ein Armtragetuch und wird in angenehmer Stellung am Oberkörper fixiert.

Medizinischer Ratgeber

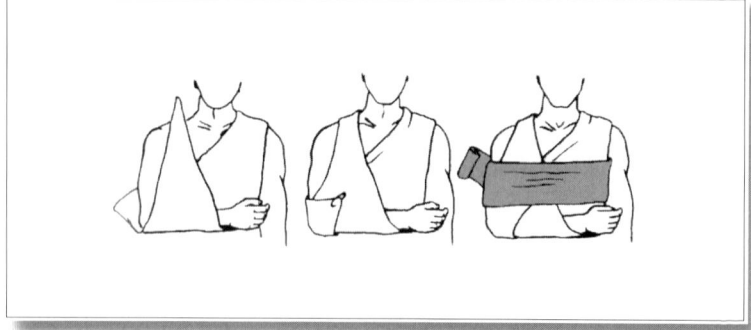

Oberarmfraktur

Brüche des Oberarms sind meist Folge von großer Gewalteinwirkung. Gefährlich ist dabei eine **mögliche Zerreißung der Arterien und Nerven,** die den Unterarm und die Hand versorgen. Im ungünstigsten Fall sterben durch die Mangelversorgung die Zellen an Hand und Unterarm ab, und die Extremität muss amputiert werden. Werden Nerven durchtrennt, sind bleibende Lähmungen die Folge. Kontrollieren Sie die **Durchblutung** (Puls fühlen) und lassen Sie den Patienten das Handgelenk und die **Finger bewegen.** Legen sie den verletzten Arm in ein Armtragetuch aus einem Dreiecktuch und **fixieren** Sie den Oberarm mittels eines zweiten Tuches oder breiten Spanngurtes am Oberkörper. Treten **Lähmungen** auf, wird die Hand kalt und weiß und/oder fühlen Sie **kei-**

Ruhigstellung
eines Oberarmbruchs

nen Puls (an der Handflächenseite des Unterarmes unter dem Daumenballen), rettet nur der sofortige Transport in ein Krankenhaus die Hand beziehungsweise den Unterarm.

Oberschenkelfraktur

Der Oberschenkelknochen (*Femur*) ist der stärkste und stabilste Knochen in unserem Körper. Ein Bruch bei einem jungen Menschen ist nur nach massivster Gewalteinwirkung denkbar wie durch frontalen Kontakt mit einem Unfallgegner oder einem Hindernis oder einem Sturz aus großer Höhe. Wie beim Oberarm ist der **mögliche Blutverlust** und die **Unterversorgung** des anhängenden Beines eine große Gefahr. Durch die Muskelmasse kann ein Blutverlust lange verdeckt bleiben.

Behandlung: Auch wenn Sie wenig Chancen haben, gegen den starken Oberschenkelmuskel genug Zug aufzubauen, versuchen Sie trotzdem, die Bruchenden auseinanderzuziehen. Schienen Sie das Bein vom Brustkorb

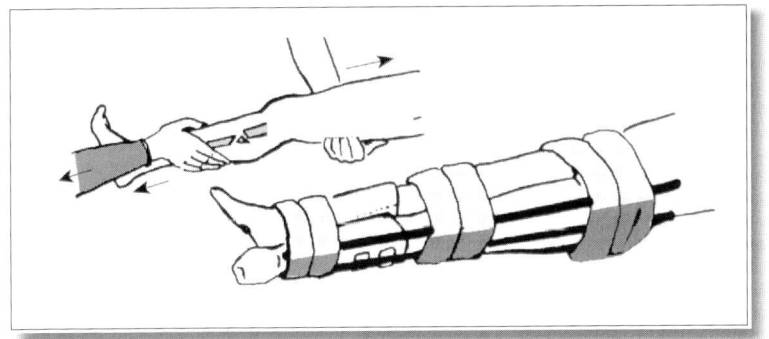

bis zum Sprunggelenk. Seien Sie dabei kreativ. Transportieren Sie den Patienten liegend in das nächste Krankenhaus. Messen Sie halbstündlich den **Umfang** des Oberschenkels. Wird der Umfang kontinuierlich größer und/ oder wird der Fuß kalt und weiß, dann kann nur der schnelle Transport in das nächste Krankenhaus das Bein retten.

Rippen-Frakturen

Der Brustkorb besteht aus 24 Rippen, je 12 auf jeder Seite. 20 von ihnen sind elastisch zwischen Wirbelsäule und Brustbein eingespannt. Durch Drehen der Rippen wird das Volumen des Brustkorbes vergrößert oder verkleinert – und damit die Atmung ermöglicht. Der Bruch einer oder zwei Rippen hat noch keine funktionelle Auswirkung auf die Atmung. Brechen vier oder fünf Rippen in Serie, so ist die Blasebalgfunktion des Brustkorbes gestört und die **Atmung beeinträchtigt.** Der Patient hat **Schmerzen beim Atmen, Husten und Lachen.** Massive

Auswirkungen auf die Atmung hat eine **Durchstoßung** der Lunge durch eine gebrochene Rippe. Der Lungenflügel kann kollabieren (zusammenfallen) und für die Atmung ausfallen.

Behandlung: Der Patient bekommt durch seine Verletzung schlecht Luft. Daher sollte er durch Sie nicht auch noch aufgeregt werden. Geben Sie vorsichtig dosiert Schmerzmittel. Viele Schmerzmittel haben als Nebenwirkung eine Dämpfung des Atemantriebs zur Folge. Tasten Sie zart und langsam alle Rippen in dem schmerzhaften Bereich ab. Die Bruchstelle können Sie oft anhand der Bruchkante ertasten. Sie können so beurteilen, ob nur eine oder mehrere Rippen gebrochen, wie sehr sie verschoben sind und ob der Brustkorb instabil ist. Ist der Brustkorb instabil, kann eine **Schienung durch Pflasterstreifen,** dachziegelartig um die verletzte Brust-

Medizinischer Ratgeber

Ausrichten und Schienen
eines Unterschenkelbruchs

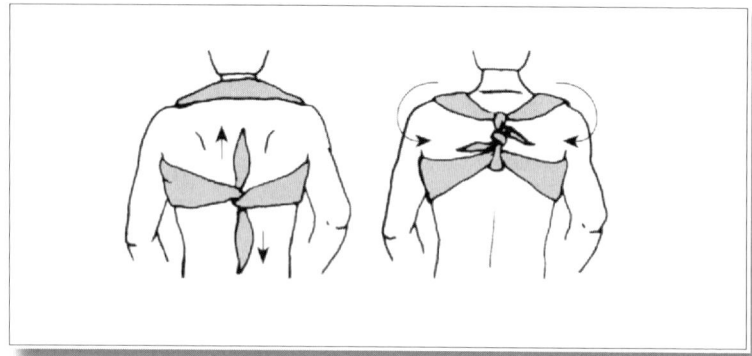

hälfte geklebt, entlastend wirken. Falls Sie ein **Stethoskop** dabei haben, horchen Sie beide Lungenflügel ab. Sind auf beiden Lungenflügeln die Atemgeräusche gleich? Wenn nicht, ist die Lunge vielleicht verletzt. Recht sicher liegt eine Lungenverletzung vor, wenn der Patient **blutig hustet.** Schnellstmöglicher Transport zum nächsten Krankenhaus!

Schlüsselbein-Fraktur

Der Schultergürtel ist durch das Schlüsselbein knöchern mit dem Körperskelett verbunden. So sind Schulter und Arm sehr beweglich. Leider ist das Schlüsselbein dadurch „**Sollbruchstelle".** Die Bruchkanten sind meist gut zu tasten beziehungsweise zu sehen.

    Behandlung: Legen Sie dem Patienten nach medikamentöser Schmerz-

therapie einen so genannten **Rucksackverband** an. Ziehen Sie den Verband so fest an, dass sich die Schulterblätter berühren. Der Patient geht nun ganz aufrecht. Die Bruchkanten werden auseinandergezogen, und die Schmerzen werden schlagartig erträglich. Diesen Verband sollte der Patient die nächsten vier Wochen Tag und Nacht tragen, damit der Bruch zusammenwachsen kann.

    Schlafen die Hände ein oder werden sie gefühllos, Verband lockern!

Finger- und Zehen-Fraktur

Behandlung: Reponieren Sie das Glied und tapen Sie es an das benachbarte. Ein kleiner Aluminiumstreifen (auch ein verbogener Löffel) dient als Schiene. Vorsicht, diese Art Verletzung ist **sehr schmerzhaft.**

Rucksackverband
bei Schlüsselbeinbruch

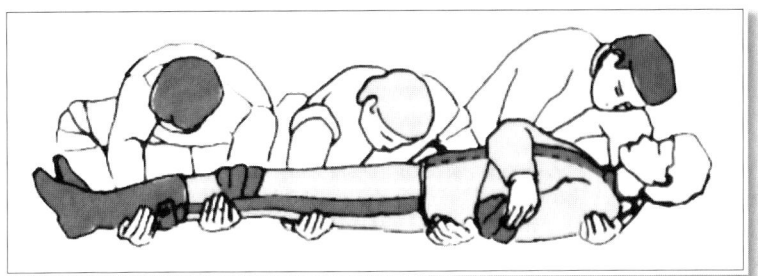

Wirbelsäulen-Fraktur

Der Alptraum eines jeden Motorradfahrers ist ein Bruch eines Wirbels und der damit verbundenen **Gefahr der Querschnittslähmung.** Im Rückenmark, gut geschützt durch die Wirbelkörper, läuft der „Kabelbaum" des Menschen. Fast alle Nerven für die Muskelbewegung und die Körperkontrolle sind hier gesammelt in Richtung Gehirn oder in Gegenrichtung unterwegs. Bricht ein Wirbelkörper, so besteht die Gefahr, dass der Nervenstrang an dieser Stelle abgequetscht wird und unterbricht. Alle Nervenfunktionen unterhalb dieses Segments werden vom Gehirn nicht mehr erreicht, beziehungsweise erreichen das Gehirn nicht. Seien Sie aber vorsichtig mit der Diagnosestellung! Auch wenn der Patient **Gefühlstörungen** in seinen Beinen angibt, **keine Kontrolle** mehr über seine **Blase und Darm** hat (also „in die Hose macht"), so sind das **Alarmzeichen, aber keine endgültige vernichtende Diagnose.** Durch Kompression (Zusammenstauchung) des Rückenmarks auf Grund einer Schwellung können ähnliche Symptome hervorgerufen werden, die sich aber wieder vollständig verlieren. Gute **Rückenprotektoren** können viele Verletzungen verhindern.

Behandlung: Beruhigen Sie den Patienten, und auch sich selbst! Was im ersten Moment schlimm aussieht, relativiert sich nach einer Stunde.

Wenn nötig, vorsichtige Schmerzbehandlung! Viele Schmerzmittel haben als Nebenwirkung eine Dämpfung des Atemantriebs zur Folge.

Untersuchen Sie den Patienten gründlich. Lassen Sie ihn die **Zehen bewegen, kitzeln** Sie ihn an der Fußsohle. Stellen Sie fest, ob es eine Zone der gestörten Empfindung gibt und wenn ja, wo sie beginnt.

Bewegen Sie den Patienten so wenig wie möglich. Müssen Sie ihn umlagern oder tragen, dann unterfassen Sie mit mindestens drei Personen seinen Körper und heben ihn gleichzeitig an.

Anheben und Tragen eines
möglicherweise Rückgratverletzten

Medizinischer Ratgeber

Sollten Sie den begründeten Verdacht haben, dass eine Wirbelsäulenverletzung vorliegt, dann lagern Sie den Patienten vorsichtig flach auf eine harte Unterlage (Brett, Sandblech) und transportieren Sie ihn, wenn möglich, schnell, aber schonend (am besten mit einem Hubschrauber) in das Krankenhaus. Stellen Sie auch bei möglichen Verletzungen der unteren Wirbelsäule die Halswirbelsäule ruhig. Legen Sie die Halskrause (Stiffneck) eng und fest an oder formen Sie aus dem SAM-Splint eine Halskrause. Üben Sie das Anlegen der Halskrause.

Schädel-Fraktur Gehirnerschütterung

Auch bei Benutzung eines guten Helmes können Sie mit Schädelbrüchen und -verletzungen konfrontiert werden. Sie können ursächlich wenig gegen die Auswirkungen tun. Sie können den Schädel nicht schienen oder die Bruchenden auseinander ziehen. Durch die Gewalteinwirkung kommt es zu **Blutungen und Schwellungen im Schädelinneren.** Im Kopf ist aber nur begrenzt Platz, so dass die weiche Gehirnmasse langsam verdrängt wird. Es werden dadurch immer mehr **Hirnfunktionen ausfallen.** Die Symptome können noch nach Stunden auftreten. **Überwachen** Sie einen Patienten, der mit dem Kopf aufgeschlagen ist und nicht ansprechbar war (auch nur kurz), mindestens 24 Stunden.

Behandlung: Der Patient kann sich an die letzten Minuten vor dem Unfall und an das Ereignis nicht erinnern. Unter Umständen ist ihm übel und schwindelig. Bleibt es bei diesen Symptomen, so hat der Patient mit großer Wahrscheinlichkeit eine **Gehirnerschütterung.** Die Therapie besteht aus mindestens drei Tagen **strenger Bettruhe.** Geben Sie ihm viel zu trinken und überwachen Sie ihn kontinuierlich! Eventuell wird er schläfrig und später bewusstlos werden. Der Patient hat dann keine Kontrolle mehr über sich. Er wird erbrechen und „in die Hose machen". Legen Sie ihn in die **Stabile Seitenlage** (siehe unter Bewusstlosigkeit). Erste Alarmzeichen findet man an den Organen, die direkt über die Hirnnerven versorgt werden. Sehen Sie dem Patienten in die Augen. Sind die **Pupillen** ungleich groß oder reagieren sie auf Lichteinfall ungleich schnell? Um Vorschäden auszuschließen, fragen Sie ihn nach vergangenen Augenoperationen **Blutet er** dünnflüssig **aus Nase, Ohren oder Augen?** Decken Sie die Austrittsstellen steril ab. Legen Sie ihm eine Halskrause an (Stiffneck oder SAM-Splint) und transportieren Sie ihn schnellstmöglich in das nächste Krankenhaus! Lagern Sie ihn mit erhöhten Oberkörper. Ist er bewusstlos, drehen Sie ihn in die stabile Seitenlage.

Offene Frakturen

Eine gefährliche Sonderform des Knochenbruches ist eine Wunde in Kombination mit einem Bruch, der **„offene Bruch".** Dadurch, dass die schützende Haut defekt ist, besteht die **Gefahr einer Infektion** der Wunde und des Knochens, verbunden mit Komplikationen im Heilverlauf. Es muss dabei nicht unbedingt der Knochen durch die Haut gespießt sein, auch eine größere Hautwunde im Bereich der Bruchstelle stellt eine Eintrittspforte für Keime dar.

Behandlung: Grundsätzliche Behandlung wie bei Brüchen (siehe dort). Decken Sie die Hautwunde mit Zellstoffmullkompressen steril ab. Bedenken Sie, dass eine Durchnässung der Wundabdeckung mit Wasser, Blut oder Wundsekret keinen ausreichenden Schutz vor Infektionen bietet. Bei längerem Transport in ein Krankenhaus mit Antibiotikatherapie beginnen (Doxycyclin, hochdosiert)

Wunden

Die Haut ist unsere Schutzhülle gegen Umwelteinflüsse. Eine regelmäßige Pflege mit Haut- und Feuchtigkeitscremes, besonders in Gebieten mit geringer Luftfeuchtigkeit, hilft, den Säureschutzmantel der Haut zu erhalten und Keime abzuwehren. Ist die Haut verletzt, so können **Keime** in das Gewebe eindringen. Der Körper reagiert mit seinem Immunsystem, in dem er versucht, die Keime unschädlich zu machen. Oft gelingt ihm das auch, es bildet sich **Eiter,** der aus „vernichteten" Krankheitserregern und verbrauchten Immunstoffen besteht. Die meisten Wunden gehen mit **Blutungen** einher. Das Blut ist ein wichtiger Transportstoff in unserem Körper. **Verlieren** wir **mehr als 1,5 Liter Blut,** so ist eine ausreichende Versorgung von

lebenswichtigen Organen nicht mehr gewährleistet. Der Patient fällt in den **Schock** (siehe dort). Das Ausmaß einer Blutung zu beurteilen, fällt oft schwer. In einem weiß gekachelten Raum sieht die unerhebliche Menge von 20 ml Blut oft nach einem Schlachtfest aus, während zwei Liter Blut im Sand oder Erdreich unspektakulär versickern.

Grundsätzliche Wundbehandlung

Jede Wunde wird **steril abgedeckt.** Dies kann durch ein einfaches Pflaster geschehen. Besser ist ein luftdurchlässiger rundumhaftender Wundschnellverband (*Cutiplast*) oder mittels Verbandpäckchen. Jede Blutung wird **gestillt.** Und zwar zuerst mit Hochhalten der Wunde über Herzniveau. Damit stehen die meisten Blutungen. Ein einfacher Verband reicht ebenfalls oft aus, um die Blutungen zu stillen. Blutet es doch noch massiv durch den Verband, legen Sie einen **Druckverband** an (Abbildung 18). Das berühmt-berüchtigte **Abbinden** heben Sie sich für komplette Amputationen auf. Durch das Abbinden wird der komplette Unterarm oder -schenkel von der Blutversorgung abgeschnitten, und der Teil des Körpers **stirbt unweigerlich ab.** Eine Abbindung wird nicht mehr geöffnet. Darum ist die Entscheidung zur Abbindung eine endgültige. Stellen Sie Wunden ruhig, sie heilen besser und schneller.

Medizinischer Ratgeber

Schnitt- und Platzwunden

Behandlung: Lassen Sie es etwas bluten. Durch die Blutung wird die Wunde gereinigt. Halten Sie zur Blutstillung den Körperteil über Herzniveau. Die Schwerkraft hilft Ihnen, die Blutung zu verringern. Wischen Sie mit einer Kompresse das Blut ab. Untersuchen Sie die Wunde. Wenn Sie Ihnen **tief klaffend** erscheint, können Sie mit **Steristrips** (sterile Klammerpflaster) die Wundränder zusammenziehen und die spätere **Narbenbildung** verringern. Manchmal bilden sich damit kleinere Narben als durch eine Wundnaht. Decken Sie die Wunde mit Kompressen steril ab und verbinden Sie sie. Sollte die Blutung dadurch nicht stehen, dann ziehen Sie den Verband fester und wickeln Sie einen zweiten Verband darüber. Eventuell müssen Sie einen Druckverband anlegen. Durchblutung kontrollieren!

Riss- und Quetschwunden

Im Gegensatz zu Schnittwunden sind bei Riss- und Quetschwunden die **Wundränder ausgefranst.** Die Gewebebeschädigung ist größer.

Behandlung: Untersuchen Sie die Wunde gründlich. Reinigen Sie sie von Schmutz. Verfahren Sie weiter wie bei Schnittwunden.

Biss- oder Stichwunden

Bei beiden Wundarten ist ungewiss, wie tief der **Wundkanal** in den Körper reicht. Dadurch ist das Ausmaß der Gewebeschädigung vor allem in der Tiefe ungewiss. Bei Bisswunden ist die Übertragung von Krankheiten wie **Tollwut** möglich. Vermeidung aller Auseinandersetzungen mit Tier und Mensch ist die beste Taktik.

Behandlung: Reinigen Sie die Wunde, so gut es geht. Lassen Sie sie bluten. Schnellstmöglicher Transport in ein Krankenhaus, auch wenn sich der Patient gesund fühlt. Tollwut ist die einzige **Impfung,** die auch noch nach erfolgter Übertragung angewendet werden kann. Die Krankheit Tollwut kann noch nach einem halben Jahr ausbrechen!

Kein Zusammenheften der Wundränder mit Steristrips! Weitere Behandlung wie bei allen Wunden. Achten Sie auf Anzeichen eines Schocks. Die Wunde kann für Sie unsichtbar in der Tiefe massiv bluten.

Schürfwunden

Durch konsequente Anwendung von Schutzkleidung können diese Wunden vermieden werden. Die großflächige Zerstörung der Hautoberfläche verursacht große Schmerzen und macht es den Keimen leicht, eine Eintrittspforte zu finden.

Behandlung: Reinigen Sie die Wunde von Schmutz mit Wasserstoffperoxid oder Mercuchrom. Bei größerer Verunreinigung kochen Sie etwas Wasser ab, lassen es auskühlen und spülen Sie die Wunde.

Legen Sie direkt auf die Wunde sterile Wundgaze *(Sofratüll)*. Die Gaze ist mit einer antibiotischen Salbe getränkt. Meist bluten diese Wunden kaum, dafür nässen Sie ekelhaft. Bei größeren Schürfwunden hat sich statt einem Puzzle aus vielen kleinen Kompressen ein Brandwundenverbandtuch als Wundauflage bewährt.

Wundentzündungen

Die meisten Entzündungen sind harmloser Art und verheilen folgenlos. Es gibt aber Komplikationen, die Ihrer Intervention bedürfen.

Blutvergiftung

Gefürchtete Komplikation ist die „Blutvergiftung", die vorerst noch keine ist, sondern eine **Entzündung der Lymphbahnen** (Lymphangitis). Erkennen kann man diese gefährliche Entzündung an roten **Entzündungsstrichen in Richtung Körperstamm** unter beziehungsweise in der Haut und an **angeschwollenen Lymphknoten.** Überwinden die Keime die Barriere der Lymphknoten, dann kommt es zur echten Blutvergiftung und zur Streuung der Keime über den gesamten Körper.

Behandlung: Stellen Sie die Ursache fest. Säubern Sie vorhandene Wunden und wechseln Sie den Verband.

Geben Sie **Antibiotika** in der zulässigen Höchstmenge (*Baktrim* 2x1/Tag)

Kühlen Sie die entzündete Stelle und stellen Sie den Patienten dem nächsten Arzt vor.

Gasbrand

Er kann in Wundtaschen unter Luftabschluss entstehen. Zum Glück ist diese Entzündung aber äußerst selten.

Besonders gefährdet sind **tiefe Biss- und Stichwunden.** Einige Stunden bis zu fünf Tage nach der Verletzung entsteht um die Wunde eine verfärbte Schwellung, bei der auf Druck ein knisterndes Geräusch entsteht. Es besteht höchste Lebensgefahr!

Behandlung: Öffnen Sie sofort die Wunde, schneiden Sie sie auf und vergrößern Sie sie. Es muss Sauerstoff an und in die Wunde. Reinigen Sie die Wunde bis in die Tiefe mit Desinfektionsmittel. Geben Sie höchstdosiert **Antibiotika** (Penicillin oder Doxicyclin). Sofortiger Transport zum Krankenhaus (Sollten sich die Symptome nicht bessern und haben Sie noch mehrere Tage Fahrt zum nächsten Arzt, ist der Arm oder das Bein nicht mehr zu retten. Binden sie die Gliedmaße ab.)

Verbände

Um ein verletztes Gelenk zu entlasten oder zu stabilisieren, legen Sie einen Verband an. Dieser soll fest sitzen, nicht verrutschen und die Durchblutung nicht behindern. Es gibt eine Unzahl von Spezialverbänden, die perfekten Sitz und Stabilität versprechen. Seien Sie kreativ. Niemand wird Ihren Verband nach ästhetischen Gesichtpunkten bewerten. Wo es geht, umgehen Sie die Verbandwickelei und verwenden Sie Cutiplast oder kleben mit Pflasterstreifen die Kompressen fest.

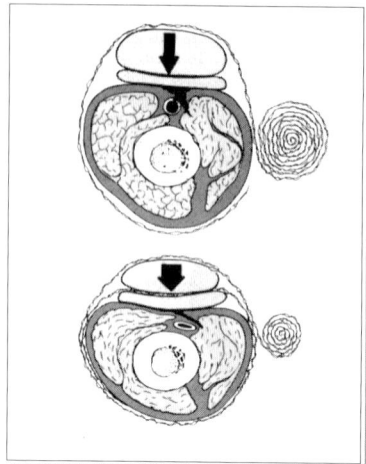

Druckverband

Sollte ein normaler Verband eine Blutung nicht stillen können, dann verstärken Sie den Druck mit einem Druckverband. Über die steril abgedeckte Wunde legen Sie ein geschlossenes Verbandpäckchen und wickeln mit kräftigem Zug eine Mullbinde.

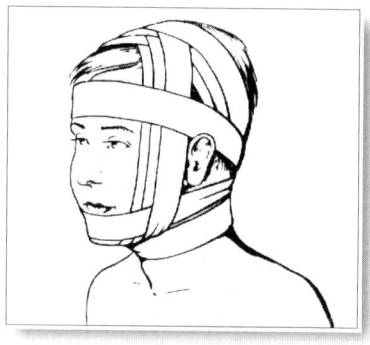

Kopfverband

Wenn Sie nicht die Haare eines Patienten abrasieren wollen, dann haben Sie mit Pflasterstreifen bei Wunden der Kopfschwarte wenig Chancen. Verwenden Sie ein Dreieckstuch. Die Spitze des Dreiecks legen Sie auf die Nasenwurzel, die Basis in den Nacken. Nun verknoten Sie die beiden freien Enden fest auf der Stirn und spannen den Verband, in dem Sie die Spitze des Dreiecks in Richtung Nase ziehen und anschließend mit dem Knoten verdrehen.

Tape-Verband

Mit dem „Tapen" ersetzen Sie gedehnte oder gerissene Bänder in den Gelenken. Sie **stabilisieren,** indem sie das Bewegungsausmaß des Gelenks beschränken. Seien Sie auch hier kreativ. Es gibt nicht nur einen Weg zum Erfolg. Überlegen Sie, in welche Richtung Sie die Gelenkbewegung verhindern wollen. Anhand des Daumengelenkes und Kniegelenkes soll das Prinzip dargestellt werden.

Grundsätzliches

Kleben Sie vor und hinter dem Gelenk einen Streifen als Anker, damit sich der Verband nicht durch die Hautfeuchtigkeit ablösen kann. Kontrollieren Sie die **Durchblutung!** Kleben Sie **mehrere Lagen** unter leichtem Zug dachziegelartig übereinander. Am Schluss kleben Sie über die Ankergänge einen Abschlussgang, um ein Ablösen zu verhindern.

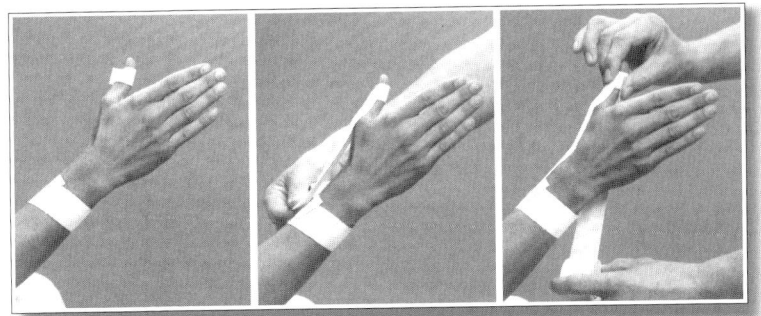

Tapen des Daumens

Um Daumen und Unterarm legen Sie Ankergänge aus Tape. Führen Sie einen Zügel an der Streckseite vom Daumen zum Unterarm, ebenso an der Beugeseite. Legen Sie einen geschlitzten Zügel an der Innenseite des Daumens an und verkleben Sie die Enden umfassend um das Handgelenk. Schmale Tapestreifen stabilisieren kornähenförmig das Daumengrundgelenk. Komplettieren Sie den Verband mit Tapestreifen um das Handgelenk.

Tapen des Kniegelenkes

Etwa 15 cm ober- und unterhalb des Kniegelenks befestigen Sie Ankergänge rings um den Ober- beziehungsweise Unterschenkel. Vier Kreuzgänge umschließen ringsum die Kniescheibe. Die Innen- und Außenseite des Kniegelenks sichern Sie mit Längszügel. Zwei zirkuläre Klebestreifen auf den Ankergängen halten die Tapezügel.

Medizinischer Ratgeber

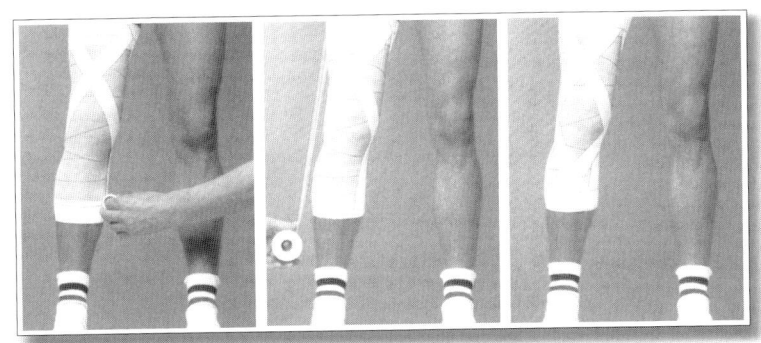

Sonstige Beschwerden

Augenbinde-hautentzündung

Durch zu starke und zu lange ungeschützte Sonneneinstrahlung und durch Sand, Staub, Zugluft und Fliegen oder verrutschte Kontaktlinsen kann sich die Bindehaut der Augen (das Weiße der Augen) reizen und entzünden. Erkennen können Sie dies an rotgeäderten, tränenden Augen. Der Patient klagt im fortgeschrittenen Stadium über ein **„sandiges", trockenes Gefühl** auf den Augen und über ein **vernebeltes Blickfeld.**

Behandlung: Nicht reiben! Falls die Entzündung durch einen **Fremdkörper** verursacht wurde, können Sie diesen mit dem Eck einer sterilen Kompresse in das nasenseitige Augeneck wischen. Träufeln Sie *Berberil* in das Unterlid. Einen Streifen *Bepanthen*-Salbe in das Unterlid einlegen und beide Augen schließen. Verständlicherweise ist Motorradfahren dann nicht mehr möglich. Auf das entzündete Auge einen feuchtkühlen Lappen legen und beide Augen für einige Stunden schließen.

Tragen sie konsequent eine gute **Sonnenbrille** (auch unter der Motorradbrille), die auch das seitliche Streulicht abschirmt! Die meisten Gläser der Motorradbrillen haben eine wesentlich schlechtere UV-Absorption. Sie können sich eine behelfsmäßige, gut absorbierende Sonnenbrille aus einem Streifen einer Rettungsdecke basteln. Das Trägermaterial ist ein feines, durchsichtiges Gittergewebe. Die Silberseite reflektiert über 90 Prozent der Sonneneinstrahlung.

Tragen Sie in staubigen und sandigen Gebieten, also bei allen Wüstenfahrten, **keine Kontaktlinsen.**

Nasenbluten

Trockene Wüstenluft, Staub, Sand und Höhenluft trocknen die Nasenschleimhäute aus. In der Folge reißen kleine Äderchen auf, und die Nase blutet. Dies sieht sehr gefährlich aus, ist aber **in der Regel harmlos.** Lediglich **Bluter** oder Personen, die **blutverdünnende Medikamente** einnehmen, müssen diesen Zustand ernster nehmen.

Behandlung: Beugen Sie den Patienten nach vorne und lassen Sie das Blut aus der Nase rinnen.Drücken Sie die blutende Nasenseite mindestens zehn Minuten kräftig zu. Legen Sie einen **feuchtkühlen Lappen** in den Nacken und auf die Stirn. Reicht das nicht zur Blutstillung aus, dann schneiden Sie aus einer sterilen Kompresse einem Streifen ab, rollen ihn zusammen und **tamponieren** Sie die Nase. Dabei sollte kein Blut mehr in den Rachen zurückfließen. Wenn sie die Blutung gestoppt haben, darf der Patient sich mindestens drei Stunden nicht schneuzen, beziehungsweise die Tamponade muss mindestens sechs Stunden in der Nase belassen werden.

Hexenschuss

Eine ruckartige Bewegung, das Motorrad aus dem Sand aufgehoben, und plötzlich gehen Sie vor Schmerzen im unteren Rücken nur noch gebückt. Die Lendenwirbelsäule ist völlig gerade und die umgebenden Muskeln fühlen sich bretthart an. Die Schmerzen ziehen manchmal über das Gesäß bis in die Beine.

Behandlung: Legen Sie den Patienten auf eine harte ebene Unterlage und bieten Sie ihm an, die Hüfte und Knie in 90° zu beugen. Legen Sie Motorradkoffer oder ähnliches unter. Oft wird dies als angenehm entlastend empfunden. Sanfte **Massage** der Rückenmuskulatur, sofern der Patient sie als angenehm empfindet. Keine heftigen Einrenkversuche! Geben Sie *Voltaren*-Tabletten gegen die Schmerzen. Bei **Lähmungserscheinungen** gehen Sie wie bei einer Wirbelsäulenfraktur vor. Schonender, aber zügiger Transport ins Krankenhaus.

Sehnenscheidenentzündung

Sehnenscheiden sind sozusagen die „Umlenk- und Führungsrollen" der Muskeln. Bei **Überbelastung** werden diese Führungsschläuche gereizt und können sich entzünden. Meist tritt eine Sehnenscheidenentzündung an den Handgelenken auf.

Behandlung: Stellen Sie das betroffene Gelenk für einige Tage ruhig. Bandagieren Sie es.

Kühlen Sie das Gelenk und lagern Sie es hoch. Beseitigen Sie, wenn möglich, die Ursache (wechseln Sie zum Beispiel die Züge am Motorrad).

Eingewachsener Zehennagel

Der Nagel wächst statt über dem Nagelfalz in das Fleisch ein und entzündet sich dort, oft an der großen Zehe.

Behandlung: Mit einem flachen, schmalen, sehr sauberen Gegenstand (zur Not ein kleiner sterilgekochter Schraubendreher) fahren Sie am Nagel entlang und hebeln das entzündete Nageleck aus dem Eiter. Oft werden Sie dort einen Nagelsporn finden. Kürzen Sie den Nagel so weit, dass ein Anliegen an dem entzündeten Nagelfalz nicht mehr möglich ist. Reinigen Sie die Wunde und verbinden Sie sie.

Zahnschmerzen

Plomben, Kronen und ausgebrochene Zahnteile lassen sich mit *Cavit* wieder anheften.

Behandlung: Die „Klebestelle" muss völlig trocken sein. Beißen Sie nach dem „Kleben" für einige Minuten auf ein trockenes Taschentuch. Überschüssiges *Cavit* kann in getrocknetem Zustand abgekratzt werden. Kontrollieren und erneuern Sie die provisorische Füllung alle paar Tage.

Wieder daheim

Geben Sie sich und Ihrem Körper wieder Zeit zum Umstellen auf die anderen Lebensgewohnheiten. Wer noch einige Tage Muße hat, bevor ihn der Alltag einholt, ist gut beraten. Denken Sie an die Malariaprophylaxe, die Sie noch vier Wochen weiterführen müssen. Auch nach scheinbar folgenloser Abheilung einer Krankheit im Ausland sollten Sie geeigneten ärztlichen Rat einzuholen.Ganz besonders aufmerksam sollten Sie bei unklaren und diffusen Erkrankungen in der Folgezeit sein. Fieberschübe, Durchfälle, die eventuell blutigen Schleim enthalten, Ausschläge und Hautveränderungen müssen abgeklärt werden. Für den Fall, dass Sie nach einem Unfall nicht mehr ansprechbar sind, legen Sie sich einen Zettel in Ihre Brieftasche, auf dem Sie auf die besonderen Bedingungen der Reise, bei der der Unfall passiert ist, hinweisen.

Infos im Internet

Unter den Suchbegriffen „Reisemedizin" und „Tropenmedizin" gibt es eine Unmenge von Webseiten. Einige der informativsten nachstehend.
- **Arbeitskreis Hamburger Tropen- und Reisemedizin:** www.tropenmedizin.net
- **Center for disease control and prevention,** USA (englisch): www.cdc.gov
- **Deutsche Gesellschaft für Tropenmedizin und internationale Gesundheit:** www.dtg.mwn.de
- **Fliegerärztliche Untersuchung der LTU:** www.die-reisemedizin.de
- **Infostelle für Reisemedizin,** Schweiz: www.osir.ch
- **Institut für Reisemedizin und Impfungen,** *Dr. Riedel-Schneider:* www.reisemed.com
- **Reiseberatung Dr. Kaunzner:** www.kaunzner.de
- **Zentrum für Reisemedizin,** Uni Wien, Österreich: www.reisemed.at

Infos bei Tropeninstituten

- **Berlin: Institut für Tropenmedizin,** Spandauerdamm 130, 14050 Berlin Tel. 030/30116 - 6 www.charite.de/tropenmedizin

- **Bonn: Institut für medizinische Parasitologie** der Universität, Sigmund-Freud-Str. 25, 53127 Bonn Tel. 0228/2875672 www.meb.uni-bonn.de/parasitologie

- **Dresden: Städtisches Klinikum Dresden-Friedrichstadt,** Friedrichstr. 39, 01067 Dresden, Tel. 0351/48038-01, Internet: www.khdf.de

- **Hamburg: Bernhard-Nocht-Institut,** Berhard-Nocht-Str. 74, 20359 Hamburg, Tel. 040/311820 Internet: www.bni.uni-hamburg.de

- **Heidelberg: Institut für Tropenhygiene** am Ostasieninstitut der Uni, Im Neuheimer Feld 324, 69120 Heidelberg Tel. 06221/562905 Internet: www.hyg.uni-heidelberg.de

- **München: Institut für Infektions- und Tropenmedizin** der Uni und Landesimpfanstalt, Leopoldstr. 5, 80802 München, Tel. 089/333322 Internet: www.fit-for-travel.de o oder www.tropeninst.med-muenchen.de

- **Tübingen: Institut für Tropenmedizin,** Kepplerstr. 15, 72074 Tübingen, Tel. 07071/298- 2364 Internet: www.med.uni-tuebingen.de

- **Würzburg: Missionsärztliche Klinik,** Abteil. Tropenmedizin, Salvatorstr. 7, 97074 Würzburg, Tel. 0931/7912821 Internet: www.missio.tropmed@mail. uni-wuerzburg.de

Medizinischer Ratgeber

Enduro-
wandern alpin

Endurowandern auf den historischen Militärpisten und -wegen der Westalpen: Vor rund zwanzig Jahren wurde diese, neben dem „Wüstenfahren" wohl faszinierendste Art des Endurofahrens, langsam aber sicher populär, boomte mit ungewollter Unterstützung der Fachpresse innerhalb einiger Jahre derart, dass es – wie mit vielen neu entdeckten Sportarten – erst einmal zum Eklat kam: in Form von Streckensperrungen, Fahrverboten, aber auch razzia-ähnlichen behördlichen Aktionen gegen die leider zahlreichen schwarzen Schafe: Motorradfahrer und Motorradtouren-Veranstalter, die die Alpen mit einer riesigen Motocross-Strecke verwechselten, statt dezent und unauffällig per Motorrad zu „wandern".

Heute ist diese überaus reizvolle Art des Motorradfahrens wieder zu einer sehr individuellen Sache geworden. – allerdings nur mit Genuss verbunden, wenn man nicht unangenehm auffällt und gut vorbereitet ist. Man muss einfach wissen, was wann, wo und wie machbar ist! Nachstehender Ratgeber nennt „Hardware" und „Software" des alpinen Endurierens. Zwei Tourberichte vom heutigen „Endurado Piemont" zeigen, was man noch immer dort erleben kann.

Welche Enduro?

Voraussetzung angenehmen Endurowanderns auf alpinen Schotterstrecken ist ein dafür geeignetes Motorrad. Mit den meisten **Straßenmotorrädern** ist zwar das Befahren alpiner Schotterstraßen kein Problem; Spaß macht es allerdings höchstens hinsichtlich der **Herausforderung,** so etwas auch mit einem Straßenmotorrad zu schaffen. Im Falle eines Ausrutschers oder in Anbetracht der selbst bei Schritttempo kaum vermeidbaren Steinschlagschäden an der Fahrzeugunterseite findet man das Ganze allerdings meist weniger erfreulich. Auf ungeteerten Verkehrswegen – unabhängig von Schwierigkeitsgrad und persönlichem fahrerischem Anspruch – ist man daher mit einer Enduro besser beraten. Dies kann und wird für Selbstanreiser in der Regel eine schwere **Reise-Enduro** sein. Ein leichte und das Spektrum der befahrbaren Strecken erweiternde **Sport-Enduro** transportiert man hingegen lieber im Auto oder auf einem Hänger ins Zielgebiet.

Mit dem Enduro-„Dampfer" – auch zu zweit – lohnt sich eine Fahrt zu den alten Militärpisten und -wegen der Westalpen genauso wie mit der leichten Enduro-„Bergziege". Viele wunderschöne und lange Schotterstraßen sind in relativ gutem Zustand und damit für jeden geübten Motorradfahrer auch mit einer großen Reise-Enduro zu bewältigen (siehe auch nachfolgendes Kapitel: Schotterstrecken in den Westalpen).

Wer sich auch an **fahrerisch anspruchsvollen Offroad-Strecken** versuchen will – legal befahrbar gibt es sie in den italienischen Westalpen für ortskundige oder von einem ortskundigen „Guide" geführte Endurofahrer zuhauf –, dessen Enduro sollte möglichst leicht sein. Zum Beispiel, weil es auf engen und steilen Strecken wie den vielen aus vergangenen Zeiten stammenden und für einspurige Transportmittel angelegten Pfaden immer wieder mal dazu kommt, dass man sein Motorrad **schieben, herum- oder auch aufheben** muss. Hohe Bodenfreiheit und Federwege, die auch Grobes wegstecken, braucht man, weil solche *mulatieres* – Maultierpfade – oft mit riesigen **Steinbrocken** „gepflastert" und mit hohen **Felsstufen** oder gar ganzen „Treppen" garniert sind. Auch **Spitzkehren, Steigungen und Gefälle** mit für Esel ausgelegten Radien und Neigungswinkeln lassen sich nur auf einer leichten Sportenduro ohne größere Risiken bewältigen.

Um beide Aspekte des alpinen Endurowanderens zu beleuchten, gibt es im Abschluss an den Ratgeberteil gleich zwei **Reportagen,** einmal Endurowandern normal, einmal extrem.

Technik

Bereifung

Grobstollige **Geländebereifung** ist auf losem Untergrund, beim Fahren über Nassstellen oder Restschnee unerlässlich; auch das Fahren auf Schotterstre cken funktioniert mit Stollenreifen wesentlich kontrollierter und einfacher (siehe auch Abschnitt Fahrtechnik). Gut geeignet für die typischen Einsatzbereiche beim Endurowandern sind z. B. Bereifungen wie der **Pirelli MT 21,** der zudem auch über passable Straßenqualitäten verfügt.

Wichtig: Der **Luftdruck** darf nicht zu hoch sein. Im Prinzip gilt: Je weniger Luft, desto besser überträgt das Hinterrad die Kraft des Motors und desto höher ist am Vorderrad die Seitenführung. Ebenso springen die Räder auf harten und grobschottrigen Pisten weniger. Grenzen setzen dabei die **Durchschlagresistenz** des Reifens und die Gefahr, dass er sich auf der Felge dreht und das Ventil abreißt. Bei Vorhandensein eines **Reifenhalters,** einer bei Sportenduros üblichen Reifen-Felge-Klemmung, kann auf besonders rutschigem Untergrund – z. B. mit Laub bedeckten nassen Steinen – der Luftdruck am Hinterrad bis auf 0,5 bar abgesenkt werden. Ansonsten sind 0,8 bis 1,0 bar – je nach Bruttogewicht des Fahrzeugs – auf dem Hinterrad und 1,0 bis 1,3 bar auf dem Vorderrad der richtige Wert für die Fahrt auf Schotterpisten aller Art.

Federungseinstellung

Langhubige Federungen können in der **Federvorspannung** auf „weich" justiert werden. Dies verhindert unnötige Rüttelei und lässt den Fahrerbeinen beim eventuell einmal nötigen Abstützen nicht so schnell „den Boden ausgehen". Die **Dämpfung** sollte – sofern

einstellbar – mit wenig Einfederdämpfung (= Druckstufe) und viel Ausfederdämpfung (= Zugstufe) gefahren werden. Auf holprigem Untergrund verringert dies die Tendenz der Räder zu springen. Auf morastigem Boden verbessert ein im Ausfedern stark gedämpftes Hinterrad die Traktion.

Übersetzung

Für alpines Endurowandern braucht man zumindest auf fahrtechnisch anspruchsvollen Strecken eine **möglichst „kurze" Übersetzung.** Es kommt nicht auf Höchstgeschwindigkeit, sondern auf möglichst „trial-taugliche" Abstufung der Gänge an.

Bei **Enduros mit Kettenantrieb** zum Hinterrad ist eine diesbezügliche Änderung sehr einfach und schnell realisierbar. Man baut ein kleineres Getriebeausgangs-Kettenritzel ein. Bis zu zwei Zähne weniger – eine deutlich spürbare Verbesserung– fängt man, ohne an der Kette irgendwelche Änderungen vorzunehmen, mit dem Kettenspanner ab – durch entsprechendes Nachhintenversetzen des Rades. Zwei Zähne weniger machen auch aus einer „Straßenübersetzung" eine recht geländetaugliche.

Armaturen-Schützer

Umlaufende, also nicht nur innen am Lenker, sondern auch an den Lenkerenden angeschraubte Griff-Protektoren sind ein Muss! Sie dienen nämlich nicht nur zum Schutz der Hände – z. B. vor den Schlägen von Ästen und Zweigen in zugewachsenen Wegen, sondern auch zur Vermeidung von **Hebelbruch** schon beim kleinsten Umfaller.

Bei der Montage ist allerdings auf möglichst großen **Abstand** der Protektoren **zu den Handhebeln** zu achten: Die Hände des Fahrers müssen auch, wenn er mal nach vorne „abfliegen" sollte (was z. B. bei einer Steilabfahrt oder einem unglücklichen Ausrutscher geschehen kann), jederzeit zwischen Protektor und Hebel herausrutschen können. Andernfalls drohen **Bänderisse oder Brüche im Handgelenk,** die eine Reise schnell beenden können. Um das zu vermeiden, sollte man die Protektoren bei der Montage zwischen den beiden Befestigungspunkten – am Lenkerende und in der Nähe der Lenkerbefestigung – ein wenig „stauchen", damit sie sich von den Handhebeln wegwölben. Auch bei Verwendung von umlaufenden Griff-Protektoren sollten die **Klemmungen der Armaturen** leicht gelockert werden. Bei unsanfter Bodenberührung können sie sich dann auf dem Lenker verdrehen, was in der Regel schon alleine einen Bruch verhindert, erst recht in Verbindung mit erwähnten umlaufenden Griff-Protektoren

Klapp-Spiegel

Nicht nur, weil man beim Endurowandern auch auf mehr oder weniger verkehrsreichen Straßen fährt, besteht über den Nutzen von **Rückspiegeln** kein Zweifel. Sind sie klappbar, spart man sich vor Geländeeinsätzen, wo

man realistischerweise auch mal einen Umfaller mit einkalkulieren muss, die Demontage bruchgefährdeter und somit auch verletzungsträchtiger starrer Spiegel.

Empfehlenswert ist allerdings nur der Kauf von Klappspiegeln, die gute „Rücksicht" gewähren. Solche werden z. B. bei den Enduros des italienischen Herstellers *Husqvarna* serienmäßig verwendet, sind aber auch im Zubehörhandel erhältlich. Dort gibt es übrigens auch so genannte „Rallye"-, besser gesagt Alibi-Spiegel. Die sind höchstens zum Rasieren zu gebrauchen, weil nicht mit dem für Rückspiegel üblichen, konkav gewölbten und damit weitwinkligen, sondern mit planem Glas belegt. Vibrationsempfindlichkeit und ein schnell ausleierndes Klappgelenk gibt's für's Geld dazu.

Motor- und Rahmenschutz

Nur ein stabiler **Schlagschutz** kann im Falle eines harten Aufsetzers auf einen Felsbrocken – bei Touren-Enduros mit ihrer relativ geringen Bodenfreiheit keine Seltenheit – den Rahmen und den Motorblock vor Schäden schützen. Bei Sport-Enduros mit sehr großer Bodenfreiheit besteht weit weniger Aufsetzgefahr. Ein Motorschutz erfüllt bei ihnen hauptsächlich die Aufgabe, die Fahrzeugunterseite vor den vom Vorderrad aufgewirbelten Steinen zu schützen; er erlaubt zudem beschädigungsfreies „Aufbocken" auf einem Felsen, wenn z. B. mal ein Reifen zu flicken ist.

Gezahnte Fußrasten

Gummibeläge auf gezahnten Fußrasten sind vor allem bei nicht für den Sporteinsatz gebauten Enduros zu finden. Sie sollten wegen der meist gegebenen Feuchtigkeit auf alpinen Enduro-Strecken entfernt werden. Beim Fahren im Stehen von einer nassen Gummifußraste zu rutschen, kann böse Stürze verursachen.

Scheinwerferschutz

Die Hinterreifenstollen des Vorausfahrenden können gar nicht anders – auch bei Enduro-Wandertempo – als mit Steinen zu „werfen". Das kann dem Scheinwerfer „ins Auge" gehen. Eine Platte aus ca. 5 mm starkem Plexiglas oder ebenso dickem klarem Weichplastik verhindert dies. Sie sollte in solchem Abstand vom Scheinwerferglas montiert werden, dass man dieses noch mit einem Tuch oder den Handschuhen abwischen kann, wenn es durch Schlamm und Staub verunreinigt ist.

Werkzeug und Ersatzteile

Dass auf Alpen-Schotterwegen ein Helfer, geschweige denn die nächste Werkstatt oder Tankstelle manchmal genauso unerreichbar sein kann wie auf Wüsten-Pisten, merkt man spätestens dann, wenn man auf irgendeinem *mulatiere* in 2.500 m Höhe z. B. mit einem „Platten" dasteht – womöglich ohne Werk- und Flickzeug, während das Wetter gerade umschlägt und/oder die Dämmerung naht. Zumindest das **Werkzeug für Zündkerzenwechsel, Radausbau** und die **Reparatur einer Reifenpanne** gehört und folgende Ersatzteile sollten also auch „nur" bei einer Alpentour dabei sein:

- Zündkerze
- Flickzeug
- Vorder- und Hinterradschlauch
- Kupplungshebel mit Halter
- Kupplungs- und Gaszug
- Kabelbinder, Draht, Isolierband

Unterbringen lässt sich das Ganze neben dem Werkzeugfach des Motorrades in einem so genannten Rallye-Motorschutz (Schlagschutz mit Werkzeugfach = schwerpunktgünstigste Ideallösung), einem Enduro-Gürtel oder einem kleinen, zum Rücken hin gut gepolsterten Rucksack.

Gepäckunterbringung

Ein kleiner **Rucksack** ist auch die beste Lösung zur Unterbringung des Tagesgepäcks, also die in den Alpen meist vorsichtshalber mitzunehmende Regenbekleidung, eine „Brotzeit", etwas zu trinken und Fotoapparat oder Video-Kamera.

Ein Rucksack macht das Motorrad nicht schwerer und behindert nicht – wie ein Tankrucksack und erst recht Seitenkoffer oder ein Topcase – auf

Endurowandern alpin

08.5mo Foto: tt

fahrtechnisch anspruchsvollen Pisten. Sehr empfehlenswert ist der *Dainese „Techno City"* wegen seines integriertem Rückenprotektors und seiner allgemein hervorragenden Qualität.

Bekleidung

Protektorenbewehrte Schutzbekleidung ist auch fürs Endurowandern in den Alpen sinnvoll und unentbehrlich. Dazu noch einige Tipps:

Wer mit einem visierlosen Endurohelm unterwegs ist, sollte wegen der Gefahr, vom Vorausfahrenden Steinchen „zugeworfen" zu bekommen, immer mit einem an die Motorradbrille angesetzten **Nasenschutz** fahren.

Die Brille über den Kinnschutz zu schieben oder das Visier offen zu lassen, weil das Glas beschlagen ist, kann auf zugewachsenen Wegen (und gerade auf solchen, meist anstrengend zu fahrenden Strecken taucht dieses Problem am häufigsten auf) im wahrsten Sinn des Wortes ins Auge gehen. Ich habe selbst erlebt, dass ein im Vorbeifahren gestreifter Ast sich bei einem Mitfahrer ins Nasenloch bohrte und erst dicht unterhalb des Auges wieder austrat! Doppelwandiges **Anti-Beschlag-Glas,** z. B. für den *BMW*-Systemhelm oder für *Smith*-Endurobrillen erhältlich, hilft, solche Verletzungen zu vermeiden.

Überwältigend:
Der Blick von einer auf schwierigen Wegen bezwungenen Alpenfestung

Landkarten und Reiseführer

Die besten Karten gibt's vor Ort.
- **Für Italien (Piemont):**
Instituto Geografico Nationale,
1: 50.000, Blatt 1 und 2
- **Für Frankreich (Hoch-Savoyen):**
IGN (Blatt 3634 OT, 1:25.000)

Nach wie vor der „Klassiker" und von diversen Alpen-Enduro-Reiseführern in Genauigkeit, Umfang und Aktualität nicht annähernd erreicht, ist der **„Denzel",** ein Standardwerk, das sein Geld wert ist und im Frühjahr 2000 in der 20., aktualisierten Auflage erschienen ist.

Wann Endurowandern?

Die in Frage kommenden Zeiten sind z. B. **klimatisch begrenzt,** da ungeteerte Bergstrecken über 2.000 Meter Meereshöhe nicht vor Mitte Juni und bis spätestens Mitte September befahrbar sind. Sie werden im Gegensatz zu den geteerten Alpenstraßen nämlich nicht geräumt. Restschnee wie Neuschnee bleibt also liegen, bis er abgetaut ist.

Viel gravierender als wetterbedingte Blockaden – sie sind innerhalb gewisser Grenzen auch eine Frage von Fahrzeug- und Fahrtechnik – sind allerdings **„soziale" Gründe,** nicht per Enduro zum Bergwandern zu fahren: An Wochenenden mit schönem Wetter und generell während der italienischen und französischen Sommerferi-

Endurowandern alpin

enzeit sollte man von Endurotouren in den Westalpen unbedingt absehen. Ein Spießrutenlauf inmitten von feindselig dreinblickenden, mit Wanderstöcken drohenden Völkerscharen italienischer und französischer **Ausflügler und Wanderer** ist sonst vorprogrammiert – selbst, wenn man im Schritttempo auf legal befahrbaren Strecken unterwegs ist, lässt sich eine gewisse (Lärm-) Belästigung ja nicht vermeiden. Tatsächlich vorgekommen: Drei österreichische Endurofahrer bekommen beim Essen in einem Berggasthof plötzlich von französischen Gendarmen „Besuch". Diese wurden von verärgerten Wanderern per Handy darüber informiert, dass „Motorrad-Rowdys" im Wildbach neben der Straße gefahren seien. Nur der Tatsache, dass es sich bei den Motorrädern um Elfhunderter-Reiseenduros mit vollem Gepäck handelte, war es zu verdanken, dass den Dreien eine saftige Strafe erspart blieb. Geärgert hat sie das Ganze natürlich trotzdem.

Durch die Wahl der richtigen Jahreszeit geht man der Konfrontation mit verärgerten oder böswilligen Ausflüglern genauso aus dem Weg wie durch die richtige **Tageszeit:** Z. B. ist man auf einer „heiklen" Bergpiste, also einer, die tagsüber von Wanderern bevölkert ist, am späten Nachmittag so gut wie allein. Startet man zu einem solchen Ausflug – z. B., um „oben" zu campieren – an einem Juni-Tag um 18.00 Uhr, bleiben noch über zwei Stunden, bis es dunkel wird – zwei Stunden zum genüsslichen Endurowandern ohne jeden Ärger.

Das Wetter

In größeren Höhen, vor allem auf wegen ihrer fahrerischen Schwierigkeit nur zeitaufwändig zu befahrenden Routen, sollte man immer aufmerksam die Wetterlage beobachten: Was im Tal ein lauer Sommerregen ist, wird in der Höhe rasch zum Schneesturm. Bei Unwettern sollte man Berggipfel, unbewachsene Hänge und Festungsanlagen mit ihren Metallansammlungen meiden: Blitzschlaggefahr!

Notfall-Ausrüstung

- Handy (mit Nummern der örtlichen Polizei, der Unterkunft und/oder Bezugsperson und des Automobilclubs)
- Verbandszeug
- Alu-Rettungsfolie
- Müsliriegel

Für die Bergung eines abgerutschten Motorrades sind hilfreich:
- dünnes Kletterseil (20 Meter)
- 2 Karabiner
- 1 kleine Umlenkrolle zum Bau eines provisorischen Flaschenzuges

Fahrtechnik

Fahrerposition

Fahrtechnische Probleme im Gelände oder auch nur ganz einfach ein unbefriedigendes, von unsicherer und uneleganter Fahrt erzeugtes Fahr-„Fee-

ling", sind häufig schon in einer **falschen Fahrhaltung** begründet.

Um die für die jeweilige Geländeanforderung richtige Position auf dem Motorrad einnehmen zu können, nimmt man auch im einfachen Gelände schon die so genannte **Enduro-Grundstellung** ein: mit leicht angewinkelten Knien, bequem und gut ausbalanciert auf der Fußmitte in den Rasten stehend, die Sitzbank spürbar, aber nicht verkrampft zwischen den Beinen eingeklemmt. Aus dieser Position heraus ist jederzeit und reaktionsschnell die im jeweiligen Gelände erforderliche **Körper- und Gewichtsverlagerung** möglich. Der Schwerpunkt der ganzen Fuhre wird zudem vorteilhaft abgesenkt, da bei stehender Fahrhaltung der Großteil des Fahrergewichts das Motorrad nicht auf Sitzbankhöhe belastet, sondern weit unten über die Fußrasten eingeleitet wird. Wesentlich **größere Stabiliät** auf groben Unebenheiten folgt daraus zum einen ("Stehaufmännchen-Effekt"); zudem lässt sich's auf dem „Arbeitsplatz Enduro" weit effektiver und konditionsschonender agieren, wenn das, was die Federung nicht schluckt – im groben Gelände eine ganze Menge – nicht ständig in Form von Tritten in den Allerwertesten an den Fahrer weitergegeben wird.

Kurz vor dem Gipfel des Monte Jafferau in über 2.900 m Höhe

Endurowandern alpin

Steilauffahrten

Hier heißt es: Gewicht nach vorne bringen: Dazu kippt der Fahrer aus der oben erwähnten Grundhaltung nach vorne, nimmt den Tank zwischen die Beine und zieht den Lenker an den Bauch. Die Knie bleiben weiterhin leicht angewinkelt, um von der Federung nicht geschluckte Unebenheiten ausgleichen zu können. Mit Zug am Hinterrad (= Gasgeben) gilt es dann, z. B. auf einem steilen *mulatiere* einen sauberen „Strich" zwischen Felsbrocken, Stufen, Wurzeln, Rinnen usw. hinaufzuziehen.

Panoramablick vom über 3.100 m hohen Mont Chaberton

Dazu einer der wichtigsten **Tipps** überhaupt: Man fährt immer genau auf das zu, was der Blick fixiert! Also **nicht direkt** einen großen Felsen anvisieren, sondern knapp daneben schauen! Nicht in die tiefe Spurrinne sehen, in die man auf keinen Fall fahren will, sondern auf den Grat daneben – usw.

Hohe Felsstufen und -treppen, Baumwurzeln und quer zum Weg liegende Stämme – in Steilauffahrten wird so etwas nicht selten zur materialverschleißenden und anstrengenden „Schlüsselstelle". Dabei ist es so einfach:

1) Im ersten oder zweiten Gang zügig – etwa zwei- bis dreifache Schrittgeschwindigkeit – in stehender Haltung auf das Hindernis zufahren.

2) In dem Moment, wo das Vorderrad drüber oder drauf ist, den Kraftschluss durch leichtes Ziehen der Kupplung, bei längeren Stufenreihen auch Kupplungsschleifen – so weit abschwächen, dass nicht allein die Motorkraft, sondern der vorhandene **Schwung** für ein Überrollen des Hindernisses sorgt. Nur dann gibt's keine ungewollten „Wheelies" oder ruckartigen Quersteher wegen des nach hohem Schlupf ruckartig einsetzenden Grips.

Steilabfahrten

Sie stellen eher ein **psychisches** als ein fahrtechnisches **Problem** dar. Fahrerisch sind sie viel leichter zu bewältigen als Steilauffahrten: Gewicht nach hinten verlagern, niedrigen Gang einlegen, und ab geht die Post. Je gröber das Gelände, desto leichter tut man sich, wenn man nicht zu langsam fährt. Erst wenn das Motorrad schnell genug ist, um nicht von jedem großen Steinbrocken aus der Spur geschlagen zu werden, erst wenn von den sich drehenden Rädern nennenswerte Kreiselkräfte aufgebaut werden, ist kontrolliertes Fahren möglich. Gefühlvolles Bremsen mit Hinter- und Vorderradbremse – sie leistet auch in dieser Fahrsituation die effektivste Verzögerungsarbeit – verhindert eine zu hohe Geschwindigkeit.

Fahrerischer Einsatz ist an **hohen Stufen** gefragt: Einzig kurzes Anbremsen und ein anschließender Gasstoß bei gleichzeitiger betonter Gewichtsverlagerung nach hinten und Zug am Lenker kann eine Landung auf dem Vorderrad und den damit verbundenen möglichen Überschlag verhindern.

Felstreppen der gröberen Art sollte man trialmäßig langsam hinunterfahren. Genauso wichtig wie bei höherem Tempo ist auch dann die Gewichtsverlagerung: So weit nach hinten wie irgend möglich!

Animiert eine Steilabfahrt nicht mehr zum Fahren, etwa weil ihr Gefälle „jenseits von Gut und Böse" oder ihr Verlauf von einer Mure verschüttet ist, heißt es **schieben.** Damit solche Aktionen nicht in „Motorrad-Weitwurf" ausarten, muss **gebremst** werden. Bei extremem Gefälle die Vorderradbremse zu betätigen, hat allerdings nur ein Wegrutschen oder ein „Steigen" des Hinterrades zur Folge. Die beim Schieben je nach Seite schlecht bis gar nicht erreichbare Hinterradbremse lässt sich zum Glück ersetzen: Zündung aus, 1. Gang einlegen und durch Betätigen des Kupplungshebels das Hinterrad frei oder gebremst rollen bzw. blockieren lassen.

Schotterkurven

„Driften" macht Spaß, sieht gut aus und ist für enge Biegungen der ungeteerten Art die richtige Fahrtechnik, nicht hingegen für solche, wo durch die Drift die Fahrstabilität verschlechtert und die gefahrene Linie „unrund" wird. Das ist im Prinzip in allen Schotterkurven der Fall, deren Innenradius weiter ist als der Wendekreis des Motorrades. Hier fährt es sich runder und kontrollierter mit der vom Straßenfahren bekannten **Schräglage.** Neben griffiger **Bereifung** braucht es dafür auf losem Untergrund vor allem die richtige **Fußrastenbelastung:** Nur wenn der Fahrer mit dem Fuß Druck auf die kurvenäußere Raste ausübt, wird via Hebelkraft eine Verzahnung der kurveninneren, über Wegrutschen oder Grip entscheidenden Reifenstollen mit dem Untergrund erreicht. Die Kurve kann so bei leicht nach vorne gebeugter Fahrposition in Schräglage auf der Ideallinie durchfahren werden. Das Gasgeben nach dem Kurvenscheitel führt nicht zu einem „überzogenen" Drift, sondern zu effektiver Beschleunigung.

Der dazu nötige kräftige Fußrastendruck kann in stehender wie sitzender Fahrhaltung ausgeübt werden. In engen, vielleicht auch noch überhöhten Kurven empfiehlt sich relativ langsames sitzendes Fahren, da dann das kurveninnere Bein als „Ausleger" – zur Gewichtsverlagerung oder zum Abstützen – benutzt werden kann.

Für enge Kehren ist der so genannte **Brems-Drift** nützlich: Nach dem Einleiten der Schräglage wird das Hinterrad durch Betätigen der Fußbremse seitlich zum Ausbrechen gebracht. Bei genügend Schwung und längerem Blockieren der Bremse lässt sich das bis zur 180-Grad-Wende steigern; diese Technik sollte jedoch nur von versierten Fahrern angewendet werden. In der Regel genügt es, die Bremse kurz anzutippen, um das Motorrad in eine für das Weiterfahren günstige Position zu manövrieren.

Routentipps Westalpen

Strecken in Italien

Die Assietta-Piste

Sie ist die längste ungeteerte Strecke im Piemont. Erklimmt man die zwischen 2.100 und 2.550 m über dem Meer gelegene Kammpiste vom Piemonteser Städtchen **Susa** her über den ebenfalls größtenteils ungeteerten **Colle della Finestre** und folgt dem Verlauf der Hauptpiste nach Südwesten bis nach **Sestriere** (bekanntes Wintersport-Zentrum und Austragungsort der olympischen Winterspiele 2000), legt man über 60 Kilometer größtenteils **leicht zu befahrende,** aber **teilweise grob geschotterte** Piste zurück. Die ganze Strecke ist – abgesehen von diversen Nebenrouten – für den **öffentlichen Straßenverkehr** freigegeben und wird am Wochenende von zahlreichen 4x4-, Enduro- und Fahrradausflüglern aus dem Großraum Turin frequentiert. Trotzdem ist die Assietta wegen ihrer großartigen Streckenführung und ihrer traumhaften Ausblicke ein Muss für jeden, der das Piemont mit einem einigermaßen schottertauglichen Motorrad besucht.

Die Jafferau-Piste

Diese rund 25 km lange und bis auf 2.800 m führende, legal befahrbare Piste zu einer Gipfelfestung wird zwar hin und wieder von Straßenmotorrädern bewältigt, ist aber eigentlich Enduro-Terrain. Mit **Verschüttungen** ist ebenso zu rechnen wie mit einem nur für routinierte Fahrer mit Sportenduros bezwingbaren **Restschneefeld** am Beginn des Kammabschnitts der Strecke. Eine Besonderheit ist der rund 1.400 Meter lange, U-förmige, enge und unbeleuchtete **Tunnel.** Er beginnt rund zwei Kilometer nach dem Abstecher zum kurz oberhalb der Baumgrenze gelegenen **Fort Pramand.** Achtung: die Abzweigung bei km 15,4 nach Verlassen der Bundesstraße SS 24 führt zwar prinzipiell nach Westen um den Jafferau-Bergzug herum, es gibt dort aber kurz vor Erreichen der Teerstraße von Bardonnecchia eine ca. 200 m lange, sehr gefährliche „permanente" Pistenverschüttung. Ihre Bezwingung sollte man nur mit sehr leichten Motorrädern und unter Sicherung durch Mitfahrer versuchen.

Das Lago-Nero-Gebiet

Die Region um den vom Ort **Cesana Torinese** aus erreichbaren Lago Nero ist ein landschaftliches Highlight für Endurofahrer. Sie ist bis auf den etwas steileren und grobschottrigen Abschnitt zwischen dem Roc de la Luna und dem Lago Nero auch mit Reise-Enduros problemlos zu bewältigen und wird am Wochende sogar von zahlreichen Pkw-Ausflüglern befahren. Eine Rundfahrt kann von Cesana Torinese über das Dorf Sagna Longa zum 2.400 m hohen **„Mondfelsen"** (Roc la Luna) und von dort hinunter zum Lago Nero führen. Achtung: **An Abzweigungen** nach dem Berg **immer links halten.** Alle nach rechts führenden Pisten – z. B. die zum Lago Dei Setti Colori – sind für Motorfahrzeuge streng verboten. Etwa 1 km unterhalb des

idyllisch in einem grünen Hochtal gelegenen und nur zu Fuß (ca. 200 m) vom Parkplatz aus erreichbaren Sees Lago Nero nimmt man an einer Abzweigung die rechte Piste und folgt ihr, bis man beim Ort **Bousson** die Straße von Sauce nach Cesana erreicht.

Die Valle-Argentiera-Piste

Ein gemütlicher Schotterabstecher ist die von zahlreichen Wochenausflüglern befahrene Piste ins lang gezogene Valle Argentiera. In der idyllischen Landschaft des herrlichen Hochtales lässt sich übrigens sehr gut **zelten;** dies ist auch offiziell erlaubt. Das gut in Schuss gehaltene Schottersträßchen beginnt in einer Spitzkehre 2 km südlich des Dorfes **Sauce di Cesana** und führt knapp 20 km in das Tal hinein, ehe nach der Alm Gran Miol der Fahrweg irgendwann zum **Klettersteig** über den 2.800 m hohen Passo di Longia wird, der ohne größere Risiken nur für routinierte Trialisten befahrbar ist. Auf etwa halber Strecke befindet sich ein sehr schön am Wildbach Ripa gelegener Campingplatz für Selbstversorger.

Die Chaberton-Piste

1998 wurde die Piste auf den Mont Chaberton, die man schon vorher offiziell nicht befahren durfte, wieder einmal „endgültig" **gesperrt,** und zwar durch eine Schranke im Gehöft Pra Claud, dem letzten Bauernhof nach dem Dorf **Fenils,** in dem die 14 km lange Piste beginnt. Grund hierfür war – wie schon 1991 – ein schwerer Un-

Endurowandern alpin

fall, der zu einer aufwändigen Bergungsaktion per Hubschrauber führte. Ob auch diesmal – wie 1991, als ein deutscher Polizist mit gebrochenem Bein samt Motorrad vom Chaberton geflogen werden musste, Gerüchte über eine **„Motorradkonfiszierung"** per Hubschrauber entstehen, sei dahingestellt. Sicher ist: Wer die Schranke umfährt, riskiert auf der Rückfahrt, von den Carabinieri gestellt zu werden, und bezahlt im ungünstigsten Fall die stattliche Summe von 2 Millionen Lire (ca. 2.000 DM) für den Ausflug. Der „grüne" **Grenzübertritt** auf der Höhe des 2.671 m hohen Chaberton-Sattels (Colle de Chaberton) – früher das Hauptproblem für „erwischte" Chaberton-Bezwinger – ist wegen der gemeinsamen EU-Zugehörigkeit Italiens und Frankreichs nicht mehr illegal. Zum **Streckenzustand:** Der Mont Chaberton ist frühestens ab Anfang Juli und bis maximal Mitte September bis zum Gipfel befahrbar. Ansonsten blockieren gewaltige Restschneefelder die Piste. Die schmale, ausgewaschene und teilweise sehr grobschottrige Piste ist wegen ihres seit 1997 permanent schlechter gewordenen Zustandes heute nur noch für geübte Geländefahrer auf Sportenduros problemlos zu bewältigen. Im Gegensatz zu früher ist die Chaberton-Piste inzwischen schon lange vor Erreichen des berühmten **„gespaltenen Felsens"** (km 10,5) schwierig und anstrengend. Von dort bis zum Sattel sollte sie wegen der sehr engen und steilen Spitzkehren flüssig gefahren werden, denn wenn man einmal anhält, ist das An-

fahren recht schwierig. Ab dem Colle ist die Piste einfacher, aber so Schwindel erregend ausgesetzt, dass mancher Chaberton-Bezwinger entweder nur sehr kurz oder so lange wie irgend möglich auf der Gipfelplattform verweilt: Das Hinunterfahren ist eine reine Nervensache!

Die Sommeiller-Piste

Diese 30 km lange, auch mit Reise-Enduros **problemlos zu befahrende** Bergstrecke ist auf 20 km Länge ungeteert und im oberen Abschnitt auch etwas grobschottrig. 1.700 Höhenmeter sind vom Städtchen **Bardonecchia** bis hinauf zum ehemaligen **Rifuge d'Ambin** (3.050 m über dem Meer) zu bewältigen. Bei schönem Wetter ist der Sommeiler mit seinen Seen und Wasserfällen ideale Route für einen erholsamen Ganztagesausflug. Ende Juni findet hier das höchstgelegene **Motorradfahrertreffen** der Alpen, die **Stella Alpina,** statt. Zum Glück sind nicht allzu viele Spuren des Massen-Ausflugs sichtbar.

Strecken in Frankreich

In Frankreich sind **ungeteerte Strecken grundsätzlich für den Verkehr gesperrt.** Eine Ausnahme gibt es am Stausee **Lac du Montcenis.** Von Susa in Italien kommend, verlässt man die Teerstraße an dem seit 1997 unbesetzten Grenzkontrollhaus am Fuß des Steinschütt-Staudammes. Auf guter Schotterstraße geht es über das verfallene Dorf Grand Croix hinauf zur

Westseite des imposanten **Montcenis-Staudamms.** Geradeaus führt eine kurze, am Schluss recht ausgewaschene Stichpiste in Serpentinen zum ritterburgähnlichen und unbedingt sehenswerten **Fort Variselle.**

Nach rechts geht es über den Staudamm zur östlichen Seestraße. In die linke Richtung fährt man auf einer guten Piste oberhalb des westlichen Seeufers entlang.

Schon nach einigen hundert Metern führt nach links eine bergseitige Abzweigung zum **Fort Malamot** (Fahrverbot ab einem Holzgeländer) und zur **Lac-Roterel-Piste.** Diese führt, holprig und teilweise mit senkrecht eingemauerten Steinlatten gepflastert, an zwei kleinen Seen vorbei wieder hinunter nach Italien und erreicht beim Dorf Bard Moncenisio die **Bundesstraße** nach Susa. Für Enduros mit kurzen Federwegen ist sie abschnittsweise sehr **mühsam zu fahren.**

Folgt man der Montcenis-Seepiste weiter entlang des Stausee-Ufers nach Norden, gelangt man ca. 14 km weiter ebenfalls wieder zur östlichen Seeufer-Straße, die in weiten Kurven zum Touristen- und Wintersportort **Lanslebourg** hinunter führt.

Drei Kilometer zuvor geht es an einer Steinbrücke über eine kurvige, aber gute Stichpiste zum **Col du Petit**

Der Stausee
Lac du Montcenis in Hoch-Savoyen

Endurowandern alpin

Mont Cenis: traumhafte Landschaft und viele Wanderer, Kühe und Murmeltiere.

Vom französischen Ort führen Forstpisten den südlichen Berghang hinauf. Hält man sich im Zweifelsfalle links und folgt zudem der Beschilderung „Turra", gelangt man über eine, zum Teil schräg abgerutschte, Piste zur gleichnamigen Festung: Spektakuläre Aussicht auf den See von der weit verzweigten und am besten zu Fuß zu erkundenden Anlage in 2.507 m Höhe.

Après Enduro

Eine Tour ins Piemont und nach Hoch-Savoyen muss nicht nur aus Endurofahren bestehen. **Zu Fuß** erreicht man Orte, die landschaftlich und als **Naturerlebnis** alles in den Schatten stellen, was man per Enduro erreichen kann (z. B. von Susa zum **Rifugio Santa Maria** auf dem 3.528 m hohen Roccia Melone oder vom **Refuge de Petite Mont Cenis** auf traumhaften Wanderwegen zu den umliegenden Hochtälern, Seen und Berggipfeln). Zudem hat man dann eine gute Chance, **Tiere** zu beobachten, die der Motorradfahrer sonst meist nur von hinten sieht, wenn sie vor ihm flüchten: Murmeltiere, Gämsen und Steinadler.

Eine Besonderheit der gesamten Region sind die alten **Festungen** aus dem Ersten Weltkrieg und noch früheren Zeiten, die viele Berggipfel krönen. Einige der interessantesten davon sind nicht mehr motorisiert erreichbar, etwa das **Fort Pattacreuse** und das

Fort de Ronce am Stausee Lac du Mont Cenis. Mit einer guten Taschenlampe ausgerüstet, kann man in den endlosen Gängen und Gewölben auf Entdeckungstour gehen.

Im Piemont kommen auch **Feinschmecker** auf ihre Kosten. Nirgendwo in Italien – so sagen die Einheimischen nicht ohne Stolz – isst man so gut, reichhaltig und preiswert. Dabei gilt wirklich die Regel: Je weiter „ab vom Schuss", desto besser. Auch, was die **Übernachtungen** angeht, kann man in den italienisch-französischen Alpen durchaus aufs Hotel verzichten. Mitten in unberührter Natur gelegene Berggasthöfe *(Refuges)* mit erstklassiger Bewirtung sorgen dafür.

Endurowander-„Knigge"

Fußgänger und Mountainbiker mit geringem Geschwindigkeitsüberschuss und in möglichst großem **Abstand** überholen. So bleibt auch Zeit, die Hand kurz zum **Gruß** zu heben, was das nun einmal gegebene Erscheinungsbild des behelmten und in „spaciger" Bekleidung auf einem optisch und akustisch aggressiven Fahrzeug sitzenden „Rowdys" deutlich abschwächt. Um die **Staubbelästigung** so gering wie möglich zu halten, sollte man erst fünfzig bis hundert Meter weiter (und sanft) mit dem Beschleunigen beginnen.

Durch Almen und Bergdörfer sollte man extrem langsam und leise fahren. In den manchmal kaum mehr als lenkerbreiten Gassen abgelegener Bergsiedlungen kann es wegen des **Widerhalls** zwischen den Hauswänden sogar erforderlich sein, so oft wie möglich in ausgekuppeltem Zustand und im **Schrittempo** hindurchzurollen

Pisten und Wege – seien sie auch noch so schmal und schwierig zu befahren – sollte man nie verlassen! Wem auf einer schmalen Bergpiste das Motorrad abstirbt oder ein „Ausrutscher" passiert, dem ist nicht viel vorzuwerfen. Wenn dasselbe neben der Strecke – etwa zur Umgehung einer schwierigen Stelle – inmitten geschützter Pflanzen passiert, sieht die Sache völlig anders aus!

Enduro Alpin-Reportagen

Im Sommer 1997 sorgten im einstigen „Endurado" Piemont Konflikte zwischen Endurofahrern und den italienischen Behörden, ausgelöst durch Beschwerden und Anzeigen von Wanderern, für einen Eklat: Motorräder wurden beschlagnahmt, und das bislang tolerierte Befahren beliebter Enduro-Pisten durch Sperrungen und konsequente Überwachung unterbunden. Seitdem ist es wieder ruhig im Piemont, bleiben diejenigen, die diese traumhafte Gegend mit einer Motocross-Piste verwechselt haben, zu Hause. Die Reportage „Im Himmel über Piemont" schildert, was wann, wo und wie im Piemont heute noch geht, wenn man dezent mit der Enduro wandert, statt lautstark durch die Gegend zu brettern.

Eine eher ungewöhnliche Enduro-Klettertour schildert die zweite Reportage – die Bezwingungen des Col Clapier von Italien her auf einem sonst nur von italienischen Trial-Fahrern, ausdauernden Wanderern oder auch mal von illegalen Einwanderern benutzten Maultierpfad aus dem Ersten Weltkrieg – eine faszinierend schöne, aber nur eingeschränkt zur Nachahmung empfohlene Fahrt weit jenseits enduroüblicher Grenzen.

Im Himmel über Piemont

Gino empfängt uns mit der gewohnten Herzlichkeit auf seinem kleinen Campingplatz im „Susa-Tal". Das Wetter könnte nicht besser sein, und die Gipfel der umliegenden Bergketten sind nur noch von vereinzelten Schneeresten getupft. Alles deutet darauf hin, dass wir auch diesmal wieder - im Juli 1998 - eine Woche Endurowandern vom Feinsten erleben könnten.

So unbefangen und voller Vorfreude wie in den letzten Jahren sind wir allerdings nicht angereist, denn wir wissen um die Probleme, die es letzten Sommer im Piemont gab: Einige deutsche Motorradfahrer machten unangenehme Bekanntschaft mit den italienischen Behörden. Wanderer, die sich belästigt fühlten, hatten diese per Handy alarmiert. Von Verständigungsproblemen geprägte, womöglich gerade darum umso hitzigere Wortgefechte führten letztlich zu einer drastischen Maßnahme der Carabinieri: Die Motorräder wurden beschlagnahmt und konnten erst Wochen später gegen Begleichung

Endurowandern alpin

fünfstelliger (in DM wohlgemerkt) Buß-
gelder wieder ausgelöst werden.

Ob unbedachtes Verhalten der Betroffenen daran schuld war oder einfach
nur das „Fass übergelaufen" ist, sei dahingestellt. Fest steht jedenfalls, dass die
Geduld der Piemonteser in den letzten
Jahren immer mehr strapaziert worden war Nicht nur von den glücklicherweise immer seltener vorkommenden
„schwarzen Schafen" unter den Enduro
fahrenden Besuchern des Piemont, sondern vor allem auch von Enduro-Mas-
senausflügen, als Sternfahrten oder
Orientierungs-Rallyes deklariert .

Beim Abendessen erzählt uns Gino,
dass dieses Jahr kein gutes sei für die wenigen Endurofahrer, die das Piemont
trotz einschlägiger Meldungen in der

Motorradpresse noch besuchen. Die Carabinieri, meint er, machen regelrecht
Jagd auf alle, die mit lauten „Krawalltü-
ten", ohne Spiegel, Blinker oder gültiges
Nummernschild unterwegs seien. Neue
Streckensperrungen würden von speziell
eingesetzten Überwachungs-Brigaden
per Fernglas und Funk überwacht.

Schöne Aussichten! Wir machen uns
daher auf das Schlimmste gefasst,
schrauben statt der so praktischen und
vor allem vibrationsresistenten kleinen
„Sportnummerschilder" wieder die
deutschen „Kuchenbleche" an. Blinker
und Spiegel - natürlich klappbar - sind
ohnehin an unseren ansonsten völlig
serienmäßigen Motorrädern dran.

Der erste Fahrtag unseres alljährli-
chen Piemont-Besuchs ist der Sonntag.

Ganz klar, dass wir ihn besonders ruhig angehen lassen und uns eine Strecke aussuchen, wo wir ganz sicher keine Wanderer belästigen. Und das geht eigentlich nur in einem Gebiet, in dem sich nur eine bestimmte Kathegorie der zahllosen Ausflügler aufhält, die das Piemont am Wochenende vom nahe gelegenen Turin aus überfluten: Es ist die Assietta-Kamm-Straße, Ziel all derer, die nichts weiter wollen, als möglichst bequem in 2.500 Meter Höhe zu gelangen, um von dort bei Picknick, Sonnenbad oder einem Spaziergang das traumhafte Panorama der Piemonteser Alpen zu genießen.

Die „Assietta" ist ein 36 Kilometer langes Schottersträßchen zwischen der Wintersport-Metropole Sestriere und dem oberhalb des Städtchens Susa gelegenen Passübergang des Colle delle Finestre. Trotz ihres Naturbelags ist diese dicht am bzw. sogar auf dem Kamm des gleichnamigen Bergzugs verlaufende Piste für alle Arten von motorisierten Fahrzeugen problemlos befahrbar Weshalb an einem sonnigen Wochenende wirklich Unmengen von Geländewagen und normalen PKW, Enduros, aber auch Straßenmotorräder auf der landschaftlich traumhaften Strecke unterwegs sind. Und dazu natürlich jede Menge Fahrräder. Am heutigen Sonntag besonders viele: Sage und schreibe über 5000! Es findet nämlich ein Mountainbike-Rennen statt.

Das wissen wir allerdings noch nicht, als wir gemütlich von Susa aus den anfangs noch geteerten Spitzkehren-„Lindwurm" des Finestre-Passes hochtuckern. Die Verkehrsdichte ist trotz des schönen Wetters keinesfalls störend, denn die zahlreichen, im Schritttempo nach oben strebenden Autos mit Turiner Kennzeichen verteilen sich auf der 22 Kilometer langen Auffahrt auf viele Mini-Kolonnen. Mit einem spurtstarken, wendigen Motorrad ist das Überholen problemlos, da eine Sache von Sekunden. Auf dem rund zehn Kilometer langen ungeteerten Abschnitt der Auffahrt zum Colle delle Finestre heißt es dann für uns wieder Zurückhaltung üben, denn das schöne Wetter hat die Piste so ausgetrocknet, dass jeder von uns eine endlose Staubfahne hinter sich herzieht, wenn er seine Gashand nicht im Zaum hält. Und da wir das weder uns selbst noch den anderen Verkehrsteilnehmern zumuten wollen, lassen wir es auf den Geraden gemütlich angehen und holen uns den Fahrspaß hauptsächlich aus dem zügigen Befahren der zahllosen engen Schotterspitzkehren. Was für ein Genuss, mit sattem Druck auf die kurvenäußere Fußraste in einer Kombination aus stattlicher Schräglage und kontrolliertem Drift um die Kurven zu zirkeln!

Die zahlreichen, überwiegend italienischen Motorradfahrer auf schweren Reise-Enduros oder Straßenmaschinen gehen die „Assietta" sichtbar gestresster an. Dies ist verständlich, denn mit Sozia, nicht selten unbehelmt und aufgrund der fast 30° C in textilarmem Strandpromenaden-Outfit, ist eine Schotterstraße auch im Schritttempo ein Abenteuer.

Auf der Passhöhe treffen wir einen ganzen „Fuoristrada"-Club, ein gutes Dutzend von Jeeps aller Marken, die es auf den ersten Kilometern der Kammpiste ganz schön krachen lassen. Zum Glück ersparen sie uns längeres „Staubfressen" und fahren, als sie uns in ihren Rückspiegeln sehen, zur Seite. Wir überholen mit zum Dank erhobener Hand und sehr langsam - um ihnen nicht die Scheinwerfer durch aufgewirbelte Steine „auszuschießen".

Alles in allem ist die Stimmung bestens auf der großen Offroad-Spielwiese der Assietta. Keiner, ob Motorrad- oder Auto-Freak, „heizt" unverhältnismäßig. Die Mountainbiker, die wir - ebenfalls möglichst staubfrei - gelegentlich überholen, schauen nicht genervt oder gar böse, sondern grüßen, ja fragen uns hin und wieder spaßeshalber, ob wir sie nicht ein Stückchen ziehen können.

Kurz nach dem höchsten Punkt der Assietta-Piste, dem 2.586 Meter hohen Testa dell Assietta ist dann erst einmal Schluss, zumindest mit dem Fahrgenuss: Wegen des besagten Mountainbike-Rennens ist die weitere Strecke gesperrt. Für uns nach Aussage der Rennleitung nur noch kurz - von den ca. 50 Motorradfahrern, die sich auf der Almwiese über dem Mountainbiker-Fahrerlager sonnen oder picknicken, warten jedoch etliche schon seit Stunden. Eilig hat es an einem so herrlichen Tag wohl niemand.

Auch wir machen es uns erst einmal gemütlich und überlegen uns dabei, dass es wahrscheinlich keinen Spaß macht, hinter 5000 Fahrradlern und 50 Motorrädern herzufahren. Und wer weiß, ob es nicht sogar Ärger gibt, weil irgendein Hektiker meint, er müsse Rallye-Fahrer spielen. Also drehen wir

um und gönnen uns in einer Berghütte etwas unterhalb des Colle delle Finestre ein verspätetes Mittagessen in Form von deftigen Spaghettini Arrabiata und einem Glas Roten.

Ein bisschen schade ist es schon, dass wir nicht nach Sestriere weiterfahren konnten, war doch für heute Nachmittag eigentlich noch eine Rundfahrt durchs landschaftlich besonders reizvolle Gebiet um den Lago Nero geplant - und ein kurzer Abstecher zum nahe gelegenen Dorf Fenils, dem Ausgangspunkt für Fahrten auf den legendären, 3.150 Meter hohen Mont Chaberton. Beim dortigen Bürgermeister hole ich mir alljährlich aktuelle Informationen über die Befahrbarkeit des „Königsgipfels". Zum Glück haben wir noch eine Woche Zeit dafür.

Ein Schmankerl besonderer Art verspreche ich meinen Begleitern für heute allerdings schon noch. Freilich muss dafür die Zeit noch so weit voranschreiten, dass wir keinem Wanderer mehr den Genuss an der Ruhe der Berge und den Stolz über seine fußgängerische Leistung vergällen. Denn auch, wenn eine Strecke nicht durch eine Schranke oder ein Schild oder beides gesperrt ist - das wirkliche Kriterium für Endurowanderer muss inzwischen wohl sein: Jedem möglichen Ärger von vornherein aus dem Weg zu gehen.

Wir nehmen also erstmal die Piste hinunter nach Pourrieres im Chisone-Tal. Über die südliche Auffahrt zum Colle delle Finestre gelangen wir zum Ausgangspunkt des Endurotraumes, den wir uns heute noch erfüllen wollen. Acht Uhr abends - das Lieblingsaus

Endurowandern alpin

flugziel der Piemonteser ist wie ausgestorben. Erstaunlich früh, denn gut zwei Stunden sind es um diese Zeit noch bis Sonnenuntergang. Doch heute findet das Endspiel der Fußball-WM statt, für die meisten Italiener ein Grund, daheim zu sein.

Für uns jedenfalls eine ideale Ausgangsbasis, die ehemalige Militärpiste zur Cima Ciantiplagna in Angriff zu nehmen - heute nur noch ein schmaler Fußweg mit mehreren enduristischen Schlüsselstellen. Denn auch wenn, sie nicht offiziell gesperrt ist: Schlafende Hunde soll man nicht wecken. Bis dicht unterhalb des 2.849 Meter hohe Gipfels führt der Weg, steigt danach über den 2.551 Meter hohen Pass des Colle delle Valette wieder hinunter in Richtung Assietta-Kammstraße und von dort in das „Susa-Tal".

Nur die Hälfte unserer kleinen Gruppe will die Strecke in Angriff nehmen. Die anderen fahren über den Colle delle Finestre zurück zum Campingplatz. Das mag daran liegen, dass wir heute alles in allem doch über 100 Kilometer Schotter gefahren sind, aber vielleicht auch daran, dass ich die fahrtechnischen Gegebenheiten eher drastisch schildere. Auch wegen der Ungewissheit, ob die Schneeschmelze den ohnehin stark verschütteten und für weniger routinierte Fahrer gefährlichen Colle delle Valette nicht noch schwieriger gemacht hat. Noch ahne ich nicht, dass ich eher untertrieben habe.

Zu viert erklimmen wir auf den Rudimenten der ehemaligen Fahrspur den grasbewachsenen Verschüttungskegel am Fuß des Berges. An seiner gewalti-

gen Südwand schmiegt sich die kleine, immer wieder von großen Felsbrocken blockierte Piste an einen gigantischen Überhang. Am ersten nennenswerten Hindernis, einer ausgesetzten, etwa einen halben Meter hohe Felsstufe, sichern wir uns vorsichtshalber gegenseitig, denn schon ein leichter Versetzer hätte fatale Folgen. Immer wieder halten wir angesichts absolut phantastischer Ausblicke an. Vom höchsten Punkt der Piste - etwas über 2.800 Meter zeigt mein Höhenmesser - können wir uns gar nicht mehr losreißen: Zu faszinierend ist die Aussicht auf das unendlich weit unter uns liegende Chisone-Tal, auf die tiefer gelegenen Teile der Assietta-Kette, auf das lange blonde „Haar" der Kamm-Piste.

Wüssten wir, was uns noch erwartet, hätten wir uns angesichts der nahenden Dämmerung wohl mehr beeilt: Wenig unterhalb des höchsten Punktes der Piste hat ein offensichtlich vor kurzem abgerutschtes Felsstück von der Größe eines Einfamilienhauses die Piste blockiert. Ein Durchkommen ist unmöglich! Vergeblich mühen wir uns mit dem Wegschieben zentnerschwerer Brocken, kleinerer „Splitter" des Felsrutsches ab. Dann machen wir uns auf die Suche nach einer Alternativstrecke.

Es ist nicht unwahrscheinlich, dass die auf dem abgeflachten Bergrücken des Colle delle Valette stehenden Kasernenruinen außer durch die Piste auch durch andere Wege verbunden sind. Kurz nach der letzten Kurve werden wir fündig: Nur noch schwer zu erkennen ist der Einstieg zu einem steilen Pfad. Er kann eigentlich nur zu dem verfallenen Gebäude unterhalb des Fels-rutsches führen - kaum 100 Meter Fahrtstrecke, aber fast genauso viele Höhenmeter! Mit äußerster Vorsicht und nicht ganz ohne Nervenflattern bugsieren wir unsere leichten Maschinen hinunter. Die berüchtigte, mehrere hundert Meter lange Schräghangfahrt am unteren Colle delle Vallette schockt uns danach kaum noch.

Am Ende des Colle delle Vallette erreichen wir wieder den touristischen Teil der Assietta-Kammstraße. Und tatsächlich empfängt uns dort das am Einstieg „vermisste", bekannte weiße Schild mit roten Kreis, dazu noch eine Holzschranke, wie sie seit diesem Jahr die Mehrzahl der vielen Abzweigungen, Abkürzungen und Alternativrouten der „Assietta" versperren.

Unser abendlicher Enduro-Ausflug war eben nicht nur landschaftlich und fahrerisch, sondern auch genehmigungstechnisch eine Gratwanderung. Und dafür gilt die auf den ungeteerten Straßen Italiens einst praktizierte „Auf-eigene-Gefahr"-Regelung wohl immer noch - vor allem, wenn man niemandem damit auf den Schlips tritt.

Enduro-Freeclimber

„Il Colle Clapiere con questi moti?" Der Piemonteser Bergbauer auf seiner alten Trial-Maschine, den ich in in San Roco, Ortsteil des nordwestlich von Susa gelegenen Dorfes Giaglione, nach dem Mulatiere-Einstieg frage, schüttelt ungläubig den Kopf. Das wettergegerbte, größtenteils von einem grauen Stoppelbart beherrschte Gesicht unter dem

Peppone-Hut verzieht sich zu einem Ausdruck belustigter Skepsis. Beim Blick auf unsere an die Wand eines winzigen Kirchleins gelehnten Leicht-Enduros schüttelt er, typisch italienische „Oh je-oh je"-Geste, die Hand des angewinkelten rechten Arms und meint lakonisch: „Frizzione, frizzione". Das soll wohl heißen, dass wir auf dem vor längst vergangenen Zeiten angelegten Maultierpfad zu den alten Col-Clapier-Festungen um unsere Kupplungen fürchten müssen.

Grundsätzlich sehe ich das genauso. Nicht, weil ein Freund und ich Anfang der Neunziger schon im unteren Drittel, auf dem Geröll-Trampelpfad vor dem eigentlichen Anstieg zum Col Clapier, kapitulieren mussten - nein, denn das waren andere Zeiten und andere Motorräder. Damals glaubte man schon, man könne Enduro fahren, wenn man den Mont Chaberton ohne größere Probleme schaffte, hielt eine TT für den Entwicklungshöhepunkt im Sportenduro-Sektor. Wovon der Mann spricht, weiß ich, weil ich den Col Clapier vor zwei Jahren in Gegenrichtung, also bergab, gefahren bin. Was eigentlich nur eine mangels Rückkehrmöglichkeit entstandene Notwendigkeit war: Zu dritt hatten wir damals mit unseren Huskys den Col Clapier von Norden her erreicht, zuvor den Felstreppen-Pfad durchs Val Savine so locker gepackt, dass wir dem auf einem 2.500 m hohen Felsgrat beginnenden Mulatiere hinunter nach Italien nicht widerstehen konnten. Schon nach der ersten längeren Steilabfahrt war klar, dass mit unseren (für's normale Endurowandern mehr als ausreichen-

Endurowandern alpin

den) Italo-Schweden eine Auffahrt Schwerstarbeit sein würde. Dabei kam es noch weit dicker: Stunden später im Tal des Val Clarea angelangt, fühlten wir uns beinahe, als hätten wir den Mount Everest ohne Sauerstoffgerät bezwungen.

Die Idee, diese Strecke irgendwann mit Enduros auch hinaufzufahren, ging mir trotzdem oder gerade deswegen nicht mehr aus dem Kopf - weshalb wir jetzt, Ende Juni des Jahres 2000, mit dem Besten, was der Hardcore-Endurosektor zurzeit zu bieten hat - Husaberg FE 501, KTM EXC 200 und 300, allesamt unter 110 kg leicht, hier stehen - und von jemandem, der den Col Clapier mit seiner Trial wohl schon unzählige Male bezwungen hat, wegen unserer „Dickschiffe" belächelt werden. Trotzdem gibt er uns neben der Wegweisung zum Einstieg auch ein „Viel Glück" mit auf den Weg. Gleich hinter dem Kirchlein beginnt der Mulatiere, schlängelt sich halbmeterbreit, mit fußball- bis nachttischgroßen, oft gegeneinander aufgeworfenen Felsbrocken „gepflastert", durch urwaldähnliches Unterholz das tief eingeschnittene Tal hinauf. Kleine Bachdurchfahrten, glitschig-moosiges Geröll, schräg über den Pfad laufende Baumwurzeln, auch hier unten in der Talsohle schon ordentliche Steigungen und die eine oder andere kleine „Sonderprüfung" bringen schon bald Selbstvertrauen. Als wir aus unserem „Römerweg" plötzlich auf eine breite Straße hüpfen, glauben wir allerdings zuerst, uns verfahren zu haben. Doch es ist nur die neu angelegte, von der Bundesstraße SS 25 zu einem noch

im Bau befindlichen Schmelzwasser-Auffangsee im Val Clarea führende Stichstraße für die Baustellen-Trucks. Nur ein kurzes Stück folgen wir der lehmverschmierten Asphaltstrecke, dann finden wir die Fortsetzung unseres Maultierweges rechts des gewaltigen Natursteinbeckens. Nicht weit danach dann auch die erste Unterbrechung des Weges, vom während der Schneeschmelze gewalttätigen Clarea-Bach vorgenommen: Trial-Fahrstil, gute Nerven und auch ein wenig frizzione ist angesagt. Wir nehmen das Hindernis, ohne uns gegenseitig helfen zu müssen, und stehen schon bald nach Durchquerung des Wildwasserbachbettes vor der ersten der unzähligen, extrem engen und steilen Mini-Serpentinen, in denen sich der Festungsversorgungsweg eine demoralisierend hohe Felswand hinaufschraubt. Ab jetzt wird es ernst: Nicht nur wegen der Absturzgefahr von dem schmalen, steilen und streckenweise völlig zugewachsenen Pfad, sondern auch wegen der diversen Unterbrechungen. Manche Spitzkehrenuntermauerungen sind schon längst ein Opfer der Naturgewalten geworden, das eine oder andere Brücklein zusammengekracht. Ganz zu schweigen davon, dass über 1.200 Höhenmeter auf einer Entfernung von knapp 2 km Luftlinie zurückzulegen sind - eine durchschnittliche Steigung von mehr als 50%. Und dann gibt es da noch einen Abschnitt, den bergauf zu befahren nicht mal für einen Trial-Stuntman denkbar ist. Damals bei unserer Kamikaze-Bergabtour war hier die definitive Point-of-no-return-Schlüsselstelle - ei-

Endurowandern alpin

ne ins Tal gerissene Spitzkehre in einer senkrechten Felswand. Wir umgingen sie, indem wir die Motorräder einen gut 100 Höhenmeter zählenden Steilhang über eine Art Klettersteig hinunterschoben. So steil war er, dass wir permanent mit dem aufsteigenden Hinterrad zu kämpfen hatten, jeden Felsbrocken als Notbremse nutzen mussten.

Meine beiden geländeroutinierten Mitfahrer Tobi und Harry lasse ich über die zu erwartenden Schwierigkeiten natürlich nicht im Unklaren. Trotzdem sind wir allesamt nicht pessimistisch: Das Wetter ist perfekt, der Tag noch lang, wir haben uns bis jetzt gut gehalten, und umkehren können wir immer noch, wenn die Sache doch zu schweißtreibend oder gefährlich wird. Doch die hervorragend für diese extreme Art des Endurofahrens geeigneten Motorräder, unsere Motivation und unsere Konzentration bewirken Erstaunliches - last not least auch meine Eile, die etwa auf halbem Weg liegende Schlüsselstelle zu erreichen, denn dort wird sich entscheiden, ob wir umkehren müssen oder nicht. Wir kommen erstaunlich zügig voran, wenn auch - wie richtig vorhergesagt - auf den kaum reifenbreiten und häufig glitschigen Steilstücken mit reichlichem und feinfühligem Einsatz der Kupplung. Eine Menge von dem, was ich bei unserer letzten Begegnung mit dem Col Clapier als haarsträubend empfunden habe, bleibt daher trotz umgekehrter Fahrtrichtung so problemlos hinter unseren Stollen zurück, dass wir beinahe in Euphorie geraten. Diverse kleine Wasserfälle bieten zudem reichlich Erfri-

schungs-und Trinkmöglichkeit, denn dass man auf einer solchen Strecke die „Camelbags" schnell leergetrunken hat, versteht sich von selbst.

Dann stehe ich vor ihr, der auf rund zwanzig Meter Länge abgebrochenen Spitzkehre, die wir das letzte Mal notgedrungen über den Steilhang umgangen haben. Sie sieht nicht weniger „unmöglich" aus als damals: Oberhalb der völlig abgebrochenen Serpentine senkrechte, von Moos und Wasserrinnsalen zu Rutschbahnen gemachte Felswände. Einige Meter unterhalb eines kaum reifenbreiten und daher zum Schieben viel zu schmalen, zudem schräg nach unten abfallenden Schotterstreifens ein von scharfkantigen Felsquadern garniertes Bachbett. Der kleinste Ausrutscher hätte einen mehrere Meter tiefen Absturz mit entsprechend harter Landung zur Folge. Was tun? Über den Fußweg, der etwa zweihundert Meter von hier den Berg hinaufführt, waren wir damals mehr schlecht als recht hinuntergelangt. Unsere Motorräder dort hinaufzufahren, wäre, wenn überhaupt, nur mit Seilsicherung zu verantworten. Doch irgendwo sind Grenzen, denn schließlich sind wir hier nicht beim „Xtrack".

Harrys Bärenkräfte eröffnen überraschenderweise neue Möglichkeiten: Mehr zum Spaß ruckt er an einem meterdicken Felsbrocken, der genau dort zwischen senkrechter Felswand und Bachbett auf den Rudimenten der Serpentine liegt, wo er am meisten stört. Unglaublich, aber wahr: Der sicher etliche 100 Kilogramm schwere Brocken bewegt sich. Gemeinsam schaffen wir

es, ihn ins Bachbett hinunterzukippen, wo er bei der nächsten Schneeschmelze wahrscheinlich sowieso landen würde. Jetzt haben wir ausreichend Fläche zum Sichern - einer vor, einer hinter, einer über dem Motorrad - und bugsieren unsere Enduros zentimeterweise entlang der Felswand, bis die intakte Fahrspur auf der anderen Seite der ehemaligen „Schlüsselstelle" erreicht ist. Wegen der beengten Verhältnisse artet das sogar mit unseren Leichtgewichten in Arbeit aus, so dass nach der Aktion erstmal eine längere Pause angesagt ist. Am Fuß eines Wasserfalles, der in vielen Kaskaden in einen großen Betonschacht stürzt, ruhen wir uns eine Weile aus. Ob dieser Kanal etwa durch den ganzen Berg hindurch bis ins (einen

guten Höhen-Kilometer unter uns liegende) Clarea-Reservoir führt?

Der Höhenmesser zeigt reichlich 2.000. Nur noch rund 400 Höhenmeter sind es bis zum Col Clapier. „Die schaff' ma, und wemma die Motorräder 'naufschieb'n", meint Harry und deutet talwärts, „da fahr' i jedenfalls nimma runter!" Schieben müssen wir trotz diverser, ebenso stufiger wie heftiger Steigungen nur an einem längeren Schneefeld. Ich komme mit meiner KTM und reichlich Schwung noch aus eigener Kraft über die etwa fünfzig Meter lan-

Die alten „Mulatieres", Maultierpfade, sind oft nur reifenbreit!

Endurowandern alpin

ge Restschneedecke. Meine Spur auf der Ideallinie macht die Sache dann für die beiden anderen schon schwieriger. Harry bricht bei seiner Schiebeaktion zudem noch durch die harte Kruste, steckt urplötzlich bis zur Hüfte im Schnee und hindert die noch stehende Husaberg nur mit Mühe daran, auf ihn zu kippen, bis Tobi und ich zu Hilfe kommen.

Die Festungsruinen sind schon in Sicht. Zügig hoppeln wir die letzten steilen Felstreppen hinauf, erreichen an einem Einschnitt in den Gipfelgrat Passhöhe und Schild „Col Clapier". Wir fallen uns um den Hals, bedauern, dass wir keinen Gipfelschnaps dabei haben.

Den gibt's eine halbe Stunde später nach der Abfahrt über den Lac Savine im Refuge de Petit Mont Cenis, bei Francois. „Jetzt hast du dir einen alten Traum endlich erfüllt, Thomas", lacht er und schenkt uns seinen selbstgebrannten Kräuterschnaps „Genepy" ein.

Anhang

HILFE!

Dieses Reisehandbuch ist gespickt mit unzähligen Adressen, Preisen, Tipps und Infos. Nur vor Ort kann überprüft werden, was noch stimmt, was sich verändert hat, ob Preise gestiegen oder gefallen sind, ob ein Hotel, ein Restaurant immer noch empfehlenswert ist oder nicht, ob ein Ziel noch oder jetzt erreichbar ist, ob es eine lohnende Alternative gibt usw.

Unsere Autoren sind zwar stetig unterwegs und versuchen, alle zwei Jahre eine komplette Aktualisierung zu erstellen, aber auf die Mithilfe von Reisenden können sie nicht verzichten.

Darum: Schreiben Sie uns, was sich geändert hat, was besser sein könnte, was gestrichen bzw. ergänzt werden soll. Nur so bleibt dieses Buch immer aktuell und zuverlässig. Wenn sich die Infos direkt auf das Buch beziehen, würde die Seitenangabe uns die Arbeit sehr erleichtern. Gut verwertbare Informationen belohnt der Verlag mit einem Sprechführer Ihrer Wahl aus der über 100 Bände umfassenden Reihe „Kauderwelsch" (siehe unten).

Bitte schreiben Sie an:

REISE KNOW-HOW Verlag Peter Rump GmbH, Osnabrücker Str. 79
D-33649 Bielefeld, oder per E-Mail an: info@reise-know-how.de
Danke!

Kauderwelsch-Sprechführer –
sprechen und verstehen rund um den Globus

Afrikaans ● Ägyptisch-Arabisch ● Albanisch ● Algerisch-Arabisch ● Allemand ● American Slang ● Amerikanisch ● Amharisch ● Arabisch f. d. Golfstaaten ● Armenisch Australian Slang ● Bairisch ● Baskisch ● Bengali ● Berlinerisch ● Brasilianisch ● British Slang ● Bulgarisch ● Burmesisch ● Canadian Slang ● Cebuano ● Chinesisch ● Dänisch ● Duits ● Englisch ● Esperanto ● Estnisch ● Finnisch ● Französisch ● Französisch Slang ● Französisch/Senegal ● Französisch/Tunesien ● Französisch f. Restaurant und Supermarkt ● Franko-Kanadisch ● Galicisch ● Georgisch ● German Griechisch ● Guarani ● Hausa ● Hebräisch ● Hieroglyphisch ● Hindi ● Hocharabisch ● Indonesisch ● Irakisch-Arabisch ● Irisch-Gälisch ● Isländisch ● Italienisch ● Italienisch für Opernfans ● Italo-Slang ● Japanisch ● Javanisch ● Jemenitisch-Arabisch ● Jiddisch Kantonesisch ● Kasachisch ● Katalanisch ● Khmer ● Kinyarwanda ● Kisuaheli ● Kiwi-Slang ● Kölsch ● Koreanisch ● Kroatisch ● Kurdisch ● Laotisch ● Lettisch ● Lëtzebuergesch ● Lingala ● Litauisch ● Madagassisch ● Makedonisch ● Malaiisch ● Mallorquinisch ● Maltesisch ● Mandinka ● Marokkanisch-Arabisch ● Mongolisch ● More American Slang ● Nemjetzki ● Nepali ● Niederländisch ● Norwegisch ● Palästinensisch-/Syrisch-Arabisch ● Paschto ● Patois ● Persisch ● Pidgin-English ● Plattdüütsch ● Polnisch ● Portugiesisch ● Quechua ● Rumänisch ● Russisch ● Sächsisch ● Schwäbisch ● Schwedisch ● Schwiizertüütsch ● Scots ● Serbisch ● Singhalesisch ● Sizilianisch ● Slowakisch ● Slowenisch ● Spanisch ● Spanisch Slang ● Spanisch/Lateinamerika ● Spanisch/Argentinien ● Spanisch/Chile ● Spanisch/Costa Rica ● Spanisch/Cuba ● Spanisch/Dom. Republik ● Spanisch/Ecuador ● Spanisch/Guatemala ● Spanisch/Honduras ● Spanisch/Mexiko ● Spanisch/ Nicaragua ● Spanisch/Panama ● Spanisch/Venezuela ● Sudanesisch-Arabisch ● Tagalog ● Tamil ● Tedesco ● Thai ● Tibetisch ● Tschechisch ● Tunesisch-Arabisch ● Türkisch ● Ukrainisch ● Ungarisch ● Usbekisch ● Vietnamesisch ● Wienerisch ● Wolof

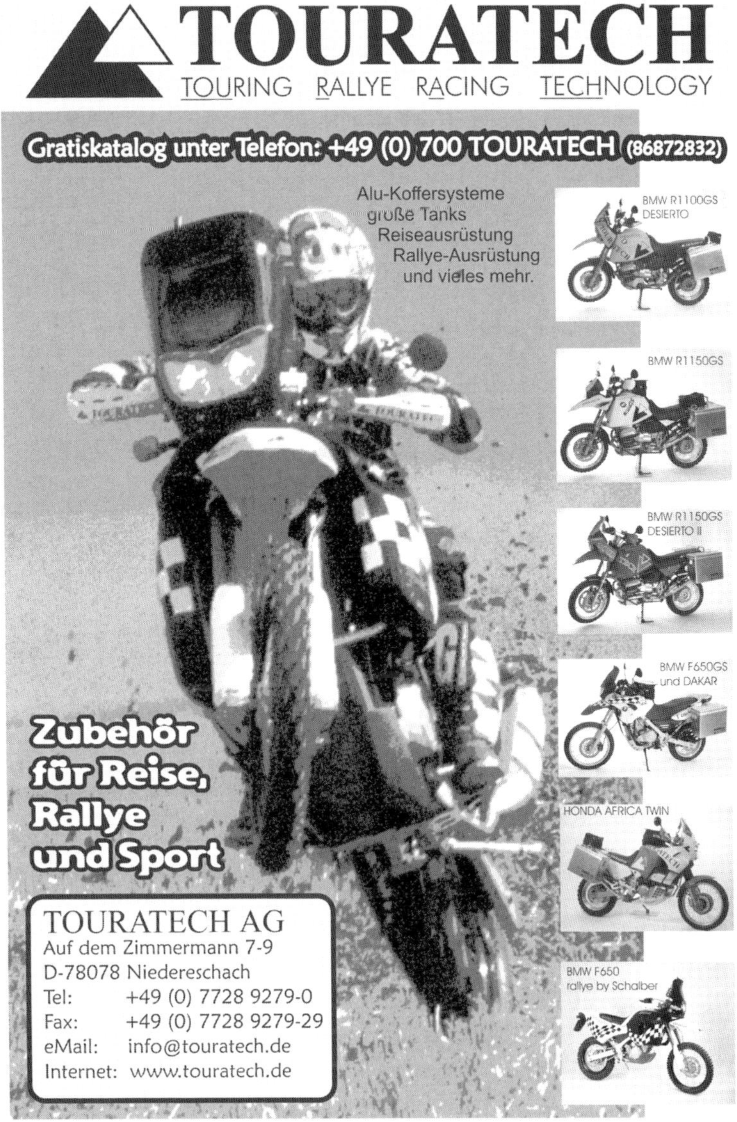
TOURATECH
TOURING RALLYE RACING TECHNOLOGY
Gratiskatalog unter Telefon: +49 (0) 700 TOURATECH (86872832)
Alu-Koffersysteme
große Tanks
Reiseausrüstung
Rallye-Ausrüstung
und vieles mehr.
BMW R1100GS DESIERTO
BMW R1150GS
BMW R1150GS DESIERTO II
BMW F650GS und DAKAR
HONDA AFRICA TWIN
BMW F650 rallye by Schalber
Zubehör für Reise, Rallye und Sport
TOURATECH AG
Auf dem Zimmermann 7-9
D-78078 Niedereschach
Tel: +49 (0) 7728 9279-0
Fax: +49 (0) 7728 9279-29
eMail: info@touratech.de
Internet: www.touratech.de

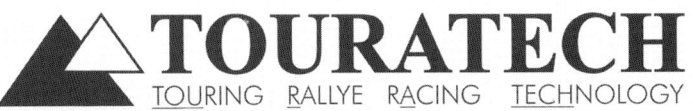

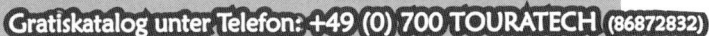

Anhang

Alle Reiseführer von Reise

Reisehandbücher
Urlaubshandbücher
Reisesachbücher
Rad & Bike

Abenteuer
  Weltumradlung
Afrika,
  Bike-Abenteuer
Afrika, Durch
Agadir, Marrakesch
  und Südmarokko
Ägypten
Amrum
Amsterdam
Andalusien
Äqua-Tour
Argentinien
  mit Uruguay
  und Paraguay
Äthiopien
Auf nach Asien!

Bahrain
Bali & Lombok
Bali, die Trauminsel
Bali: Ein Paradies
  wird erfunden
Bangkok
Barbados
Berlin
Borkum
Botswana
Bretagne
Budapest
Bulgarien

Cabo Verde
Canadas großer
  Westen mit Alaska
Canadas Osten,
  Nordosten d. USA
Chile, Osterinseln
China Manual
Chinas Norden
Chinas Osten
Costa Brava
Costa de la Luz

Costa del Sol
Costa Rica
Cuba

Dalmatien
Dänemarks
  Nordseeküste
Dominikanische
  Republik
Dubai, Emirat

Ecuador
  und Galapagos
England –
  Der Süden
Erste Hilfe
  unterwegs
Europa BikeBuch

Fehmarn
Föhr

Gardasee
Gomera
Gran Canaria
Großbritannien
Guatemala

Hawaii
Hollands
  Nordseeinseln
Honduras
Hongkong, Macau

Indien –
  Der Norden
Indien – Der Süden
Irland
Island
Israel, palästinen-
  sische Gebiete,
  Ostsinai
Istrien, Velebit

Jemen
Jordanien
Juist

Kairo, Luxor,
  Assuan
Kalifornien, Süd-
  westen der USA
Kambodscha
Kamerun
Kapverdische Inseln
Kärnten
Kenia
Korfu,
  Ionische Inseln
Krakau, Warschau
Kreta
Kreuzfahrtführer

Ladakh
  und Zanskar
Langeoog
La Palma
Laos
Lateinamerika
  BikeBuch
Libanon
Libyen
Litauen
Loire, Das Tal der
London

Madagaskar
Madeira
Madrid
Malaysia, Singapur,
  Brunei
Mallorca
Mallorca, Reif für
Mallorca,
  Wandern auf
Malta
Marokko
Mecklenburg/
  Brandenburg:
  Wasserwandern
Mecklenburg-
  Vorpommern:
  Binnenland
Mexiko

Mongolei
Motorradreisen
München
Myanmar

Namibia
Nepal
Neuseeland
  BikeBuch
New Orleans
New York City
Norderney
Nordfriesische
  Inseln
Nordseeküste
  Niedersachsens
Nordseeküste
  Schleswig-
  Holstein
Nordseeinseln,
  Deutsche
Nordspanien
Nordtirol
Normandie

Oman
Ostfriesische Inseln
Ostseeküste
  Mecklenburg-
  Vorpommerns
Ostseeküste
  Schleswig-
  Holstein
Outdoor-Praxis

Panama
Panamericana,
  Rad-Abenteuer
Paris
Peru, Bolivien
Phuket
Polens Norden
Prag
Provence
Pyrenäen

Qatar

Rajasthan
Rhodos
Rom

now-How auf einen Blick

Praxis

Edition RKH

KulturSchock

Wo man unsere Reiseliteratur bekommt:

Jede Buchhandlung in der BRD, der Schweiz, Österreichs und in den
Benelux-Staaten kann unsere Bücher beziehen.
Wer trotzdem keine findet, kann alle Bücher über unseren Internet-Shop
unter **www.reise-know-how.de** bestellen.

Anhang

Register

Anhang

Anhang

Gottschalk und jobbte als Veranstaltungs- und Reportagefotograf, als Kulissen-Designer, Theaterbeleuchter und Reiseleiter.

Während seiner zweijährigen Tätigkeit für den Münchner Reiseladen *Därr Expeditionsservice* schrieb er die erste Auflage dieses Buches. Von 1988 bis 1991 war er für das Magazin *Tourenfahrer,* von 1991 mit 1996 für die Zeitschrift *Motorrad* tätig. Anfang 1997 gründete er eine eigene Motorradzeitung: *ONrout'/Motorradabenteuer.*

Sein Unternehmen *Wüstenfahrer Reise GmbH* – spezialisiert auf organisierte Enduroreisen – gründete er 1986. Bis heute leitet er vor allem die langen Saharatouren selbst und meist vom Motorrad aus. Gelegentlich gönnt er sich eine Rallye – aus Spaß am sportlichen Geländefahren und um selbst als Teilnehmer in den Genuss einer professionell organisierten „Motorradreise" zu kommen. Thomas Troßmann ist außer vom Endurosport vor allem auch vom Tauchen und Fallschirmspringen fasziniert. Er wohnt seit 1993 mit seiner Familie südlich von München in Seehausen am Staffelsee.

Neben zahllosen Artikeln und Reportagen in Presse und Literatur hat Thomas Troßmann bislang fünf eigene Bücher – Reiserzählungen und Ratgeber – veröffentlicht.

Der Autor

Thomas Troßmann wurde am 15. April 1954 in München geboren und studierte Geografie und Kommunikationswissenschaften. Seine ersten Afrika-Erfahrungen sammelte er 1975 auf einer *Honda 350 Four* in Marokko. Seine erste große Saharareise unternahm er von November 1978 bis April 1979 durch die Sahara und Westafrika. Von 1980 bis 1983 arbeitete Thomas Troßmann als Redakteur für Geowissenschaften in der *Knaur*-Lexikonredaktion. Danach folgten weitere, zum Teil mehrmonatige Motorradreisen durch Afrika und Amerika. Dazwischen arbeitete Thomas Troßmann z. B. bei einem in Afrika gedrehten Motorradfilm als Stuntman und Double von *Thomas*